Zu diesem Buch

«Dies ist kein Buch über hoffnungslos unglückliche Beziehungen, sondern eines über potentiell glückliche. Es geht mir nicht um ideale, sondern um die wirkliche Liebeswerbung, wie sie jeder kennt. Wie kompliziert und unvollkommen sich beispielsweise Frauen und Männer verhalten, wenn sie eine Beziehung eingehen. Mit welchen Hindernissen sie dabei konfrontiert sind und zu welchen schönen und weniger schönen Methoden sie greifen, um diese zu überwinden. – Ein Wunder bleibt es, daß wir einander finden, daß wir trotz aller Spiele, Codes und Strategien auch weiterhin lernen, uns zu vertrauen. Ein Wunder bleibt auch, daß wir trotz aller Komik, Angst und Enttäuschung liebesfähig bleiben und daß, sosehr der Verlauf einer Liebeswerbung auch vom Ideal abweichen mag, daraus dennoch eine glückliche Liebesbeziehung erwachsen kann.»

Die Autorin

Judith Sills studierte Psychologie und Soziologie in New York. 1976 bis 1979 war sie Leiterin einer Dienststelle zur häuslichen Betreuung von Psychiatrie-Patienten in San Francisco. Danach befaßte sie sich als Direktorin eines Erwachsenenbildungsinstituts vor allem mit der Lebensgeschichte und Situation von Singles. Heute arbeitet sie als klinische Psychologin in Philadelphia.

Judith Sills

Liebe
nach dem ersten Blick

Handbuch für Romantiker

Deutsch von Hainer Kober

Rowohlt

Für meinen Mann und unsere Freunde

rororo zu zweit
Lektorat Barbara Wenner

Veröffentlicht im Rowohlt Taschenbuch Verlag GmbH,
Reinbek bei Hamburg, September 1991
Copyright © 1987 by Rowohlt Verlag GmbH, Reinbek bei Hamburg
Redaktion Barbara Hoffmeister
Die Originalausgabe erschien 1987 unter dem Titel
«A Fine Romance»
im Verlag Jeremy P. Tarcher Inc., Los Angeles
Copyright © 1987 by Judith Sills
Umschlaggestaltung Nina Rothfos / Barbara Hanke
Gesamtherstellung Clausen & Bosse, Leck
Printed in Germany
1280–ISBN 3 499 19134 2

Inhalt

Vorbemerkung

Als Psychologin bin ich natürlich zu absoluter Verschwiegenheit gegenüber den vertraulichen Mitteilungen all jener Menschen verpflichtet, mit denen mich meine Arbeit zusammenführt. Um ihre Privatsphäre zu schützen, sind die in diesem Buch geschilderten Fallgeschichten aus vielen individuellen Fällen zusammengesetzt. Viele Einzelheiten sind fiktiv, um die Betroffenen unkenntlich zu machen. Nicht ausgewiesene Zitate geben in der Regel frei Aussagen oder Äußerungen wieder, wie sie für die erörterten Situationen typisch sind.

Jede Ähnlichkeit mit tatsächlich lebenden Personen wäre also rein zufällig.

Eines sei noch angemerkt: Das große Risiko der Liebeswerbung in unserer Zeit besteht in den sexuell übertragbaren Krankheiten – das gilt vor allem für AIDS und die mit dieser Immunschwäche in Zusammenhang stehenden Symptomkomplexe (ARC). Dieses Risiko bedeutet jedoch nicht, daß Sie die Zeit des Werbens um einen Menschen nicht mehr genießen und keine sexuellen Beziehungen mehr eingehen dürfen. Im Gegenteil, die Gefahr für Leib und Leben wird uns wahrscheinlich dazu veranlassen, mehr Mühe in unsere Beziehungen zu investieren und ernsthafter zu werben. Doch die sehr konkrete Möglichkeit einer Ansteckung bedeutet, daß Sie eine neue Einstellung zur Liebeswerbung finden müssen. Sie sollten sexuelle Partner mit Bedacht wählen und in einer frühen Phase auf ein offenes Gespräch über die beiderseitige sexuelle Vergangenheit und mögliche Krankheiten dringen. Und Sie sollten, ob Mann oder Frau, sich risikofreier Sexualpraktiken bedienen. Das ist keineswegs nur eine schlechte Nachricht. Je mehr sich die Entfaltung einer sexuellen Beziehung verlangsamt, desto größer ist unter Umständen Ihre Chance, daß Liebe entsteht. Ich glaube, letztlich ist das für Sie ein Vorteil.

Einleitung

Ich weiß, man mag es nicht mehr hören, daß alles Arbeit erfordert. Erfolg bedeutet Mühe, erfolgreich auszusehen sogar noch mehr. Freundschaften verlangen Einsatz, und soziale Beziehungen lassen sich nicht ohne Anstrengung knüpfen. Außerdem sind Sie natürlich gewarnt, daß Kindererziehung Sklavenarbeit ist.

Körperlich fit zu bleiben, ist ohne Zweifel Schinderei, ganz zu schweigen von dem Aufwand, der betrieben werden muß, um seinen eigenen Stil zu entwickeln oder Geld zu verdienen. Genau betrachtet, macht es sogar Arbeit, sein Geld arbeiten zu lassen.

Sie haben sich Ihre Bereitschaft zu jedem erforderlichen Einsatz bewiesen. Immerhin stehen Sie auf eigenen Füßen – machen eine Ausbildung, gehen Ihrem Beruf nach, erziehen ein Kind, entschlüsseln die Mysterien der Altersversorgung oder absolvieren heldenhaft die verhaßte Bauchgymnastik. Sie sind soweit, sich damit abzufinden, daß es einer ständigen Willensanstrengung bedarf, das Leben eines Erwachsenen zu führen. Und das verlangt Mut, Disziplin und die Fähigkeit, über sich selbst zu lachen. Meist waren Sie der Herausforderung gewachsen.

Ausnahmslos? Ausgenommen in der Liebe.

Während Sie Ihre Lebensumstände durchaus als ein Resultat Ihrer Anstrengungen ansehen, geben Sie sich in Herzensdingen der phantastischen Vorstellung hin, Liebe sei ein Zustand, der Sie einfach überkomme. Als schlüge er ein wie der Blitz oder sei eines Morgens einfach da. Sie meinen, Liebe – genauer gesagt: wahre Liebe – sei mehr ein Gefühl als ein Vorhaben, und deshalb ließe sie sich nicht geschehen *machen*. Schlimmer noch, Sie gehen davon aus, es könne definitionsgemäß an wirklichem Gefühl nur mangeln, wenn Sie Arbeit investieren würden.

Meine schlechte Nachricht nun: Leider ist auch Liebe Arbeit; vielleicht nicht eine der zermürbenden oder unbefriedigenden Art, aber doch Arbeit im Sinne von unablässigem Einsatz für ein Ziel. Das Ziel ist die Entwicklung einer intensiven, dauerhaften Liebesbeziehung, und wenn Sie so wollen, auch einer Ehe. Die Anstrengung, die damit verbunden ist, bezeichnen wir als Liebeswerbung.

In meinem ersten Buch, «How to Stop Looking for Someone Perfect and Find Someone to Love», habe ich mich mit den merkwürdigen, höchst undienlichen Methoden beschäftigt, nach denen sich Leute für einen in Frage kommenden Partner entscheiden. Das vorliegende Buch schließt dort an, wo «Someone to Love» aufhört. Ganz gleich, wen Sie auserwählt haben, Sie werden ein gewisses Maß an Mühsal durchstehen müssen, bevor es zur Partnerschaft kommt. Der Verlauf des Werbens bestimmt, ob ein möglicher Partner ein wirklicher wird.

Entgegen dem weitverbreiteten Glauben entstehen Liebesbeziehungen nicht durch Verzauberung. Zu Liebe und Bindung gelangen wir in fließender Bewegung über mehrere Entwicklungsstufen, in unhörbarem Rhythmus, mit unsichtbarer Logik. Ebenso zerbrechen Beziehungen nicht zufällig. Es gibt bestimmte Wendepunkte, an denen ein Paar entweder gemeinsam zur nächsten Etappe aufbricht, steckenbleibt oder sich trennt.

Wie zwei Menschen ein Paar werden, entspricht vielen anderen psychologischen Entwicklungsprozessen; es ist die allmähliche Entfaltung einer Reihe vorhersagbarer Stadien. Jedes Stadium birgt eine seelische Aufgabe, ein besonderes emotionales Problem, und das muß bis zu einem gewissen Grad gelöst sein, bevor das Paar ins nächste Stadium übergehen kann.

Sie kennen wahrscheinlich solche Entwicklungsmodelle als Versuche, seelische Abläufe zu veranschaulichen, aus vielen

Bereichen. Gail Sheehy und Daniel Levinson haben an Hand eines entsprechenden Modells die Entwicklungsstadien des Erwachsenenlebens beschrieben, so wie Freud in einem Modell die psychosexuelle Entwicklung des Kindes beschrieb. Piaget hat den Entwicklungsprozeß des Denkens untersucht, und Elisabeth Kübler-Ross schildert, welche Entwicklungsstadien unheilbar Kranke durchlaufen, bevor sie den Tod akzeptieren.

Sie werden emotional Vorteile haben, wenn Sie die Liebeswerbung verstehen lernen als eine unumgängliche Abfolge von Stadien auf dem Weg, ein Paar zu werden. Egal, wie sehr Sie für die Liebe bereit oder auch liebenswert sind, solange Sie nicht verstanden haben, was wirkliches Werben ist, wird es bei Ihnen seine Wirkung verfehlen. Sowie Sie eine klarere Vorstellung von der Liebeswerbung haben, begreifen Sie auch ihre Spielregeln besser und können diese eher anwenden. Auf die unvermeidlichen Hindernisse sind Sie dann ebenso vorbereitet und weniger geneigt, vor ihnen zu kapitulieren.

Dieses Buch ist eine Wegekarte der Liebeswerbung, von der ersten Begegnung bis zur Partnerschaft. Sie können es als Orientierungshilfe nutzen, wenn Ihre letzten Affären zu einer Kette der Enttäuschungen mißraten sind oder wenn es bei Ihnen – trotz Verliebtheit – in jüngster Zeit zu immer heftigeren Auftritten kommt. Es spielt keine Rolle, ob Sie sich aus Angst vor Ablehnung nicht zur Initiative aufraffen können oder ob Ihre Schwierigkeiten mit jeder Art Bindung zur Unschlüssigkeit führen – in jedem Fall sind Sie bereits in den Entstehungsprozeß einer Beziehung verwickelt.

Das in diesem Buch vorgestellte Entwicklungsmodell beruht in erster Linie auf meiner sechzehnjährigen Berufserfahrung als Psychotherapeutin und Pädagogin. Sie sollten es mit der gebotenen Skepsis lesen und darauf achten, wo es Ihnen helfen kann, Ihre eigenen Erfahrungen zu verstehen.

Neben meinen eigenen Beobachtungen habe ich die sozialwissenschaftliche Fachliteratur zu diesem Thema gesichtet und dabei festgestellt, daß sie sich im großen und ganzen mit meinen Ergebnissen deckt. Was ich in diesem Buch über die Zeit des Werbens zusammenfasse, läßt sich tatsächlich durch eine Fülle von Forschungsdaten belegen. Genaueren Aufschluß gibt die Bibliographie.

Ursprünglich war es meine Absicht, die Entwicklungsprozesse aller Zweierbeziehungen zu beschreiben. Im Fortgang der Arbeit merkte ich jedoch, daß sie sich in erster Linie auf heterosexuelle Paare bezog. Deswegen halte ich mich durchgehend an Beispiele aus heterosexuellen Beziehungen. Ich bin natürlich nicht der Auffassung, alle Paare seien heterosexuell oder sollten es sein. Die Zeit des Werbens in einer homosexuellen Beziehung weist jedoch große Unterschiede zu dem hier erörterten Modell auf. Ich meinte, diese Unterschiede an dieser Stelle nicht genügend berücksichtigen zu können.

Insgesamt werden häufig die traditionellen Geschlechterrollen von mir wiedergegeben, auch wenn das für manchen ein Stein des Anstoßes sein kann. Ich möchte diese Rollenverteilung damit nicht befürworten und weise ausdrücklich darauf hin, daß Männer und Frauen heutzutage in jeder solcher Situationen die Rollen tauschen können. Aus Gründen der Einfachheit habe ich die Rollenverteilung gewählt, wie sie in der Regel noch vorherrscht.

Dies ist kein Buch über hoffnungslos unglückliche Beziehungen, sondern eines über potentiell glückliche. Selbstverständlich ist auch die bestgemeinte Liebeswerbung vor schmerzlichen Augenblicken nicht gefeit. Auf solche schwierigen Phasen gehe ich ein, jedoch nicht auf grundsätzlich destruktive Beziehungen. Es geht hier um Beziehungen, wie sie jeder kennt.

Letztendlich möchte ich in diesem Buch die verborgene Struktur einer jeden Liebeswerbung aufdecken. In dieser Hinsicht weisen die meisten Paare große Ähnlichkeiten auf. Andererseits entwickelt sich aus der Begegnung zweier Menschen immer eine ganz eigene Dynamik und Geschichte. Es ist diese Einmaligkeit der individuellen Erfahrung, die glauben macht, das Werben um den anderen sei auf eine besonders glückliche Konstellation oder magische Anziehung zurückzuführen.

Man mag Struktur und Verlauf des Werbens noch so sehr durchleuchten, ein gewisses Geheimnis wird bleiben. Auch bei der Fortpflanzung wissen wir unsere Kenntnis der mechanischen Prozesse zu nutzen, und doch vermag all unser Wissen das Wunder von Empfängnis und Geburt nicht zu mindern. Genauso unbegreiflich scheint es, daß zwei Fremde zusammenkommen, einander lieben lernen und beschließen konnten, ihr Leben gemeinsam zu verbringen – es bleibt unbegreiflich, mögen wir uns noch so sehr über den Lauf der Dinge im klaren sein.

Weil Liebe und Liebesbeziehungen für unsere Zufriedenheit so entscheidend sind, begegnen wir dieser Angelegenheit mit großen Vorurteilen. Wir haben tiefverwurzelte Idealvorstellungen darüber, was einer Beziehung vorausgehen *muß*. Da sollte es aufrichtig, kultiviert und ernsthaft zugehen, eine Atmosphäre von Verständnis und Offenheit herrschen. Aus der oberflächlichen Faszination durch einzelne Körperteile sollte ein tieferes Interesse am Charakter und Wesen des anderen erwachsen. Dabei dürften Frauen wie Männer nicht auf starre Geschlechterrollen festgelegt und mit Strafen bedroht werden, wenn sie es wagen, sie neu zu definieren. Soll das Umwerben den Weg zur Liebe ebnen, dann bitte mit den besten Absichten.

So sollte es sein, ist es aber häufig nicht. Und wie es ist, beschreibe ich in diesem Buch. Manchmal herrscht eitel Sonnenschein oder Abenteuerstimmung, wenn Sie wissen oder zumindest berechtigt hoffen, das Interesse beruhe auf Gegenseitigkeit. Ein andermal werden Sie enttäuscht oder verärgert. Liebeswerbung kann Manipulation sein, brutale Lüge oder Sexismus.

Es geht mir hier nicht um die ideale, sondern um die tatsächlich stattfindende Liebeswerbung. Wie kompliziert und unvollkommen sich beispielsweise erwachsene Frauen und Männer verhalten, wenn sie eine Beziehung eingehen. Mit welchen Hindernissen sie dabei konfrontiert sind und welcher schönen und weniger schönen Methoden sie sich bedienen, um diese zu überwinden.

Ein Wunder bleibt es, daß wir einander finden; daß Männer und Frauen trotz aller Spielchen, Codes und Strategien auch weiterhin lernen, einander zu vertrauen. Ein Wunder ist es auch, daß wir trotz aller Komik, Angst und Enttäuschung liebesfähig bleiben, daß aus einer Liebeswerbung, so sehr auch ihr Verlauf vom Ideal abweichen mag, dennoch eine Liebesbeziehung erwachsen kann.

Durch Arbeit läßt sich nicht alles im Leben erreichen. Sie verschafft Ihnen keine blauen Augen, keinen Adelstitel, keine geniale Begabung, aber die Mühe des Werbens kann Ihnen Liebe, eine tiefe Freundschaft und eine feste Bindung einbringen – vorausgesetzt Sie wissen, wie man's macht. Darum geht es in diesem Buch.

Philadelphia, April 1986   Judith Sills

Nehmen Sie es nicht persönlich

Es fängt an mit einer Einladung zum Kaffee und endet mit dem gemeinsamen Kauf eines Hauses. Es heißt Liebeswerbung und bewirkt bei den meisten von uns einen ziemlichen emotionalen Aufruhr.

Dieser Aufruhr hat nicht die geringste Ähnlichkeit mit der romantischen Liebesgeschichte, die Sie sich vorgestellt haben, jener plötzlichen, unwiderstehlichen, erwiderten Liebe. Von einer zauberhaften, phantasievollen Verführung haben Sie geträumt, von ewiger Leidenschaft und unwandelbarer Treue. Sie haben Ihren ganz persönlichen Junge-trifft-Mädchen-Film erwartet, pointiert mit witzigen Dialogen und Happy-End.

Was ist falsch an diesem Bild? Eigentlich gar nichts, jedenfalls soweit es die Phantasie betrifft. Das schönste an der Einbildungskraft ist ihre Fähigkeit, die Welt so zu kreieren, wie sie zu unseren Vorlieben paßt. Wir brauchen die Phantasie als Quelle für Hoffnung und Kraft. Der Tagtraum von der vollkommenen Liebe kann ein besserer Gefährte sein als der Freund an Ihrer Seite, der sich mehr für seinen Verein engagiert als für Sie. Genauso bietet die Phantasie weit Liebenswerteres als die Freundin, die bei jeder Auseinandersetzung weint und auf Ihre alten Freunde eifersüchtig ist.

Doch Ihre Phantasien und Vorstellungen über das Verlieben selbst sind mit einem gefährlichen Risiko verbunden: Die Wirklichkeit ist so anders als Ihre Phantasie, daß Sie die Anfänge einer vielversprechenden Beziehung möglicherweise gar nicht erkennen; oder Sie sind außerstande, diese Beziehung zu halten.

Liebe zur Entfaltung zu bringen, erfordert seelische Anstrengung, außerdem Takt, ein Gefühl für den richtigen Moment und die Fähigkeit, Angst auszuhalten. Denn Verliebtheit in eine feste Bindung oder gute Freunde in ein Liebespaar zu wandeln, ist eine heikle Sache. Es ist ein langer Prozeß, den wir im Laufe unseres Lebens vielleicht nur mit sehr wenigen Menschen durchleben. Ebendiesen Prozeß nenne ich Liebeswerbung.

Diese Bezeichnung mag Ihnen antiquiert vorkommen. Sie beschwört eine Szenerie großbürgerlicher Salons herauf, wo Väter «aussichtsreiche Bewerber» einer strengen Prüfung unterziehen. Trotz solcher überlebten Assoziationen ist Werben oder Werbung noch immer das treffendste Wort für den Prozeß, in dessen Verlauf zwei Menschen – wie zögernd, entschieden oder überschwenglich auch immer – eine Liebesbeziehung eingehen.

Dieses Buch soll eine systematische Einführung in die Grundsätze der Liebeswerbung geben. Wenn zwei Menschen sich begegnen und ineinander verlieben, dann erfinden sie die Regeln, nach denen man eine Beziehung anknüpft, nicht jedesmal neu. Jedes Paar steht unter dem Einfluß der ungeschriebenen Gesetze und Erfordernisse jeder Werbephase, sei es bewußt oder unbewußt. Das Ritual der Liebeswerbung ist so alt wie die Menschheit, und seine Stadien sind fast ebenso zuverlässig vorhersagbar wie die Gezeiten. Nicht anders verhält es sich mit den Tücken, wunden Punkten und Lösungen.

Kein Wunder, daß Sie unruhig sind

Für *eine* Begleiterscheinung der Liebeswerbung kann man garantieren: die Angst. Unabhängig davon, wie groß Ihr Wunsch nach einem Partner ist, in der Regel werden Sie die Zeit der Werbung als höchst beunruhigend erleben. Einige Männer und Frauen haben nur den einen Lebensinhalt, verzweifelt nach einem Partner zu suchen, mit dem sich alles verändern wird. Andere haben es ganz und gar nicht eilig, sondern versuchen, ihr Leben möglichst produktiv und unabhängig einzurichten. Doch ungeachtet der eigenen Position in diesem Mobile der Bedürfnisse – in jener Vorphase einer Liebesbeziehung scheint jeder aus der Fassung zu geraten, mag die psychische Konstitution auch noch so stabil sein.

Bis zu einem gewissen Grad ist zweifellos jeder schutzlos gegenüber den Ängsten in so einer Zeit. Jemanden zu lieben und wiedergeliebt zu werden, ist das Herzstück menschlichen Glücks und das Werben die Hauptstraße dorthin. Wenn das Ziel so elementar und der Weg so rätselhaft ist, wie sollte man dann keine Angst haben?

Manche würden gern heiraten oder wieder heiraten – eines Tages, wenn alles gutgeht. Nur wenige von ihnen haben eine Vorstellung, was sie dafür tun können.

Häufig geht es auch von selbst irgendwie. Leute finden täglich ihren Weg durch die heiklen Situationen jedweden Werbeverhaltens, ohne immer genau zu wissen, wie ihnen geschieht. Irgendwie springen sie von dem Karussell der Attraktionen ab und landen in einer ernstgemeinten Partnerschaft. Möchte man wissen, wie sie das geschafft haben, fällt ihnen nur eines ein: Liebe.

Viel häufiger jedoch wird das Werben abgebrochen. Er ruft nicht wieder an, sie verliert das sexuelle Interesse, er tut etwas Unverzeihliches, sie erweist sich als ein flatterhaftes Biest, er trifft eine andere, sie kommt zu der Erkenntnis, daß sie eigentlich nicht wirklich verliebt war. Es ist vorbei.

Auf viele wirkt der planlose Verlauf ihrer Liebesaffären deprimierend. Sie möchten mit der Beziehung umgehen können, aber die Liebe scheint sich gänzlich ohne Ihren Einfluß zu entwickeln. Sie verstehen nicht, nach welchen Prinzipien eine Beziehung funktioniert, und bekommen auf diese Weise den Eindruck, Sie selbst können dafür nichts tun. Infolgedessen blicken Sie am Ende enttäuscht auf eine Kette von Beziehungsversuchen, die immer wieder an den gleichen Punkten gescheitert sind:

- Sie haben solche Angst vor Ablehnung, daß Sie sich auf nichts einlassen mögen.
- Sie beginnen jede Liebesbeziehung mit einem Höchstmaß an Begeisterung, doch von da an geht es nur noch bergab.
- Die Liebe schüchtert Sie mehr ein, als daß sie Ihnen Spaß macht. Sobald Sie Interesse spüren, beginnen auch Ihre Sorgen: «Wahrscheinlich vermassel ich wieder alles. So ist das doch immer.» Sie werden zum Schuhabtreter oder Jammerlappen.
- Irgendwann haben Sie an jedem etwas auszusetzen, ob Sie wollen oder nicht. Plötzlich werden Sie überkritisch.
- Anscheinend werden Sie immer dann vor den Kopf gestoßen, wenn Sie sich gerade für den anderen erwärmen.
- Stets reizen Sie nur die, die nichts von Ihnen wollen.
- Ihr Partner möchte keine Bindung eingehen. Sie können sich aber nicht aufraffen, ihm ein Ultimatum zu stellen.
- Sie selbst mögen sich nicht binden. Sie befürchten, nach mehreren Jahren mit der Erkenntnis aufzuwachen, eine schreckliche Wahl getroffen zu haben.
- Sie wünschen sich so sehr eine dauerhafte Beziehung oder Ehe, scheinen aber einfach nicht der oder dem Richtigen zu begegnen.

Wenn Sie sich in irgendeinem dieser Verhaltensmuster getroffen fühlen, dann verstehen Sie sich wahrscheinlich nicht auf die Kunst des Werbens. Sonst würden Sie nämlich erkennen, daß Sie, wie bei vielen anderen seelischen Prozessen, auf Ablauf und Ergebnis Einfluß nehmen können. Glauben Sie nicht, daß die Liebe Ihnen zufallen muß. Sie können selbst das Steuer in die Hand nehmen.

Im ersten Schritt auf dem Weg, die Liebeswerbung zu verstehen, müssen Sie sich von Ihren diesbezüglichen *Idealen* befreien.

Das Märchen von Herrn und Frau Richtig

Was Sie am meisten daran hindert, die verborgene Struktur der Liebeswerbung zu erkennen, ist die Einstellung, es gebe sie gar nicht. Von früh auf hat man Ihnen beigebracht, in der Liebe gehe es vor allem darum, den Richtigen (die Richtige) zu finden und vor den Traualtar zu führen. Irgendwie würden Sie «wissen», wenn es der oder die Richtige ist.

Das ist eine verführerische Vorstellung. In einer zunehmend technisierten, automatisierten und den einzelnen isolierenden Gesellschaft sind wir nur zu gern bereit, einen Teil unseres Lebens der magischen, unergründlichen Macht der Liebe anzuvertrauen. Die Liebe wird uns schon finden, wie der Weihnachtsmann am Heiligen Abend, ganz gleich, wo wir leben oder wie schwer wir zu erreichen sind. Wenn es soweit ist, wird es keinen Zweifel geben, und alles wird sich verändern.

Wie angenehm diese Vorstellung vom einzig richtigen Partner auch sein mag, leider hat sie mit der Wirklichkeit nicht viel zu tun. Entgegen unseren Träumen ist die Liebe nicht ein Ereignis, sondern etwas, das wir selbst erschaffen. Eine glückliche Beziehung ist nicht das Ergebnis einer zufälligen Begegnung. Sie erfordert Vorbereitung, Reife und emotionales Bemühen zweier liebender Erwachsener.

Den meisten von uns geht dieser Gedanke entschieden gegen den Strich. Unser ganzes Leben lang haben wir nach Herrn oder Frau Richtig gesucht. Bis in alle Einzelheiten haben wir uns ausgemalt, wie er aussehen muß, wie sie lächeln wird. Im voraus wissen wir, wie diese Person denkt, wie sie sich kleidet, wie sie auftritt. Nun rennen wir durch die Weltgeschichte und versuchen, die Menschen, denen wir begegnen, mit diesem Phantombild in Übereinstimmung zu bringen. Je detaillierter unsere Vorstellung ist, desto eher finden wir die große Liebe – meinen wir.

Das Problem ist nur: Wir finden die Liebe nicht irgendwo, sondern entwickeln sie. Sicher fällt uns die Liebe zu manchen Menschen leichter als gegenüber anderen. In diesem sehr weiten Sinne sind einige Menschen «richtiger» als andere – vielleicht weil ihre Lebenssituation der unseren gleicht, wir sie attraktiv finden oder ihr Wesen uns besonders angenehm erscheint, zumindest am Anfang. Es gibt auch Menschen, von denen wir uns so magisch angezogen fühlen, mit denen wir gleich so vertraut sind, daß wir eine starke innere Verbundenheit mit ihnen spüren. Nur: Einem solchen seelenverwandten Menschen begegnet nicht jeder, und selbst wenn man ihn findet, muß er nicht der Partner fürs Leben sein. Unabhängig davon, wie richtig jemand erscheinen mag – wenn einer von beiden nicht wirklich bereit oder fähig zur Liebeswerbung ist, wird sich keine dauerhafte Beziehung entwickeln. Wie erfolgreich Ihr Werben um einen Menschen ist, hängt weniger davon ab, wen Sie wählen, als von der Art der Partnerschaft, die Sie aufzubauen imstande sind.

Liebe läßt sich zu weit mehr Menschen entwickeln, als Sie es sich jemals eingestehen würden. In unserer Gesellschaft bestimmen jedoch Herr und Frau Richtig vorerst immer noch als zentraler Mythos die Liebeswerbung und verursachen damit viel Liebesleid. Dieser Mythos führt in eine Sackgasse, in der Sie hilflos dem Zufall überlassen sind, während Sie Ihr Glück selbst in die Hände nehmen könnten.

Wenn Sie mit der Theorie vom einzig Richtigen sympathisieren, müssen Sie während Ihres Werbens auf zwei schwerwiegende Probleme gefaßt sein: Es wird Ihnen möglicherweise schwerfallen, mit den natürlichen Zweifeln gegenüber einer Beziehung umzugehen, oder Sie geraten in einen ausweglosen Teufelskreis von Schuldzuweisungen.

Das zentrale Dogma der Theorie vom einzig Richtigen besagt: Sie werden mit innerer Gewißheit spüren, wann Sie den richtigen Partner gewählt haben. Wir alle haben unterschiedliche Vorstellungsbilder von der großen Liebe, doch diesen Porträts ist eines gemeinsam: Herr oder Frau Richtig wird jeden Zweifel vertreiben. Mit Ihrem Herzen werden Sie «ihn», werden Sie «sie» erkennen.

Leider ist das gewöhnlich nicht der Fall. Vielleicht weiß sie für sich, er ist der Richtige, doch ihm geht es noch lange nicht so. Oder sie hat Zweifel und übt Zurückhaltung, solange er sicher ist; in dem Moment jedoch, wo sie sich für ihn entscheidet, wendet er sich ab.

In der Regel sind Sie nämlich gar nicht sicher, ob Sie den Richtigen gefunden haben. Sie sind bis über beide Ohren verliebt, werden von ihr aber wie ein Schuhabtreter behandelt... Er ist wunderbar, aber umgibt Sie so bedingungslos, daß Sie plötzlich merken, ein gutes Buch wäre besser gewesen... Sie beide streiten sich die ganze Zeit oder scheinen sich überhaupt nicht streiten zu können... Sie wissen, Sie sind verliebt, doch Ihre Freunde halten Sie für krank...

Dies sind nur einige der natürlichen Zweifel, mit denen die reale Liebeswerbung Sie konfrontiert. Den Herrn Richtig gibt es nicht, nur einen Herrn Vielleicht – nebst Frau.

Im Kreislauf der Schuldzuweisungen

Die zweite und bedenklichere Folgeerscheinung der Hypothese vom einzig Richtigen kann Ihnen einen ernsten Schaden zufügen. Das Suchen nach Herrn oder Frau Richtig begünstigt eine bestimmte Vorwurfshaltung.

Wenn eine Beziehung scheitert, ist es nur vernünftig, nach dem Grund zu suchen. Wenn Sie davon überzeugt sind, eine glückliche Liebe sei eine Frage der Verbindung mit der richtigen Person, dann haben Sie nur zwei Möglichkeiten, das Scheitern zu erklären: Sie geben dem Partner die Schuld oder sich selbst.

Schuldzuweisungen *scheinen* berechtigt zu sein. Sie sind verletzt oder schuldbewußt, wütend oder voller Gewissensbisse. Liebeskummer ist der fruchtbarste Boden für Selbstekel, Männerhaß oder Frauenfeindlichkeit.

Die meisten von uns suchen die Schuld zunächst einmal beim anderen. Gleichgültig ob Mann oder Frau, wir pflegen die Wunden unseres verletzten Stolzes, indem wir die Reife, den Charakter oder die Umgangsform des anderen einer überaus kritischen Prüfung unterziehen. Er war zu egoistisch, zu verwöhnt, ein Pascha. Sie war zu anhänglich, zu besitzergreifend und gierte nach Liebe. Er will keine Freundin, sondern eine Mutter, sie hat nach einem Papa gesucht. Sie war ein kastrierendes Biest; er ein verlogener Bastard.

Solange Sie nur wenig Erfahrung mit gescheiterten Liebesbeziehungen haben, wird es Ihnen wahrscheinlich reichen, die Schuld auf die Unzulänglichkeiten des anderen zu schieben. Wahrscheinlich werden Sie Ihre Wunden heilen, Ihre eigenen Fehler zu den Akten legen und die Suche wieder aufnehmen. So weit, so gut, doch ein paar problematische Beziehungen mehr, und Ihnen werden Zweifel kommen. Noch wahrscheinlicher ist jedoch, die Partner Ihrer bisherigen Beziehungen verschwimmen zu einem Prototyp, und Sie erweitern den Radius Ihrer Schuldzuweisungen auf *alle* Männer beziehungsweise *alle* Frauen. («Frauen sind heutzutage einfach zu aggressiv.» – «Männer wollen nur eine Mutter.»)

Sie glauben, anderen geht es nicht besser, bis Ihr bester Freund heiratet, Ihre kleine Schwester sich verlobt und das Büro wegen der Hochzeitsfeier Ihrer Sekretärin früher schließt. Zwar stellen Sie fest, keiner dieser künftigen Ehepartner wäre für Sie in Frage gekommen; trotzdem keimen erste Selbstzweifel in Ihnen. Offensichtlich gibt es für manche Menschen den richtigen Partner. Was also stimmt mit Ihnen nicht?

Sie schwenken in den Kreislauf der Schuldzuweisungen ein und zeigen mit dem Finger auf sich selbst: Natürlich, irgend etwas stimmt mit mir nicht – aber was?

Als klinische Psychologin arbeite ich sehr häufig mit Alleinstehenden; viele von ihnen sind wahre Meister in der Kunst der Selbstanklage. Die unterschwellige Voraussetzung, gespickt mit Selbstverachtung und verstärkt durch Ängstlichkeit, ist immer die gleiche:

«Meine Beziehungen klappen nicht, weil ich...»

In der Regel folgt: «... nicht attraktiv genug bin; nicht klug genug bin; keinen Erfolg habe; nicht die Blonde mit den blauen Augen bin; ein Langweiler bin.»

Die meisten von uns haben einige Bereiche, in denen sie unsicher sind und auf Ablehnung sehr empfindlich reagieren. Doch meistens haben sie auch genug Selbstachtung, um sich über solche Unsicherheiten hinwegzusetzen. Jeder, der die Augen aufmacht, kann feststellen, daß weder Kleine noch Dicke noch Schüchterne auf die Liebe verzichten müssen; das gilt genauso für Menschen, die Intelligenztests oder Schönheitswettbewerbe aus gutem Grund meiden.

Auf der Suche nach einer Erklärung wenden sich diese Akrobaten des Selbstvorwurfs der Frage zu, an welcher Neurose sie wohl leiden könnten. Vielleicht wähle ich immer jemand, der nicht an mir interessiert ist, weil ich im Grunde gar keine Beziehung will. (Doch danach sah es am Anfang gar nicht aus. Außerdem, rätseln sie weiter, sagte ich, ich wünsche mir eine Beziehung, und ich glaube, das will ich auch. Aber ich habe keine – also stimmt da ganz offensichtlich an mir oder meinen Absichten irgend etwas nicht.)

Selbstzweifler lassen kaum erkennen, was sie falsch gemacht haben, trotzdem ist ihre Überzeugung, seelisch verkorkst zu sein, in gewisser Hinsicht absolut ehrlich. Sie fragen sich: «Vielleicht vertrage ich keine Nähe.» – «Ich sehe zu verzweifelt aus – das erschreckt die Menschen.» – «Ich wähle mir die falschen Partner, weil ich gar nicht glücklich sein will.» – «Ich habe Angst vor Erfolg.» – «Ich habe zuwenig Selbstbewußtsein; deshalb kann ich mich nicht für die entscheiden, an denen ich wirklich interessiert bin.»

Solange Sie sich also blindlings an die Theorie vom einzig Richtigen halten, riskieren Sie, Ihren beiden wunden Punkten ausgeliefert zu sein: Sie merken es nicht, wenn sich eine möglicherweise wunderbare Beziehung anbahnt, weil die innere Gewißheit ausbleibt, die nach Ihrer Überzeugung unbedingt dazugehört. Und Sie können in einen sinnlosen Kreislauf von Schuldzuweisungen geraten.

Es ist schwer, sich von der tiefverwurzelten Vorstellung zu befreien, eine Liebesbeziehung könne nur dann ein Happy-End finden, wenn Sie Ihrem Märchenprinzen oder Ihrer Märchenprinzessin begegnen. Um mit den Vorwürfen aufzuhören und endlich begreifen zu lernen, müssen Sie Ihr Denken einer gründlichen Revision unterziehen. Das geht am einfachsten, indem Sie das erste und grundlegendste Prinzip der Liebeswerbung beherzigen: *Nehmen Sie es nicht persönlich.*

Nichts Persönliches

Sie stutzen: «Das ist doch verrückt. Es gibt nichts Persönlicheres als eine Liebesbeziehung.» Denken Sie trotzdem einmal darüber nach. Ihre Suche nach Herrn oder Frau Richtig ist die Folge dessen, was man Ihnen über Liebe und Beziehungen beigebracht hat. Dieses nicht als etwas Persönliches anzusehen, schafft eine Alternative zum herkömmlichen Denken über Liebesbeziehungen. Vielleicht werden Sie feststellen, daß Sie sich auf diese Weise Ihr Leben beträchtlich erleichtern.

Natürlich ist die Liebe, die Sie empfinden, etwas Persönliches, ebenso die Erregung, Anspannung und Leidenschaft. Diese Gefühle gehören zu den emotionalen Begleiterscheinungen des Werbens wie eine Hintergrundmusik, die für die Atmosphäre sorgt. Doch was tatsächlich zu einer Partnerschaft führt, ist weniger, daß zwei Individuen aufeinander reagieren, als daß zwei übermächtige Einflüsse auf diese Individuen einwirken: zum einen ihre innere Welt, zum anderen die soziale Welt, in der beide leben.

Das innere Drama der Liebeswerbung

Im allgemeinen haben wir das Gefühl, wir reagieren auf die Welt um uns her. Tatsächlich jedoch reagieren wir nur zu oft auf die Welt in unserem Innern.

In der Zeit des Werbens besteht unsere Innenwelt aus einem komplizierten Geflecht von Antrieben, Gefühlen, Erwartungen und Annahmen, die unsere individuellen Reaktionen auf die Liebe bestimmen. Weil diese Regungen weitgehend unbewußt sind, widmen wir der Innenwelt weniger Aufmerksamkeit, als sie verdient. Wir gehen davon aus, daß sich die Menschen in ihrem Streben nach einer «guten» Beziehung im Grunde gleichen. Oberflächlich betrachtet mag dies zutreffen, doch auf einer tieferen Ebene entpuppen sich unsere individuellen Unterschiede als gewaltig. Teilweise sind sie biologisch bedingt – durch Temperament und Erbanlage – und teilweise durch unsere Umwelt, vor allem die familiäre Umwelt unserer frühen Kindheit.

Diese Unterschiede in unseren seelischen Vorgaben üben einen enormen Einfluß auf das Werbeverhalten aus. Sie prägen unsere sexuellen Vorlieben, unser Bedürfnis, Macht und Einfluß zu gewinnen, unsere Beziehungsmuster genauso wie unsere Abhängigkeitswünsche. Sie bestimmen unsere jeweilige Reaktion auf andere: Der eine erregt unser Interesse, aber auch unsere Angst, ein anderer läßt ein Gefühl gelangweilter Überlegenheit aufkommen, bei einem dritten fühlen wir uns geborgen, sicher und vertraut. Soweit sich unsere unterschiedliche Reaktion nicht aus den Verschiedenheiten der Partner erklärt, ist unsere eigene innere Dynamik dafür verantwortlich.

Die Grenzen zwischen den Reaktionen auf unsere Innenwelt und den Reaktionen auf die Außenwelt lassen sich leicht verwischen. Das ist ein recht merkwürdiges, jedoch völlig natürliches Phänomen. Häufig erleben wir die Gedanken und Gefühle unserer Innenwelt, als würden sie nicht zu uns gehören. Statt dessen scheinen sie bei jemand anderem aufzutauchen, bei einem Freund, Bekannten, Liebhaber. Dieser Mechanismus heißt *Projektion* und hat als solcher wesentlichen Anteil an der Inszenierung unseres inneren Dramas während der Liebeswerbung.

Die Projektion weist einem anderen ein Motiv, eine Überzeugung oder eine Eigenschaft zu, die in Wirklichkeit Teil der eigenen Persönlichkeit ist – was wir in dem Moment aber nicht merken. Wir bilden uns ein, diese Gedanken, Gefühle oder Verhaltensweisen richten sich *auf uns*, dabei richten wir selbst sie *auf jene anderen*. Projizieren heißt also, die Reaktionen anderer Menschen tendenziell unter dem Diktat der eigenen Bedürfnisse und Interessen zu interpretieren. Hier ein Beispiel:

Ruth war am Boden zerstört, als Martin sie abkanzelte. Seit Monaten trafen sie sich zum Essen oder zu einem Drink und flirteten ausgiebig. Es schien sich etwas anzubahnen, doch in letzter Zeit begann Martin sich zurückzuziehen. Als sie ihn auf seine Zurückhaltung ansprach, wehrte er ab. Statt dessen warf er Ruth vor, sie sei sexuell zu offensiv. Er fühle sich von ihr bedrängt, und wenn sie jemals eine längerfristige Beziehung zu einem Mann unterhalten wolle, müsse sie noch ein bißchen Zurückhaltung lernen.

Ruth fühlte sich vor den Kopf gestoßen. Sie dachte, sie hätten aneinander Gefallen gefunden und sie könne es sich mit ihren 34 Jahren endlich erlauben, einem Mann ihr sexuelles Interesse zu zeigen. In Martins Augen kam sie sich nun aufdringlich und billig vor. Selbstvorwürfe lagen nahe. «Wieder habe ich eine Chance vertan.»

Aber hat sie das wirklich? Vielleicht lieferte Martin eine treffende Beschreibung von Ruth, vielleicht sprach er aber auch nur von sich selbst. Möglicherweise waren ihm seine eigenen sexuellen Regungen unangenehm, und er mochte sich deshalb nicht eingestehen, daß er flirtete. Statt also den Verführungswunsch bei sich zu sehen, suchte er ihn bei Ruth, wo er ihn dann auch erkannte und ablehnte. Vielleicht hat Ruth sich zu stark engagiert; es kann aber auch sein, daß Martin seine Impulse auf sie projiziert hat.

Naturgemäß bemerkt man Projektionen bei anderen leichter als bei sich selbst. Hat sich bei Ihnen schon einmal ein Freund beklagt, wie aufdringlich und anmaßend jemand anders sei, und offensichtlich nicht gemerkt, daß er eine treffende Beschreibung von sich selbst gab? Oder denken Sie an den chronisch eifersüchtigen Ehemann, der die eigenen Impulse zur Untreue verleugnet. Das sind Beispiele für Projektionen.

Bis zu einem gewissen Grad machen alle von diesem psychischen Mechanismus Gebrauch, wenn auch einige Menschen die Welt mit Hilfe ihrer Projektionen systematischer verzerren als andere. Hinzu kommt, daß bestimmte Situationen das Projizieren mehr begünstigen als andere.

Die Liebeswerbung ist ein sehr typisches Beispiel für eine solche Situation. Die Wahrscheinlichkeit, daß es im Verlauf des Werbens, vor allem in den frühen Stadien, zu Projektionen kommt, ist außerordentlich groß. Zum einen vermittelt die Situation den Beteiligten das Gefühl, es dränge, den anderen sehr rasch zu beurteilen, um keine «Zeit zu vergeuden». Dabei werden sehr entschiedene Urteile gefällt, obwohl auf einer eher dürftigen Informationsbasis. Projektion erweckt den Eindruck, man habe mehr Informationen, als es tatsächlich der

Fall ist. Außerdem können durch Begegnungen, Verabredungen und erste sexuelle Kontakte heftige verschüttete Gefühle ausgelöst werden. Nicht immer sind uns die Empfindungen, die wir geweckt haben, willkommen, und wenn wir unangenehm berührt sind, wächst die Wahrscheinlichkeit von Projektionen.

Die entscheidende Frage ist: Wie läßt sich eine Projektion erkennen? Wie sollen Sie entscheiden, ob er über Sie spricht oder in Wirklichkeit sich selbst beschreibt?

Die Antwort ist schwer zu akzeptieren: Es ist unmöglich. Sie können nie mit Sicherheit entscheiden, ob Ihr Partner ausschließlich auf Sie reagiert oder ob er projiziert. Denn in der Regel projizieren wir nicht blindlings. Wir suchen uns Ziele, die dem entgegenkommen. In unserem Beispiel mag Martin seine eigenen sexuellen Impulse durchaus projiziert haben, aber es trifft auch zu, daß Ruth zu fordernd aufgetreten war. Wie könnte da Ruth entscheiden, wo die Wahrheit über Martin endet und ihre eigene beginnt?

Als Faustregel kann man sich merken, daß jegliches persönliches Urteil in der Frühphase einer Beziehung ein gewisses Maß an Projektion und ein gewisses Maß an Realität enthält. Ihre nicht eben leichte Aufgabe besteht darin, das Verhältnis der Anteile herauszufinden.

Je deutlicher Sie sich über die Macht der Projektion im klaren sind, desto weniger werden Sie noch geneigt sein, nach dem oder der einzig Richtigen zu suchen. Sie werden merken, wie lange es braucht, um die Grenzen auszumachen zwischen dem, der man ist, und dem, den man liebt. Wer den Projektionsmechanismus durchschaut hat, braucht auch nicht mehr so unerbittlich gegen sich und den Partner zu sein.

Sind Sie in der Zeit des Werbens etwas verwirrt, verletzt oder beleidigt, dann denken Sie daran, daß Sie es möglicherweise mit Projektionen zu tun haben. Sie müssen nur innehalten und sich sagen: «Moment mal, vielleicht muß ich das gar nicht so persönlich nehmen.»

Das soziale Drama der Liebeswerbung

Wenn die Werbung nicht persönlich zu verstehen ist, dann müssen wir einsehen, daß sie auch nicht jedesmal von den beiden, die sich da begegnen und fortan auf Freiersfüßen wandeln, aufs neue erfunden wird. Tatsächlich hat der Verlauf dieses Prozesses überraschend wenig mit den Beteiligten zu tun. Die Entwicklung einer Beziehung – von der dritten Verabredung zum Treffen mit den Freunden, der Familie usw. – ist so festgelegt und ritualisiert wie das Tennisspiel. Wie dort sind es immer die gleichen Regeln, gleichgültig wer den Auf- und wer den Rückschlag macht.

Wie zögernd oder begeistert Sie sich auch für einen Partner entschieden haben, von da an sind Sie beide in eine Art soziales Drama verstrickt, in dem Ihnen beiden eine Rolle zukommt. Ihre Freunde und Familien besetzen die anderen Parts, wobei viele von ihnen (oft genug zum Nachteil des Paares) tragende Rollen bekommen.

Unabhängig davon, welchen Partner Sie wählen – das Stück selbst verfügt über eine bestimmte Struktur, einen bestimmten dramaturgischen Aufbau. Bevor der Vorhang fällt, gibt es drei Akte mit einigen Aufzügen, die so tief in der Tradition verwurzelt und so unentbehrlich sind, daß ein Gefühl der Unvollständigkeit entstünde, ließe man sie aus (so etwa der erste sexuelle Kontakt, die Einführung in den Freundeskreis, die erste gemeinsame Anschaffung). Das Stück bringt auch eine Reihe von Krisen (die erste Auseinandersetzung, das Abflauen der Leidenschaft, unversöhnliche Meinungsverschiedenheiten), durch die jedes Paar hindurch muß, ganz gleich, wie sehr die beiden auch füreinander bestimmt sein mögen.

Dieses soziale Drama, in das Sie von der ersten Verabredung an unwissentlich hineinschlittern, ist das Ritual der Liebeswerbung.

Die Stadien des Werbens lassen Ihnen Raum als Individuum, während Sie zugleich in eine Zweierbeziehung hineinwachsen. Sie müssen sich ihr nahe, sich aber auch eigenständig und unabhängig fühlen können. Sie müssen ihm vertrauen, aber auch die Zeiten durchstehen können, in denen er Sie enttäuscht. Sie müssen sie bewundern, dürfen darüber aber das Selbstwertgefühl nicht vernachlässigen. Sie müssen sich geliebt und akzeptiert fühlen, aber auch Kritik annehmen können. Vor allem aber müssen Sie ängstliche Unsicherheit aushalten können, die jeder bis zu einem gewissen Grad im Laufe dieses Prozesses durchlebt. Wie Sie sehen werden, ist das Ritual der Liebeswerbung flexibel genug, um diesen gelegentlich widersprüchlichen Bedürfnissen gerecht zu werden.

Die Erkenntnis, daß die Liebeswerbung keine Sache persönlicher Überlegungen ist, hat einen sehr positiven Effekt: Sollte Sie etwas verwirren oder verletzen, können Sie es aus dieser Sicht als notwendiges Entwicklungsstadium Ihrer Beziehung begreifen. Ein schwieriges Stadium ist erheblich leichter zu akzeptieren als eine persönliche Ablehnung.

Nehmen wir Barbara, Ende dreißig, Einkäuferin in der Modebranche. Sie ist deprimiert, weil sie keine dauerhaften Beziehungen zu «Männern, die ich will» zustande bekommt. Sie kann nur die Männer halten, «an denen mir überhaupt nichts liegt». Barbara nimmt psychotherapeutische Hilfe in Anspruch, um herauszufinden, ob sie sich neurotisch von unreifen Männern angezogen fühlt oder irgendeine fürchterliche Eigenart hat, die von den «Guten» bemerkt und abgelehnt wird.

Die nähere Betrachtung ihrer Beziehungen machte eines überdeutlich: Barbara hakte fest in ihrer Überzeugung, Liebe sei mit Nähe und Ablehnung mit Distanz gleichzusetzen.

Tatsächlich aber gehört, wie ich im siebten Kapitel zeigen werde, die gelegentliche Distanz als ein natürlicher, ja notwendiger Moment zur Liebeswerbung. Barbaras Partner zogen sich nicht deshalb ein wenig zurück, weil mit ihr etwas nicht stimmte oder weil sie die falschen Liebhaber waren, sondern weil sie einfach wie Partner in einer Liebesbeziehung empfanden und Partner eben manchmal ein bißchen Abstand brauchen. Es ist ein Stadium – *nichts Persönliches*.

Distanzierung ist bei Barbara ein besonders wunder Punkt, weil sie in ihr die Angst hervorruft, abgelehnt zu werden. Sie muß begreifen, daß die Distanzierung eines Mannes weniger mit ihr oder ihm zu tun hat, sondern auf ein bestimmtes Stadium der Beziehung zurückzuführen ist.

Richard, ein hochintelligenter achtundzwanzigjähriger Ingenieur, litt unter einer ähnlichen Wahrnehmungsverzerrung, die zu Selbstzweifeln und schließlich zur Vereinsamung führte. Er meinte eine ganz realistische Vorstellung von der einzig Richtigen zu haben. Richard war es besonders wichtig, daß das *Gefühl* ihr gegenüber stimme – Liebe wollte er empfinden, Bewunderung, Achtung, Freude und sexuelle Erregung, alles Gefühle, die man getrost von einer Liebesbeziehung erwarten darf.

Nicht vorbereitet war Richard auf eine Krise voller Zweifel, die gewöhnlich zwischen dem vierten und sechsten Monat einer Beziehung erstmals auftritt.

Richard deutete seine Zweifel als einen Hinweis dafür, daß er sich für die Falsche entschieden habe. Tatsächlich führt im allgemeinen nach der ersten Verliebtheit eine sehr kritische Prüfung des anderen zu Zweifeln. Doch sie berühren nicht wirklich Sie oder Ihre Wahl, sie sind ein Stadium – *nichts Persönliches*.

Richard wie Barbara gingen falsch mit den ganz natürlichen Erscheinungen der Liebeswerbung um. Sie mißverstanden das rituelle Element des Prozesses.

Ein Ritual wird definiert als «festgelegte, formalisierte Handlungssequenz, die sich auf ein angestrebtes Ziel richtet». Das Wort «festgelegt» läßt auf bestimmte Regeln schließen, und tatsächlich gibt es solche in der Liebeswerbung, mögen sie auch noch so versteckt sein. «Handlungssequenz» heißt, bezogen auf unseren Kontext, daß die Entstehung einer Partnerschaft in vorhersagbaren Stadien abläuft; sie folgen einer bestimmten Ordnung und lassen sich nicht überspringen.

Im klassischen Verständnis ist das «ersehnte Ziel» der Liebeswerbung die Heirat, wie auch immer Sie selbst dazu stehen. Sie müssen bedenken, daß die Werbung ein *soziales* Ritual ist. Sie ist eine von der Gesellschaft geschaffene Einrichtung nach deren Bedürfnissen. Die Gesellschaft möchte Sie verheiratet sehen. Durch Heirat bilden sich Familien, in denen werden Kinder geboren, die heranwachsen und den Zyklus fortsetzen. Damit das Ganze nicht ins Stocken gerät, richten Gesellschaften die eine oder andere Version der Liebeswerbung ein.

Auch wenn das Ritual des Werbens den Zweck hat, Sie zu

verheiraten, können Sie natürlich ganz anderes im Sinn haben. Sie nehmen viel an ihm teil, obwohl ihre Einstellung zu diesem Ziel von Ungewißheit bis zu blankem Entsetzen reicht.

In einigen Merkmalen unterscheidet sich die Liebeswerbung von anderen Ritualen unseres Lebens. Zum einen sind ihre Regeln nicht eindeutig definiert. Das haben Sie gemerkt, als Sie sich zum erstenmal den Kopf darüber zerbrachen, ob Sie ihn zuerst anrufen sollten oder es angebracht sei, nach ihrem Nein noch einmal um ein Treffen zu bitten. Da haben Sie sich nach Regeln gesehnt und Freunde gefragt, in der Hoffnung, daß sich wenigstens ein Konsens finden lasse.

Zum anderen sind auch die offenen Regeln der Liebeswerbung schwer zu erkennen, weil sie seit einigen Jahren in heillose Verwirrung geraten sind. Zum Beispiel besagte eine traditionelle Regel: Er ist hinter ihr her, bis sie ihn einfängt.

Heute ist das problematisch geworden. Plötzlich hat es den Anschein, als könnte auch sie hinter ihm her sein, soweit es ihr gefällt. Wenn ihr auch nicht ganz wohl dabei ist und ihm genausowenig... obwohl ihm ja der Gedanke zusagt, daß die Kosten geteilt werden, und er eine sexuell offensive Frau erotisch findet... ausgenommen in den Momenten, da er sich bedrängt fühlt und sie zudringlich findet... obwohl sie alles andere als zudringlich sein wollte, Gott bewahre... und jetzt hat sie es satt, stets die Initiative übernehmen zu müssen: hätte sie doch nur einen Mann kennengelernt, der die Dinge selbst in die Hand nimmt... wenn solche Männer auch dazu neigen, sie ein bißchen zu sehr herumzukommandieren, so daß sie nun wieder nicht ganz sicher ist... genausowenig wie er... weshalb sie beide meinen, daß sie sich irgendwie durchwursteln werden. So sieht es gegenwärtig mit den traditionellen Regeln der Liebeswerbung aus.

Denn schließlich sind Sie, wie auch immer die Regeln des Werbungsrituals lauten, niemals richtig in ihnen unterwiesen worden. Gerade die vieldeutige und unausgesprochene Natur dieser Regeln bewirkte jene Veränderungen in der Liebeswerbung während der letzten beiden Generationen. Das Ritual des Tennisspiels hat sich dagegen seit 1895 nur unwesentlich verändert!

Vor allem aber ist es der Mythos vom einzig Richtigen, der die Bereitschaft hemmt, Menschen die Regeln der Liebeswerbung zu vermitteln. Wir *wollen* gar nicht Bescheid wissen. Uns gefällt die Vorstellung, da seien geheimnisvolle, magische Kräfte am Werk, nur zu gut. Und wir sind wie verliebt in das Gefühl, nie zuvor hätten jemals zwei Menschen so empfunden wie wir.

Manche Menschen können die Liebeswerbung nur dann als Ritual und nicht als eine höchst persönliche Ausdrucksform der Liebe empfinden, wenn sie dieser Erfahrung einen Teil ihrer Besonderheit nehmen. Ich hoffe, Sie gehören nicht zu diesen Leuten. Wissen *ist* Macht, und Liebe ist ein Wunder, ganz gleich, wie bewußt Sie sich verhalten. Bewahren Sie sich die Romantik in jeder Hinsicht, aber lassen Sie nicht zu, daß sie Ihrem Glück im Wege steht.

Die Maxime «Nimm es nicht persönlich» verlangt von uns ein gründliches Umdenken in Sachen Liebeswerbung. Seien Sie darauf vorbereitet. Wahrscheinlich wird es Ihnen schwerfallen, sich daran zu erinnern, denn wenn Sie erst von Ihren Gefühlen überwältigt sind, fallen Sie allzu leicht in die alten Muster – geben dem anderen die Schuld, machen sich Vorwürfe oder ziehen sich darauf zurück, daß es eben nicht Herr oder Frau Richtig war. Dann wird es höchste Zeit, sich zu vergegenwärtigen, daß man das Ganze nicht so persönlich nehmen darf. Vielleicht haben Sie – oder Sie beide – nur projiziert. Vielleicht befinden Sie sich gerade in einem schwierigen Stadium, das durchgestanden werden muß. Entscheiden Sie im Zweifelsfall zu Ihren und Ihres Partners Gunsten. Die Liebe ist es allemal wert.

«Nehmen Sie es nicht persönlich» soll Ihnen helfen, eine positive Einstellung zu bekommen – nicht eine selbstzerstörerische. Falschheit oder Gemeinheit von seiten des Partners dürfen Sie so nicht rechtfertigen. Die Quintessenz ist *nicht*: «Steck alles ein, dann findest du die große Liebe!» Das ist ein todsicheres Rezept für Unglück. «Nehmen Sie es nicht persönlich» enthält einen anderen Rat: «Treten Sie einen Schritt zurück und betrachten Sie die Situation mit klarerem Blick. Sie werden dann besser für sich selbst sorgen können.»

Wenn Sie möchten, daß Ihr Werben zu etwas führt, statt immer wieder von vorn zu beginnen, dann müssen Sie die Grundbedingungen einer glücklichen Liebesbeziehung lernen.

Glücklich ist eine Liebesbeziehung, wenn Sie so mit ihr umzugehen verstehen, daß sie Ihnen beiden die größtmögliche seelische Zufriedenheit gibt. Aus einer solchen Beziehung kann sich eine gereifte Liebe entwickeln, in der beide bereit sind, weiterreichende Verpflichtungen einzugehen und ihr Leben zu teilen. Glücklich bedeutet hier also nicht, den einzig richtigen Partner zu finden, sondern die richtige Beziehung herzustellen. Das ist unendlich viel leichter, wenn Sie eines nicht vergessen: «Nehmen Sie es nicht persönlich!»

Sag mir, warum liebst du mich

Ein Buch über Liebeswerbung ist ein Buch über Ambivalenzen. Solange Sie dieses Phänomen nicht verstehen, irritieren Sie auch die Verwirrungen während der Liebeswerbung.

Mit Ambivalenzen bezeichnet man das gleichzeitige Auftreten widersprüchlicher Gefühle, etwa wenn man etwas möchte und genauso nicht möchte. In der Liebeswerbung sind Sie meistens dann ambivalent, wenn Sie frustriert die Hände über dem Kopf zusammenschlagen, weil Ihnen einfach nichts recht zu sein scheint.

Diana empfindet Michaels Nachstellungen als lästig. Seit der dritten Verabredung ruft er nun jeden Abend an, und jedes Wochenende möchte er sich mit ihr treffen. Sie ist einer Beziehung nicht abgeneigt, doch Michael kommt ihr fordernd und aufdringlich vor. Er tut bereits so, als sei sie für ihn verfügbar. Diana weicht aus und wimmelt alle weiteren Verabredungen ab. Michael scheint begriffen zu haben und ruft nicht mehr an. Merkwürdigerweise fängt Diana nun an, ihn zu vermissen. – Ambivalenz.

Bettina stellt Tom, mit dem sie seit einem halben Jahr zusammenlebt, ein Ultimatum: «Entweder bekomme ich zum Valentinstag einen Verlobungsring, oder es könnte sein, daß du mich hier nicht mehr lange siehst.» Tom erscheint mit einem wunderbaren Solitär von zwei Karat. Bettina möchte sich so gern freuen – endlich! Statt dessen hat sie plötzlich Angst. Er ist ihr so fremd, und nun sitzt sie in der Falle. – Ambivalenz.

Christoph hat nicht das geringste an Juliane auszusetzen,

umgänglich und hübsch wie sie ist. Seine Freunde reden ihm gut zu, und die Familie kann es nicht erwarten. Christoph liebt seine Freundin, doch bei dem Gedanken an eine Ehe sieht er Stahltüren hinter sich zuschnappen. Er möchte Juliane nicht verlieren, aber es gibt noch so viele unentdeckte hübsche Frauen auf der Welt, und die möchte er auch nicht verlieren. – Ambivalenz.

Ambivalenz: das emotionale Tauziehen in der Liebeswerbung

Sie wußten ganz sicher, was Sie fühlen würden, wenn es der oder die Richtige ist. Und was fühlen Sie statt dessen? Anfälle von Zweifel, Sehnsuchtsschübe und dazwischen immer wieder Phasen ruhiger Gewißheit. Manchmal nehmen Sie sogar an dieser Ruhe Anstoß, weil Sie davon ausgehen, daß wirkliche Leidenschaft nie so geruhsam daherkäme.

Warum? Woher kommt diese Ambivalenz?

Die Ironie der menschlichen Natur will es, daß wir uns in gleichem Maße nach Bindung wie nach Freiheit sehnen. Diese im menschlichen Wesen begründete Polarität ist die Wurzel der Ambivalenz in der Liebeswerbung.

Wir sehnen uns nach Bindung, weil wir aus dem «Gefängnis des Alleinseins», wie Erich Fromm es nennt, erlöst werden wollen. Wir brauchen Nähe, Wärme, Liebe aus einer verläßlichen, am liebsten unversiegbaren Quelle. In unserer Gesellschaft lassen sich diese Bedürfnisse am leichtesten befriedigen, indem man eine feste Paarbindung eingeht.

Genauso leidenschaftlich wie nach Bindung verlangen wir nach Freiheit: Um die Grenzen unserer Fähigkeiten ausloten und die Möglichkeiten des Lebens uneingeschränkt ausschöpfen zu können, um für die Liebe anderer verfügbar zu sein und uns nach Lust oder Laune darauf einlassen zu können, wollen wir ungebunden sein.

Diese Bipolarität unseres Gefühlslebens – hin- und hergerissen zwischen Ungebundenheit und Bindung – bildet eine psychische Zwickmühle. In manchen Entwicklungsstadien, zum

Beispiel der Adoleszenz, tendieren wir sehr stark zur Ungebundenheit, um uns genügend Raum für die Entwicklung zu Individuen zu schaffen. In anderen Lebensphasen, etwa im frühen Erwachsenenalter, streben wir wieder nach Bindung, nach einem Partner, nach der Gründung einer Familie.

Manche Menschen neigen zeit ihres Lebens deutlich dem einen oder dem anderen Extrem zu. Wir alle streben entweder stärker zu Bindungen oder zur Ungebundenheit. Solche Neigungen prägen unsere Lebensgeschichte, denn sie entscheiden über unsere Partner und die Form unserer Beziehungen.

Diese ambivalente Gespaltenheit herrscht nicht nur im einzelnen Individuum, sondern auch zwischen den Geschlechtern. Erst bringen wir dem Jungen und dem Mädchen eine Vorliebe für eines der beiden kollidierenden Bedürfnisse bei, und dann schicken wir Mann und Frau in die Ehe, wo ihre unterschiedlichen Erwartungen hart aufeinanderprallen. In diesem Konflikt vertreten Frauen meistens das Bedürfnis nach Bindung – so wie sie es im Sozialisationsprozeß nach wie vor lernen: eher Abhängigkeit und Nähe zu suchen, Zuwendung und Geborgenheit zu bieten. Männer verteidigen mehr das Recht auf Ungebundenheit und Individualität. Haben sie doch im Gegenzug Freiheit, Unabhängigkeit und Risiko schätzen gelernt.

Die Liebeswerbung wird zur ersten Arena, in der die Geschlechter um einen gemeinsamen Nenner raufen. Was beide Seiten weiterhin zur Liebeswerbung bewegt, ist das gemeinsame Bedürfnis nach Bindung. Beide spüren sie aber auch Widerstände gegen das Ziel des Werbens, weil sie ihre Freiheit bis zu einem gewissen Grad bewahren möchten. Das Ergebnis ist der permanente emotionale Unterton der Liebeswerbung: Ambivalenz.

Das kann ein schreckliches Erlebnis sein. Wer auf die emotionale Achterbahn der Ambivalenz gerät, der kommt nicht nur mit seinem Selbstvertrauen, sondern auch mit seinem Selbstverständnis ins Schleudern. Sie sind darauf geeicht, Gewißheit zu erlangen, doch gerade daran hapert es immer wieder. Sie suchen Rat bei Freunden, der Familie, den Sternen. Jedesmal, wenn etwas für die eine Auffassung spricht, ertappen Sie sich dabei, wie Sie die andere verteidigen («Ja, aber...»). Das tut weh.

Man empfiehlt Ihnen, die Beziehung lieber aufzulösen, wenn Sie sich in bezug auf den Partner nicht ganz sicher seien. Im anderen Fall weist man Sie eindringlich darauf hin, daß Sie das große Los gezogen haben und töricht wären, wenn Sie die Chance vertäten. Manchmal wird eine gute Freundin in Ihre Zwickmühle mit hineingezogen, wo sie dann, wie das Spiegelbild Ihrer eigenen Zerrissenheit, von einer Position zur anderen schwankt.

Natürlich verfällt nicht jede Werbung in solche Extreme. In der Entstehungsphase einer Liebesbeziehung kann die Ambivalenz einen ständigen Kampf bedeuten oder ein kurzes Tief, aus dem beide mit dem Entschluß zu einer festen Bindung hervorgehen. Manchmal ist die Ambivalenzkrise beiden bewußt, ein andermal äußert sie sich nur in unauffälligen Symptomen, die man leicht übersieht.

Wenn die Ambivalenz gering ist, neigen wir zu dem Glauben, wir seien dem Richtigen begegnet beziehungsweise unsere größere Sicherheit sei auf den Erwählten zurückzuführen. Das stimmt zum Teil, aber eben nur zum Teil. Die Beweggründe für eine Beziehung liegen ebensosehr in uns selbst wie in dem anderen.

Das klingt einleuchtend, oder? Fragen Sie jemanden, wie und warum er sich verliebt habe, und er wird sagen: «Ich weiß nicht, es war irgendwas an ihr...» Gewiß, aber er hätte mit der gleichen Berechtigung hinzufügen können: «Es war zu diesem Zeitpunkt auch irgend etwas mit *mir*.» Und dieses Etwas heißt *Bereitschaft*.

Bereitschaft ist ein innerer Prozeß, der als psychischer Katalysator einer Bindung den Weg bereitet. Er läßt die Waagschalen der Ambivalenz sich zugunsten einer festen Beziehung neigen, oft noch bevor Sie Ihrem Partner überhaupt begegnet sind. In der zweiten Hälfte dieses Kapitels werde ich ausführlich auf das Thema Bereitschaft eingehen. Sie sollten sich ihm mit besonderer Aufmerksamkeit zuwenden, wenn Sie:

- sich immer in dem Moment einem Kontakt entziehen, wo Sie merken, daß der andere an Ihnen interessiert ist;
- mitten in der schönsten Liebesbeziehung quälende Zweifel lähmen;
- in der Regel Partner wählen, die sich nicht festlegen wollen, die auf ihre Freiheit und Ungebundenheit pochen und Ihre Erwartungen zurückweisen.

Bereitschaft ist nicht der einzige Weg, die Ambivalenz zu lösen. Manchmal neigen sich die inneren Waagschalen so deutlich, daß nicht beide Partner einhellig sagen könnten: «Laß uns zusammenbleiben.» Man kann jemanden sehr lieben und doch an der Ambivalenz scheitern (genauso wie man trotz einer nur moderaten Zuneigung zu seinem Partner von der eigenen Bereitschaft in eine Ehe hineingezogen werden kann).

In diesem Falle, wenn von innen nichts den Ausschlag zu geben vermag, halten sich die Menschen oft an irgendwelche äußeren Ereignisse. In der Regel werden diese als zufällige Umstände erlebt. In Wirklichkeit enthalten sie oft ein starkes Element persönlicher (wenn auch unbewußter) Mitwirkung. Wir ersinnen Schliche, mit denen wir uns selbst austricksen und zum Handeln zwingen.

Das klassische äußere Ereignis, das einen widerstrebenden Mann oder auch eine unschlüssige Frau «zwingt», sich zu entscheiden, ist die Schwangerschaft. Wer heutzutage wegen eines Kindes zusammenbleibt, wird zwar nicht mehr moralisch verurteilt, aber doch gelegentlich mit leicht spöttischer Skepsis betrachtet. Die Partner sind nicht selten selber enttäuscht, daß sie sich nicht von selbst – eben aus Liebe – gebunden haben, sondern durch eine «zufällige» Gegebenheit dazu gezwungen sahen.

Ein solches Paar sind Frank und Susanne. Frank konnte sich beim besten Willen nicht mit der Vorstellung einer Heirat anfreunden. Susanne dagegen hatte den Zustand bloßen Zusammenlebens endgültig satt.

Frank und Susanne lebten seit einem Jahr zusammen und stritten seitdem meistens über die Frage einer verpflichtenden

Bindung. Sie setzten vage Hochzeitstermine fest, die er stets platzen ließ, wenn es Zeit wurde für konkrete Pläne. Er liebte Susanne aufrichtig und litt unter ihren Drohungen, ihn zu verlassen. Susanne war nur noch sauer und unzufrieden, hing aber zu sehr an ihm, um einfach auszuziehen. Er fand, sie meckere zuviel, dränge und piesacke ihn ständig, nur weil er noch nicht bereit war. Sie fand, er sei rücksichtslos, unreif und nicht willens, sich aufrichtig mit ihrer Situation auseinanderzusetzen. Monatelang steckten sie in dieser Sackgasse.

Und was passierte? Susanne wurde schwanger, als sie eines Nachts – wie schon so oft – nicht warten konnten, bis Susanne das Pessar eingesetzt hatte. Sie beharrte darauf, dieses Kind zu bekommen, ob Frank sie nun heiraten werde oder nicht. Plötzlich war auch für Frank die Sache klar. Da gab es keine Qual der Wahl, und die Hochzeit wurde festgesetzt.

Es gibt noch ein P. S. zu dieser Geschichte, obwohl sie noch nicht ganz zu Ende geschrieben ist. Die beiden feierten ein strahlendes Hochzeitsfest im Kreise der Familie und Freunde, als die Braut im vierten Monat war. Frank wirkte so zufrieden, entspannt und stolz, daß niemand hätte ahnen können, welche Quälerei dem vorausgegangen war.

Das ist nun drei Jahre her, ihre Tochter ist zweieinhalb. Bei allen gelten sie als solides Paar, das sich liebt, gelegentlich kabbelt und eine Zukunft aufbaut – und sie sehen sich genauso. Gegenwärtig erwägen sie, ob sie ein zweites Kind haben wollen. Die schwierige Zeit von Franks Ambivalenz liegt hinter ihnen.

Doch es gibt auch eine Schattenseite. Frank und Susanne konnten sich nie ganz damit abfinden, wie es zu ihrer Verbindung kam. Susanne fürchtet, sie könnte Frank doch zur Heirat gezwungen haben. Er spricht zwar nicht darüber, tatsächlich aber sieht er es so. Er mag sich nicht eingestehen, daß er erst eine bestimmte Situation schaffen mußte, mit der er seine Ambivalenz überwinden konnte. Daß er so unfähig ist, seinen Teil der Verantwortung anzuerkennen, beeinträchtigt ihre Kommunikation. So ist sie sich seiner Liebe nie ganz gewiß und fühlt sich nicht vollkommen aufgehoben.

Das Problem der beiden liegt weniger darin, wie es zur Eheschließung kam, als vielmehr in ihrer Interpretation der Umstände, die dazu führten. Sie plagen sich mit dieser überflüssigen Altlast herum, weil ihnen nie klar wurde, welche Rolle die Ambivalenz in der Liebeswerbung spielt.

Das Phänomen der zufälligen Schwangerschaft wurde hier so ausführlich beschrieben, weil sie seit jeher der beliebteste äußere Umstand zur Überwindung von Ambivalenz ist.

Aber sie ist beileibe nicht der einzige.

Äußere Ereignisse, die eine Liebeswerbung vorantreiben oder scheitern lassen können, sind unter anderem:

- Das Auslaufen eines Mietvertrags
  («Soll ich den Vertrag verlängern oder bei dir einziehen?»)
- Der Auszug eines Mitbewohners
  («Ich muß mir wegen der Miete sowieso jemanden suchen, der bei mir einzieht. Hättest du nicht Lust?»)
- Der berufs- oder ausbildungsbedingte Umzug
  («Ich muß die Stadt verlassen. Kommst du mit?»)
- Die Erkrankung eines Elternteils
  («Meiner Mutter bleibt nicht mehr viel Zeit. Ich möchte, daß sie meine Hochzeit noch erlebt.»)
- Der Druck der Familie
  («Unsere Eltern machen uns noch verrückt. Lohnt es sich, dagegen anzugehen?»)
- Karriereknick, Arbeitslosigkeit, Unzufriedenheit mit dem Beruf
  («Ich brauche irgendwo Beständigkeit in meinem Leben. Vielleicht bekäme ich durch eine Ehe wieder festen Boden unter die Füße.»)

Wie im Beispiel der «zufälligen Schwangerschaft» helfen wir manchmal unbewußt nach Kräften mit, jenen äußeren Umstand zu schaffen oder auszunutzen, der der Beziehung eine festere und klarere Form gibt. Wir bauschen den auslaufenden Mietvertrag oder die berufliche Veränderung zum «Notfall» auf, um damit unsere eigentliche Hürde, die Ambivalenz, zu nehmen. Erinnern Sie sich: Die Liebeswerbung ist nichts Persönliches. Und als natürlicher Zustand während dieser Liebeswerbung ist die Ambivalenz ebensowenig etwas Persönliches. Sie bedeutet nicht etwa, daß Ihre gegenseitige Liebe weniger echt, tief oder wahrhaftig wäre. Die Liebe ist einer der Beweggründe, warum wir uns binden, sie überwindet aber nicht automatisch all unsere Ängste vor einer Bindung.

Was hat Liebe damit zu tun?

Haben Sie nicht auch erwartet, daß die Liebe eines Tages einfach vom Himmel fällt? Haben Sie nicht auch geglaubt, was man uns als Kindern erzählt hat: «Eines Tages wirst du groß sein, dich verlieben und heiraten»? Eine erstaunlich naive Sicht. Die Vorstellungen und Mythen über Lieben, Verliebtsein und wahre Liebe stehen für das ganze Spektrum möglicher Erklärungen für das Verhalten während der Liebeswerbung.

Das eine Extrem bildet die äußerst romantische (für manche auch sentimentale und törichte) Überzeugung, die Liebe sei Ziel und höchste Vollendung aller Beziehungen. Liebe ist eine Zaubermacht, schlägt ein wie der Blitz oder kommt aus heiterem Himmel; wenn sie jedenfalls erst mal da ist, dann schafft sie alle Ungewißheit und Zweifel aus der Welt. Die Anhänger dieser Vorstellung glauben, daß man «es einfach weiß», wenn man jemanden liebt. Und wenn jemand nicht zu einer Partnerschaft oder Ehe bereit ist, dann «liebt er mich eben nicht wirklich». Kurzum, die Liebe muß überwältigen, im Sturm erobern – und wenn das nicht geschieht, dann ist es eben keine.

Für das andere Extrem steht die überaus pragmatische (für manche auch zynische und kalte) Auffassung, die Liebe sei eine Illusion. Demnach ist Liebe ein Codewort, eine vereinfachende, aber praktische Worthülse für das komplizierte Zusammenwirken von Faktoren, die uns zu Partnerschaft oder Heirat veranlassen – Faktoren wie Bereitschaft, Ängstlichkeit, Lust, hormonelle Wirkung, Verfügbarkeit, sozialer Druck, das Passen zum Partner oder emotionale Bedürftigkeit. Zusammen genommen ergeben sie unsere zielstrebige Ausrichtung auf einen Partner. Der Pragmatiker behauptet, es sei einfach angenehmer, sich zu sagen, man liebe.

In diesem Buch liegt der Standpunkt irgendwo dazwischen. Liebe ist nicht entscheidend für den erfolgreichen Ausgang der Liebeswerbung. (Viel entscheidender ist die beiderseitige Bereitschaft.) Aber natürlich spielt die Liebe eine wichtige Rolle. Wir bemühen uns mit Hilfe des Werbens um eine feste Beziehung, weil wir lieben und geliebt werden möchten. Wir hoffen, daß die Liebe mit einer solchen Bindung einen Schonraum erhält, in dem sie wachsen und gedeihen kann.

Liebe ist einer der Gründe, warum wir um jemanden zu werben beginnen und warum wir damit fortfahren. Natürlich ist sie ein ganz besonderer Beweggrund. Die Sonderstellung der Liebe läßt sich vielleicht am besten verstehen, wenn Sie eine klare Einschätzung der anderen Bedürfnisse und Wünsche bekommen, die unter Umständen eine Liebeswerbung in Gang halten.

Die Frage, was Sie, abgesehen von der Liebe, zu einer Partnerschaft bewegt, ist möglicherweise sehr unbequem. Das schmeckt nach unlauterer Einflußnahme. Und nicht zuletzt auch deswegen glauben wir lieber an das Geheimnis der Liebe, an die magische Anziehung, den Blitzschlag. Das enthebt uns der Verantwortung gegenüber dem Gefühl, wir benutzen möglicherweise andere Menschen dazu, unsere Bedürfnisse zu befriedigen.

In einer Paartherapie wurde Tim gefragt, aus welchen Gründen er Rita ursprünglich geheiratet habe. Möglicherweise ließ sich dadurch mehr über ihre gegenwärtigen Probleme erfahren. Er blockte ab. Er war nicht in der Lage, sich dieser Frage zu stellen. «Das ist komisch, denn ich halte mich nicht gerade für einen Romantiker. Gedichte oder Romane interessieren mich nicht. Nur in diesem einen Bereich ertrage ich die Vorstellung nicht, es könnte da noch irgendeine Absicht oder ein Bedürfnis geben, außer der Liebe und dem Wunsch, sie zu heiraten. Da hätte ich gleich das Gefühl, ich würde Rita benutzen.»

Tatsächlich heiraten wir den, den wir heiraten, in dem Moment, da wir heiraten, aus vielen Gründen. Sich seine Bedürfnisse bewußt zu machen, kann nur helfen, sie auch zu befriedigen. Es genügt nicht, jemanden so zu lieben, daß man ihn oder sie heiraten möchte. Man muß auch bis zu einem gewissen Grade das Bedürfnis verspüren, verheiratet sein zu wollen.

Die Beweggründe der Liebeswerbung

Sie können – neben der Liebe – noch viele Gründe dafür haben, eine Liebeswerbung beginnen oder abschließen zu wollen. Einige dieser Motive sind einer Bindung förderlich, andere lassen sie «durchknallen». Wir alle sind komplizierte Gefüge aus diesen Regungen, und jeder ist anders ausbalanciert.

Was am stärksten zu einer dauerhaften Beziehung motiviert, ist ein bestimmter Reifegrad unserer persönlichen Entwicklung. Diese Entwicklungsstufe erreicht zu haben, ist wahrscheinlich der beste Grund, das Ritual des Werbens zu erfüllen – eine Partnerschaft einzugehen. Darüber hinaus bietet es wohl die beste Voraussetzung für eine anspruchsvolle Beziehung. Unser seelisches Vermögen, enge Beziehungen zu anderen Erwachsenen zu unterhalten, wächst mit dem Alter. Als Kinder sind wir mit unseren Eltern innig verbunden. Eine wichtige Aufgabe des Heranwachsens besteht in der Auflösung dieser Verbindung. Wir müssen unabhängige Erwachsene werden und ein Identitätsgefühl als eigenständige Persönlichkeiten entwickeln. Wenn wir diese Anforderung einigermaßen bewältigt haben, versuchen wir uns an der nächsten Aufgabe, nun des Erwachsenenalters: der Wahl eines Partners, mit dem wir eine eigene Familie gründen und so den Zyklus des Lebens fortsetzen.

Das Bedürfnis nach einer engen und dauerhaften Beziehung, nach einem gemeinsamen Leben mit einem anderen, gehört zur natürlichen geistig-seelischen Entwicklung des Menschen. Natürlich heißt jedoch nicht in jedem Falle auch zwangsläufig. Wir erreichen nicht alle diese Entwicklungsstufe, und ganz gewiß erreichen wir sie nicht alle im gleichen Alter. Außerdem äußert sich dieses Bedürfnis selten so einfach. Wir verspüren den starken Wunsch, jemandem nahe zu sein, phantasieren dabei jedoch eine vollkommene Liebe, ohne jegliche Auseinandersetzung. Wir sehnen uns danach, zur Ruhe zu kommen, fühlen plötzlich aber einen unwiderstehlichen Drang, uns zu amüsieren, böse zu sein, ein Kind zu bleiben, zur Mutter zurückzukehren, mit einer Fremden zu schlafen, auch jedwede Kombination dieser Regungen. Abermals haben wir es mit Ambivalenz zu tun.

Reife ist kein Endpunkt, kein Gipfel, den man erklimmt oder nicht. Reife erlangt man vielmehr graduell. Einige lösen sich erst im Laufe ihrer Partnerschaft ganz von den Eltern. Andere beginnen diesen Prozeß überhaupt erst mit der Eheschließung. Und manche heiraten vor allem, um den Erwartungen ihrer Eltern zu entsprechen – die Ehe ist dann eine der Trophäen, die ihre gute Stube zieren.

Reife ist demnach ein Ideal. Es kann viele andere Beweggründe für eine Bindung geben:

- der Wunsch, zu Hause auszuziehen
- der Wunsch, ein Kind zu haben
- der Wunsch, finanziell abgesichert zu sein
- der Wunsch, einen sicheren, verfügbaren Sexualpartner zu haben
- das Bedürfnis nach Zuwendung oder danach, selbst jemandem Zuwendung schenken zu können.

All diese Motive treiben Sie über die Hindernisse der Liebeswerbung hinweg dem erhofften Ziel entgegen, ob dies nun eine enge, verläßliche Partnerschaft ist (wie im Fall der entwicklungsbedingten Reife), eine funktionale Bindung (etwa um ein Kind oder ein neues Zuhause zu ermöglichen) oder eine Abhängigkeitsbeziehung (wenn man beispielsweise jemanden braucht, der all das übernimmt, was man für sich nicht tun kann oder mag) – das Ziel liegt immer in einer verpflichtenden Bindung.

Man kann allerdings genauso viele Gründe für eine Liebeswerbung entwickeln, ohne es dabei auf eine Bindung abzusehen. Solche Motive lassen sich in den frühesten Stadien der Werbung befriedigen. Vermutlich kennt sie jeder, wenn nicht von sich selbst, dann vielleicht aus der Erfahrung mit einem früheren Partner – Bedürfnisse wie:

- sexuelle Erregung
- Ich-Befriedigung
- soziale Anerkennung
- Heilung
- Vergnügen

Vielleicht stellen Sie fest, das eine oder andere trifft bezeichnend Ihre eigenen momentanen Empfindungen. Genausogut ist es aber möglich, daß Sie etliche solcher Motive bei sich wiedererkennen: Sie halten sich für reif genug, müssen aber zugeben, Sie trafen jene Verabredung nur, weil Sie nach Aufmerksamkeit heischen. Sie möchten sich einmal wirklich ganz auf jemanden einlassen, können aber Ihre sexuellen Eroberungen nicht sein lassen.

Und wie steht es mit Ihrem Liebhaber, mit Ihrer Geliebten? Vielleicht wünschen ja Sie sich eine Ehe, können aber absehen, daß er, daß sie nur Vergnügung sucht. Wie sind nun Ihre Aussichten?

Tausende von Liebesgeschichten, Filmen, Tagträumen haben sich an diesem Dilemma entzündet. Ein Prototyp der romantischen Fabel ist die Mär vom Herzensbrecher und Partylöwen, den die Liebe eines braven Mädchens zähmt.

Sollten Sie sich in dieser Situation befinden, haben Sie gewisse Aussichten, aber keine großen. Ihre Chance liegt in der bereits erwähnten Eigendynamik des Rituals: In der Liebeswerbung steckt eine enorme Energie, darauf ausgerichtet, den Prozeß seiner Vollendung zuzutreiben. Von dieser Kraft kann auch jemand gegen seine Absicht mitgerissen werden.

Jene Männer und Frauen, die eine Beziehung eigentlich nur zum Vergnügen beginnen, können durchaus in einer festen Partnerschaft enden – jedoch nicht sehr oft, und ganz sicher nie, ohne daß es zu einer schweren Ambivalenzkrise kommt. Sie sind einfach noch nicht bereit.

Bereitschaft:
die entscheidende Voraussetzung

«Die Leute fragen mich, wann ich wußte, daß ich Anne heiraten wollte. Ich antworte immer: An dem Tag, bevor ich sie getroffen habe. Man muß den Wunsch haben zu heiraten, bevor man jemandem begegnen kann, den man heiraten will.»

Charles, 37, Anthropologe

«Es war ein allmähliches Auftauen. Ich sah, wie herrlich das Zusammensein mit James sein konnte. Ich hatte es nicht mehr nötig, so bitter zu sein, so betont unabhängig. Ich wollte ein gemeinsames Zuhause, und die Voraussetzung dafür ist die Ehe.»

Lily, zehn Jahre geschieden, bis sie vor kurzem wieder geheiratet hat

Niemand ist einfach nur die Summe seiner verschiedenen Bedürfnisse. Ein schwer faßbarer Faktor, eine Konstellation aus Einstellungen und Empfindungen in uns, wirkt sich offenbar entscheidend auf Art und Tempo unserer psychischen Entwicklung aus: Bereitschaft. Mit diesem Begriff wird – ungeachtet der verschiedenen Lebensabschnitte – die Fähigkeit bezeichnet, zu lernen, sich zu entwickeln oder in irgendeiner Weise voranzukommen.

Die Lernprozesse des Kindes beispielsweise lassen sich mit dem Bereitschaftskonzept erläutern. Demnach scheint es einen Punkt in der Entwicklung zu geben, wo ein Kind eine neue kognitive Fähigkeit, etwa das Lesen, leicht erlernen kann. Zwar läßt sich mit viel Mühe auch einem intelligenten jüngeren Kind das Lesen beibringen, doch wartet man bis zum richtigen Alter, kommt ein Moment, da das Kind sich diese Fertigkeit ganz natürlich aneignet. Wir kennen einige, wenn auch nicht alle Faktoren, die diese Offenheit für bestimmte Lerninhalte bewirken. In der Regel sagt man, das Kind sei bereit für den jeweiligen Lernprozeß.

Von der Sauberkeitserziehung bis hin zum abstrakten Denken ist die Bereitschaft erwiesenermaßen ein wichtiger Entwicklungsfaktor. Natürlich können Eltern sich durchsetzen und ihrem Kind bestimmte Vorstellungen und Verhaltensweisen dem eigenen Zeitplan entsprechend beibringen. Das Kind verfügt jedoch über ein inneres Timing, wann es am ehesten geneigt ist, bestimmte Fertigkeiten mit Freude und Entdeckerlust zu lernen.

Bereitschaft ist natürlich keine ausreichende Bedingung. Mag ein Kind auch zum Lesen bereit sein, müssen ihm dennoch Bücher gezeigt und die Technik vermittelt werden. Genauso reicht für eine Partnerschaft die Bereitschaft zu einer Bindung allein nicht aus. Die passende Gelegenheit und das Geschick, eine Beziehung zu entwickeln, müssen hinzukommen. Trotzdem – Bereitschaft macht den entscheidenden Bestandteil aus.

In beiden Fällen ist es die Bereitschaft zu Veränderung, zu Entwicklung, zu neuen, komplexeren Aufgaben.

Für die Liebeswerbung bedeutet das: Bereitschaft zu Bindung und Nähe. Was nicht heißt, man sei nun befreit von Angst oder Ambivalenz. Sie können bereit sein zu einer engen Beziehung und trotzdem Furcht davor haben. Ein Kind, das zum Lesen bereit ist, kann gleichzeitig Angst vor Versagen haben, elterliche Mißbilligung fürchten oder unter beklemmenden Leistungsdruck geraten, weil es Zuneigung erringen möchte. Das Kind mag die Konkurrenzsituation in der Klasse schwer aushalten oder aber von den Fähigkeiten eines älteren Geschwisters beflügelt werden. Bei dem Versuch, die nächste Entwicklungsstufe zu erklimmen, tauchen vielfach «gemischte Gefühle» auf. Bereitschaft steht für eine Geisteshaltung, eine Art des Herangehens, mit der Sie leichter die Barrieren, die durch solche Gefühle verursacht werden, beiseiteschieben können.

Sehr zum Kummer Ihrer Mutter (die Ihnen einredet, es würde nun endlich Zeit für eine feste Verbindung) und Ihrer besten Freundin (die gerade geheiratet hat und sich fragt, ob Sie jemals erwachsen werden) haben Ihre Lebensjahre nur wenig zu tun mit Ihrer Bereitschaft, eine Beziehung einzugehen und sich zu binden.

Bestimmte Geburtstage signalisieren vielen Menschen, daß sie bereit – nämlich in einem angemessenen Alter – sind. Den einundzwanzigsten verstehen viele Frauen als ein solches Signal, vor allem weil er häufig mit dem Ende der Ausbildung zusammenfällt und weil vielfach erwartet wird, daß Frauen in diesem Alter eine Familie gründen. Ein zweiter Meilenstein für Frauen wie Männer ist der fünfundzwanzigste Geburtstag, denn viele gedachten, sich ein paar Jahre zu amüsieren, die Hörner abzustoßen, bevor sie seßhaft würden. Und der fünfundzwanzigste Geburtstag kündigt gewöhnlich das Ende dieser «wilden» Jahre an: Es wird Zeit, sich den nötigen Ernst zuzulegen.

Diese Meilensteine in der Lebenschronologie haben eine statistische Entsprechung. Das durchschnittliche Heiratsalter von Frauen liegt in den USA bei 23,3 Jahren (und damit drei Jahre später als in der Generation der Mütter). Das Durchschnittsalter bei Männern beträgt 25,5 Jahre. Andere Geburtstage, die Bereitschaft suggerieren, sind der dreißigste bei Männern und Frauen, der sechsunddreißigste bei Frauen, die sich ein Kind wünschen, und der vierzigste bei Männern, die zu ihrer Überraschung feststellen, noch immer Junggeselle zu sein.

Das heißt natürlich nicht, daß sich unsere eigene psychologische Uhr nach diesem Fahrplan richten sollte. Wir handhaben die Anforderungen des Erwachsenenlebens – etwa die Loslösung von der Familie, die Sicherung der beruflichen Zukunft und den Aufbau einer festen Beziehung – in unserer eigenen Gangart und der uns entsprechenden Reihenfolge. Die eine heiratet mit achtzehn, lebt zwei Blocks von der elterlichen Wohnung entfernt und erwägt nicht einmal die Möglichkeit einer unabhängigen Entscheidung, bevor sie Witwe ist; eine andere studiert Medizin, eröffnet eine Praxis und verschwendet vor ihrem einunddreißigsten Geburtstag keinen Gedanken an einen passenden Mann. Bei Männern gibt es sicherlich ähnliche Unterschiede in ihrer Art, mit diesen Fragen umzugehen. Der eine heiratet im letzten Studienjahr und zwar eine Frau, die sich zu Hause um ihn kümmert, während er draußen mit dem feindlichen Leben ringt. Ein anderer hat Verabredungen, Flirts und Liebesaffären mit zahllosen Frauen, findet aber «nicht eine» für ein gemeinsames Leben, bevor er Ende dreißig ist.

Wer könnte darüber urteilen, welcher von denen nun «reifer» ist? Jeder hat die Konflikte zwischen Liebe und Arbeit, Unabhängigkeit und Angst, Freiheit und Bindung lediglich zu verschiedenen Zeiten und auf verschiedene Weise gelöst. Wie Sie solche psychischen Belastungsproben bewältigen, beeinflußt Ihre Bereitschaft mehr als irgendein Lebensalter.

Wenn Sie zu einer dauerhaften Verbindung noch nicht bereit sind, werden Sie wahrscheinlich ein bestimmtes Schema in all Ihren Liebesaffären feststellen. Vielleicht neigen Sie zu Partnern, die selbst noch nicht bereit oder anderweitig gebunden sind. Vielleicht sind sie verheiratet oder wohnen grundsätzlich in anderen Städten. Oder Sie verlieben sich stets in Menschen, die schon in sich selbst verliebt sind. Sie mögen solche Vorlieben auf die Umstände oder geheimnisvollen Anziehungskräfte schieben («Ich kann nichts daran ändern – ich gerate immer wieder an so einen Typ»). Das könnte stimmen. Es könnte allerdings auch sein, daß Sie sich selbst etwas über Ihre eigene Bereitschaft mitteilen.

Folgendes Verhaltensmuster signalisiert so einen Mangel an Bereitschaft: Sie unterhalten langfristige Liebesbeziehungen immer erst, nachdem Sie sich vergewissert haben, daß Sie den betreffenden Partner niemals heiraten können. Sie sind beruhigt, weil er die «falsche» Religion, Herkunft oder Bildung hat. Die starken Vorbehalte gegenüber dem Partner können in Wahrheit ein Ausdruck Ihrer eigenen mangelnden Bereitschaft zu fester Bindung sein.

Was also, wenn Sie nicht bereit sind? Machen Sie sich keine Sorgen deswegen, aber seien Sie darauf gefaßt: es bleibt nicht ohne Auswirkung auf Ihre Liebeswerbung. Solange Sie nicht bereit sind, wird Ihre Ambivalenz wahrscheinlich überwiegen, und Sie können schlechter mit Zwängen umgehen, mit denen das Ritual des Werbens Sie konfrontiert. Ihre Liebesgeschichten werden schwieriger und wahrscheinlich schmerzlicher sein. Es gibt sogar Männer und Frauen, die der emotionalen Heftigkeit dieser chaotischen Affären verfallen und das Beziehungsmuster endlos wiederholen. Andere haben sich bei diesen Zerreißproben derart verausgabt, daß sie nunmehr jeglicher Liebeswerbung abschwören.

Sie können sich solche Extreme ersparen, indem Sie lernen, Ihre eigenen Signale und die Ihres Partners besser zu verstehen. Wie merken Sie, daß Sie bereit sind?

Etwas fehlt

Sie beobachten an sich ein verändertes Denken oder Fühlen. Vielleicht finden Sie das Leben als alleinstehender Erwachsener langsam unbefriedigend. Diese Wochenendpartys am Strand – früher ungeheuer aufregend – gehen Ihnen allmählich auf die Nerven. Die Aussicht auf einen neuen Liebhaber, einen neuen Flirt oder eine neue Liebelei läßt Sie plötzlich mehr an Last als an Lust denken. Ihr Leben erscheint Ihnen bei aller Bewegtheit letztlich bedeutungslos, ein Trott von Partner zu Partner, von Wohnung zu Wohnung. Als Sie von zu Hause fortgingen, beflügelte Sie die Aussicht auf Freiheit, Abenteuer, unbegrenzte Möglichkeiten. Jetzt wünschen Sie sich weniger Freiheit bei mehr Ordnung. Sie verspüren das Bedürfnis, etwas aufzubauen. Sie sind es müde, sich zu fragen, was Sie am nächsten Samstagabend oder im nächsten Jahr unternehmen werden.

Vielleicht empfinden Sie auch eine unerklärliche Ruhelosigkeit, eine nagende Unzufriedenheit mit Ihrem Leben. Manchmal drücken sich diese Empfindungen in Form von Traurigkeit oder unterschwelliger Depression aus. Eine junge Frau erzählte, sie habe vor dem Spiegel gestanden und auf einmal ihre Tränen bemerkt.

Anstelle einer Depression erleben Sie vielleicht auch eine Ihnen fremde Unruhe, eine Angst ohne erkennbaren Grund. Wie die Erscheinungsformen auch sein mögen, Körper und Herz teilen Ihnen mit, Sie können sich mit Ihrem Leben so, wie es ist, nicht mehr zufrieden geben. In Ihnen wächst das Bedürfnis, ins nächste Stadium vorzudringen – aus der Situation des Alleinstehenden in eine feste Bindung.

Sie fangen an, sich zu mögen

Sie haben die Höhen und Tiefen der Adoleszenz hinter sich und aus den Irrungen und Wirrungen der Zwanziger herausgefunden. Irgendwann zwischen Ende zwanzig und dem Ende aller Tage lernen Sie vielleicht auch, mit sich zufrieden zu sein.

Es ist nicht die Art von Hochgefühl, wie es in den Allmachtsphantasien der Jugend oder in der regelverachtenden Aufbruchsstimmung erster Unabhängigkeit gewesen sein mag. Es ist ein solides Gefühl der Selbstakzeptanz, gefestigt durch Mißerfolg und Enttäuschung und bereichert durch Selbsterkenntnis. Selbstwertgefühl, Stolz und Selbstachtung haben Sie entwickelt. Sie kennen Ihre Grenzen, aber können mit ihnen leben, ohne lähmende Scham oder Anflüge von Selbstbestrafung.

Wenn Sie dahin kommen, sich zu mögen, dann halten Sie sich bald auch in den Augen anderer für liebenswert. Sie erkennen ganz realistisch, was Sie anderen zu bieten haben. Vielleicht konnte es mit Ihren Beziehungen bis dahin nicht klappen, weil Sie durch jemand anderen bewiesen haben mußten, daß Sie liebenswert sind. Solange wir um unser Selbstwertgefühl ringen, suchen wir uns gern Menschen, die unsere negativen Gefühle verstärken – landen in Affären mit Leuten, die uns einreden, wir seien nicht sexy, klug oder stark genug. Es ist ein endloser Teufelskreis, in dem wir immer wieder bei den Menschen Bestätigung suchen, die uns nur unsere verborgenen Ängste rückmelden.

Mit sich einverstanden sein ist ein Prozeß der Selbstakzeptanz. Selbstachtung bekommt man nie durch die Verbindung mit einem anderen, mag er auch noch so stark und bedeutsam erscheinen. Wir neigen zu Beziehungen, die unser Selbstbild verstärken. Und wenn dieses Bild positiv ist, sind wir bereit für eine Liebesbeziehung, die es widerspiegelt.

Ihre Freunde gehen Beziehungen ein

«Diese verdammten Hochzeitsglocken machen unsere ganze Clique kaputt» – das wird nicht bloß so dahingesagt. Seit Jahren bewegen Sie sich in einer festen sozialen Bezugsgruppe. Sie litten miteinander während all der mehr oder minder unglücklichen Liebesaffären, haben das andere Geschlecht gemeinsam verflucht und die Sonntagabende, Wochenenden oder Sommerferien zusammen verbracht. Sie waren alle solo. Eines Tages schauen Sie auf, und alles ist anders: Die erste Verlobung mag noch in der Schwebe sein, da hat sich die Struktur der Clique bereits grundlegend verändert. Ihre Freunde gehen Beziehungen ein.

Daß Ihre Freunde Teil einer Zweierbeziehung werden, ist ein Hinweis auf Ihre eigene Bereitschaft, denn wir wählen in der Regel Freunde, die sich etwa auf unserer Entwicklungsstufe befinden. Die Bereitschaft der anderen, zu neuen Ufern aufzubrechen, kann Ihnen Ihre eigene Bereitschaft signalisieren.

Diese ersten Bindungen der Freunde wirken sich obendrein förderlich auf Ihre Bereitschaft aus. Mit Ihren Freunden identifizieren Sie sich, und indem diese sich verändern, wandelt sich Ihr Selbstverständnis vielleicht mit. Früher konnten Sie sich nicht als Ehemann oder Ehefrau vorstellen, doch nun kristallisiert sich ein neues Bild heraus. Sich in einer künftigen Rolle sehen zu können, trägt sehr zur Bereitschaft für diese Rolle bei.

Die neuen Bande Ihrer Freunde üben möglicherweise unterschwellig oder direkt Druck auf Sie aus, es ihnen gleichzutun. Sie passen nun nicht mehr so gut dazu. Vielleicht erwarten die anderen von Ihnen ernsthaftere Beziehungen. Vielleicht geraten Sie unter Zugzwang und haben das Gefühl, die anderen ziehen an Ihnen vorbei. All das wird Ihre Bereitschaft beeinflussen.

Ein anderer Hinweis auf Bereitschaft liegt in der Suche nach einem neuen Freundeskreis. Es ist so leicht, sich in einer sozialen Gruppe zu verkriechen. Man fühlt sich akzeptiert, verstanden und hat zudem viel Spaß. Manchmal fungiert ein Freundeskreis nicht als Entree zur Welt, sondern als Schutzschild gegen sie.

Judith hatte ihren festen Platz in einer Gruppe eng befreundeter Ehepaare einer Vorstadt. Im Laufe ihrer Verabredungen mit Alfred geriet sie als Single in diesen Kreis; seine Freunde wurden ihr zur zweiten Familie. Jahrelang kreiste ihr Privatleben um ihre Grillabende und sonntäglichen Sportveranstaltungen. Judith spielte die Tante für die Kinder, den Kumpel für die Männer und die Vertraute für die Frauen. Gelegentlich verabredete sie sich außerhalb ihres Freundeskreises, doch das führte zu nichts. Judith wollte durchaus einen Partner und eine eigene Familie, doch sie schien dem passenden Mann nie zu begegnen.

Ronald zog mit einer Meute von Junggesellen herum. Ihre erste Liebe galt dem Sport; der konnte sie zu endlosen enthusiastischen und ungeheuer sachkundigen Diskussionen hinreißen. Das Basketballtraining zweimal in der Woche wurde zur Institution, die Wochenenden bestanden aus einem Sechserpack und Non-stop-Sportübertragungen im Fernsehen. Ronald verabredete sich. Er raffte sich auf, zu Single-Treffs zu gehen, fand aber nie eine Frau, die ihn länger als ein paar Monate interessierte. Ohne sein Verhaltensmuster zu merken, verlor er jedesmal das Interesse, wenn sie begann, die Zeit zu beanspruchen, die er normalerweise mit seinen Freunden verbrachte.

Connies Welt drehte sich um das Team im Büro. Sie war froh, mit Kollegen zusammenzuarbeiten, die sie wirklich mochte. Meistens gingen sie abends noch zusammen aus. Seit Jahren mieteten sie im Sommer ein Haus am Meer, wo sie ihre Projekte weiterdiskutierten, als gäbe es keinen Unterschied zwischen Arbeit und Freizeit. Von Zeit zu Zeit nahm Connie eine neue Beziehung zu einem Mann auf, doch er schien nie so recht in die Gruppe zu passen. Es verlief immer wieder im Sande.

Judith, Ronald und Connie mußten erst einen Zwischenschritt machen, bevor sie eine feste Beziehung aufbauen konnten. Sie mußten ihre enge Zugehörigkeit zu einem Freundeskreis lockern.

In allen drei Fällen erschwerte es dieser Freundeskreis dem Betreffenden, mit einem Außenstehenden Verbindung aufzunehmen, sich in ihn zu verlieben und mit ihm eine Beziehung auszuprobieren. Judiths Freunde waren bereits verheiratet. Sie hatten die Zeit der Liebeswerbung hinter sich und ihre emotionalen Energien nun natürlich in andere Bereiche investiert. Ronalds Clique war eine Art Jungenklub mit dem Schild an der Tür: «Mädchen müssen draußen bleiben.» In Connies Gruppe verschwamm die Grenze zwischen Freundschaft und Arbeit so sehr, daß sie sich das eine nicht mehr ohne das andere vorstellen konnte.

Allmählich und unmerklich lösten sich die drei von ihren Freunden. Sie fanden Zugang zu anderen Gruppen und neuen Beziehungen. Judith beteiligte sich am Kauf einer Skihütte und war nun von einer ganz neuen Atmosphäre umgeben. Ronald traf sich häufiger mit einer Frau und ließ sich erstmals auch in ihren Freundeskreis hineinziehen. Bald spielte er in einer gemischten Mannschaft Volleyball und sah sich selbst auf ganz neue Weise. Connie nahm einen neuen Job an, als eine andere Firma ihr ein günstiges Angebot machte.

Judith, Ronald und Connie waren innerhalb von drei Jahren nach dem Bruch mit der alten Bezugsgruppe in festen Beziehungen oder verheiratet. Keiner von ihnen hatte den Freundeskreis bewußt dazu benutzt, Beziehungen zu vermeiden; genausowenig hatten sie eine Heirat im Sinn, als sie sich von ihm lösten. Doch den Anstoß, sich aus seiner Sicherheitszone herauszuwagen, gab sicherlich ihre Bereitschaft, sich weiterzuentwickeln.

Sie führen ein Leben auf Abruf

Auf Abruf leben heißt: Sie gehen keine größeren Verpflichtungen ein, die jemandem den Zugang zu Ihrem Leben erschweren könnten. Sie halten Ihr Leben offen für Veränderung. Doch leider verwechseln Menschen, die derart auf Abruf leben, häufig Bereitschaft mit Bedürftigkeit.

Der Unterschied ist nur graduell. Bereitschaft bedeutet: Sie haben im Laufe Ihrer psychischen Entwicklung gelernt, mit Unabhängigkeit umzugehen, und sind dadurch gut vorbereitet für eine Bindung. Insofern ist es ein Ausdruck von Reife. Ganz anders verhält es sich bei der Bedürftigkeit. Sie fühlen sich unbehaglich und haben Angst. Sie verspüren den verzweifelten Wunsch nach irgendeiner Beziehung, weil Freiheit und Unabhängigkeit Sie überfordern, Ihnen leer oder unheimlich erscheinen. Sie brauchen einen Liebhaber, eine Geliebte, um das Gefühl zu haben, der Kontakt mit Ihnen sei reizvoll und wichtig, damit sich jemand um Sie kümmert oder Ihnen Wert in den Augen der Welt verleiht. Bereitschaft enthält den Wunsch, sein Leben zu teilen; Bedürftigkeit das Verlangen, von jemandem ein Leben geboten zu kriegen.

Die Grenze verläuft nicht immer ganz deutlich: Sind Sie sehr bereit, dann vielleicht auch ein bißchen bedürftig; überkommt Sie aber die Bedürftigkeit, so mögen Sie sich als sehr bereit bezeichnen.

Es gibt ein paar Hinweise, die Ihnen zur Unterscheidung dienlich sein können. Ist Ihr Leben offen – daß heißt, haben Sie nicht gerade jede Minute verplant? Besteht für Sie die Möglichkeit, neue Bekanntschaften zu machen? Und gestattet Ihnen Ihr Zeitplan, eine Beziehung zu pflegen? – Wenn ja, dann spricht das wahrscheinlich für positive und produktive Zeichen der Bereitschaft.

Einige Menschen gehen darüber hinaus. Übermäßige Bedürftigkeit scheint eher ein Problem von Frauen als von Männern zu sein, obwohl diese natürlich auch bedürftig sein können. Einige Frauen haben eine Hemmung, ihr eigenes Leben zu führen, aus Angst, sie könnten für einen Mann nicht auf der Stelle verfügbar sein.

- Vicky ist nicht in der Lage, ein Bild in ihrer Wohnung aufzuhängen oder ein geschmackvolles Geschirr zu kaufen. Sie
möchte den Eindruck vermeiden, sie habe sich mit ihrem
Junggesellenleben bereits abgefunden.
- Joanne würde gern Jura studieren, verzichtet aber darauf.
Jede Verpflichtung im Rahmen dieses Studiums könnte
einen Mann entmutigen, der gern mehr von ihrer Zeit beanspruchen würde.
- Anne hat die Nase voll von ihrem Lehrerdasein. Sie bekommt im Rahmen des Projekts «Universität auf hoher
See» die Chance, um die Welt zu reisen. Die Aussicht auf
ein solches Abenteuer fasziniert sie, doch ihre Mutter bringt
die Bedenken auf den Punkt: «Wen willst du unterwegs
kennenlernen?» Anne beschließt, zu Hause zu bleiben.

Es ist geradezu tödlich, sein Leben damit zu verbringen, auf
einen Mann zu warten. Viele Männer sehnen sich ebenfalls
nach einer Partnerschaft beziehungsweise Heirat, ohne daß es
sie lähmt oder ihnen die Fähigkeit raubt, ihr Leben nach ihrem
Behagen zu gestalten. Sicher verbringen sie mehr Zeit damit,
Frauen kennenzulernen, und verabreden sich häufiger auf gut
Glück, als ihnen selber lieb ist, aber das ist auch alles. Einige
Frauen hingegen unterwerfen ihr Leben radikalen Einschränkungen, damit stets Raum für eine Beziehung und Heirat
bleibt. Das ist weder notwendig noch hilfreich. Das ist nicht
Bereitschaft – es ist Bedürftigkeit.

Sie fangen an, sich mit potentiellen Partnern zu verabreden

Ein Indiz für Bereitschaft kann eine Änderung in der Wahl der
Partner sein. Plötzlich üben Menschen einen Reiz auf Sie aus,
oder Sie interessieren sich für solche, an denen Sie früher immer vorbeigelaufen wären.

Der angenehme Mann, der Ihnen so langweilig und lasch
vorkam, macht auf Sie mit einemmal einen zuverlässigen und
warmherzigen Eindruck. Die Tochter aus befreundeter Fami-

lie, die Sie bislang nicht aufregender als ihre Mutter fanden, strahlt in Ihren Augen plötzlich eine ganz eigene Art von Sexappeal aus.

Wenn Sie bereit sind, bringen Sie Ihre so aufregende wie unmögliche Affäre mit Herrn oder Frau Hoffnungslos hinter sich. Gewöhnlich geschieht das mit einem tiefen und schmerzhaften Schnitt; manchmal geht es auch leichter. Jedenfalls tun Sie es mit der Bereitschaft für eine weitergehende Art von Beziehung.

Sie fangen an, Menschen um sich wahrzunehmen, die ebenfalls bereit sind. Sie sind nicht mehr so kritisch gegenüber den Mängeln eines potentiellen Partners und lernen statt dessen seine Vorzüge schätzen. Die Welt steckt plötzlich voller Möglichkeiten, weil Sie die Augen danach aufmachen. Sie sind nicht mehr so schnell mit Ihrem Urteil, daß Sie kleine Männer oder brünette Frauen nicht ausstehen können. Sie halten jetzt Ausschau nach Möglichkeiten, eine Beziehung zu entwickeln, und nicht mehr nach dem Menschen mit der magischen Fähigkeit, all Ihre Schwierigkeiten zu beseitigen.

Wenn Sie einen solchen Reifungsprozeß in Ihrer Einstellung bemerken, dann wissen Sie: das ist Bereitschaft.

Ihr Beruf verliert an Bedeutung

Diese Veränderung ist bei Männern wie bei Frauen zu beobachten, bei letzteren anscheinend früher. Die Arbeit, in der Sie sonst völlig aufgingen, büßt an Faszination ein. Es fällt Ihnen schwerer, morgens ins Büro zu gehen. Die Aufgabe, an der Sie gerade sitzen, ist in ihrer Bedeutung für Ihr Leben ein wenig geschrumpft.

So sollte es sein – wenn Freud recht hat und das Leben aus Liebe und Arbeit besteht. Dann ist es nur vernünftig, dem Bereich, in dem Sie überengagiert waren, Energien zu entziehen, um sie dem anderen, der zu kurz kam, zufließen zu lassen. Daß die Arbeit mehr in den Hintergrund tritt, kann ein Signal sein, mit dem Sie sich selbst auf Ihre Bereitschaft zur Liebe hinweisen wollen.

Sie sehen Ihre Eltern realistischer

Ein weiteres Anzeichen für die Bereitschaft zu einer reiferen Liebesbeziehung ist eine Veränderung in der Beziehung zu Ihren Eltern. Sie fangen an, sie als Erwachsene zu erkennen und sich selbst als Erwachsenen wie sie. Die haarigen Auseinandersetzungen werden seltener, Ihre Anhänglichkeit läßt nach. Sie registrieren zwar noch die alten Schwächen, können sie ihnen jetzt aber leichter nachsehen. Früher regten Sie sich viel mehr auf. Und auch wenn die alten Streitpunkte noch da sind – Sie müssen nicht mehr um jeden Preis recht haben. Die Zuneigung Ihrer Eltern wird Ihnen immer sehr wichtig sein, aber Ihre Entscheidungen treffen Sie nun auch ohne ihre Billigung.

Ihr Vater und Sie haben seit langem politische Differenzen, Sie haben jedoch keine Lust mehr, ihn zu provozieren. Sie wissen, der Muttertag ist Ihrer Mutter heilig, und sagen Ihr Kommen – entgegen der alten Gewohnheit – nicht mehr erst in letzter Minute zu. Je selbstverständlicher Ihnen das Gefühl der Eigenverantwortlichkeit wird, desto weniger müssen Sie es noch unter Beweis stellen.

All das sind Hinweise darauf, daß Sie in Ihrer Entwicklung von der Rolle des abhängigen Kindes zu der des unabhängigen Erwachsenen vorangeschritten sind. Das gibt Ihnen die innere Erlaubnis, Ihren Eltern die unvollkommene Sorge für Sie zu verzeihen. Sie können für sich selber sorgen. Und wenn Sie nicht mehr das Kind sind, wächst Ihre Bereitschaft, ein Kind zu haben – ein Signal für Ihre Bereitschaft zu einer Bindung.

Die Liebeswerbung ist der Prozeß, durch den zwei Menschen zu einem Paar werden. Es ist ein emotionaler Prozeß, ein Entwicklungsprozeß, der zwei völlig Fremde dahin bringt, sich so nahe zu kommen, so eng zusammenzuschließen, daß sie am Ende übereinkommen, ihr Leben zu teilen. Ihre Motive für eine derart enge Partnerschaft sind, wie gezeigt, vielschichtig und vielfältig. Man kann die Liebeswerbung mit vielen Menschen beginnen, infolge der unterschiedlichen Motive und der unterschiedlichen Bereitschaft aber nur mit ganz wenigen erfolgreich beenden.

Welcherart Ihre Motive und Ihre Bereitschaft, einen Partner zu finden, auch sein mögen, eine Erfahrung bleibt stets gleich: Liebeswerbung hat eine Eigendynamik. Das Werben ist ein Prozeß, aber durchaus kein fließender, völlig unbestimmter; vieles ist festgelegt und ritualisiert. Ganz gleich, wen Sie sich als Partner wählen, ganz gleich, ob Sie sich nun wunderbar und sicher oder verwirrt und nervös fühlen, durch das Ritual der Liebeswerbung werden Sie hindurch müssen. In den übrigen Kapiteln dieses Buches beschreibe ich den Verlauf der Liebeswerbung und gehe darauf ein, was Sie von ihr erwarten dürfen und wie Sie die Hindernisse auf diesem Weg überwinden können.

Liebe braucht Zeit

Kein Zweifel – sie liebt ihn. Dreizehn Monate sind sie nun schon zusammen, und sie ist in dieser Zeit, auf eine ruhigere, beständigere Art, so glücklich gewesen wie nie zuvor in ihrem Erwachsenenleben. Und: Er liebt sie; «besser hätte ich es nicht treffen können», denkt er. Sie passen gut zusammen, man hört sie oft scherzen und lachen. Dabei sind sie nicht mehr, wie zu Beginn ihrer Beziehung, blind für die Fehler des anderen. Ihre Liebe scheint sich im Alltagsleben zu bewähren, und sie haben sich in der behaglichen Ruhe des Plateaus niedergelassen. Sie kauft ihm Bettwäsche, er kümmert sich um ihre Steuererklärung.

Irgendwie, anscheinend von allein, taucht der Gedanke an eine Heirat auf. Sie möchte ihn heiraten. Sie möchte, daß sie verheiratet sind. Sie möchte eine *Ehe*. Während dieser Wunsch in ihr wächst, meldet sich bei ihm eine innere Stimme immer deutlicher zu Wort. Bislang hat er sie noch nie richtig vernommen; noch vor einem Jahr hätte er es schlichtweg abgeleugnet, daß es sie überhaupt gibt. Doch jetzt läßt sie sich beim besten Willen nicht mehr überhören. Sie schreit: «Nein! Noch nicht! Ich bin noch nicht bereit! Dräng mich nicht!»

Seit sie einander auf jener unvergeßlichen Party vor drei Monaten vorgestellt wurden, haben sie jedes Wochenende und den größten Teil der Woche gemeinsam verbracht. Sie fühlen sich, als sei die Geschichte von der Liebe auf den ersten Blick ihre Erfindung. Bei ihr treffen Suchmeldungen ihrer Freunde und Bekannten ein, und er hat sich noch nicht einmal die Mühe gemacht, die Frauen, mit denen er früher zusammen war, anzurufen und ihnen die große Veränderung mitzuteilen. Sie existieren für ihn einfach nicht mehr. Keine Frage – diesmal hat's gefunkt!

Eines Sonntagnachmittags stört sie ihn beim Fernsehen – er verfolgt gerade mit Spannung ein Endspiel – und erzählt ihm von verwirrenden Empfindungen, die sie in der Nacht zuvor bedrängt haben. Eigentlich hat er keine Lust, ihr zuzuhören, aber seine Gereiztheit legt sich rasch wieder.

Zwei Abende später gehen sie – zum erstenmal, seit sie sich kennen – zusammen ins Bett, ohne miteinander zu schlafen. Am Morgen macht sie einen Scherz darüber. Eine Woche darauf sagt er ihr, er habe sich für den Freitag etwas vorgenommen – ohne sie. Sie läßt sich nichts anmerken, doch steigt eine undefinierbare Angst in ihr hoch. Ihm geht es ähnlich: Ein verschwommenes Gefühl von Beengtsein beunruhigt ihn, mit dem er sich lieber nicht weiter befassen will. Sie spürt, daß er sich zurückzieht, ohne daß er etwas tut, was sie ihm wirklich zum Vorwurf machen kann. Sie versucht, darüber zu sprechen. «Was ist los?» – «Nichts», entgegnet er. Sie fällt in einen Abgrund der Verunsicherung und begehrt nach dem einzigen Mittel, das ihr helfen könnte: Beteuerungen seiner Liebe. Je dringender sie danach verlangt, desto mehr fühlt er sich unter Druck gesetzt. Sie beharrt, er sträubt sich.

Er ist Herr Liebmann. Sie hat zwar auf Herrn Zaubermann gehofft, aber der hat sich leider noch nicht gezeigt, und Herr Liebmann ist immer noch besser als Alleinsein und Einsamkeit. So verbringt sie einen Großteil ihrer Zeit mit ihm. Dafür repariert er ihr Auto, umsorgt sie, wenn sie Grippe hat, und versteht sich glänzend mit ihren Kindern. Sie ist von Anfang an ehrlich zu ihm gewesen, hat ihn über ihre Gefühle nicht im unklaren gelassen, hat ihm erklärt, daß sie die Freiheit brauche, andere Männer kennenzulernen, neue Beziehungen zu erproben. Er sagt, sie solle sich ruhig die Zeit und Freiheit nehmen, die sie brauche. Währenddessen geht er mit ihrem Sohn ins Eishockeystadion und mit ihrer Tochter zum Kieferorthopäden.

Sie hat hin und wieder eine Verabredung, doch keiner der

Männer bedeutet ihr viel oder käme gar für den Platz in Frage, den er jetzt in ihrem Leben einnimmt. Er ist zur festen Größe bei Familienfeiern geworden, zur Vaterfigur für die Kinder und für sie zu einem Freund. Das alles hat sich nach und nach ergeben. Das einzige, was sich nicht ergeben hat: Sie vermag ihn nicht zu lieben, nicht wirklich zu lieben.

Er fängt an, Ansprüche zu stellen, ärgerlich zu werden, wenn sie ihm von einer Verabredung erzählt, gibt sich nicht mehr mit lapidaren Andeutungen ihrer «Vorhaben» zufrieden, wenn sie keine Zeit für ihn hat. Er hat Wurzeln geschlagen in ihrem Leben, tiefer, als sie es ursprünglich hatte zulassen wollen. Soll sie sich mit diesem Arrangement zufriedengeben oder eine Trennung anstreben? Dann wäre sie zwar allein, aber frei für die Begegnung mit Herrn Zaubermann, der ja wohl eines Tages auftauchen wird. Das eine gefällt ihr so wenig wie das andere. Deshalb beschließt sie, vorläufig gar nichts zu tun.

Diese drei kleinen Geschichten haben einiges gemeinsam. Jede zeigt eine typische Sackgasse der Liebeswerbung, jede bedeutet jeweils für die beiden Beteiligten Schmerz, und der wiederum wirkt sich in allen Fällen gleich aus: Er beeinträchtigt klares Denken und verstellt den Blick auf das Gesamtbild. Ich will in diesem Kapitel das Gesamtbild der Liebeswerbung in seinen Grundzügen darstellen.

Wer diesen Blick für das Gesamtbild hat, der weiß, daß eine Beziehung zwischen zwei Menschen nicht wie ein Blitz vom Himmel fährt, sondern sich in einem Prozeß entfaltet, einem Prozeß voller Romantik, Erschütterungen und Wunder, der keineswegs so zufällig verläuft, wie es scheinen mag. Betrachten wir ihn genauer.

Die Stadien der Liebeswerbung

Stadium 1: Wahl. Sie finden – aktiv oder passiv – einen Partner, mit dem Sie sich auf eine Liebeswerbung einlassen. Die Wahl kann auf der Stelle erfolgen, etwa wenn Sie einem attraktiven Menschen begegnen und einer von Ihnen den anderen fragt, ob er etwas mit ihm unternehmen wolle. Sie kann sich aber auch über längere Zeit hinziehen, wenn zwei Leute, die sich schon kennen, taktieren, sondieren und flirten, bevor es zur ersten richtigen Verabredung kommt.

Stadium 2: Herausforderung. Das ist die schwierige Zeit der Verabredungen, in der Sie ausprobieren, ob Sie zueinander passen, in der Sie ein gewisses Maß an Bindung herzustellen versuchen, zugleich aber Verbindlichkeiten so gering wie möglich halten. Noch gibt es keine Übereinkunft darüber, wann oder wie lange Sie zusammensein wollen. Sie haben auch keinen Anspruch auf die Zeit des anderen. Der eine muß die Initiative ergreifen, und der andere muß darauf eingehen, wenn die Verbindung erhalten bleiben soll.

Die Herausforderung gliedert sich ihrerseits in zwei Phasen: Die erste, die *Verführung*, ist jener Zeitraum, in dem Sie und Ihr Partner darüber entscheiden, ob die Beziehung überhaupt lebt, ob sie eine platonische oder eine Liebesbeziehung sein soll. Die zweite Phase ist der *Umschwung*, jene unangenehme Episode in der Geschichte so vieler Paare, in der der Herausforderer sich gerade dann zurückzieht, wenn der Herausgeforderte begonnen hat zu reagieren.

Stadium 3: Die Beziehung. Die Zeit, in der Sie zu einigen gemeinsamen Ansichten über die Bedeutung Ihres Verhältnisses gelangen. Sie haben beide Ihre stetig gewachsene emotionale Bindung anerkannt, fühlen sich in ihr zu Hause. Sie «verabreden» sich nicht mehr, Sie «sind zusammen». In dieser Zeit setzen Sie sich mit den individuellen Erwartungen auseinander, die jeder von Ihnen an eine Zweierbeziehung stellt. Sie passen sich weniger an und offenbaren mehr von sich selbst, um sich noch näherzukommen, die Intimität zu vergrößern.

Die Beziehung zerfällt in drei sich häufig überschneidende Phasen.

Das *Plateau* ist ein kurzer oder auch genußvoll ausgedehnter Aufenthalt in einem Phantasieland, bei dem Sie sich als Paar sicher fühlen und als Individuen noch nicht in Konflikt geraten sind. Beide leben Sie nun in einem regelmäßigen Rhythmus, der es Ihnen ermöglicht, zusammenzusein, ohne daß dazu jedesmal eine Einladung ausgesprochen und angenommen werden muß. In dieser Zeit – ein wichtiger Aspekt – kommen viele Ehen zustande.

Die *Verhandlungsphase* beginnt, wenn die Partner sich über ihre Unterschiede klar werden und nach akzeptablen Wegen suchen, sie auszutragen.

Bindung ist die Phase der Beziehung, in der ein Paar sich über die Entscheidung zu heiraten klar wird, sich zu ihr durchringt oder in sie hineintreibt.

Wie Sie aus eigener Erfahrung wissen, weist jedes dieser Stadien eine Vielzahl von Nuancen, Variationen und qualitativen Unterschieden auf. So gibt es zum Beispiel beiläufige Verabredungen, ernsthafte Verabredungen, Verabredungen, die man trifft, «um den Abend rumzukriegen» oder gemeinsam unter die Bettdecke zu kriechen. Sie alle sind Spielarten der Herausforderung.

In manchen Beziehungen sehen sich die Partner jedes Wochenende, und dennoch leugnet einer von ihnen, daß irgend etwas Wichtiges passiert; andere wiederum stehen schon im Moment der Wahl in voller Blüte. In beiden Fällen setzen sich die Partner mit Problemen des Beziehungsstadiums auseinander, wenn auch auf sehr verschiedene Weise.

Wir werden im weiteren Verlauf jedes dieser Stadien eingehend betrachten. Zunächst gilt es jedoch, einige allgemeine Grundsätze der Liebeswerbung zu verstehen.

Praktische Grundsätze

Sie haben soeben ein Stufenmodell fortschreitender Liebeswerbung kennengelernt. Die folgenden praktischen Grundsätze zeigen, auf welch individuelle Weise die Beteiligten diese Stufenleiter erklimmen können. Vielleicht helfen sie Ihnen, einige Ihrer eigenen Erfahrungen in der Liebeswerbung besser zu verstehen.

Paare durchlaufen die Stadien der Liebeswerbung nicht auf geradem Weg. Wie die meisten Entwicklungsmodelle machen auch die Stadien der Liebeswerbung einen klareren Eindruck als die Paare, die sie durchleben.

Freud legte eine geordnete Stadienfolge für die psychosexuelle Entwicklung des Kindes fest – die orale, anale, phallische, latente und genitale Phase. Doch das Kind bewegt sich innerhalb dieser Ordnung mit verblüffender Geschwindigkeit vorwärts, zurück, dann wieder vorwärts. Eben noch war die Sauberkeitserziehung des Dreijährigen vollkommen abgeschlossen, im nächsten Augenblick macht er wieder ins Bett oder nimmt den Daumen, den er seit einem halben Jahr nicht mehr angerührt hat. Die Rückwärtsbewegung innerhalb der Stufenfolge nennt Freud *Regression*. Das Verweilen auf einer Entwicklungsstufe bezeichnet er als *Fixierung*.

Beide Begriffe lassen sich auch auf das Entwicklungsmodell der Liebeswerbung anwenden. Statt von Fixierung, bei der immer eine gewisse Lust am Verweilen auf einer frühen Entwicklungsstufe gemeint ist, sprechen wir von Stockung. Auch die Regression gehört zur Entwicklung der Liebe und erklärt, warum wir in der Werbung manchmal mehr an Boden zu verlieren als zu gewinnen scheinen.

Statt sich geradlinig von der Wahl über die Herausforderung zur Beziehung fortzubewegen, haben Sie oft eher das Gefühl, einen Looping nach dem anderen zu drehen. Sie stellt ihm nach (Verführung); er fängt an, sich zu interessieren; sie verliert das Interesse (Umschwung); er zieht sich zurück (sein Umschwung); ihr Interesse wird wieder geweckt (abermals Verführung); sie gelangen aufs Plateau und fangen an, sich zu streiten (Verhandlung). Daraufhin die Trennung. Drei Wochen später ruft er sie an, und sie befinden sich wieder mitten in der Verführung.

Manchmal verlangt einer der Partner den Rückzug auf eine bestimmte Stufe. Beispielsweise haben die beiden monogam gelebt, und nun überkommt ihn das Gefühl, daß alles zu schnell geht (die Furcht vor der Falle, von der im Fortgang dieses Kapitels noch die Rede sein wird). Er kündigt ihr an, er wolle ausgehen und andere Leute treffen. Dabei hat er keineswegs vor, Schluß zu machen, nicht mehr um sie zu werben. Er möchte lediglich ein paar Schritte zurückgehen.

Manchmal gerät eine Zweierbeziehung in eine ernsthafte Stockung, etwa wenn sich die Zeit, die jeder mit dem anderen verbringen will, nicht aushandeln läßt. Er verlangt zum Beispiel, daß sie über jede Minute, die sie nicht zusammen sind, Rechenschaft ablegt. Sie ist bereit, sich jeden Dienstag- und Samstagabend mit ihm zu treffen, möchte aber über den Rest ihrer Zeit allein verfügen. Ein solcher Konflikt kann zur erneuten Auslösung des Umschwungs führen: Sie verliert das Interesse oder überdenkt das Verhältnis.

Manchmal folgt einer der Partner – oder folgen beide – auch einfach dem Impuls, sich rückwärts zu bewegen, weil dies viel sicherer ist, als vorwärts zu gehen. In ihren Anfängen kann die Liebeswerbung vergnüglich sein, voller Romantik und ohne bedrohliche Züge. Der Einsatz ist gering, weil die Gefühlsbindung entsprechend schwach ist. Der Wunsch, zu den Augenblicken der Liebeswerbung zurückzukehren, da nur die Verliebtheit galt und an Streit noch niemand dachte, erklärt zum Teil die Loopings der Liebeswerbung.

Die Stadien sind unterschiedlich lang. Die Dauer der einzelnen Stadien ist von Paar zu Paar verschieden. Bei dem einen zieht sich die Wahl über Monate hin. Sie sind Kollegen und scheuen sich, am Arbeitsplatz ein emotionales Risiko einzugehen. Beide sind unsicher, wieweit der andere interessiert ist. Findet er mich begehrenswert oder ist er einfach freundlich? Ist sie an mir oder meinen Kenntnissen interessiert? Ein anderes Paar begegnet sich in einer Bar und beschließt eine Woche später, zusammenzuleben. Es hat die Zeit der Herausforderung übersprungen und sich gleich in die Beziehungsphase gestürzt. Ein drittes Paar trödelt endlos im Stadium der Herausforderung herum, verabredet sich fast jeden Samstag, hat auch sexuelle Kontakte, doch keiner der beiden gewährt dem anderen Zugang zu den restlichen Bereichen seines Lebens.

Die Stadien, die Sie überspringen, sagen viel über Ihre Bereitschaft und die Ihres Partners aus. Die Stadien, in denen Sie steckenbleiben, geben Aufschluß über Ihrer beider Angst vor der Nähe. Wenn Sie ein Stadium übersprungen oder ein anderes nicht erreicht haben, so heißt das nicht, daß es dieses Stadium nicht gibt, sondern nur, daß es für Sie beide besonders leicht oder besonders schwer war.

Die Stadien werden nicht als voneinander abgegrenzt erlebt, und der Weg durch sie hindurch ist von der Gesellschaft nicht mehr eindeutig vorgegeben. Können Sie sich vorstellen, wie schön es ist, wenn man immer weiß, wo man gerade steht? Vor nicht allzu langer Zeit gab es ein Dutzend genau festgelegter Schritte, die zur Heirat führten. (Es gab sogar fünf oder sechs eindeutig festgelegte Schritte, die zum Geschlechtsverkehr führten. Jeder wußte, woran er war, und man durfte bei jedem Schritt so lange verweilen, wie man wollte. Welch ein Luxus!)

Die Schritte zur Heirat waren durch Rituale markiert: die Entscheidung für jemanden als festen Freund / feste Freundin, Treueschwur, Verlobung. «Ernste Absichten» wurden durch sexuellen Kontakt und Zusammenkünfte beider Familien bekundet.

Das sieht heute ganz anders aus – ob zum Besseren oder Schlechteren, sei dahingestellt. Heute kann man, wie Stephanie Bush in ihrem Buch «Men: An Owner's Manual» erklärt, «ein bißchen zusammenleben». Das stimmt: Man kann «so 'ne Art Beziehung» haben, «mal was zusammen unternehmen», sich halbwegs aufeinander einlassen. Sie können monatelang die Wochenenden gemeinsam verbringen und trotzdem das Gefühl haben, daß «nichts passiert». Sie können aber auch ein einziges Mal mit einem alten Freund schlafen und morgens wissen, daß eine wichtige Entscheidung gefallen ist.

Manchmal wird es Ihnen schwerfallen, Ihre Erfahrung des Werbens auf den Punkt zu bringen. Sie lesen etwas über ein Stadium und sagen: «Genau. Das ist unsere Situation.» In anderen Fällen werden Sie das Gefühl haben, daß Sie mit einem Bein im Stadium der Herausforderung stehen, mit dem anderen mitten in der Beziehung, und wenn Sie ein drittes hätten, so wäre das schon halb zur Tür hinaus.

Der Weg durch die Stadien der Liebeswerbung ist eine Entwicklung hin zu Intimität. Sie können in den Anfangsstadien der Liebeswerbung heiraten und nie weiter zur Intimität vordringen, die nicht dasselbe ist wie Vertrautheit. Aber Sie bringen sich um eine Erfahrung ganz besonderer Art, wenn Sie es vermeiden, das Wagnis der Nähe einzugehen.

Jedes weitere Stadium der Liebeswerbung, das die emotionale Zuneigung zwischen zwei Menschen vertieft, schafft eine sicherere, bedeutungsvollere Sphäre, in der sich Intimität entfalten kann. In den Anfängen der Liebeswerbung, vor allem während der Wahl- und der Verführungsphase, ist die Situation so stark von Rollenspiel und Verhaltensstereotypen geprägt, daß Sie manchmal das Gefühl haben, niemand kennt Ihr wirkliches Selbst so schlecht wie derjenige, mit dem Sie sich immer wieder verabreden. Doch die Ritualisierung des Verhaltens am Anfang der Liebeswerbung hat ihren Sinn. Sie hilft Ihnen zunächst über die Hemmung hinweg, sich auf das Geschehen einzulassen. Sie gibt Ihnen eine sichere Rolle und eine Sprache vor, derer Sie sich im Umgang mit einem Menschen, der für Sie noch ein Fremder ist, bedienen können. Diese ritualisierten Rollen gehorchen den seelischen Bedürfnissen der Beteiligten. Wir müssen festen Boden unter den Füßen spüren, wenn wir die Hände so weit ausstrecken.

Nach Wahl und Verführung kann jedes weitere Stadium der Liebeswerbung zu wachsender Intimität und Bindung beitragen. Gewiß, manche Paare schaffen nie die Substanz für eine solche Bindung – sie streben nur nach dem schönen Schein. Andere entwickeln wirkliche Intimität nur in der Ehe, wenn sie sich sicher genug fühlen, sich dem anderen zu offenbaren. Die meisten Paare befinden sich irgendwo dazwischen: Die

Nähe wird größer, je näher die Heirat rückt. Diesem Prozeß dienen die Stadien der Werbung.

Die Liebeswerbung ist paradox: Mal läuft sie von allein, mal braucht sie einen Anstoß von Ihnen. Mag die Liebeswerbung auch ihre eigene Dynamik haben, das Tempo wird von jedem Paar selbst bestimmt.

Einerseits scheinen die gesellschaftlichen Kräfte, die hinter dem Werbungsritual stehen, übermächtig zu sein. Eigentlich hatten Sie beide nichts Ernstes im Sinn – und nun sind Sie unterwegs, um die Ringe zu kaufen. Beide haben Sie erwartet, sie würden eines Tages jemandem begegnen, der Ihren Wünschen mehr entspricht, aber irgendwie hat es sich ergeben, daß Sie zusammenleben. Es war, als ob jeder Schritt von selbst zustande kam, und plötzlich merken Sie, wie weit Sie schon gegangen sind.

Andererseits – darin liegt das Paradox – scheinen manche Liebeswerbungen von allein keine Fortschritte zu machen. Sie oder Ihr Partner – oder beide – sorgen dafür, daß etwas geschieht.

Man kann sich nur schwer vorstellen, daß beides wahr sein soll, aber es ist so. Insoweit die Liebeswerbung ein soziales Ritual ist, werden Sie mitgerissen. Insoweit sie ein Entwicklungsprozeß ist, bestimmen Sie und Ihr Partner das Tempo.

In manchen Fällen ist mehr Anstrengung als in anderen erforderlich, um vorwärtszukommen. Einige Liebesbeziehungen erwecken den Eindruck, als bewegten sie sich unweigerlich von einem Stadium zum anderen fort. Keiner der Partner fühlt sich gedrängt, den Ablauf zu beschleunigen. Die Fortschritte erscheinen natürlich und mühelos. Diese relative Leichtigkeit ist Ausdruck der beiderseitigen Bereitschaft und der zueinander passenden Motive zur Initiierung einer Liebeswerbung. Sie zeugt auch vom Einfluß des sozialen Rituals. Uns allen ist so ein glatter Verlauf lieber. Oft sprechen wir in solchen Fällen von wahrer Liebe.

Doch selbst bei diesen scheinbar problemlosen Liebeswerbungen ist das Paradox zu beobachten: Die Beziehung macht Fortschritte, weil einer von Ihnen oder beide darauf drängen.

Sie getrauen sich zu sagen: «Ich liebe dich», oder Sie entscheiden sich dazu, Ihre Zeiteinteilung mit dem Partner abzustimmen. Noch gehört Mut dazu, ein Problem anzusprechen oder als erster Freunde und die Familie ins Spiel zu bringen. Nur sind in einigen Fällen diese Risiken minimal, weil beide Partner von den gleichen Erwartungen ausgehen und sich am gleichen Zeitrahmen orientieren.

Wie Sie wahrscheinlich aus eigener Erfahrung wissen, geht es in der Liebe nicht immer so leicht voran. Manchmal muß einer von Ihnen starken Druck ausüben, muß insistieren, um von einem Stadium ins nächste zu gelangen. Das verlangt größere Anstrengung, steigert die Angst, und Sie fühlen sich dabei alles andere als wohl. Irgendwann fragen Sie sich, ob die Liebe soviel Mühe kosten darf. – Manchmal schon.

Jedes Stadium ist mit einer wesentlichen seelischen Herausforderung verknüpft, die das Paar meistern muß, bevor es den nächsten Schritt machen kann. Dieser Grundsatz ist so entscheidend, daß ich ihn noch eingehender erörtern werde. Das Fortschreiten der Liebeswerbung ist Entwicklung hin zu Intimität und Bindung. Die Hindernisse, die diesem Prozeß im Wege stehen, sind verschiedenste Erscheinungsformen der Angst vor Intimität. Bis zu einem gewissen Grad kennt wahrscheinlich jeder diese Angst aus eigener Erfahrung. Und wahrscheinlich gibt es für jeden von uns im Verlauf der Liebeswerbung einen bestimmten Moment, in dem diese Angst besonders stark wird. Es hilft Ihnen, im voraus zu wissen, welcher Moment dies bei Ihnen ist. Wenn Sie Ihr inneres Hindernis oder das Ihres Partners erkennen, können Sie daran arbeiten, es aus dem Weg zu räumen.

Liebe und Furcht: Probleme mit der Intimität

Intimität ist zu einem jener psychologischen Allerweltswörter geworden, die oft verwendet und kaum verstanden werden, zum Inbegriff für den Heiligen Gral des Gefühlslebens. Wir wissen, daß wir Intimität brauchen, aber wir werden unsicher, wenn es um die Frage geht, wie wir sie erlangen sollen, und manchmal merken wir es gar nicht, wenn wir sie erreicht haben.

Sozialwissenschaftler und Psychologen verschiedenster Provenienz haben sich um die Klärung dieses Begriffes bemüht. Die wahrscheinlich beste Definition lieferte Erik Erikson in seinem Buch «Kindheit und Gesellschaft»: Intimität, schreibt er, sei die Fähigkeit, «sich echten Bindungen und Partnerschaften hinzugeben und die Kraft zu entwickeln, seinen Verpflichtungen treu zu bleiben, selbst wenn sie gewichtige Opfer und Kompromisse fordern».

Erikson betont, Moral sei ein entscheidendes Element jeder intimen Beziehung. Anscheinend haben wir uns ein, zwei Jahrzehnte lang in einem moralischen System bewegt, dessen Basis die Unbeständigkeit unserer Gefühle war. «Ich bleibe bei dir, solange mir danach zumute ist, solange ich etwas davon habe, solange du mich zufriedenstellst.» Eriksons Definition erinnert uns daran, daß die Fähigkeit, mit einem Menschen wirklich intim verbunden zu sein, davon abhängt, ob wir reif genug sind zu Integrität, zu moralischer Stärke. Das Jawort bleibt ein leeres Zeremoniell, wenn Sie nicht über ein Wertesystem verfügen, auf das sich eine solche Bindung stützt. Intimität ist Heuchelei, wenn Sie es nicht mit gutem Gefühl ehrlich meinen.

Eriksons anspruchsvoller Definition fügt der Psychoanalytiker Robert Johnson eine Beschreibung der Liebe hinzu, die die Freude alltäglicher Nähe einfängt. Er nennt es «sich den Haferbrei teilen» und meint damit, daß Liebe nicht das Drama und die Heftigkeit braucht, um sich am Leben zu erhalten. Liebe, die auf Intimität beruht, kann das Reich der Phantasie verlassen und in der Wirklichkeit bestehen.

Vielen fällt die Wandlung von der Verliebtheit zur Intimität schwer. Sie sind verzweifelt, wenn sich die Liebe verändert, erschreckt oder enttäuscht, wenn die Glocken nicht mehr läuten und der Zank beginnt. Das Bedürfnis nach Dramatik und Aufregung kann sie auf ein fruchtloses und chaotisches Werbungsverhalten festlegen. Sie lassen es zum Umschwung kommen, sind nicht fähig, sich zu binden, oder verlassen den Partner, «weil der Zauber verflogen war». Wir können im Leben mit wenig Zauber auskommen, aber es ist ein einsamer Weg, wenn wir niemanden haben, mit dem wir den Haferbrei teilen.

Im Grunde genommen ist Intimität gar nicht so geheimnisvoll. Sie bedeutet, daß Sie sich in der Gegenwart eines anderen Menschen ungezwungen und wohl fühlen. Sie bedeutet, daß Sie vollkommen unbefangen, daß Sie einfach Sie selbst sein können. Dies wiederum verlangt von Ihnen Bereitschaft, sich so zu zeigen, wie Sie sind. Der Preis für jedes Geheimnis, das Sie für sich behalten, ist das Stückchen Anspannung, das erforderlich ist, um es zu verbergen.

Am einfachsten ist Intimität zu verstehen, wenn Sie sich Ihre Bereitschaft vor Augen halten, erkannt zu werden. Vor allem in der Liebeswerbung bedeutet Intimität, daß man auf jede Fassade verzichtet und dem anderen seine Geheimnisse anvertraut. Sie verlangt Offenheit, das Eingeständnis der persönlichen Gedanken und Gefühle. Intimität ist das Wagnis, aufrichtig, «echt» zu sein.

Intimität ist aber noch mehr als der Verzicht auf Ihre Schutzvorkehrungen. Sie müssen darüber hinaus den Mut haben, Ihre Grenzen zu erweitern.

Zur Intimität gehört das Nehmen genauso wie das Geben. Überlegen Sie sich, was Sie zu offenbaren und was Sie zu akzeptieren bereit sind. Sind Sie bereit, mit der Nähe auch Ängste, Abhängigkeit und Charakterschwächen des anderen anzunehmen? Viele ziehen dieser Vorstellung den ersten Eindruck bei weitem vor, den der Partner gemacht hat, als er so sexy, so stark und aufregend wirkte. Intimität hat also auch ihre Schattenseiten, bedeutet sie doch, dem anderen so nahezukommen, daß man auch seine Schwächen und Fehler sieht. Solange wir uns nur in Gedanken damit beschäftigen, sehnen wir uns nach Intimität, doch sobald wir sie erreicht haben, beklagen wir den Verlust unserer Phantasien, den die Nähe bewirkt.

Kurzum, mit Intimität ist die Fähigkeit gemeint, die Wahrheit über uns selbst zu sagen, die Wahrheit über unseren Partner anzuhören und dabei die Liebe zu wahren.

Das ist ein beängstigendes Unternehmen.

Das Verlangen nach Intimität ist das Verlangen, als der geliebt zu werden, der man ist, und nicht als der, der man zu sein scheint. Wir können das Bedürfnis nach Intimität nicht erörtern, ohne auf die ebenso starke Furcht vor ihr einzugehen.

Bleibt mir im Unisono noch eine eigene Stimme? Das ist wieder die Ambivalenz, der wir uns schon einmal im vorigen Kapitel zugewendet haben. Angst vor Intimität ist ein natürlicher seelischer Schutzmechanismus, der Ihnen helfen soll, Ihre Individualität, Ihr Autonomiegefühl zu bewahren. Jeder muß diese Angst besänftigen, um sich auf das Wagnis der Nähe einlassen zu können.

Die Angst vor Intimität ist ein ganz normaler Bestandteil der menschlichen Psyche. Er gehört zu dem seelischen Sicherungssystem, das es uns gestattet, als autonome Einzelwesen zu existieren und gleichzeitig tiefe Bindungen einzugehen.

Die Autonomie des Erwachsenen setzt voraus, daß er ein Gefühl für seine einzigartige Identität entwickelt. Jede Erfahrung von Nähe bedroht dieses Selbstgefühl ein bißchen. Die Beunruhigung ist ganz konkret, auch wenn sie unbewußt bleibt. Wie können Sie Sie selbst bleiben und dem anderen doch nahe sein? Werden Sie sich von ihm, von ihr überwältigen lassen, werden Sie einen wesentlichen Teil Ihrer selbst aufgeben müssen? Jemandem sehr nahe kommen heißt, daß man einige Teile der eigenen Persönlichkeit, an denen sich der andere stößt, unter die Oberfläche tauchen läßt. Es heißt Kompromisse schließen, um Ihrer beider Leben auf einen gemeinsamen Kurs zu bringen. Es heißt, daß man einen Teil seiner Freiheit einbüßt. Intimität bedeutet Verpflichtung – sei es die Mühe, jemanden glücklich zu machen, oder die Last, seine Rechnungen zu bezahlen.

Doch die Intimität verunsichert Sie nicht nur in Ihrer Individualität; sie kann auch Ihre Gefühle verletzen, Ihre Sicherheit gefährden, Ihr Selbstbild ins Wanken bringen. Dafür gibt es zwei Gründe:

- Ihr Partner ist ein Spiegel. So müssen Sie Bilder von sich selbst betrachten, vor denen Sie lieber die Augen verschließen würden.
  Enge Beziehungen bringen nicht unbedingt unsere anziehendsten Wesenszüge zum Vorschein. Im Verlauf einer sich entwickelnden Liebeswerbung müssen Sie möglicherweise einsehen, daß Sie doch nicht so stark oder so selbstlos sind, wie Sie gern glauben würden. Vielleicht entdecken Sie auch, daß Sie weniger rational sind, als Sie von sich behauptet haben, oder weniger selbstsicher. Intimität konfrontiert Sie mit der Frage «Werde ich mich noch mögen, wenn ich mich mit deinen Augen sehe?» Für ein «Ja» auf diese Frage gibt es keine Garantie.
- Sie sind ohne jeden Schutz gegen das Urteil Ihres Partners über Sie.
  Nachdem Sie sich so gezeigt haben, wie Sie sind, müssen Sie sich der Frage stellen, ob Sie liebenswert sind. Kann jemand, dem Sie die Wahrheit über sich offenbart haben, Sie lieben? Sie können Menschen zur Liebe verleiten, sie hinters Licht führen, Ihnen den Kopf verdrehen. Sie können sich verschiedenster Verstellungen bedienen, um jemanden für sich zu gewinnen. Aber Sie werden sich dabei nie zweifelsfrei einreden können, daß Sie geliebt werden. Nur eine Beziehung, die auf wirklicher Intimität beruht, kann Ihnen das Gefühl geben, akzeptiert zu sein. Natürlich ist das ein Risiko, weil Sie vielleicht nicht so eine tolle Gestalt sind, wie Ihre Verpackung glauben macht.

Angst vor Intimität, das Widerstreben, sich zu exponieren oder einschränken zu lassen, ist deshalb den meisten von uns bis zu einem gewissen Grad vertraut. Abermals ist das entscheidende Wort Grad.

Bei einigen sind die Ängste so groß, daß Intimität außerhalb ihrer Reichweite bleibt. Sie heiraten aus Bequemlichkeit, um gesellschaftlich akzeptiert zu werden, um der Kinder willen und aus vielen anderen Gründen, aber sie haben Schwierigkeiten mit einem Partner, der wirkliche emotionale Nähe sucht. Erinnern wir uns: Das Ziel der Liebeswerbung ist feste Bindung und Intimität. Nicht allen gelingt es, beides zu verwirklichen.

Andere haben relativ wenig Angst vor Intimität. Sie fühlen sich freier, sich einem Partner zu öffnen, freier, der Welt ihr wahres Gesicht zu zeigen. Dies ist der fruchtbarste Boden für die Liebe.

Selbst wenn zwei Menschen die Ehe aus reiner Zweckmäßigkeit eingehen – sie, um von zu Hause fortzukommen, er, um eine Mutter für seine Kinder zu haben und ein Foto für den Bilderrahmen auf seinem Schreibtisch –, werden sie sich bis zu einem gewissen Grad mit der Intimität herumschlagen müssen. Wenn Sie dagegen die ideale Ehe anstreben, die innige Verbindung zweier Seelen, dann werden Sie sich Ihrer Angst vor Intimität frontal stellen müssen.

Im nächsten Abschnitt beschreibe ich die verschiedenen Spielarten der Angst vor Intimität, die im Verlauf der Liebeswerbung auftreten. Wahrscheinlich werden Sie in dem einen oder anderen jener Muster des Werbens, die aus solchen Ängsten resultieren, sich selbst wiedererkennen. Sollte dies der Fall sein, lassen Sie sich dadurch nicht die Stimmung versauen!

Seelische Stockungen

«Nach allem, was ich jemals las
Und jemals hört …
Rann nie der Strom der treuen Liebe sanft.»
William Shakespeare,
«Ein Sommernachtstraum»

Mit dem Hinweis auf den holprigen Weg zur treuen Liebe warnt uns Shakespeare vor den Stockungen der Liebeswerbung. Wenn Sie den psychologischen Untergrund solcher Sandgruben auf Ihren Liebespfaden verstehen, sind Sie besser darauf vorbereitet, mit ihnen zurechtzukommen. Alle größeren Unwegsamkeiten sind mit einer Spielart der Angst vor Intimität verknüpft.

Jede Phase der Liebeswerbung weist ein besonderes Hindernis auf, eine eigene Version der Angst vor Intimität, die überwunden werden muß, um die Aufgabe, vor die uns jedes Stadium stellt, zu erfüllen. Dabei kann es Ihnen nur zu bewußt sein, daß Sie in diesem Bereich ein Problem haben; es ist aber auch möglich, daß es vollkommen aus Ihrer Wahrnehmung ausgeblendet ist. Sie können die unausgesprochenen Gefühle Ihres Partners verstehen, auch wenn eine bestimmte Furcht für Sie kein Problem darstellt.

Die Angst vor Intimität hat fünf Gesichter, die alle im Verlauf der Liebeswerbung für Sie oder Ihren Partner zum Problem werden können:

- *Angst vor Ablehnung.* Eine starke Angst, die Sie daran hindert, einem Menschen Ihr Interesse an ihm zu zeigen, die Gefühle, die Sie zu ihm hinziehen, weil Sie befürchten, sie könnten nicht erwidert werden. Sie sind sehr selbstkritisch und neigen dazu, mehr in Phantasien als in Beziehungen zu leben.

- *Sexualängste.* Verlegenheit, Unbehagen oder extreme Hemmungen gegenüber der Sexualität beziehungsweise dem, was sich aus ihr entwickelt. Diese Gefühle führen dazu, daß Sie mögliche sexuelle Beziehungen meiden. Am Ende sind Sie mit allen gut befreundet, aber für keine der Liebhaber, für niemanden die Geliebte.

- *Furcht vor der Falle.* Eine Zweifelskrise, die immer dann aufzutreten scheint, wenn sich eine Liebesbeziehung festigt. Offenbar können Sie nichts dagegen tun. Plötzlich sind Sie entsetzlich pingelig und entdecken an Ihrem Partner, für den Sie den ganzen Monat zuvor geschwärmt haben, lauter Schwächen. So reiht sich eine kurze Affäre an die andere, und an allen scheint irgend etwas nicht zu stimmen.

- *Das Wuttabu.* Die Furcht, sich den normalen Konflikten einer enger werdenden Beziehung zu stellen. Sie sind um eine glatte Oberfläche bemüht und versuchen, alle unerfreulichen Gefühle unter den Teppich zu kehren, indem Sie sie verleugnen oder ignorieren. Sie wechseln das Thema, nehmen jeglicher Kritik die Spitze, stürzen sich in die Arbeit, tun alles, um die Auseinandersetzung über Probleme zu vermeiden, die Ihre Beziehung stören. Ihr Partner hat es schwer, Ihnen nahe zu kommen.

- *Bindungsangst.* Die Panik oder Lähmung, die sich einstellen kann, wenn Sie sich mit der Frage einer möglichen Heirat konfrontiert sehen. Mit Ihrer Partnerwahl sind Sie relativ zufrieden, aber der Gedanke zu heiraten ist Ihnen ein Graus. Sie haben das Gefühl, Sie sind noch nicht bereit, sind sich noch nicht sicher. Sie ärgern sich darüber, daß man Sie unter Druck setzt, aber aus eigenem Antrieb kommen Sie keinen Schritt voran.

Jede Version der Angst vor Intimität kommt in allen Stadien der Liebeswerbung vor. Wenn Sie beispielsweise große Scheu vor einer Bindung haben, wird dieses Gefühl Sie schon bei der ersten Verabredung ein bißchen stören. In einem viel späteren Kapitel Ihrer Liebesgeschichte wird es jedoch für Sie zu einem schwerwiegenden Problem.

Im folgenden Überblick ist jede dieser Ängste jeweils dem Stadium zugeordnet, in dem sie die stärkste Wirkung entfaltet. Das bedeutet nicht, daß sie in den anderen Stadien verschwindet, aber sie wird sich ein wenig legen. Hier die Zuordnung:

- Angst vor Ablehnung hemmt Sie am stärksten im Stadium der Wahl.
- Sexualängste wirken sich am nachhaltigsten auf das Ergebnis der Verführungsphase aus.
- Furcht vor der Falle ist die eigentliche Ursache des Umschwungs.
- Das Wuttabu beeinträchtigt Ihre Fähigkeit, mit der Verhandlung zurechtzukommen.
- Bindungsangst erschwert den Übergang vom Beziehungsstadium zur festen Bindung oder Ehe.

Nicht jedes Paar gerät an jedem Übergangspunkt in eine Krise. Manche Beziehungen entwickeln sich mit beneidenswerter Mühelosigkeit von der ersten Verabredung an. Zwei Menschen begegnen sich, schauen sich an und verlieben sich ineinander. Sie sind glücklich miteinander, haben innerhalb weniger Monate die Zeit der Herausforderung hinter sich gebracht und gehen leicht und selbstverständlich zu einer intensiven Beziehung über, in der sich beide die Treue halten. Schon nach einem Jahr leben sie zusammen, ohne daß es bei einem der Partner ängstliche Vorbehalte gibt. Im zweiten Jahr dann fängt einer der beiden an, vom Heiraten zu reden. Der andere reagiert nicht sehr begeistert. Fortan ist der Friede gestört; sie beginnen, über lauter Kleinigkeiten zu streiten. In Wirklichkeit geht es in der Krise um die Bindungsangst, obwohl die Auseinandersetzungen möglicherweise um die Frage kreisen, wer mit dem Hund hinausgehen soll.

In anderen Fällen kommt es viel früher zum Konflikt. Auf eine aufregende Verführungsphase folgt das kurze Glück des Plateaus. Der Umschwung, bei dem einer sich zurückzuziehen beginnt, wird dramatisch inszeniert.

Dieser nervenaufreibenden Dramaturgie folgte auch die Zeit des Werbens, die ich mit meinem Mann erlebte. Dreieinhalb Monate war er verrückt nach mir und ich nur einigermaßen interessiert. Wir waren jeden Tag zusammen. Seine Wohnung hatte ich schon nach meinem Geschmack umgeräumt und begann mich jetzt seiner Kleidung zu widmen. Auch die «Ich liebe dich»-Schwüre waren bereits ausgetauscht, wenn ich auch das Gefühl hatte, daß seine ernster gemeint waren. Ich fühlte mich völlig sicher.

Im vierten Monat ging alles schief. Er hatte schlechte Laune, und es war schwer, mit ihm auszukommen. Seine frühere Freundin stellte ihm wieder nach, und er fragte sich, ob er ihr nicht doch ein bißchen Zeit widmen sollte, nur um ganz sicherzugehen, daß er nichts mehr von ihr wollte. Ich war inzwischen bei ihm eingezogen (mit allem weltlichen Besitz und einem nicht ganz stubenreinen Hund) und mußte mir nun seine Klagen anhören: Das gehe ihm alles zu schnell. Er brauche mehr Zeit. Er müsse mit anderen Frauen zusammenkommen. Ich sei zwar sehr hübsch, aber ein bißchen zu mollig für seinen Geschmack. Und seine Freunde seien auch nicht gerade begeistert von mir. Das war eine Rückzugsspielart des Umschwungs in düsterster Pracht, und dazu ausgesprochen pünktlich – nach vier Monaten des Zusammenseins. (Mehr darüber im sechsten Kapitel im Abschnitt «Der Umschwung».)

Dies war unsere einzige Krise in der Zeit der Liebeswerbung. Zwei Monate lang kämpften wir uns durch sie hindurch, doch als wir schließlich am anderen Ende herauskamen, hatten wir eine belastungsfähige, zuverlässige Beziehung geschaffen. Der Übergang von der Beziehung zur Ehe löste bei mir nur noch ein leises Angstgefühl aus, als er mir vorschlug zu heiraten. (Er sagte: «Willst du mich heiraten?» und ich antwortete: «Ich muß meine Mutter fragen.» Woraus zu ersehen ist, wie tief mich die Bindungsangst in die Regression trieb. Ich hielt ihn vier oder fünf Tage hin, bis ich mich zu einem Ja aufraffen konnte.)

In einigen Liebesaffären kommt es bei jeder nur möglichen Gelegenheit zu einer Krise. Man ist geneigt, die Aussichten solcher Beziehungen wegen der in vielen Fällen auftretenden Streitereien, dramatischen Trennungen und Versöhnungen skeptisch zu beurteilen. Das sind keine idealen Voraussetzungen für die Liebe, wenn auch vielleicht ein guter Nährboden für die Leidenschaft.

Und natürlich gibt es auch die Paare, deren Liebeswerbung überhaupt keine erkennbaren Krisen durchläuft. Sie würden vielleicht sagen, das ist die wahre Liebe. Ich erkläre es lieber mit Bereitschaft, Verfügbarkeit und einem glücklichen Gleichklang der Erwartungen.

Einige Liebesbeziehungen fließen sanft dahin, andere sind katastrophalen Störungen ausgesetzt. Die meisten liegen irgendwo dazwischen, mit einer oder mehreren Krisen an Übergangspunkten der Entwicklung zur dauerhaften Bindung.

Lassen Sie sich nicht entmutigen, wenn Sie von all den Hindernissen erfahren, die dem Vorankommen der Liebeswerbung im Weg stehen. Es geht mir in diesem Buch darum, die meisten der möglichen Krisen auf dem Weg zur festen Bindung zu beschreiben. Sie und Ihr Partner werden wahrscheinlich nur eine oder zwei durchmachen. Doch wenn selbst die Möglichkeit, eine einzige zu erleben, Sie einschüchtern sollte, dann denken Sie daran: Jede Krise ist Risiko *und* Chance.

Das Timing der Liebe

Es mag absurd erscheinen, den Zeitplan eines Prozesses zu beschreiben, den manch stürmisches Paar an einem verlängerten Wochenende hinter sich zu bringen scheint, während andere, übervorsichtige Paare ihn auf zehn Jahre ausdehnen. Um eine Grundlage für weitere Erörterungen zu schaffen, möchte ich hier dennoch einen Überblick über den generellen zeitlichen Ablauf der Werbestadien geben. Dieser Überblick beruht auf den Erfahrungen der Menschen, denen ich in meiner Arbeit als Psychologin begegnet bin, nicht auf einer wissenschaftlichen Untersuchung über die Entwicklungsstufen der Liebe.

Im allgemeinen kommt es bei erfolgreicher Liebeswerbung irgendwann im zweiten Jahr zur festen Bindung. Natürlich sind die individuellen Abweichungen von diesem Durchschnittswert gewaltig. Eine solche sich über achtzehn Monate bis zwei Jahre erstreckende Entwicklung ist typisch für die Zeit, die ein Paar braucht – nicht einfach um sich zur Heirat zu entschließen, sondern um Intimität herzustellen, die psychologische Basis für eine feste Bindung. Natürlich kann man heiraten, ohne diese Intimität erreicht zu haben, doch wer schon einen Monat nach der ersten Begegnung zum Traualtar eilt, der verschiebt die Arbeit an der Beziehung einfach auf den Zeitraum nach der Hochzeit.

Dieses Zeitschema gilt für erwachsene Paare, deren Lebensumstände eine Ehe zulassen. Wenn Sie oder Ihr Partner auf die Scheidung, das Ende der Ausbildung oder ein vergleichbares Ereignis warten, wird die Dauer Ihrer Liebeswerbung diesen Umständen entsprechen.

Der Durchschnitt von achtzehn Monaten bis zwei Jahren gilt in der Regel für Paare, bei denen der Wunsch zu heiraten zumindest in einem der Partner von Anfang an als Motiv wirksam war. Wenn Sie beide danach trachten, Ihre Wunden zu lecken, Ihr Selbstgefühl zu nähren oder einfach Ihren Spaß zu haben, so sind der Zeit, die Sie verstreichen lassen, keine Grenzen gesetzt.

Die durchschnittliche Liebeswerbung zeigt ein typisches Muster hinsichtlich der Zeit, die für die einzelnen Stadien in Anspruch genommen werden. Doch lassen Sie mich noch einmal betonen, daß die individuellen Schwankungen sehr groß sind. Ein Paar hält sich sechs Monate mit einer unentschlossenen und ungewissen Verführung auf. Ein anderes gelangt sofort auf ein kurzlebiges, aber harmonisches Plateau. Die folgende zeitliche Aufgliederung gibt das typische Muster wieder, doch Sie und Ihr Partner müssen keineswegs typisch sein.

- *Wahl*. Kann unmittelbar stattfinden, etwa wenn Sie sich in einer Bar oder auf einer Party begegnen, es zwischen Ihnen funkt und Sie beschließen, sich zu verabreden. Die Wahl kann sich aber auch hinziehen, wenn Sie beispielsweise über Monate mit einer Kollegin / einem Kollegen zusammentreffen, bevor es zur ersten Verabredung kommt.
- *Herausforderung*. Dauert zwischen vier Wochen und sechs Monaten und gliedert sich in zwei Phasen:
- *Verführung*. Der Entscheidung, ob es eine freundschaftliche oder eine Liebesbeziehung sein soll, gehen gewöhnlich vier bis fünf Verabredungen voraus. Einige benötigen dazu erheblich mehr Zeit, bei anderen ist es am Abend der Wahl klar. Die gesamte Verführungsphase, in der der Herausfordernde sich das Interesse des anderen zu sichern sucht, dauert zwischen einem und drei Monaten.
- *Der Umschwung*. Kommt im allgemeinen nach dem dritten Monat der Liebeswerbung. Seine Lösung kann einen oder zwei Monate in Anspruch nehmen, aber auch problemloser und in kürzerer Zeit vonstatten gehen. Für einige Paare wird die Phasenfolge Verführung / Umschwung zu einer Drehtür, aus der sie nicht mehr herauskommen. Dann kann sich die Herausforderung endlos fortsetzen.
- *Die Beziehung*. Beginnt mit dem Plateau nach drei bis sechs Monaten Liebeswerbung. Sie besteht aus drei Phasen:

- *Plateau*. Die schöne Zeit körperlichen und seelischen Einklangs. Sie kommen sich näher, sind verliebt, träumen von der Zukunft. Diese Phase dauert etwa drei Monate bis ein Jahr – wie lange im Einzelfall, hängt wesentlich von der Bereitschaft ab, der Zeit, die Sie zusammen verbringen, und dem sozialen Druck, dem Sie ausgesetzt sind.
- *Verhandlung*. Setzt irgendwann zwischen sechs Monaten und einem Jahr nach Beginn der Liebeswerbung ein. Die Verhandlungen über allgemeine Unterschiede konzentrieren sich schließlich auf eine Hauptfrage: die Heirat. An diesem Punkt erfolgt der Übergang zur Bindung.
- *Bindung*. Führt Sie in das zweite Jahr Ihrer Liebeswerbung hinein. Je nach Bereitschaft wird im allgemeinen einer der beiden Partner die Heirat erwägen oder darauf drängen. Dieses Drängen kann auch sehr viel früher beginnen, wenn das Paar durch die Anfangsphasen geflitzt und sehr rasch im Beziehungsstadium angelangt ist. Zu erheblichen Verzögerungen kann es kommen, wenn Ihrem Leben durch äußere Umstände ein ganz anderer Zeitplan aufgezwungen wird.

Wieviel Zeit jemand aufwendet, um den Partner zur Heirat zu drängen, bevor er aufgibt, ist sehr unterschiedlich. Manche Paare bleiben jahrelang vor diesem Schritt stehen. Sie leben zusammen, einer von beiden möchte heiraten, doch der andere wehrt sich, indem er eine Reihe halbverständlicher Entschuldigungen und Ausflüchte vorschiebt. («Wir brauchen doch nicht diesen Wisch.» – «Laß uns heiraten, wenn wir Kinder haben wollen.» – «Es liegt nicht an dir, ich bin nur noch nicht über diese schreckliche Scheidung hinweg.») Andere dagegen sind so ungeduldig, so bereit, daß sie zur Bindung streben, sobald sie merken, daß sie das Beziehungsstadium erreicht haben.

Wenn nur einer von beiden die Ehe will, variiert der Zeitraum, der erforderlich ist, um diese Frage zu klären, von Paar zu Paar erheblich. Nach meinen Beobachtungen fällt die Heiratsentscheidung im allgemeinen im zweiten Jahr der Liebeswerbung.

Die folgende Abbildung veranschaulicht die Überschneidungen der Werbestadien. Keine Liebeswerbung deckt sich genau mit diesem Diagramm. Es soll keinesfalls den Eindruck erwecken, Sie müßten einen präzisen Zeitplan einhalten. Es geht lediglich darum, Ihnen eine Vorstellung von der allgemeinen zeitlichen Gliederung zu vermitteln, und vielleicht hilft die Abbildung Ihnen zu verstehen, wann es in Ihren eigenen Liebesaffären typischerweise zu Schwierigkeiten kommt.

Es gehört noch ein weiteres Element in Ihr Gesamtbild von der Liebeswerbung: der eigenartige, schwierige, verrückte Kommunikationsstil, auf den wir alle in unseren Liebesbeziehungen zurückgreifen.

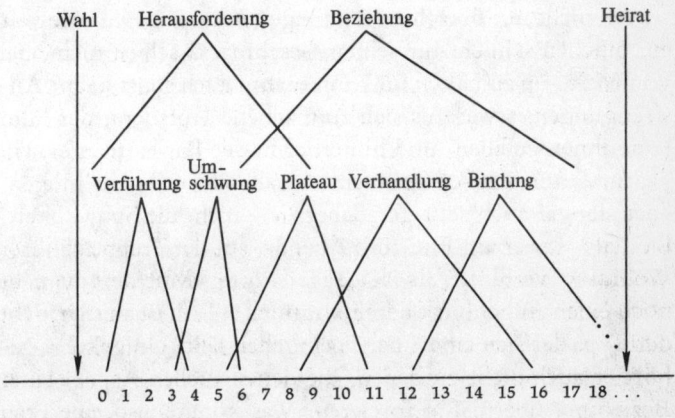

Zwei Stimmen im Wechsel:
Codierte Kommunikation in
der Liebeswerbung

Wie das bei den ersten Verabredungen meistens so ist, fand Erik Sarah eigentlich sehr nett. Er mochte ihre große, dunkle Erscheinung, und ihm gefiel, daß sie ihn nicht mit überflüssigen Fragen nervte. Gewiß, sie war ein bißchen schlicht für seinen Geschmack, schien nicht viel von Make-up zu halten und unternahm auch sonst kaum Anstrengungen, etwas aus sich zu machen. Trotzdem, der Film hatte ihnen gefallen, und hinterher in der Bar hatte er sie ein paarmal zum Lachen gebracht. Sarah schien ihn zu mögen, aber sie war auch sehr geradeheraus – nicht die Spur kokett. Deshalb war er am Ende des Abends, auf der Treppe zu ihrer Wohnung, verblüfft, als er sie sagen hörte: «Möchtest du nicht noch einen Augenblick hereinkommen?» Erik ist an sich nicht der Typ, der sich eine Chance entgehen läßt. Umgekehrt gehört er auch nicht zu denen, die den sexuellen Aspekt einer Beziehung übermäßig forcieren. Was könnte also eine Frau wie Sarah mit dieser Einladung meinen?

Die Situation ist typisch – auf diese Weise werden Verabredungen zu einem Faszinosum für Rätsel- und Knobelfreunde, für alle übrigen Menschen jedoch zu einer steten Quelle von Ärger und Verdruß. Ganz offensichtlich könnte Sarah vieles gemeint haben. Erik möchte eine vielversprechende Beziehung nicht gefährden, genausowenig eine mögliche sexuelle Chance verpassen. Vor allem aber hat er Angst, sich eine Abfuhr einzuhandeln. Es hängt nun also an ihm, diese komplizierte Botschaft zu entziffern.

Sarah könnte beispielsweise meinen: «Ich möchte nicht, daß du gehst. Ich möchte mit dir schlafen.» Oder: «Laß uns miteinander reden. Ich muß wissen, wie du zu Aids stehst.» Vielleicht aber auch: «Ich habe so ein Gefühl, als hätte ich diesen Abend vollständig vermasselt. Gib mir noch eine Chance, deine Sympathien zu gewinnen.» Oder: «Na, mal sehen, ob du so bist wie alle Männer.»

Zu schaffen macht Erik – genau wie uns allen –, daß er einfach nicht *wissen* kann, was sie meint. Manchmal hat er die Nase voll von dieser Art Kommunikation. Warum kann sie nicht deutlich sagen, was sie meint? (Warum behauptet er: «Ich rufe an», wenn er es dann sowieso nicht tut? Warum sagt sie manchmal nein, wenn sie ja meint?)

Warum, so möchte man seufzen, diese ganze Schauspielerei, die doch nur Mißverständnissen und Kränkungen Vorschub leistet?

Dieses Kapitel soll zeigen, daß Erik zu Recht verwirrt ist, daß es aber auch seine Richtigkeit hat, wenn Sarah sich auf eine vieldeutige Äußerung zurückzieht, statt klar und unmißverständlich zu sagen, was sie meint. Die beiden befinden sich in der allerersten Phase des Werberituals. Zu Beginn der Liebeswerbung und in ihren schwierigen Stadien ist die Kommunikation codiert, das heißt, wir sagen nicht, was wir denken. Statt dessen bieten wir mehrdeutige Mitteilungen an, die in der Regel unsere Gefühle gleichzeitig offenbaren und verbergen. Der Code macht es möglich, sehr heikle und möglicherweise peinliche Dinge mitzuteilen, ohne nun völlig schutzlos dazustehen. Wenn er also sagt: «Ich rufe an», dann meint er das vielleicht wirklich – vielleicht meint er aber auch: Das war's dann.

Intuitiv wissen wir alle, daß wir in den Anfängen einer Liebeswerbung unsere ganz persönlichen Gedanken nicht rundheraus äußern können. Vielmehr bleibt uns in dieser eigentümlichen Situation nichts anderes übrig, als codiert zu sprechen und den Code eines anderen zu entschlüsseln. Was macht eine unmißverständliche Kommunikation so unmöglich?

Faustregeln für die Liebe

Vielleicht kennen Sie sich in all den ungeschriebenen Gesetzen der Liebeswerbung nicht aus. Doch ein Prinzip dürfte der weibliche Teil der Leserschaft noch auf den Knien der Mutter verinnerlicht haben: *Verschreck ihn nicht!*

Hinter dieser intuitiven Floskel verbirgt sich die Beobachtung, daß die Gefühle eines Mannes in den Anfangsstadien einer Affäre mit Vorsicht zu behandeln sind. Männer haben den aufrichtigen Wunsch und das Bedürfnis nach emotionaler Nähe zu einer Frau. Sie engagieren sich mit Leib und Seele, um eine solche Beziehung zu entwickeln, aber es ist ihnen nicht immer angenehm, sich die möglichen Konsequenzen der Affäre vor Augen zu führen: Heirat, Kinder, eine Hypothek und erhebliche Einschränkungen der sexuellen Möglichkeiten.

Wird die Aufmerksamkeit des Mannes zu früh auf solche Konsequenzen gelenkt, kann das unter Umständen jene Angst in ihm wecken, die seine Liebe sofort erstarren läßt. Es hat keinen Sinn, sich von einer so negativen Einstellung zu Liebe und Bindung irritieren zu lassen. Viel wirksamer ist es, diese Ängste zu dämpfen, als sich mit ihnen herumzuschlagen. Daher also die Parole: *Verschreck ihn nicht!*

Irgendwann im Laufe des Erwachsenwerdens wird er lernen, der Bindung mit einer Frau angstfrei entgegenzusehen, genauso wie sie lernt, mit der Bindungsangst des Mannes umzugehen. Er glaubt, ob zu Recht oder Unrecht, sie sei in erster Linie am Ausgang der Affäre interessiert. Ohne es genau ausdrücken zu können, hat er die fixe Idee, Frauen würden über irgendeine schreckliche Macht verfügen: «Wenn ich nicht aufpasse, sitze ich in ihrer Falle.» Er hat nicht die geringste Ahnung, wie sie das hinkriegen könnte. Vielleicht hängt er sehr an ihr, ist sich aber noch nicht klar darüber, ob er eigentlich auch will, was sie sich anscheinend in den Kopf gesetzt hat. Um sich also davor zu schützen, daß die Dinge seinem Einfluß entgleiten, verhält er sich, zumindest in den Anfangsstadien der Liebeswerbung, nach seinem ungeschriebenen Gesetz: *Binde dich nicht!*

Sie werden gleich sehen, wie eng «Verschreck ihn nicht»

und «Binde dich nicht» miteinander verwandt sind. Beide zwingen zu vorläufigem, indirektem Verhalten. Und in beiden äußert sich das Bedürfnis nach einem natürlichen Bremssystem, um den Gefühlsstürmen von Verliebtheit, sexueller Faszination, sehnsüchtigem Verlangen und allen möglichen anderen hormonellen Anwandlungen standzuhalten. Beide Faustregeln mahnen zur Vorsicht.

Und beide Regeln sind austauschbar. Denn Sie können natürlich genausogut zu jenen Frauen gehören, die eine zu enge Bindung scheuen und sich mit einem ernsthaft interessierten «Full-time-Freund» eingeschränkt fühlen – von den Pflichten und Anforderungen einer Ehe ganz zu schweigen. Frauen werden in wirtschaftlicher Hinsicht immer unabhängiger und reagieren entsprechend gereizt auf die Opfer, die es mit sich bringt, wenn man eine Beziehung zu einem Mann aufrechterhalten will. Diese Frauen begegnen jedem Mann mit einem kühlen Blick für den Preis, den die Beziehung kostet («Er verlangt zuviel Aufmerksamkeit» oder «Ständig muß ich sein Ego päppeln»). Sie handeln nach dem Motto «Binde dich nicht», auch wenn sie sich vielleicht einreden, noch auf den Richtigen zu warten.

Umgekehrt sind manche Männer sehr aufgeschlossen und bereit für eine feste Bindung oder Ehe. Sie fühlen sich nicht einfach nur zu einer Eroberung herausgefordert, sondern sehen auch den Konsequenzen gelassen entgegen. Solche Männer können ganz bewußt nach dem Prinzip «Verschreck sie nicht» vorgehen.

Ich werde noch häufiger in diesem Buch das typische Verhalten von Männern und Frauen verallgemeinern. Genauer müßte man sagen, es dreht sich immer um zwei Rollen, und die lassen sich heutzutage nicht mehr geschlechtsspezifisch besetzen – Frauen und Männer sind darin austauschbar. Zwar haben Frauen im allgemeinen eine positivere Einstellung zur Ehe, während Männer vor einer Heirat eher zurückschrecken, doch kann die Situation sich auch umkehren, sogar mehrere Male im Laufe der Beziehung.

Das wird deutlicher in Anbetracht der Spielarten dieser beiden Grundprinzipien. Sowohl Männer als auch Frauen werden ihre Entscheidungen gelegentlich an Überlegungen wie den folgenden ausrichten:

- Wirk nicht übereifrig – das verschreckt sie.
- Laß dich nicht zu weit auf die Sache ein. Nachher kannst du nicht mehr zurück.
- Laß sie zappeln. Das steigert ihr Interesse.
- Laß ihn nicht merken, daß du interessiert bist – Männer wollen immer gerade das, was sie nicht haben können.
- Sag bloß nicht als erster «Ich liebe dich».
- Sag nicht, was du meinst, bis du sicher bist, daß er dich nicht verläßt, wenn er es hört.

Der Grundgedanke all dieser Regeln ist einfach: Mach nicht den ersten Schritt – aber laß etwas geschehen! Natürlich wird die ganze Sache im Sande verlaufen, wenn keiner einen Schritt macht oder Interesse zeigt. Und trotzdem besagen die Regeln, man handle gegen die eigenen Interessen, sowie man zu unvermittelt oder direkt vorgehe.

Die Lösung: Benutzen Sie einen Code! Sagen Sie, was Sie sagen möchten, doch sagen Sie es so, daß es nicht ganz klar ist und Sie auf nichts festlegt. Es sollte Ihnen möglich bleiben, sich im Falle eines Falles davon zu distanzieren. Äußern Sie sich so vieldeutig, daß sich der andere ermutigt fühlt, ohne ihn abzuschrecken.

Die Faustregeln schreiben vor, daß es zumindest in den Anfangsstadien einer Beziehung am besten ist, seine Botschaft mit mehrdeutigen Signalen an den Mann oder die Frau zu bringen. Eine Frau wird einem Mann nicht bei der dritten Verabredung erzählen, es mache sie panisch, wie ihre biologische Uhr so dahinticke, und deshalb wünsche sie sich ein Kind. Doch wenn die beiden auf Beziehungen zu sprechen kommen (was übrigens oft bei der dritten Verabredung geschieht), dann wird sie vielleicht erwähnen, daß sie nun an einem Punkt angelangt sei, wo es sie mehr reize, eine Beziehung einmal richtig auszuloten, statt permanent im Flirtstadium zu verweilen, wie sie es in jüngeren Jahren vorgezogen habe. Mit dem ersten, sehr direkten Selbstbekenntnis würde sie sich zur Ängstlichen und

Hilfesuchenden abstempeln. Die Alternative ist eine weit verschwommenere Mitteilung über sich selbst. Sie läßt viele Deutungsmöglichkeiten offen und macht ihm keine Angst. Die Wahrheit kommt zum Ausdruck, ohne den Adressaten abzuschrecken – sie ist codiert.

Nonverbale Signale können eine besonders wirksame Form der codierten Kommunikation sein. Ihre Mehrdeutigkeit liegt bereits im Unausgesprochenen. Da sie kaum eine sprachliche Antwort erfordern, kann das Paar sich mitteilen, ohne daß einer von beiden eine offene Zurückweisung riskieren muß.

Doch werden Ihnen nonverbale Signale, wie alle Codes, nur dann etwas sagen, wenn Sie sie richtig zu lesen verstehen. Angst beeinträchtigt die Fähigkeit, nichtsprachliche Nachrichten zu senden oder zu empfangen. Also, seien Sie aufmerksam, aber zügeln Sie Ihren Drang, Schlußfolgerungen zu ziehen.

Jemand, der Sie an der Hand oder am Arm faßt, wenn Sie über die Straße gehen, verstärkt sogleich das Gefühl der Verbundenheit. Doch solche Gesten sind oft typisch für eine persönliche Verhaltensweise, die Sie nicht speziell auf sich beziehen dürfen. Freuen Sie sich über den Körperkontakt, aber ziehen Sie keine voreiligen Schlüsse.

Eine Frau, die besonders empfänglich für nonverbale Signale ist, erzählte mir von einer Geste, bei der ihr sogleich warm ums Herz geworden sei. Sie machte sich gerade frisch, als der Kaffee serviert wurde. Der Mann, mit dem sie zum erstenmal verabredet war, deckte ihren Kaffee mit der Untertasse ab, damit er nicht kalt wurde. An dieser Geste habe sie genau erkannt, wie fürsorglich sich dieser Mann einer Frau gegenüber verhalten würde, die er liebt.

Ihre Interpretation war berechtigt. Dieser Mann dürfte in der Tat sehr fürsorglich sein. Übereilt wäre jedoch die Schlußfolgerung, sie sei die Frau, derer sich dieser Mann gern liebevoll annehmen würde.

Zur Entwicklung einer Zweierbeziehung gehört, daß Sie allmählich, im Laufe der Zeit, eine Möglichkeit zur direkten und ehrlichen Mitteilung ihrer Gedanken und Gefühle finden. In den allerersten Stadien der Beziehung ist das Risiko zu groß.

Codierte Kommunikation ist die einzige Lösung für die konträren Bedürfnisse, sich einerseits näherkommen zu wollen und andererseits den nötigen Abstand wahren zu müssen, um eine Verletzung der Gefühle zu vermeiden. Das richtige Umgehen mit dem Code ist ein Schlüsselelement für die Entwicklung einer Liebesbeziehung.

Die Liebeswerbung ist aus drei Gründen auf einen Code angewiesen:

Ein Code kann die Angst verringern. Das ganz natürliche Gefühl von Angst und Verletzbarkeit wird durch das Mehrdeutige der Kommunikation gemildert. Beispielsweise schützt sich eine Frau, wenn sie auf ein sexuelles Angebot entgegnet: «Ich bin noch nicht soweit.» Die Wahrheit ließe sich auch deutlicher formulieren: «Ich möchte nicht mit dir ins Bett gehen, weil ich mich dann doch in dich verliebe und Angst vor einer Zurückweisung bekomme.» Wenn Liebeswerbung uns zu derartigen Geständnissen zwänge, würden wir uns noch zögernder auf sie einlassen, als es ohnehin der Fall ist. Die Angst muß auf ein erträgliches Maß reduziert sein, bevor man sich ein bestimmtes Ziel vornehmen kann.

Eine verschlüsselte Kommunikation schützt auch die Gefühle des Partners; wir greifen auf stereotype Wendungen zurück, um andere zu schonen. Es ist einfach freundlicher, dem langweiligen Zahnarzt mit all seinen Geschichten von Füllungen und Brücken zu erklären: «Es gibt da jemanden, mit dem ich mich nun treffe, so oft es geht, und deswegen...» – anstatt ihm ehrlich zu sagen: «Deine Wurzelkanäle öden mich an.»

Ein Code kann ambivalente Gefühle widerspiegeln. Codierte Kommunikation ist wichtig, weil ihre Unbestimmtheit den tatsächlichen Stand der Dinge wiedergibt, zumindest in den Anfängen der Liebeswerbung. In den ersten Monaten einer Beziehung sind Ihre Gefühle zu dem anderen oft sehr sprunghaft. Die Dynamik einer sich anbahnenden Beziehung bestimmt fast immer ein Probieren im Gegentakt – der eine drängt, der andere geht in Deckung, bis die Rollen sich umkehren. Das entspricht genau dem Ablauf der beiden Herausforderungsphasen, Verführung und Umschwung. Und mehrdeutiges Kommunizieren ist den Bedürfnissen dieser beiden

Phasen dienlich. Es ist weniger Verstellung und Schauspielerei als die exakte Wiedergabe einer sich ständig wandelnden Wahrheit.

Ein Code kann die Verständigung über heikle soziale Fragen erleichtern. Codierte Kommunikation kommt mit Anspielungen aus – und scheut die Konfrontation. Eine Liebesbeziehung rührt an die privatesten Bereiche des gesellschaftlichen Lebens – Sexualität, Moral, Intimsphäre, persönliche Einstellungen. Will man einem anderen nahekommen, muß man seine Gedanken, Gefühle und Erfahrungen in diesem Bereich offenbaren. Doch über diese Angelegenheiten läßt sich nicht gerade locker plaudern. Die ritualisierten Signale, die wir in den Anfangsstadien der Liebeswerbung aussenden, leisten die nötige Vorarbeit für solche Gespräche. Es gibt eine Ausnahme: Wenn es um mögliche Krankheiten geht, vor allem Aids, muß ein offenes Gespräch Klarheit schaffen. Da helfen keine Codes.

Der Code wird geknackt

Wenn Sie sich jeweils den Symbolgehalt der Botschaften, die Sie senden und empfangen, vergegenwärtigen, werden Sie mit den problematischen Situationen der Liebeswerbung besser umgehen können.

In der folgenden Übung finden Sie einige der klassischen Situationen während einer Liebeswerbung im Überblick. Nehmen Sie ein Stück Papier zur Hand und schreiben Sie zu jeder dieser Situationen *mindestens drei* verschiedene Interpretationen auf. (Nicht umblättern und die Antworten lesen! Sie sollen Ihre eigenen Gedanken kennenlernen.)

1. Obwohl sie sich seit sechs Wochen regelmäßig treffen und sehr schöne Abende miteinander verbracht haben, hat er sich an Samstagen noch nie mit ihr verabredet. Das könnte bedeuten:
2. Bei der vierten Verabredung macht sie sexuelle Annäherungsversuche. Er ignoriert sie und erzählt unvermittelt

von einem Erlebnis im Büro. Damit will er möglicherweise sagen:

3. Nach einigen Abenden trauter Zweisamkeit schlägt sie nun auf einmal vor, abends auf eine Party bei ihren Freunden zu gehen. Auf diese Weise teilt sie mit:

4. Nach zwei Treffen zeigt er sexuelles Interesse an ihr. Ihre Reaktion: «Ich mag dich, aber ich bin noch nicht soweit.» In Wirklichkeit sagt sie:

5. Statt mit ihm einen faulen Sonntag zu verbringen, wie sie es nach einer gemeinsamen Samstagnacht gewöhnlich macht, erklärt sie an diesem Morgen: «Ich muß gehen. Auf mich wartet noch viel Arbeit.» Sie gibt ihm zu verstehen:

6. Sie ist 36, war nie verheiratet und hat keine Kinder. Etwa im fünften Monat ihrer Beziehung – bisher eine recht bequeme und angenehme Affäre – beginnt er eine theoretische Diskussion über die Bedeutung von Kindern und Familie. Er sucht tastend nach einem Weg, ihr klarzumachen:

Simultanübersetzung

Schauen wir uns jetzt die Situationen einzeln an. Diese Übung hat vier Ziele:

● Sie soll Ihnen im Umgang mit derartigen Situationen bestimmte Alternativen eröffnen, auf die Sie von selbst vielleicht nicht gekommen wären.

● Sie soll Ihnen zeigen, daß die Verhaltensweisen in den Anfängen einer Liebesbeziehung meistens eine von mehreren Bedeutungen zulassen. Sie kommen am besten damit zurecht, wenn Sie mit der Möglichkeit rechnen, daß es viele Alternativen gibt, statt sich in falscher Sicherheit zu wiegen.

● Sie soll Sie in flexiblem Denken schulen. Eine Beziehung zu entwickeln, ist eine Übung in der Kunst des Möglichen. Flexibles Reaktionsvermögen läßt einer Beziehung genügend Raum zu einer natürlichen Entwicklung. Zuviel Ungewißheit weckt natürlich all Ihre Unsicherheit und läßt Sie ungeduldig und nervös werden. Bei zuwenig Ungewißheit nehmen Sie den anderen möglicherweise nicht richtig wahr, weil Sie nur das sehen, was Sie erwarten.

● Sie soll Ihre Aufmerksamkeit darauf lenken, daß Sie eigentlich eine Menge über die Gedanken und Gefühle des anderen Ihnen gegenüber erfahren. Diese Informationen sind leicht zu übersehen – so indirekt, wie sie sind –, aber es gibt sie.

Und nun zu den einzelnen Situationen:

1. Obwohl sie sich seit sechs Wochen regelmäßig treffen und sehr schöne Abende miteinander verbracht haben, hat er sich an Samstagen noch nie mit ihr verabredet.

Wenn ein Mann seine Wochenenden für sich reserviert, so ist das ein ziemlich deutlicher Hinweis darauf, daß er eine gefühlsmäßige Bindung mit Ihnen nur bis zu einem gewissen Grad zuläßt. Sie wissen nicht, warum. Vielleicht sind Sie genau sein Typ; deshalb läßt er sich halbwegs auf Sie ein und bleibt noch vorsichtig genug, die Sache langsam anzugehen. Vielleicht ist er aber auch in eine besonders unglückliche Liebesaffäre verstrickt und trifft sich donnerstags mit Ihnen, um sich zu beweisen, daß er ja versucht, eine andere Frau zu finden. Möglicherweise entspricht es auch seiner Art, viele Frauen zu treffen und abzuwarten, ob es einer gelingt, sich von der Masse abzuheben und sein Interesse zu wecken.

Sie haben offensichtlich die Wahl, ihn darauf anzusprechen, was Sie bemerkt haben, oder es für sich zu behalten. Solange Sie es gelassen nehmen, können Sie abwarten. Doch sowie Sie die Ungewißheit nicht länger ertragen, müssen Sie es zur Sprache bringen – jedoch nicht als Vorwurf oder Selbstkritik. Sie brauchen auch nicht so direkt zu sein: «Wieso nicht samstags, raus damit?!» Lassen Sie sich von einer Stimmung leiten, die Vertrauen schafft. Erwähnen Sie, Sie seien sich darüber im klaren, daß es in seinem Leben Bereiche gebe, zu denen Sie keinen Zugang hätten. Äußern Sie die Hoffnung, er werde irgendwann genug Vertrauen haben, Ihnen mehr über sich zu erzählen und darüber, wie er seine Zeit verbringe. Auf diese Weise stellen Sie ihn nicht zur Rede, sondern machen ihm ein Angebot. Es gibt keine Garantien, daß er darauf eingeht. Aber immerhin könnte er.

Eine Anmerkung: Sexuell sollten Sie in so einer Situation zögern. Sie haben eventuell einen Hinweis, daß Ihr neuer Partner nicht monogam ist. Behalten Sie das Gesundheitsproblem im Auge. Und hoffen Sie nicht, Ihren Stand bei ihm durch sexuellen Kontakt zu verbessern. Das ist möglich, aber auch ein Glücksspiel. Warten Sie, bis Sie ihm wichtiger geworden sind. Und gehen Sie dann mit ihm ins Bett, wenn Ihnen rundherum wohl dabei ist.

Ist es für solche Zurückhaltung zu spät, nehmen Sie sich die Zeit, das Für und Wider abzuwägen. Man kann schwer zurück, Ihnen bleibt jedoch immer noch die Möglichkeit zu sagen: «Ich bin sehr gern mit dir zusammen, aber mir ist es nicht lieb, daß wir miteinander schlafen. Ich stelle weit größere Erwartungen an meine Liebhaber als an meine Freunde, und ich finde, wir passen als Freunde viel besser zusammen.» Natürlich fühlen Sie sich nicht wohl dabei, denn ein solches Nein könnte das Aus bedeuten. Andererseits wäre es möglich, daß Sie auf diese Weise den Schaden begrenzen. Sie werden jeweils allein entscheiden müssen, ob Sie das wollen.

2. Bei der vierten Verabredung macht sie sexuelle Annäherungsversuche. Er ignoriert sie und erzählt unvermittelt von einem Erlebnis im Büro.

Das Recht der Frau, sexuell selbst die Initiative zu ergreifen, ist das Vermächtnis der sexuellen Revolution. Zurückweisung, Angst und die Gefahr der Bloßstellung sind die negativen Nebeneffekte dieses Rechtes. (Es gibt genauso viele positive.)

Es war schon *immer* Sache der Frau, nonverbal ihre Bereitschaft zu einem sexuellen Kontakt erkennen zu lassen. Nur sehr unverschämte oder übertrieben selbstbewußte Männer achten nicht auf solche Signale. Und genau wie manche Männer ihr Glück versuchen, ohne erst entsprechende Zeichen abzuwarten, gibt es Frauen, die einem Mann sexuelle Avancen machen, ohne vorher stillschweigend dazu ermutigt worden zu sein.

Es steht Ihnen natürlich frei, Ihre sexuellen Gefühle laut und deutlich mitzuteilen, wenn Sie das vorziehen. Wird Ihr Angebot ignoriert, so liegt der Schluß nahe, daß der betreffende Mann Sie körperlich einfach nicht attraktiv findet. So entmutigend das auch sein mag, die Möglichkeit besteht zweifellos. Genauso denkbar ist es, daß ihm die Bereitschaft zum körperlichen Kontakt mit Ihnen noch fehlt. Vielleicht beunruhigt auch ihn das Aids-Problem. Die simple Tatsache, daß der Mann einen Penis hat, muß nicht heißen, daß er keine Gelegenheit ausläßt, ihn einzusetzen – auch wenn manche Frauen diesen Verdacht hegen.

Auf diesen Mann mögen Sie körperlich anziehend wirken, doch vielleicht gehört er zu der Sorte Männer, die gegen jegliche sexuelle Erregung gewappnet sind, solange sie die Kontrolle nicht verlieren wollen. Möglicherweise hat er Probleme mit sexuell offensiven Frauen. Oder ihn hat vor allem die Herausforderung gereizt, und Ihr Angebot hat ihm den ganzen Spaß verdorben.

Mag sein, er ist schlichtweg begriffsstutzig. Meist hören wir nur, was wir zu hören erwarten, und in der Regel geht der Mann davon aus, eine Frau harre seiner sexuellen Initiative. Solche Erwartungen können ihn blind und taub für Ihre Botschaft machen.

Ganz gleich, welche Deutung Ihnen am wahrscheinlichsten vorkommt, Sie haben nur drei vernünftige Möglichkeiten zu reagieren: Sie könnten Ihr Temperament zügeln und entscheiden, nun sei *er* am Zug. Sie könnten die Flucht nach vorn ergreifen und ein verführerisches Gastmahl mit allem Drum und Dran inszenieren: Kerzen, berauschende Getränke, hauchdünne Kleidung, duftige Bettwäsche. Und schließlich könnten Sie auch in aller Ruhe Ihre Verwirrung äußern und mit ihm darüber sprechen.

Wollen Sie eine dieser Möglichkeiten wahrnehmen, dürfen Sie sich nicht einreden, Sie seien abgewiesen worden. Man fühlt sich furchtbar, wenn ein sexuelles Angebot mißachtet wurde, nimmt es allzu gern persönlich und schließt daraus, man sei eben nicht attraktiv genug. Eine Frau, die direkte sexuelle Avancen macht und auf keine Reaktion stößt, kommt sich am Ende oft wie eine Närrin vor – und verzieht sich mit

einer Lage Sahnetörtchen ins Bett. Hüten Sie sich vor Über-
reaktionen!

3. Nach einigen Abenden trauter Zweisamkeit schlägt sie
nun auf einmal vor, abends auf eine Party bei ihren Freunden
zu gehen.

Die Dinge entwickeln sich. Sie macht Sie mit ihren Freunden bekannt. Bei den meisten Menschen ist das ein überlegter,
kein impulsiver Schritt. Vielleicht braucht sie einfach nur
einen Begleiter für die Party, und wenn – hieße das doch, Sie
kommen für diese Rolle in Frage. Man kann nicht wissen, inwieweit sie vielleicht auch testen möchte, ob Sie ankommen.
Zeigt sie den Freunden, daß Sie nun ein Paar sind? Möchte sie
von den Freunden wissen, ob es sich lohnt, die Beziehung zu
vertiefen? Oder spielen Sie nur den Begleiter, den Notnagel?
Die Wahrheit liegt wahrscheinlich irgendwo in der Mitte.

Sie sollten sich in die Rolle des interessierten, aufgeschlosse-
nen Außenseiters fügen. Dabei müssen Sie die nötige Gelassenheit aufbringen, eine möglicherweise mangelnde Aufmerksamkeit ihrerseits oder einen nur lauen Empfang auf
seiten ihres Freundeskreises wegzustecken.

Fühlen Sie sich auf der Party von ihr vernachlässigt, oder
gehen die Gespräche an Ihnen vorbei und Sie stehen plötzlich
verlassen an der Bar herum – nehmen Sie es nicht persönlich!
Wir alle verhalten uns unseren Freunden gegenüber anders als
in der Zweisamkeit einer sich gerade erst entwickelnden Liebesbeziehung. Manche Menschen sind erst einmal befangen
mit einem neuen Partner. Denken Sie daran, daß zu dieser Situation zwangsläufig eine gewisse Angst gehört – mag sie sich
das nun eingestehen oder nicht. Gesellen Sie sich während des
Abends gelegentlich zu ihr, aber vermeiden Sie es, sie völlig in
Beschlag zu nehmen. Versuchen Sie, mit ihren Freunden in
Kontakt zu kommen. Das ist eine codierte Botschaft, die lautet: «Ich will dich nicht einschränken. Meinetwegen mußt du
dein Leben nicht völlig umkrempeln.» Und den Freunden teilen Sie mit: «Keine Angst, ich werde sie euch nicht nehmen.
Statt sie zu verlieren, bekommt ihr jemanden dazu.»

4. Nach zwei Treffen zeigt er sexuelles Interesse an ihr. Ihre
Reaktion: «Ich mag dich, aber ich bin noch nicht soweit.»

Wenn Ihnen eine Frau sagt, sie sei für einen sexuellen Kontakt noch nicht bereit, ist das ebenso verwirrend, als wenn Sie auf ihre Signale nicht reagieren. Sie wissen nicht, ob es heißt: (a) Laß uns Freunde sein; fürs Bett finde ich dich nicht attraktiv genug; (b) ich bin scheu – laß dich bitte nicht entmutigen; (c) ich muß erst von dir hören «Ich liebe dich»; (d) niemals, unter keinen Umständen mit dir, du Blödmann; (e) ich mache mir Sorgen wegen Aids, um meinen Körper, daß du mich verläßt; oder (f) ich habe einen anderen Liebhaber. Sie könnte sogar meinen: «Ich bin noch nicht soweit.»

Zunächst gehen Sie am besten davon aus, es handle sich um einen Test Ihrer Vertrauenswürdigkeit, und verhalten sich dementsprechend. Wenn sie Gewißheit braucht, daß es Ihnen um mehr geht als nur um Sex, dann sollten Sie am Ball bleiben und es ihr beweisen. Zwei Menschen, die sich körperlich anziehend finden und ungebunden sind, bringen die Probe auf Vertrauenswürdigkeit in der Regel schnell hinter sich. Am Ende wird sie es Ihnen vielleicht signalisieren, wenn die Zeit reif und sie bereit ist. (Sich zur Entjungferung zu entschließen, folgt einem eigenen Zeitplan; nicht zu vergleichen mit der Entscheidung für einen neuen Liebhaber.)

Und wenn nun über Ihre Strategie von Verständnis und Geduld die Zeit dahingeht, sexuell sich aber immer noch nichts regt? Dann wird es Zeit, mehr Deutlichkeit zu fordern. Sie weiß inzwischen, ob sie einfach eine Scheu vor Sex hat oder an Ihnen nicht interessiert ist. Sie haben ein Recht darauf, es auch zu wissen.

5. Statt mit ihm einen faulen Sonntag zu verbringen, wie sie es nach einer gemeinsamen Samstagnacht gewöhnlich macht, erklärt sie an diesem Morgen: «Ich muß gehen. Auf mich wartet noch viel Arbeit.»

Wenn sie am Sonntag morgen mit einer völlig glaubwürdig klingenden Erklärung geht, sollten Sie trotzdem hellhörig werden. Möglicherweise geht sie ganz bewußt ein bißchen auf Distanz. Und dahinter könnte sich so manche Mitteilung verbergen: (a) Ich habe deinetwegen alles andere in meinem Leben vernachlässigt; jetzt bekomme ich Nachholbedarf. (b) Mir gefällt diese Gewohnheit nicht – jede Verabredung partout

48 Stunden lang. Ich möchte mal wieder ein bißchen frische Luft schnappen. (c) Mir wird unbehaglich zumute, wenn ich zu lange um jemanden herum bin. Ich brauche Raum zum Atmen. (d) Ich bin in meinen Beziehungen an einen Mittwoch/Samstag-Rhythmus gewöhnt. Die Sonntage sind für ein ausgiebiges Frühstück mit meinen Freundinnen und für die Zeitungslektüre reserviert. Da störst du allmählich.

Wie es sich in dieser Situation zu reagieren empfiehlt, wird Punkt für Punkt in Kapitel sechs behandelt. Hier soll die Feststellung genügen, daß jede noch so geringe Veränderung einer Gewohnheit ein hohes Maß an Information enthält.

6. Sie ist 36, war nie verheiratet und hat keine Kinder. Etwa im fünften Monat ihrer Beziehung – bisher eine recht bequeme und angenehme Affäre – beginnt er eine theoretische Diskussion über die Bedeutung von Kindern und Familie.

Wenn ein Mann sich erst einmal theoretisch über das Thema Kinder und Familie ausläßt, sollten Sie gut aufpassen. Er fühlt Ihnen damit so vorsichtig wie möglich auf den Zahn. Halten Sie das nicht blindlings für seine persönliche Art, Ihnen die Tiefe seiner Gefühle mitzuteilen. Weit eher kommen in solchen Äußerungen gewisse Befürchtungen hinsichtlich der Zukunft Ihrer Beziehung zum Ausdruck. Auf diese Weise sucht er nach einem Weg, sie Ihnen zu vermitteln.

Zunächst einmal könnte er – so schwer es auch fällt, sich damit auseinanderzusetzen – Sorgen wegen Ihres Alters haben. Zwischen Ende Dreißig und Mitte Vierzig haben viele Männer den starken Wunsch nach einer Ehe, weil sie sich nach einer Familie und Kindern sehnen. Solche Männer werden nervös, wenn ihre Freundin für Kinder langsam zu alt wird.

Ein kinderloser Mann um die Vierzig begegnet einer Frau, die ihm gefällt, wahrscheinlich nicht mehr, ohne einen unruhigen Blick auf ihr Alter zu richten. Er mag ihr sicherlich nicht direkt sagen, daß sie nicht ernsthaft in Frage kommt, aber er fühlt sich gezwungen, seine Besorgnis deutlich zu machen. Er will sich rückversichern – zum Beispiel hören, der Zeitdruck sei auch Ihnen bewußt, aber für Kinder blieben Ihnen definitiv noch gut fünf Jahre; vielleicht möchte er auch herausbekommen, ob Sie zur Adoption bereit sind oder gar keine Kinder haben wollen. In den meisten Fällen möchte er sichergehen, daß er seinen Ängsten Luft machen kann, ohne daß Sie zusammenbrechen.

Vielleicht fragt er sich ja auch, wie Sie über Kindererziehung denken! Würden Sie darauf bestehen, den Beruf aufzugeben, oder auf jeden Fall weiter arbeiten wollen? Männer sind häufig bemüht, die Risiken einer Beziehung auszumachen und einzugrenzen, als handle es sich um einen Geschäftsabschluß.

Ganz sicher jedoch schneidet er das Thema an, weil er sehr klare Vorstellungen dazu hat. Er möchte wissen, wieweit Sie darin übereinstimmen und was Sie von ihm erwarten. Zunächst sollten Sie ihn so weit ermutigen, daß er solche Gefühle rückhaltlos äußert. Versuchen Sie nicht auszuweichen, ganz gleich, wie groß die Versuchung ist, weil das Thema Ihnen angst macht. Unter Umständen fragt er ganz lapidar an: «Was hältst du von berufstätigen Müttern?» Oder er äußert sich über eine Ihrer Freundinnen: «Wozu hat sie ein Kind, wenn sie es von jemand anderem erziehen läßt?» Vermeiden Sie es, in eine politische Diskussion abzudriften. Konzentrieren Sie sich aufs Persönliche. Versuchen Sie, seine Bedenken zu verstehen, und was sie mit Ihnen zu tun haben könnten.

Sie erkennen Ihre blinden Flecken

Diese Übung zeigt Ihnen, wie viele Bedeutungen jede einzelne dieser Botschaften haben kann. Welche Bedeutung Sie nun einer codierten Mitteilung zuschreiben, wird in der Regel von Ihren Erwartungen abhängen. Dies ist ein besonderer Fall von Projektion, typisch in sich entwickelnden Beziehungen. Wir bilden uns ein, wir reagierten auf das Verhalten des anderen; tatsächlich aber projizieren wir häufig die eigenen Befürchtungen, Unsicherheiten und Ängste auf ihn. Wir haben eine bestimmte Einstellung zu uns selbst und nehmen an, auch andere hätten diese Einstellung uns gegenüber. Besonders leicht projizieren wir unsere Innenwelt in den Anfangsstadien der Liebeswerbung, weil die stattfindende Kommunikation, indirekt wie sie ist, allen Deutungen offensteht.

Ein Mann nimmt beispielsweise Ihre sexuellen Avancen nicht zur Kenntnis, und Ihnen ist klar, er könnte auch einfach schwerfällig sein – glauben Sie dann nicht letztlich doch eher, Sie seien nicht begehrenswert genug? Eine andere Frau – von ihrer Attraktivität felsenfest überzeugt – würde immer davon ausgehen, der fragliche Mann sei einfach begriffsstutzig. Sie sehen, wie die Reaktionen der beiden Frauen von ihren persönlich gefärbten Interpretationsmustern abhängen. Die erste fühlt sich abgelehnt und ist möglicherweise ein bißchen verlegen. Sie wird sich mit Sicherheit mehr Zurückhaltung auferlegen. Die andere wird vermutlich noch stärker in die Offensive gehen. Wenn ihre Botschaft nicht rüber kommt, dann hat sie das Gefühl, sie müsse eben noch lauter und deutlicher werden.

Keine der beiden Frauen hat recht oder unrecht. Beide begegnen dieser Situation mit bestimmten Erwartungen, die ihre Interpretation codierter Werbungsbotschaften verzerren.

Wenn eine Frau am Sonntagmorgen plötzlich etwas vorhat, zu welcher Deutung neigen Sie dann? Der eine wird die Botschaft einfach nicht zur Kenntnis nehmen. Er ist so mit sich selbst beschäftigt, daß er sich gar nicht erst fragt, was es bedeuten könnte. Ein anderer wird verunsichert; er setzt die Unabhängigkeit einer Frau mit Zurückweisung gleich. Ein dritter wird eifersüchtig sein und toben oder einschnappen, weil er sich bedroht fühlt. Jede Interpretationstendenz verändert die Struktur der sich anbahnenden Liebeswerbung. Und keine Interpretation ist notwendigerweise «richtiger» als die andere.

Selten gestehen wir uns die Vieldeutigkeit der Situation ein. Statt dessen glauben wir insgeheim zu wissen, was der andere meint – obwohl diese Kenntnis häufiger auf unserem Selbstbild und unseren Erwartungen beruht als auf einer ungetrübten Wahrnehmung des einzelnen in seiner Situation. Diese Form des «Gedankenlesens» kann dazu führen, daß wir die Äußerungen und Verhaltensweisen des Partners entscheidend verzerren.

Die meisten Entschlüsselungsfehler fallen in eine der drei folgenden Kategorien:

- Fehler aus mangelnder Selbstachtung
- Fehler auf Grund rigider sozialer Erwartungen
- Fehler aus Angst vor Intimität.

Fehler aus mangelnder Selbstachtung

Manchen Menschen fällt es schwer zu glauben, sie könnten geliebt werden. Sie gehen grundsätzlich, wenn auch häufig unbewußt, von der Annahme aus, das Glück werde nur anderen zuteil. Für einen solchen Menschen ist Ablehnung ein unvermeidliches Ereignis während der Liebeswerbung; einen Großteil seiner emotionalen Energie lähmt das quälende Bangen, wann wohl das Befürchtete passieren wird. Häufig hört er die Ablehnung schon vorzeitig heraus, um das Ganze endlich hinter sich zu haben.

Dies ist nicht die natürliche Unsicherheit, wie sie die meisten empfinden, sowie eine Beziehung wichtig wird. Geht es um eine Beziehung, hofft jeder auf Erfolg, doch die meisten spielen auch mit dem Gedanken, es könnte schiefgehen – vielleicht um schon mal gewappnet zu sein.

Die Gefühle, die von mangelnder Selbstachtung herrühren, gleichen dieser allseits bekannten Unsicherheit, nur sind sie sehr viel heftiger. Hat ein Mensch das Empfinden, er verdiene keine Liebe, sieht er in jedem Zögern die Zurückweisung. Sie deutet seinen Wunsch, Freunde zu treffen, als Hinweis, daß er keine Lust hat, mit ihr zusammenzusein. Wenn er am Telefon ihren Anrufbeantworter hört, nimmt er an, sie sei gerade in diesem Augenblick bei einem Mann, den sie lieber mag. Es erscheint ihm sogar sinnlos, auch nur eine Nachricht zu hinterlassen.

Sie verabreden sich seit Monaten, doch sie ist zu unsicher, ihm ihre Gefühle zu zeigen. Sie hat nicht den geringsten Zweifel, daß er sie in dem Augenblick verlassen wird, wo er hört, was sie für ihn empfindet. Er ist zu wenig selbstsicher, um sich in einer Beziehung entspannt bewegen zu können. Er bekommt eine Einladung zu einem Treffen mit ihren Freunden und meint sofort, dort wolle man sehen, ob er ihrer wert sei. Er geht voller Aggressivität hin, weil er schon im vorhinein auf alle Gründe reagiert, aus denen sie ihn ablehnen werden! Er ist aufgebracht, bevor er eintrifft.

- Wenn Ihr Partner Ihnen sagt, Sie seien zur Familienfeier nicht eingeladen, und sie aus dieser Mitteilung heraushören, Sie seien nicht gut genug, dann verzerren Sie die Mitteilung auf Grund mangelnder Selbstachtung.
- Wenn Ihr Partner sich erfreut über den Humor Ihrer besten Freundin äußert und Sie eine versteckte Kritik an Ihrer Person heraushören, dann ist das eine verzerrende Interpretation aus mangelnder Selbstachtung.
- Wenn sie den Film abscheulich fand und Sie entsetzlich getroffen sind, weil Sie ihn ausgesucht haben, dann verwechseln Sie sich selbst mit Ihrem Geschmack.
- Wenn Sie beide schweigen und Sie diesem Schweigen die Botschaft entnehmen, Sie seien langweilig, dann reagieren Sie nicht auf Ihren Partner, sondern auf Ihr Selbstbild.

Das alles sind Beispiele für jene verzerrenden Interpretationstendenzen, die am Werke sind, wenn Sie kein so positives Bild von sich haben und annehmen, ein anderer schätze Sie genauso ein wie Sie sich selbst.

Fehler auf Grund rigider sozialer Erwartungen

Gehen Sie davon aus, daß ein Mann, dem wirklich an Ihnen liegt, schon Mittwoch anruft, um sich für Samstagabend zu verabreden? Halten Sie eine Frau, die selbst zahlt, für emanzipiert? Nehmen Sie häufig eine kritische Haltung gegenüber Ihren Freunden ein, weil sie sich zuviel von ihren Partnern gefallen lassen, was Sie selbst niemals hinnehmen würden?

Haben Sie ein sehr ausgeprägtes Empfinden für Recht und Unrecht, wenn sich Konflikte in Ihrer Beziehung ergeben, wobei Sie allerdings häufiger recht haben als Ihr Partner? Richten Sie sich nach einem Zeitplan, der festlegt, wann es zu sexuellen Kontakten kommen darf, wann monogames Verhalten ansteht oder sich die Partner zu binden haben?

Haben Sie feste Vorstellungen darüber, wie er Ihren Geburtstag angemessen zu würdigen hat (großzügig), wie sie sich Ihren Freunden gegenüber verhalten sollte (kumpelhaft), wie er über seine Gefühle reden müßte (ehrlich und offen für Ihre Kritik), was Sie von ihr erwarten können, wenn sie Sie in Ihre Wohnung einlädt (ein liebevoll zubereitetes Abendessen gehört auf jeden Fall dazu)?

Unter diesen Voraussetzungen werden Sie Verhaltensweisen, die aus dem erwarteten Rahmen fallen, wahrscheinlich als *falsch* beurteilen – unfähig, auch die andere Seite in Betracht zu ziehen. Genau besehen haben Sie sich eine kleine Schublade gezimmert, in die eine Liebesbeziehung passen muß – soll sie Ihnen genehm sein. Diese Schublade setzt sich aus all Ihren Erwartungen an Dinge und Menschen zusammen. Das heißt: Paßt ein Partner nicht sauber in sie hinein, sind Sie wütend oder enttäuscht. Entspricht sein Verhalten Ihren Anforderungen, dann halten Sie das für selbstverständlich.

Ihr Problem liegt darin, daß sich nicht alle Leute nach Ihren Spielregeln richten.

Fehler aus Angst vor Intimität

- Er sagt: «Ich möchte dir dieses Buch kaufen.»
  Sie versteht: «Ich werde dein Leben in die Hand nehmen.»
- Sie sagt: «Komm doch am Sonntag mit zum Essen bei meinen Eltern.»
  Er versteht: «Ich möchte dich heiraten.»
- Sie sagt: «Wie war's heute?»
  Er versteht: «Was hast du gemacht? Mit wem hast du es gemacht? Wann hast du es gemacht? Waren es auch keine Dummheiten?»
- Er sagt: «Was meinst du, wie ich meinem Chef darauf antworten soll?»
  Sie versteht: «Ich kann noch nicht mal für *mich* sorgen – wie dann erst für dich?»

Der Zuhörer verzerrt die Botschaft entsprechend seinen Schwierigkeiten mit Intimität.

Jede Spielart der im letzten Kapitel eingeführten Angst vor Intimität hat ihre eigene, besondere Interpretationstendenz. Wenn Ihre Angst vor Ablehnung groß ist, haben Sie Schwierigkeiten, die Schüchternheit oder Unsicherheit des anderen wahrzunehmen. Sind Sie in sexueller Hinsicht sehr scheu, dann werden Sie erotisch gefärbte Reaktionen auf Sie ausblenden. Diese Wahrnehmungsverzerrung beschrieb eine Frau einmal so: «Ich kann mir einfach nicht vorstellen, daß ein Mann mich begehren könnte. Selbst wenn er seine Hand auf mein Knie legt, bilde ich mir ein, er sei nur auf seine Weise freundlich.»

Haben Sie große Angst davor, plötzlich in einer Falle zu sitzen, werden Sie aus der harmlosesten Bemerkung einen Heiratsantrag heraushören. Und Partner werden Ihnen oft anhänglicher, unselbständiger und einsamer vorkommen, als sie tatsächlich sind.

Wenn Sie mit Wut und Ärger nicht umgehen können, werden Sie Ihre eigene Feindseligkeit wahrscheinlich völlig übersehen. Es wird Ihnen außerordentlich schwerfallen, die passive, indirekte Weise zu durchschauen, in der Sie die eigene Wut ausagieren. Ihre Partner werden Ihnen «unbeherrscht» oder «zu emotional» vorkommen.

Die Ehrlichkeitsmasche

Rückhaltlose Offenheit ist ein wesentliches Element von Intimität. Doch sie darf nicht übers Knie gebrochen werden, sondern muß sich erst langsam ergeben. Manche Menschen können die codierte Kommunikation der ersten Werbestadien vor Ungeduld nicht ertragen oder lehnen sie ab. Sie wollen unbedingt Geständnisse und am liebsten sofort Intimität. Unter dem Diktat dieser Bedürfnisse tritt bei vielen das unzensierte Bekenntnis an die Stelle der Konversation.

Im allgemeinen sind Sie in Ihren Mitteilungen zu direkt und persönlich, wenn Sie zu Beginn der Verführungsphase bestimmte Einstellungen, Empfindungen und Gedanken äußern. Sie bewegen sich auf gefährlichem Terrain, wenn Sie:

- Ihren Ex-Mann / Ex-Freund, Ihre Ex-Frau / Ex-Freundin kritisieren;
- Ihrem Ärger auf die Männer oder Frauen «im allgemeinen» Luft machen;
- die Qualen schildern, die Sie mit Ihren schwierigen Eltern, dem Bruder, der Alkoholiker ist, oder der promiskuitiven Schwester hatten;
- bekennen, welche Probleme Sie mit Drogen, Ihrem Gewicht oder dem Beruf haben;
- erzählen, daß Sie nicht mit Geld umgehen können, unter Kaufzwang leiden oder Ihnen die Schulden über den Kopf wachsen;
- die Aufmerksamkeit auf Ihre Mängel lenken, indem Sie darauf hinweisen, wie unordentlich oder tolpatschig Sie sind;
- sich über Ihre vernachlässigten, gestörten oder straffällig gewordenen Kinder auslassen;
- über Ihren Gesundheitszustand, chronische Schmerzen oder die Notwendigkeit klagen, sich einer speziellen Diät oder Behandlung unterziehen zu müssen; dabei liegt die Betonung auf *klagen* – notwendige Information ist etwas anderes;
- jeden aufzählen, der Sie erniedrigt, zurückgewiesen oder ungerecht behandelt hat.

Sie wissen selbst, wie beklemmend es wirkt, wenn sich ein neuer Bekannter gleich bei der ersten oder zweiten Verabredung so negativ darstellt. Er zwingt Sie zu Vorsicht und Zurückhaltung, wo Sie das Gefühl haben, Sie könnten sich verlieben. Manche Menschen – mögen sie auch noch so gute Zuhörer sein – scheinen kein Gehör für das zu haben, was sie selber gerade sagen. Diese Form der Taubheit ist weit verbreitet. Alle hier aufgezählten Beispiele geben eine tatsächliche erste (und meist letzte) Verabredung wieder, wie sie mir von verschiedenen Klienten geschildert wurde.

Diskretion ist nicht Verstellung. Sie sollen kein falsches Bild von sich vermitteln. Vielleicht widerstrebt Ihnen der Gedanke, bestimmte Aspekte Ihres Lebens besser zu verheimlichen statt mitzuteilen. Im Fortgang der Liebeswerbung werden Sie natürlich auf alle diese persönlichen Angelegenheiten zu sprechen kommen. Sie müssen nur ein Gefühl für den richtigen Augenblick entwickeln.

Solche Offenbarungen sind durchaus dazu geeignet und sogar notwendig, um in einer Beziehung Intimität herzustellen. Aber Intimität verlangt Zeit, Vertrauen und eine gemeinsame Geschichte. Sie entwickelt sich höchst selten während der ersten drei Verabredungen oder eines zauberhaften gemeinsamen Wochenendes – wie sehr Sie sich auch mit dem anderen verbunden fühlen.

Aufrichtige Bekenntnisse sind für beide Beteiligten am angenehmsten in einer Atmosphäre von Nähe und Zuneigung. Beim Übergang von der Herausforderung zur Beziehung wird es in der Regel notwendig, über zumindest manche schwierigen Punkte zu sprechen. Sie werden den Mut brauchen, Fehlschläge in früheren Beziehungen zu offenbaren. Genauso werden Sie sich auch für seine oder ihre Vergangenheit interessieren. Ihre Vertrautheit wird groß genug sein, um Familiengeheimnisse und persönliche Niederlagen einzugestehen. Und Sie werden bereitwillig die Bekenntnisse des Partners anhören, ohne ihn zu verdammen oder einem strengen Kreuzverhör zu unterziehen.

Das Problematische ist der richtige Moment – wenn solche Bekenntnisse zu früh erfolgen, wenden sie sich leicht gegen Sie selbst und die Liebeswerbung. Unter Umständen werden sie von Ihnen sogar im Namen von Offenheit und Ehrlichkeit dazu eingesetzt, die Beziehung zum Scheitern zu bringen. Indem Sie jemandem, den Sie kaum kennen, erzählen, wie gemein Sie von früheren Partnern behandelt worden sind, daß Sie ein Drogenproblem haben oder wie unglücklich und gestört Ihr Familienleben ist, dann hängen Sie sich ein großes Schild um, auf dem steht: Vorsicht! Gefahr!

Solche voreiligen Bekenntnisse sind oft eine Art Test. «Hör dir doch dieses oder jenes mal an», scheint sie zu sagen, «und dann wollen wir mal sehen, ob du auch so ein Schuft bist, der mich verläßt wie all die anderen.» – «Hier ist das Chaos, zu dem ich mein Leben gemacht habe», gibt er ihr zu verstehen, «mal sehen, ob es dich genauso schreckt wie all die anderen Frauen.»

Wenn Sie potentielle Partner einem solchen Test unterziehen, werden sie ihn in der Regel nicht bestehen. Sie fangen gerade erst an, sich ein Bild von Ihnen zu machen. In diesen frühen Stadien sind unsere ersten Eindrücke kaum mehr als Stereotype. Mehr Anhaltspunkte haben wir noch nicht, um das besondere Vorstellungsbild eines einzelnen Individuums vollständig zu entwickeln; erst nach einer gewissen Zeit und einer gemeinsamen Geschichte beginnt es, sich abzuzeichnen. Wenn Sie einen Mann (oder eine Frau) absichtlich dabei unterstützen, Sie in das Klischee von der Verzweifelten, Gestörten oder Verbitterten zu zwängen, und ihn daraufhin dafür verurteilen, dann handeln Sie gegen Ihre eigenen Interessen.

Abgesehen davon, daß Sie Ehrlichkeit als verdeckte Methode benutzen können, den Partner zu verschrecken, bevor er Sie verletzen könnte, oder seine Zuverlässigkeit zu testen, sind solche verfrühten Bekenntnisse auch häufig eine Folge von Angst. Aus Angst, wegen irgendwelcher «Macken» oder früherer Fehler abgelehnt zu werden, bringen wir das Unangenehme möglichst rasch hinter uns. Wir sind verunsichert und verlegen wegen dieser dunklen Flecken in unserem Leben. Wir möchten so schnell es nur geht herausfinden, ob unsere Partner sie hinnehmen könnten.

Es gibt einen Hinweis, an Hand dessen Sie entscheiden können, ob Angst Sie dazu treibt, sich in negativer Weise darzustellen: Achten Sie darauf, ob es abgedroschene Wendungen sind, mit denen Sie sich beschreiben.

Abgedroschene Wendungen sind Geschichten, Anekdoten, Bekenntnisse oder Selbstcharakterisierungen, auf die Sie immer wieder zurückkommen. Etwa die Geschichte, die Sie stets bei der zweiten Verabredung bringen, eine boshafte Bemerkung über den Ex-Freund, über die Ex-Freundin, die immer für einen Lacher gut ist. Oder die drollige Anekdote, mit der Sie sich an der naheliegenden Frage vorbeimogeln, warum ein offenbar so netter Mensch wie Sie noch nicht «in festen Händen» oder verheiratet ist.

Die meisten abgedroschenen Reden, Standardanekdoten und aufgewärmten Witzigkeiten sind positiv. Sie sind darauf zugeschnitten, dem Zuhörer zu gefallen, Kontakt herzustellen und Sie von Ihrer besten, heitersten und vorteilhaftesten Seite zu zeigen. Zu den erfreulichsten Aspekten einer beginnenden Liebeswerbung gehört, daß wir einen neuen Zuhörer bekommen.

Doch das Standardrepertoire vieler Menschen umfaßt auch negative Geschichten. Sie glauben, Sie vermitteln da einen amüsanten, komischen Eindruck von sich, tatsächlich klingt alles nur verbittert und verletzt. Achten Sie einmal darauf, wenn Sie das nächste Mal eine solche Geschichte erzählen. Vielleicht müssen Sie mit so freimütigen und frühzeitigen Geständnissen gar nicht aufwarten. Schließlich geht es um eine Eroberung und nicht um eine Beichte.

Noch eine andere Version des Ehrlichkeitsspiels ist von Interesse. Hier wirft die neue Bekanntschaft Ihnen etwas Gemeines, Grobes oder Verletzendes an den Kopf. Eine Frau, die nicht sehr entflammt reagiert, muß sich anhören: «Du hast wahrscheinlich nie eine vernünftige Beziehung gehabt, weil du viel zu kalt und kritisch bist.» Dann zählt er auf, was sie ihm bisher angetan hat. (Und all das nach einer Tasse Kaffee und einem Film.) Ein Mann, der bei der ersten Verabredung zurückhaltend auf ihre bohrenden Fragen antwortet, wird unter einen zwanzigminütigen Ehrlichkeitsbeschuß genommen. Er bekommt zu hören, er sei schwierig, oberflächlich und langweilig, außerdem wirft sie ihm vor, er sei passiv und erwarte, daß man ihn unterhalte. Wenn Sie alleinstehend sind, haben Sie wahrscheinlich eine solche Situation schon mal mitgemacht. Es kann sehr verletzend sein, derart taktlos attackiert zu werden. Sollte es Ihnen erneut passieren, dann ist das genau der Moment, sich zu erinnern, wie groß die Wahrscheinlichkeit von Projektionen während der Liebeswerbung ist. Sagen Sie sich: *Nimm es nicht persönlich* – und gehen Sie!

Schließlich hat das Ehrlichkeitsspiel noch eine üble Variante. Es gibt Fälle, in denen Ehrlichkeit als Anmache und Verführungsmasche benutzt wird. Bei Bekenntnissen dieser Art äußert der Herausforderer Gefühle («Noch nie bin ich einer Frau wie dir begegnet»), Ängste («O Mann, bei Frauen wie dir fühle ich mich immer so unsicher – du bist etwas Besonderes»); Hoffnungen («Ich weiß, es ist verrückt, aber ich liebe dich») – all das, um sofort Intimität herzustellen und die Verführung zu erleichtern. Das funktioniert sehr häufig.

Auch mit viel Erfahrung ist man nicht unbedingt vor der Ehrlichkeitsmasche gefeit. Schließlich sagt er (oder sie) genau das Richtige. Sie möchten ihm glauben. Sie sehnen sich nach Nähe und Liebe.

Besonders anfällig für diese Masche sind gerade diejenigen, bei denen Liebe mit einem Paukenschlag beginnen muß. Wenn die ersten Verabredungen nicht das stürmische Gefühlserlebnis bringen, verlieren wir das Interesse; wenn jemand Zeit braucht, um seine Gefühle zum Ausdruck zu bringen, empfinden wir nichts. Aber der Mann, der sich bei der zweiten Verabredung über den Tisch beugt und intoniert: «Seit Jahren ist mein Leben einsam und leer – ich habe das Gefühl, mit dir wird sich alles verändern», entzündet ein Feuerwerk. Wir spüren, wir sind auf dem besten Weg, uns zu verlieben. Tatsächlich sind wir auf dem besten Weg, verführt – und wahrscheinlich kurz darauf sitzengelassen zu werden.

Die Sprache der «Liebe auf den ersten Blick»

Eine Situation gibt es, in der das Bedürfnis nach frühzeitigen Bekenntnissen fast unwiderstehlich wird. Es ist das magische Phänomen der Liebe auf den ersten Blick.

Sie begegnen sich auf einer Party und fühlen sich auf wundersame Weise vertraut. Zwischen Ihnen herrscht eine Gleichstimmung und Zuneigung, wie Sie es noch nie zuvor empfunden haben. Zu zweit verlassen Sie die Party und reden miteinander auf den Stufen vor der Kunsthalle, bis die Sonne aufgeht. Das Gefühl der Gemeinsamkeit geht weit über den Austausch von Worten hinaus; es ist ein Wiedererkennen, eine unmittelbare Vertrautheit. Sie sind wie füreinander geschaffen, ergeben ein harmonisches Ganzes. Ihre Empfindungen sind sehr tief, wenn auch irrational. Sie bilden ein Paar, gehören zusammen und fühlen sich gut aufgehoben. Andere brauchen Monate, gar Jahre, um dieses Gefühl zu entwickeln, und Ihnen fällt es in den Schoß.

Sie sprechen von Dingen, die Sie noch niemandem erzählt haben, sind beide völlig aufrichtig. Das *ist* Magie. Und dieses Erlebnis ist so außergewöhnlich, daß jeder Gedanke an Vorsicht oder Zurückhaltung Ihnen einfach absurd vorkommt.

In dieser Situation erscheint es Ihnen natürlich, ja sogar lustvoll, einer völlig Fremden zu gestehen, wie sehr Ihnen Ihre vernarbte Haut zu schaffen macht oder daß Sie sich ernsthaft fragen, ob Sie überhaupt fähig sind zu lieben. Plötzlich kann sie Ihnen verraten, wie sie sich durchs College gemogelt hat, oder er Ihnen gestehen, wie er mit Hilfe des Alkohols ein halbes Dutzend Frauengeschichten hinter sich gebracht hat, und beide werden Sie mitfühlend statt vorsichtig sein.

«Du» und «Ich» werden zu «Wir» – auf einmal ein Paar. Als solches übergehen «Wir» die Einschränkungen der codierten Kommunikation, wie sie in den meisten Liebeswerbungen zum Tragen kommen. Eine solche Beschleunigung der Gangart hat ihre Vor- und Nachteile. Ein enormes Plus ist natürlich das intensive Glücksgefühl, das aus der unmittelbaren Vertrautheit mit einem, mit einer nahezu Fremden erwächst. Dies ist die extreme Version vom Blitzschlag der Liebe, nach der sich die meisten Menschen ja sehnen. Keine Mühen, keine Unsicherheiten, nur ein kühner Kopfsprung.

Die Schattenseite einer Liebesbeziehung mit so explosivem Auftakt ist, daß sie am Ende oft verpufft. Im Laufe der folgenden Wochen oder Monate verflüchtigt sich das magische, unmittelbare Wir-Gefühl. Nach und nach entdecken Sie sich doch als zwei verschiedene Menschen, die in mancher Hinsicht zueinander passen und in anderer nicht. Wenn Sie mit einer Begeisterung, die zeitweise alle Barrieren sprengt, in eine Beziehung gehen, kann die Wirklichkeit Ihrer unterschiedlichen Identitäten sehr schmerzhaft sein. Es ist schwer genug, allmählich eine Liebesbeziehung zu entwickeln, die vielleicht auch all die Hindernisse auf dem Weg zur Intimität überwindet. Schlechthin unerträglich kann es sein, Konflikte auszumachen, wo man sich bereits dem Traum der vollkommenen und augenblicklichen Liebe hingegeben hat.

Das mag unvereinbar erscheinen – muß es aber nicht sein. So wie die Kommunikation besonders leicht zustande kam, wird sie nun vermutlich eine besonders schwere Krise überstehen müssen. Vielen Paaren gelingt das – der Übergang von besinnungsloser Verliebtheit in eine beständige Liebe. Bei anderen zerbricht die Beziehung unter dem Schock der Wirklichkeit. Sie fliegt mit einem Knall auseinander oder verläuft im Sande, und oft wissen beide Partner nicht genau, wie und warum. «Es war eben so eine Sache für sich.»

Damit ist unser Überblick vollständig. Sie haben eine Vorstellung von dem allgemeinen Ziel der Liebeswerbung, und Sie kennen die wichtigsten Motive, die Ihre verborgenen Intentionen und die Ihres Partners erhellen könnten.

In groben Umrissen sind Sie mit den Stadien der Liebeswerbung vertraut, und Sie wissen, welche Belastungen mit jedem Stadium auf Sie zukommen können.

Außerdem wurden die Schlüsselthemen erörtert, die sich wie ein roter Faden durch die Liebeswerbung hindurchziehen:

- Die Grundeinstellung in der Liebeswerbung: *Nehmen Sie es nicht persönlich!*
- Die Doppelnatur der Liebeswerbung als soziales Ritual und seelischer Entwicklungsprozeß
- Die Bedeutung der Bereitschaft
- Der unvermeidliche Konflikt der Ambivalenz

Und Sie sind vorbereitet auf die besondere Sprache der Liebeswerbung – die codierte Kommunikation.

Angst vor der Wahl

Nathan bereitet sich auf ein Treffen vor. Es wurde von einer Partnervermittlung arrangiert und ist die vierte Verabredung dieser Art in den letzten sechs Wochen. Er wirft sich in seine «Erstverabredungskluft», wie er es nennt: blauer Blazer, graue Hose, sportliche Schuhe. Nathan findet, die Aufmachung zeige sein Bemühen, ohne übers Ziel hinauszuschießen. Er hat so viele erste Verabredungen hinter sich, daß er ein Meister der Methodik geworden ist. Die Gesprächsstrategie liegt längst fest: ausführlich verweilen bei Filmen und Büchern, seine Leidenschaft für Basketball nur streifen, geschickte Fragen, um sie zum Sprechen zu bringen, einstudierte Antworten, um Eindruck zu machen. Nathan hat solche Übung darin, daß er bitter bemerkt: «Um ein erstes Treffen über die Bühne zu kriegen, bräuchte ich noch nicht mal hinzugehen.»

Marjorie hat sich wieder von ihrer Freundin Sharon überreden lassen, an einem Single-Treffen teilzunehmen. Schon das Wort «Single» ist Marjorie verhaßt. Sich selbst würde sie nie als Single bezeichnen. Nach ihrer Auffassung könnte man dann auch gleich Versager sagen. Sie hält sich nicht für einen Versager, und sie verachtet Männer, die solche Veranstaltungen mitmachen.

Der Abend bestätigt mal wieder ihre Auffassung. Es ist eins von diesen Symposien, diesmal zum Thema «Singles und Geld». Keinen der Männer findet sie interessant genug, um auch nur ein Wort mit ihm zu wechseln. Sie sind ihr zu klein oder zu unscheinbar – Versager, einer wie der andere. Marjorie bekommt ein schlechtes Gewissen wegen dieser Reaktion, ist allerdings genauso frustriert. Kurz nach dem Hauptprogramm geht sie mit ihrer Freundin, und auf der Fahrt nach Hause kommt der übliche Kommentar: «Da war keiner, der in Frage käme.»

Mittwoch abend. Der Single-Treff, eine Kneipe in der Nähe, ist brechend voll. Elaine schaut allein herein, in der Hoffnung, ein paar Freunde zu treffen. Natürlich, denn es ist das Stammlokal der Leute aus der Agentur, in der sie arbeitet. Elaine mischt sich sofort unter sie. Zwischen ihren Freunden fühlt sie sich wohl, obwohl keiner der Männer als Partner in Frage kommt. Von den beiden unverheirateten Männern in ihrem Freundeskreis interessiert der eine sie nicht, und mit dem anderen hat sie schon einen kurzen Flirt hinter sich. Mittlerweile ist er wieder «nur ein guter Freund» für Elaine. Sie hat ein paar Wochen dazu gebraucht, es gefühlsmäßig zu bewältigen, und ist ziemlich stolz darauf, daß sie ihre verletzte Eitelkeit so rasch überwunden hat. Doch ein bißchen sucht sie noch immer seine Nähe, während sie zugleich – von den Freunden umgeben und somit aus sicherer Position – ihren Blick durch die Bar schweifen läßt. Sie würde gern jemanden kennenlernen, findet es aber sehr schwer, sich einem Fremden auf so vertrautem Terrain zu nähern. Im Urlaub ist Elaine unschlagbar, wenn es gilt, neue Männer kennenzulernen; zu Hause jedoch fühlt sie sich wie gelähmt. Sie begreift das einfach nicht.

Matthias, am anderen Ende der Theke, nippt seit einer Stunde an seinem Bier. Die meiste Zeit hat er Elaine beobachtet. Ihm gefällt ihr Schwung und ihre Warmherzigkeit. Sie wirkt so anziehend, so unbefangen. Matthias ist ein bißchen steif. Er fühlte sich immer von Frauen wie Elaine angezogen – Frauen, die quirlig und selbstsicher sind. Er würde gern mal mit ihr reden und überlegt, ob er ihr einen Drink bestellen und vom Barkeeper bringen lassen sollte. Er findet die Masche dann aber zu altbacken – kann sich schon vorstellen, wie ihre Leute ihn dann ausgucken und sich amüsieren würden. Außerdem scheint Elaine in Begleitung zu sein. Sie spricht viel mit einem der Typen und mag ihn offensichtlich. In eine solche

Geschichte könnte sich Matthias nie einmischen – er würde sich ja zum Narren machen. Schließlich geht er und tröstet sich mit dem Gedanken, daß er nächsten Mittwoch ja sowieso wiederkommen wird. Vielleicht wird sie da sein, vielleicht wird sie allein sein, vielleicht wird sie mit ihm sprechen, vielleicht...

Eine Liebeswerbung anzubahnen bedeutet, mit einer, mit einem anderen lange genug Kontakt zu suchen, um Ihr Interesse deutlich zu machen und gemeinsam übereinzukommen, daß Sie sich wieder treffen wollen.

Das ist alles. Sie müssen keinen tollen, geistreichen ersten Eindruck hinterlassen. Es ist nicht notwendig, einen Anlaß zu konstruieren, um sich wiederzusehen. Sie müssen sich keine Sorgen machen, ob Sie zu aggressiv oder zu passiv wirken. Es kommt nicht darauf an, es gut oder richtig zu machen. Tun Sie es einfach.

Es lohnt sich nicht, eine Strategie zu entwerfen oder den verführerischen Blick zu trainieren, weil sich die Reaktion eines oder einer Fremden so gut wie nicht vorhersagen läßt. Was auf die eine Frau linkisch wirkt, mag der anderen liebenswert jungenhaft erscheinen. Was ein Mann frech und selbstbewußt findet, beurteilt ein anderer unter Umständen als naßforsch und dreist. Sie können Ihr Verhalten nicht so zurechtstutzen, daß es Erfolg garantiert. Ihnen fehlen die erforderlichen Informationen, und wenn Sie diese hätten, käme es Ihnen möglicherweise idiotisch vor, sich entsprechend zu verhalten. Modeln Sie sich nicht um – geben Sie sich so, wie Sie sind.

Das hört sich ungeheuer einfach an. Und für manche Menschen ist es das auch. Wenn Sie zu den Glücklichen zählen, deren Selbstsicherheit und Gelassenheit durch nichts zu erschüttern ist und denen die Begegnung mit Fremden Spaß macht, dann wird die Wahl für Sie zu den schönsten Augenblicken der Liebeswerbung gehören.

Sie kommen gut an in Kneipen, bei Partys und jedweden Verabredungen «auf Verdacht». Wahrscheinlich sind Sie anziehend genug, um Interesse zu erregen, und sicher genug, damit dann umgehen zu können. Sie mögen auf eine dauerhafte Beziehung aus sein, aber bis dahin finden Sie in manch anderer Hinsicht Befriedigung. Dieses Gefühl der Zufriedenheit erspart Ihnen die verzweifelte Suche nach jemandem, der Sie liebt. Sie können den Menschen mit Offenheit begegnen, weil Sie nicht am Boden zerstört sind, wenn Sie jemand zurückweist.

Das ist eine wunderbare Haltung, und die meisten von uns sind zu solchem Denken und Fühlen in der Lage – von Zeit zu Zeit, jeden zweiten Dienstag oder in einem besonders glücklichen Lebensabschnitt. Den Rest der Zeit bleiben wir allerdings hinter diesem idealen Selbstverständnis ein bißchen zurück. Und dann kann die Wahl zu einem schwierigen Stadium werden.

Ein Fremder wird Ihnen nicht das Herz brechen können, doch in dieser Zeit, da man unter Fremden wählt und sich von ihnen wählen läßt, wird dem Selbstwertgefühl so manche kleine Wunde geschlagen. Vielleicht immer dann, wenn eine Frau es ablehnt, sich von Ihnen zu einem Drink einladen zu lassen, oder wenn sich ein Mann Ihre Telefonnummer geben läßt und nicht anruft. Es mag zu winzigen, aber ständigen Erosionen Ihrer Selbstachtung kommen, wenn zwei Augen sich auch weiterhin in einem Raum umsehen, obwohl Sie versuchen, sie zu bannen. Und, was das Schlimmste ist, Sie können nach und nach die beiden wichtigsten Voraussetzungen des Mutes – die Hoffnung und die Vorfreude – verlieren, wenn Sie von Party zu Party hasten und ein Lokal ums andere aufsuchen, ohne jemandem zu begegnen, der Ihr Interesse weckt.

Bis zu einem gewissen Grad kennen wir alle solche Verletztheiten. Durch eine kleine Veränderung Ihrer Einstellung können Sie indessen diese seelische Anspannung während der Wahl erheblich reduzieren. Sie brauchen sie nur als das zu sehen, was sie ist: *ein Einstieg zur Liebeswerbung, kein Endpunkt*.

Man hat Ihnen beigebracht, der Wahl eine viel zu große Bedeutung beizumessen. Das liegt natürlich am hier schon ausführlich erwähnten Mythos von der romantischen Liebe. Man hat Sie zu dem Hirngespinst verleitet, man brauche nichts als den oder die Richtige zu finden. Wen wundert's, daß Sie die

Bedeutung Ihrer ersten Reaktion übertreiben, wenn Sie mit dieser Überzeugung antreten? Überwältigt und aufgewühlt wollen Sie dastehen oder zumindest ein paar Glocken läuten hören. Sie haben sich angewöhnt, einen möglichen Partner unverzüglich abzuwimmeln, sobald Sie einen Mangel entdeckt haben. Die Wahl ist Ihrer Ansicht nach viel zu wichtig, um Zeit und Energie mit dem falschen Kandidaten zu verschwenden.

Wir möchten im voraus wissen, daß wir den perfekten Partner gefunden haben, und können nicht einsehen, daß eine Beziehung erst geknüpft und Liebe erst entwickelt wird. Liebe auf den ersten Blick mag es geben, Bindung auf den ersten Blick mit Sicherheit nicht.

Tatsächlich sollten Sie sich im Stadium der Wahl möglichst wenig wählerisch verhalten! Denken Sie daran: Gerade die Wahl ist nichts Persönliches. Sie verfügen über wenig Information, und selbst die ist wenig wert. Wir sind alle auf Stereotype, Vorurteile und Vermutungen angewiesen, solange wir nach dem ersten Eindruck urteilen. Natürlich liegen Sie nicht immer falsch mit einem negativen Urteil. Doch wenn Sie sich zu häufig zu rasch zu einem Nein entschließen, verderben Sie sich zwangsläufig Ihre eigenen Chancen.

Außerdem haben Sie wesentlich mehr Spaß bei Ihrer Wahl, wenn Sie sich weniger unter Druck setzen, unbedingt richtig wählen zu müssen. Flirten macht dann Spaß, wenn Sie sich nicht den Kopf zerbrechen, wohin es führt. Manche Menschen können sich über die Aufmerksamkeit und Wertschätzung eines Bewunderers grundsätzlich freuen. Andere verderben sich auch hier noch die Laune, denn schließlich sei Aufmerksamkeit von der falschen Seite genauso enttäuschend wie überhaupt keine. Die Wahl zu Beginn der Liebeswerbung könnte ein unverbindlicher Prozeß mit offenem Ausgang sein. Sie müssen sich nur überraschen lassen wollen. Sie sollten darauf aus sein, viele potentielle Partner kennenzulernen. In den folgenden Stadien der Liebeswerbung werden Sie intensiver und differenzierter an Ihre Beziehung herangehen, bis Sie schließlich eine dauerhafte Bindung zu einem einzigen Menschen entwickeln.

Wenn es für Sie nicht mehr diese monumentale Bedeutung hat, nun auch ja mit der oder dem Richtigen die Liebeswerbung zu eröffnen, dann können Sie die Wahl sehr viel gelassener erleben. Es ist eine Veränderung in Ihrer Einstellung; sie verlangt nur ein winziges Umdenken von Ihnen, führt aber zu einem weitreichenden Wandel in Ihrem Verhalten.

Noch etwas anderes macht die Wahl häufig zu einem schwierigen Teil der Liebeswerbung: Sie ist für uns unvermeidlich mit Angst und Unsicherheit verbunden, weil wir einander zwangsläufig als Waren begegnen. Doch um eine Bindung eingehen zu können, müssen wir uns als Menschen wahrnehmen. Der Weg dorthin ist lang.

Die Konsumentenhaltung

Die größte Schwierigkeit in diesem Stadium verursacht nicht Ihre Einstellung zur Wahl, sondern Ihre Einstellung zu sich selbst und zu Ihren potentiellen Partnern. Um jemanden zu wählen und Ihrerseits erwählt zu werden, müssen Sie sich vermarkten. Das ist unschön, unnatürlich und unmenschlich, aber unausweichlich.

Sich vermarkten heißt beispielsweise, mit sich genau das zu betreiben, was der Cornflakes-Hersteller mit seinem Produkt macht: Sie legen sich eine attraktive Verpackung zu und bringen sich gegenüber der Konkurrenz strategisch günstig zur Geltung, um die Aufmerksamkeit eines launigen Käufers zu erhaschen.

Unter Umständen führt diese Selbstvermarktung dazu, daß Sie Ihr kaum markantes Profil verfluchen oder eine Einladung zur Party ausschlagen, weil Sie mit fünf Pfund zuviel das Gefühl haben, niemand würde Sie mögen.

Vielleicht bringen Sie Stunden mit Ihrer Kleidung und Ihrer Frisur zu und üben kluge Gesprächsansätze ein, die Sie doch nur hinkriegen, wenn Sie sich Mut angetrunken haben.

Sich selbst vermarkten kann bedeuten, daß Sie an jedem Ort die Konkurrenz einer prüfenden Musterung unterziehen und jedes attraktive Mitglied des eigenen Geschlechts hassen, wirklich hassen. Sie entwickeln ein ausgeprägtes Bewußtsein für die eigenen Schwächen, um sie besser verbergen oder ausmerzen zu können. Gleichgültig, ob Sie Mann oder Frau sind, Sie unternehmen jede Anstrengung, um dünn, in Form, gepflegt, locker, cool, interessant, amüsant und sexy zu erscheinen, während Sie sich in Wirklichkeit nervös, unsicher, fett oder langweilig finden.

Das Resultat all dieser Verpackungskünste ist in zweierlei Hinsicht verhängnisvoll: Sie können Ihrem Selbstgefühl sehr schaden und Ihre Fähigkeit beeinträchtigen, jemanden zu wählen.

Ganz gleich, wie erfolgreich Sie sich verpacken, die Marketingaspekte können Ihnen ein geradezu lähmendes Gefühl der Befangenheit einflößen. Ständig sind Sie sich Ihres Eindrucks auf andere bewußt, und fortwährend verhalten Sie sich unter dem Diktat: verkaufen, verkaufen, verkaufen. Sie mögen damit Erfolg haben, aber innerlich fällt es Ihnen schwer zu vergessen, wo Sie einmal angefangen haben.

Fast ebenso gravierend ist der zerstörerische Einfluß auf die Liebeswerbung selbst. Der allgemeine Verpackungszwang macht eine vernünftige Wahl sehr schwer. Er lenkt Ihre Aufmerksamkeit auf die falschen Aspekte. Obwohl Sie immer den Inhalt der Packung erwerben, müssen Sie sich im Stadium der Wahl ganz auf die Aufmachung verlassen. Das ist in der Liebeswerbung noch schwerer als im Supermarkt, denn in der Liebe gibt es keine Bestimmungen zum Wahrheitsgehalt der Produktwerbung.

Vielleicht ist Ihnen das klar, und trotzdem sehen Sie sich nicht in der Lage, Ihr Verhalten entsprechend zu ändern. Der richtigen Verpackung wird in unserer Gesellschaft einfach zuviel Wert beigemessen. Vielleicht lernen Sie, einen Menschen um seiner selbst willen zu lieben, doch wenn sein Äußeres «nicht stimmt» oder er sich «danebenbenimmt», dann wird Ihnen die Verbindung mit jemandem von so unattraktiver Verpackung peinlich sein. Sie werden sich vor diesem Dilemma zu hüten wissen. Wirkt die Verpackung eines Menschen nicht sofort anziehend, werden Sie diesen wahrscheinlich keines zweiten Blickes würdigen. Theoretisch mag Ihnen klar sein, daß es darauf ankommt, was in der Verpackung steckt. Doch der gesellschaftliche Druck führt fast unweigerlich dazu, die Aufmachung zu überschätzen.

Ich fasse zusammen: Drei Einstellungen beeinträchtigen Ihr Wohlbehagen oder erfolgreiches Abschneiden im Stadium der Wahl:

- ihre Überbewertung als das wichtigste Stadium der Liebeswerbung;
- ein vorherrschendes Gefühl von Befangenheit;
- die Neigung, sich zu stark von der «Verpackungskunst» eines Menschen verleiten zu lassen.

Die meisten von uns hoffen darauf, all diesen Problemen auf wundersame Weise zu entgehen – magische Anziehung heißt das Zauberwort.

Magische Anziehung

Bevor wir zum tatsächlichen Ablauf der Wahl kommen, müssen wir den von Ihnen erhofften ansprechen. Es gibt eine universale Erklärung dafür, daß Menschen sich finden, sich wählen, sich füreinander bestimmt fühlen: Anziehung.

Anziehung ist jenes schwer zu fassende Phänomen, auf das wir verweisen, wenn dieser ungeheuer nette Mann, der Sie besser behandelt als irgend jemand sonst, Sie kaltläßt: «Keine Anziehung.» Ebenso erklären wir damit seine blinde Vernarrtheit in die kühle, kritische Brünette, die es nie zu einer Liebesbeziehung kommen lassen wird, ihn aber auch nicht endgültig freigeben will.

Anziehung ist jene magische Kraft, die in Ihren Augen den einen Menschen aufregend und den anderen belanglos erscheinen läßt. Sie ist eine unberechenbare Größe im Stadium der Wahl: Sie entscheidet alles – das spüren wir –, und sie ist sehr eigenwillig. Wir brauchen dieses Gefühl, haben aber keinen Einfluß darauf, wann es auftaucht – und wie lange.

Anziehung kann heißen, es hat zwischen zwei Menschen gefunkt. Sie beruht auf gegenseitigem erotischem Reiz und einer unmittelbaren Sympathie. Sie ist die jähe Erkenntnis des Potentials im anderen; oft das intuitive, blitzartige Wissen, daß wir diesem Menschen nahekommen und unsere Deckung aufgeben können. Es ist ein ganz besonderes Gefühl der Vertrautheit, für das es eigentlich keinen Anhaltspunkt gibt – nur eine Intuition. Und es ist das erregende Gefühl, daß jemand in Ihr Leben getreten ist, der es von Grund auf verändern könnte.

Ein wesentliches Element der Anziehung ist sexuelle Erregung, und manche verstehen darunter auch nichts anderes. Sie empfinden sich als Opfer dieser Kraft, wenn Sie jemanden nicht besonders mögen oder bewundern und ihn oder sie trotzdem begehren. Das ist eine beunruhigende Erfahrung, wenn sie sich zu oft wiederholt. Sie fühlen sich völlig im Bann Ihres Sexuallebens und fürchten verzweifelt um Ihren inneren Halt.

Wenn beide Elemente der Anziehungskraft am Wirken sind, die Lust und die Sympathie – und vor allem dann, wenn sie auf Gegenseitigkeit beruhen –, steht Ihnen wahrscheinlich eine der angenehmsten Erfahrungen des Lebens bevor – die Verliebtheit. Bleiben hingegen diese Elemente aus, wird zwischen Ihnen beiden nicht viel passieren.

Deshalb lautet die entscheidende Frage: Wie wichtig ist diese Anziehung? Und die Antwort: Alles hängt davon ab, was Sie beabsichtigen und wie häufig Ihnen dieses Gefühl widerfährt.

Wenn es Ihnen um ein Gefühl geht, wie ich es in der ersten Definition beschrieben habe – ein Gefühl der Verbundenheit, der Sympathie, des Vertrauens, des Interesses und sexuellen Reizes –, dann ist die Anziehung von großer Bedeutung. Sie sollten sich auf die Liebeswerbung einlassen, wenn ein gewisses Maß an Neigung und Interesse vorhanden ist – was nicht jeder oder jede x-beliebige wird wecken können.

Verstehen Sie jedoch unter Anziehung den elektrisierenden Blitzschlag, einen unwiderstehlichen Hurrikan der Leidenschaften, jenes sinnverwirrende Gefühl, füreinander bestimmt zu sein, von dem Sie so oft gelesen haben, oder einen Blickkontakt über die Köpfe der anderen hinweg, auf den hin Sie nichts lieber täten, als gemeinsam durchzubrennen – dann nur zu, versuchen Sie Ihr Glück!

Ich behaupte nicht, es gebe so etwas nicht. Höchstwahrscheinlich kommt es vor und ist dann wirklich eine Sternstunde. Diese Art von Anziehung besteht, wenn Sie jemandem begegnen, dessen Aufmachung von Ihrem Unterbewußtsein hätte entworfen sein können. So aufwühlend ein solches Erlebnis auch sein mag, um eine Liebeswerbung mit Erfolg zu bestehen oder die Beziehung aufzubauen, bedarf es einer anderen Art Anziehung. Mehr noch, Liebeswerbung ist im wesentlichen das Auspacken und Prüfen des Inhalts; jene Form der Anziehung kann also zu einer fürchterlichen Desillusionierung führen.

Im anderen Fall, wenn Sie viele der potentiellen Partner attraktiv finden, könnte die Anziehung Ihr alleiniges Kriterium sein. Mögen Sie also viele Menschen, finden viele sexy und reizvoll, und begegnen Sie den meisten mit weitgehender Offenheit, dann haben Sie ein breites Angebot für das Wahlstadium, den Beginn Ihrer Liebeswerbung. Sollte hingegen niemand in Ihnen dieses Gefühl der Anziehung wecken, dann haben Sie ein Problem.

Solange Sie sich völlig auf die Zauberkräfte der Anziehung verlassen, werden Sie die Wahl eher behindern als fördern. Manche Menschen benutzen die magische Anziehung unbewußt, um so der Liebe aus dem Weg zu gehen. Es trifft entweder immer die falschen Partner oder die falschen Situationen. Nur bei Verheirateten, dem Vorgesetzten oder exotischen Fremden im Skiurlaub fangen die Glocken an zu läuten. Erreichbare, naheliegende Partner sind «eben nicht mein Typ». Dieses Dilemma begleitet oft ein Gefühl der Hilflosigkeit. Sie glauben, es komme darauf an, diese magische Anziehung zu fühlen. Und Sie gehen davon aus, Sie hätten keinen Einfluß darauf, wann oder wie sie spürbar wird.

An späterer Stelle dieses Kapitels komme ich auf die psychologischen Probleme in der Wahlphase zu sprechen und versuche herauszufinden, wo in Ihrer Reaktion auf Menschen möglicherweise Schwierigkeiten liegen und wie sie überwunden werden können. Anziehung werden Sie häufiger empfinden, wenn es Ihnen gelingt, Ihre Hemmungen und Ängste abzulegen. Sie brauchen nicht auf das Glück oder einen interessanten Freundeskreis zu warten.

Wohin soll ich gehen, um jemanden kennenzulernen?

Die beiden Fragen, die in bezug auf die Liebeswerbung am häufigsten gestellt werden, lauten: «Wohin soll ich gehen, um jemanden kennenzulernen? Und wie soll ich den Kontakt herstellen, wenn ich dann dort hin?»

In diesen Fragen entlarvt sich, wieweit Sie unter dem Druck stehen, Herrn oder Frau Richtig zu begegnen, und wie sehr Sie davon ausgehen, die Liebe werde sich schon von allein ergeben, haben Sie die richtige Person erst einmal gefunden. Die wichtigsten Fragen stellen sich allerdings erst, *nachdem* Sie sich begegnet sind: «Warum weicht er zurück, wo ich seine Nähe suche?» – «Was regt sie daran auf, daß meine Sonntage erklärtermaßen dem Squash gehören?» – «Wie kann ich ihn bei der Stange halten, aber den Sex noch ein bißchen aufschieben?» – «Wann kann ich damit rechnen, auch an ihrem übrigen Leben beteiligt zu werden?»

Trotzdem sind auch die beiden üblichen Fragen wichtig. Die Antworten betreffen mehr Einstellung und Verhalten als Strategie und Technik. Entscheidend ist die Art, *wie* Sie an die Wahl herangehen, nicht *wo* Sie hingehen. Sind Sie grundsätzlich eher geneigt, Menschen zu mögen und ihre Vorzüge zu sehen, dann haben Sie im Stadium der Wahl entsprechend bessere Aussichten auf Erfolg. Je größer Ihre Offenheit ist für Bekanntschaften, Gespräche oder Spaß miteinander, desto mehr Möglichkeiten werden sich ergeben. Schalten Sie den Fernseher ab oder reißen Sie sich von Ihrem Schreibtisch los und verlassen Sie die Wohnung – um so eher werden Sie neue Leute kennenlernen. Wenn Sie bereit sind, sich auf Menschen einzulassen, ist der beste Ort für Bekanntschaften überall.

Natürlich, einige Orte *sind* geeigneter als andere – nicht unbedingt, weil Sie dort unter mehr Leuten wählen können, sondern vielmehr, weil sie eine Umgebung bieten, in der es Ihnen leichter fällt, die richtige Haltung einzunehmen, anderen offen und vorbehaltlos zu begegnen oder sie gerechter zu beurteilen.

Angesichts dieser Definition geeigneter Orte wird deutlich, warum Single-Treffs keine idealen Plätze sind. Gewiß treffen Sie dort Leute, doch Sie fühlen sich diesen gegenüber zu einem höchst künstlichen, defensiven und kritischen Verhalten gezwungen. Unter Ihnen wird ein starkes Konkurrenzgefühl herrschen und Sie verstärkt zur Konsumentenhaltung veranlassen.

Es ist natürlich nicht grundsätzlich ausgeschlossen, daß sich aus einer Kneipenbekanntschaft eine ernsthafte Beziehung entwickelt. Ich zum Beispiel habe meinen Mann in einer Bar kennengelernt. Dabei halte ich es für einen ausgesprochenen Glücksfall, daß ich zur Zeit dieser Begegnung gerade ein extremes Selbstvertrauen besaß. Wenn Sie mit sich selbst so einverstanden sind, ist es nur ein kleiner Schritt zur Sympathie auch für andere in Ihrer Umgebung.

Doch im allgemeinen erreicht man ein solches Einverständnis mit sich nur schwer in einem Ambiente, das Menschen zu unpersönlichem und kritischem Umgang verleitet. Sollten Sie sich selbst nicht gerade als großartig, sexy, charmant und locker einschätzen, dann verzichten Sie ruhig auf die offiziellen Single-Einrichtungen – die Kneipen, Tanztees, Begegnungsabende und Sonderveranstaltungen. Sie alle sind dazu gedacht, Ihre Wahl zu erleichtern – und funktionieren nicht besonders.

Am besten läßt sich Bekanntschaft schließen an Orten, wo Sie so natürlich und entspannt sein können, daß Sie nicht jeden um sich herum abwehren müssen, und wo Sie zum anderen über längere Zeit oder wiederholt mit anderen Leuten zusammengebracht werden und so die Chance haben, auch hinter die Verpackung zu sehen.

Es gibt Untersuchungen, die dies bestätigen. Der Psychologe Leonard Jason und seine Mitarbeiter haben herausgefunden, daß die durchschnittliche Kontaktdauer in Singlebars sieben Sekunden beträgt! Aus ihrer Studie geht außerdem hervor, daß natürliche Umgebungen geeigneter sind, Kontakt zu schließen, als funktionale, strukturierte Situationen wie Single-Parties oder Vorträge.

Die Lösung? *Gehen* Sie nicht in eine Kneipe, sondern legen Sie sich eine zu. Nein, Sie sollen sich keine kaufen, sondern in der Nachbarschaft ein Stammlokal suchen, das gut besucht, aber angenehm ist, wo Sie bald den Wirt und ein paar der anderen Stammkunden kennen, aber unter diesen Bekannten und Freunden trotzdem mit Fremden zusammentreffen können. Haben Sie ein solches Stammlokal, dann verfügen Sie über einen Ort, wo Sie Gesellschaft finden und sich amüsieren, ohne ständig auf dem Sprung nach einer neuen Bekanntschaft zu sein.

Ist Ihnen die Vorstellung fremd, Ihre Zeit in einer Kneipe zu verbringen, bleiben Ihnen noch viele Alternativen, die den gleichen Zweck erfüllen. Suchen Sie eine Umgebung, die Ihnen die gleichen Bedingungen bietet wie das Stammlokal: das zwanglose Zusammentreffen mit Freunden und Bekannten, deren Kreis aber nicht so abgegrenzt ist, daß nicht jederzeit neue Leute in ihn eintreten könnten. Eine feste Clique schließt andere Menschen aus. Einsame Ausflüge in fremde soziale Welten machen uns unsicher und ängstlich. Die Lösung lautet also: Sie gehören am besten zu einem lockeren Verband von Freunden und Bekannten, in dem Sie ständig neuen Gesichtern begegnen. Das kann die Ortsgruppe einer Partei oder eine Laienspielgruppe genauso wie die Teilhaberschaft an einer Ferienwohnung sein.

Diese Situationen sind nicht deshalb günstiger, weil sie mehr Möglichkeiten bieten, jemanden kennenzulernen. Denn das Angebot beim gemischten Volleyball am Strand ist nicht größer als in der Singlebar um die Ecke. Doch beim Volleyball stehen Ihre Chancen besser, Sie fühlen sich freier und zwangloser, Ihre Möglichkeiten wahrzunehmen und wahrzumachen.

Vielleicht sind Sie ja eher geneigt, aus einer dieser Möglichkeiten etwas Ernsthaftes entstehen zu lassen. Wenn Sie jemanden unter Freunden kennenlernen, wird ein anderes Verhalten von Ihnen erwartet, als wenn Sie ihm unter lauter Fremden begegnen.

Ganz gleich, wo die Wahl stattfindet, das Kopfzerbrechen über Frage zwei wird Ihnen nicht erspart bleiben: Wie soll ich es anfangen?

Der Ablauf der Wahl

Wahl heißt, zwei Menschen stimmen darin überein, daß sie genügend Interesse aneinander haben, um ein weiteres Treffen zu vereinbaren. Dazu ist gewöhnlich relativ wenig Zeit erforderlich, wenn der Spielraum auch von ein paar Minuten bis zu ein paar Monaten reicht.

Die klassische Version erfordert einen Abend. Sie lernen sich kennen, plaudern, prüfen die Reaktionen des anderen, tauschen die Telefonnummern aus. Einer ruft tatsächlich an, das Wiedersehen wird arrangiert – die Wahl ist getroffen.

Die gemütliche Version dauert länger. Umstände führen zu häufigen Begegnungen. Sie arbeiten zusammen, spielen miteinander Volleyball, sind Mitglieder desselben Chors. Erst ist es eine Bekanntschaft, später eine Freundschaft. Ein gewisses sexuelles Interesse vermischt sich mit Kameradschaft. Schließlich lädt einer von Ihnen den anderen zu einer Unternehmung außerhalb der üblichen Umstände ein. Sie verabreden sich – und haben gewählt.

Die filmreife Version braucht nicht länger als einen Wimpernschlag. Er gewinnt die 24 Stunden von Le Mans, die Polomeisterschaft oder den Marathonlauf. Sie ist die wunderschöne, aber unnahbare Filmdiva / Prinzessin / Konzernherrin, aus deren Händen er seinen Pokal entgegennimmt. Ihre Augen begegnen sich. Sie verstehen. In der nächsten Szene lieben sie sich im Heu – auch eine Wahl.

Ganz gleich, in welcher Situation Sie wählen, Sie werden sich zwischen zwei Rollen entscheiden müssen: der aktiven und der passiven. Gewöhnlich suchen die Beteiligten nach einem Mittelweg. Entwickeln Sie eine Haltung, die Ihnen liegt, und probieren Sie sie aus. Wenn Sie damit keinen Erfolg haben, ändern Sie Ihr Verhalten um einen Grad in die eine oder andere Richtung.

Neigen Sie – ob Mann oder Frau – im Stadium der Wahl zu einer sehr passiven Rolle, dann schränken Sie sich selbst auf die Menschen ein, von denen Sie erwählt werden. Sofern Sie mit dem zufrieden sind, was Ihnen dergestalt in den Schoß fällt, um so besser. Sind es jedoch Leute, die Sie nicht unbedingt kennenlernen möchten, dann bleibt Ihnen keine Wahl – Sie müssen Ihr Interesse aktiver signalisieren. Ein Risiko, aber unumgänglich.

Wenn Sie umgekehrt zu einer sehr aggressiven Gangart neigen und jede Person, die Ihr Interesse weckt, gleich heftig bestürmen, dann schränken Sie Ihre Möglichkeiten nicht weniger ein – zielen Sie doch völlig am anderen vorbei. Sie nehmen sich nicht die Zeit, seine Signale aufzunehmen. Nicht selten verliert eine Frau angesichts der allzu stürmischen Aufmerksamkeit eines Mannes jegliches Interesse. Sie empfindet ihn als gefühllosen Klotz, obwohl er in Wirklichkeit ein sehr netter Kerl, ja sogar ängstlich sein mag. Eine Frau, die ihr Interesse allzu deutlich und allzu ungeschminkt zu verstehen gibt, läuft Gefahr, entweder als flüchtiges Abenteuer oder als Fall von Torschlußpanik eingeschätzt zu werden. Bestimmt aber erreicht sie nicht, was sie möchte, nämlich den Beginn einer Liebeswerbung.

Solche Männer und Frauen sollten sich vielleicht ein bißchen dämpfen – nicht verstellen, aber ihre Impulse etwas zügeln. Die Wahl bildet den Höhepunkt codierter Kommunikation. Machen Sie sich diesen Umstand zunutze!

Ganz gleich, wer die beiden sind, die sich da begegnen oder miteinander flirten; ganz gleich, wie passiv oder aktiv sie ihre Rolle spielen, fünf Ereignisse müssen der Reihe nach stattfinden, will man die Wahl erfolgreich abschließen. Diese Ereignisse hat der Anthropologe Timothy Perper beobachtet und in seinem Buch «Sex Signals: The Biology of Love» beschrieben. Danach ergibt sich folgendes Schema:

- *Annäherung*. Eine Person muß auf einen potentiellen Partner zugehen.
- *Wendung*. Der potentielle Partner wendet sich der Person, die sich ihm genähert hat, leicht zu, reagiert mit einem Blick.
- *Gespräch*. Auf die Wendung hin beginnen die beiden eine Unterhaltung. Während sie sprechen, setzen sie – vorausgesetzt, die Wahl wird weiterverfolgt – die Wendung fort, bis sie sich ganz ins Auge sehen.
- *Berührung*. Während der Wendung und des Gesprächs kommt es zu ersten Berührungen. Gewöhnlich sind das leichte, flüchtige Gesten – sie berührt seine Hand, anscheinend, um einer Bemerkung Nachdruck zu verleihen; er tätschelt zustimmend ihre Schulter.

Über eine gewisse Zeit und bei erfolgversprechendem Fortgang der Wahl verfolgen die beiden ihr Gespräch weiter, wenden sich einander verstärkt zu, berühren sich häufiger und verlängern die Blickkontakte. Währenddessen beginnt ein abschließender, ziemlich verblüffender Prozeß:

- *Synchronismus*. Die beiden beginnen, sich in ihren Bewegungen spiegelbildlich zu verhalten. Beispielsweise zünden sie sich beide eine Zigarette an, inhalieren, legen sie in den Aschenbecher, beugen sich vor, nippen am Getränk, lehnen sich zurück – alles simultan. Diese ziemlich spontane Übereinstimmung ist nach Perper der beste Hinweis darauf, daß beide aneinander interessiert sind. Sie haben sich für den beschriebenen Zeitraum eine kleine private Welt geschaffen.

Die vollständige Sequenz – Annäherung, Wendung, Gespräch, Berührung, Synchronismus – kann zwischen ein paar Minuten und etlichen Stunden dauern. Natürlich führt nicht jede Annäherung zu einer erfolgreich abgeschlossenen Sequenz. Das wissen Sie selbst nur zu gut.

Jedes Moment der Wahlsequenz, bei dem einer der Beteiligten die Initiative ergreift, um sein Engagement auszuweiten, wird als *Verstärker* bezeichnet. Wenn er sie berührt – wie leichthin auch immer –, hat er damit die Situation auf bestimmte Weise verstärkt; indem sie sich ihm auf dem Barhocker ein bißchen mehr zuwendet, verstärkt sie sie wiederum. Ob eine solche Begegnung erfolgreich verläuft, hängt ganz und gar davon ab, wie die Beteiligten auf die jeweilige Verstärkung reagieren. Sollte er sie berühren und sie darauf positiv reagieren, etwa indem sie sich ihm ein Stück weiter zuwendet oder ihn ihrerseits berührt, dann sind die Aussichten gut, daß dieses Paar die Sequenz auch zum Abschluß bringt. Wenn sie sich ihm ganz zuwendet, er aber nicht, so wird die Kontaktaufnahme wahrscheinlich abbrechen und die Wahl unvollendet bleiben.

Das erscheint ziemlich vernünftig. Sie mögen vielleicht nicht zu einer genauen Analyse dieser präzisen Abfolge fähig sein, doch intuitiv wissen Sie sicherlich genau, daß Ihre Aussichten, eine Bekanntschaft zu machen, größer sind, wenn sich die Zielperson Ihnen zuwendet, Sie direkt ansieht und Sie berührt.

Aus dieser Analyse der Wahlmechanismen dürften sich zwei Fragen für Sie ergeben: Warum laufen sie in der beschriebenen Weise ab? Wie kann ich dafür sorgen, daß ich häufiger auf positive Reaktionen stoße?

Warum die Sequenz gerade diesen Verlauf nimmt, wird bei Perper eingehend erörtert. Wichtig ist hierbei, daß die beobachtbare Sequenz als äußerer Ausdruck der inneren Empfindungen eines Menschen anzusehen ist. Die Beteiligten wenden sich nicht einander zu und berühren sich, weil sie sich ganz bewußt an ein vorgegebenes Verhaltensmuster halten. Nein, sie spüren eine Erregung, ein Interesse, ein Gefühl der Verbundenheit und Zuneigung. Mit ihrem Verhalten geben sie diesen Gefühlen Ausdruck. Es ist also nicht die Anleitung zu einem mechanischen Prozeß, mit deren Hilfe Sie Ihr Geschick vervollkommnen können. Vielmehr handelt es sich um die äußerliche Beschreibung einer emotionalen Entwicklung, der Sie sich vielleicht ungezwungener überlassen oder die Sie genauer einschätzen können, wenn Sie ein besseres Gespür für sie entwickeln.

Damit kommen wir zu Ihrer zweiten Frage: Was kann ich tun, damit mir häufiger positive Reaktionen sicher sind?

So mancher würde seine Unsicherheit wohl gern durch irgendeine absolut zuverlässige «wissenschaftliche» Technik in den Griff bekommen. Die Hoffnung ist trügerisch. Der bewußte Versuch, Ihre Bewegungen auf die einer anderen Person abzustimmen, sie zu synchronisieren, würde lediglich dazu führen, daß Sie sich noch ein bißchen törichter und unbeholfener vorkämen als sonst. Solange Sie sich auf eine bestimmte Technik konzentrieren, achten Sie nicht auf Ihre Intuition, schenken der Reaktionsweise des anderen nicht genügend Beachtung und lassen sich nicht von Ihrem Empfinden leiten. In der Phase des Wählens sind die innerlichen Informationen, Ihre Spontaneität und das Gefühl für den richtigen Zeitpunkt die wichtigsten Orientierungshilfen. Lassen Sie sich durch nichts darin beirren, Ihrem Gefühl zu folgen.

Wenn Sie das im Gedächtnis behalten, könnten einige Schlußfolgerungen aus Perpers Forschungsarbeiten Ihnen helfen, die Wahl erfolgreicher zum Abschluß zu bringen. Erstens: die Annäherung geht mehr als doppelt so häufig von Frauen aus. Das heißt, sie suchen die räumliche Nähe zu einem Mann, der sie interessiert. Ebenso übernehmen sie oft die Rolle des Verstärkers – etwa indem sie den Mann zuerst berühren oder sich ihm eher zuwenden. Den weiblichen Lesern dieses Buches könnte diese Information den Auftrieb geben, ihre Zurückhaltung bei der Annäherung ruhig aufzugeben. Sie gehen dabei ein sehr geringes Risiko ein, zumindest verglichen mit der Bitte um ein erstes Rendezvous. Mit Ihrer Bereitschaft zur eigenen Annäherung verschaffen Sie sich mehr Einfluß auf den Personenkreis, innerhalb dessen Sie Ihre Wahl treffen.

Zweitens weist Perper darauf hin, daß der erfolgreiche Abschluß der Sequenz nicht nur von den verbalen und nonverbalen Signalen abhängt, sondern auch davon, wie «intensiv» solche Signale gesandt werden, wie intensiv sie dem potentiellen Partner erscheinen und in welchem «Intensitätsgrad» er sie braucht. In dieser Hinsicht kann es zu fatalen Verwirrungen kommen. Möglicherweise ist nach seinem Empfinden die Frage «Darf ich Sie zu einem Kaffee einladen?» eine reine Höflichkeitsfloskel (das heißt ein Signal von geringer Intensität), während sie ihr wie ein aufdringlicher und unverfrorener Versuch erscheint, über ihre Zeit zu verfügen (das heißt wie ein Signal von sehr hoher Intensität). Damit sind wir mal wieder mitten in den Schwierigkeiten der codierten Kommunikation, die für soviel Frustration während der Liebeswerbung sorgen.

Umgekehrt könnte sie den Kaffee annehmen, sich dann aber wieder abwenden, um nicht so interessiert zu erscheinen. Ein Signal von so geringer Intensität reicht aber unter Umständen nicht aus, den Mann zu weiteren Bemühungen zu ermutigen. Er braucht ein stärkeres Signal, also zieht er sich mit dem Gefühl, nicht willkommen zu sein, zurück.

Diese ganze Verwirrung scheint zweierlei deutlich zu machen.

Erstens, die Bedeutung der wichtigsten Maxime in der Liebeswerbung wird einmal mehr unterstrichen: *Nehmen Sie es nicht persönlich.* Sehr schnell fühlt man sich in solchen Fällen persönlich getroffen. Sie gehen davon aus, sie habe sich abgewandt, weil sie Ihre Geheimratsecken bemerkt hat, oder er habe sich zurückgezogen, weil er eine hübschere Konkurrentin entdeckt hat. Dieserart sind jene törichten und für das Selbstwertgefühl verheerenden Projektionen, die das Wahlstadium zur Qual machen können.

Das zweite ist noch entscheidender. Perper gelangt zu dem Schluß – der sich vielleicht mit Ihren Erfahrungen deckt –, daß sehr viel mehr Annäherungen scheitern als gelingen. Die Mißerfolge in dieser Phase des Wahlstadiums sind zahlreich – aus Gründen, so kompliziert und vielfältig wie die Beteiligten. Wichtig ist nur, daß Sie feststellen, wie sich Ihre Mißerfolge auf Sie selbst auswirken.

Solche unvermeidlichen Fehlschläge können zum Hauptproblem des Wahlstadiums führen, zu der Frage nämlich, wie Sie auf Ablehnung reagieren.

Angst vor Ablehnung

Ablehnung läßt sich sehr einfach definieren: Jemand, an dem Sie interessiert sind, interessiert sich nicht für Sie. Es ist eine der scheußlichsten Erfahrungen im Leben. Im schlimmsten Falle kann sie einen schweren seelischen Schock auslösen, der ständig an Ihnen nagt. Jedesmal, wenn Sie sich die Krawatte zurechtrücken, bevor Sie sich einer Unbekannten nähern, oder Ihre Zähne vor dem Partyauftritt auf Lippenstiftflecke untersuchen, setzen Sie sich wahrscheinlich mit Ihrer Angst vor Ablehnung auseinander.

Wenn Sie es auf eine Liebeswerbung abgesehen haben, können Sie Ablehnung nicht vermeiden. Sie müssen eine Auswahl unter Fremden treffen. Manche werden nicht auf Ihre Bemühungen reagieren. Das wird Sie verletzen. Aber problematisch ist nicht, daß Ablehnung zur Liebeswerbung gehört, sondern wie Sie mit der Ablehnung umgehen.

Um herauszufinden, wie sehr die Angst vor Ablehnung Ihre Fähigkeit zur Wahl potentieller Partner einschränkt, brauchen Sie nur Ihr Verhalten genau zu untersuchen. Die Angst vor Ablehnung macht Ihnen in folgenden Fällen zu sehr zu schaffen:

- Sie kämen nie auf den Gedanken, sich einem attraktiven Mann oder einer anziehenden Frau auf einer Party zu nähern. Ihnen liegt es mehr, abseits zu stehen und das Ziel Ihrer Wünsche aus der Ferne zu bewundern. In der Liebeswerbung begnügen Sie sich mit den Menschen, die auf Sie zugehen.
- Sie brauchen Drogen oder Alkohol, um die Hemmungen vor einem Gespräch mit Fremden zu verlieren.
- Sie bleiben lieber in Ihrer Clique und vermeiden neue Bekanntschaften bewußt. Als Grund für die Ablehnung einer Einladung zur Party würden Sie angeben: «Weil ich da niemanden kenne.»
- Sie weigern sich, ein neues Spiel oder eine neue Sportart auszuprobieren, weil Sie Angst haben, sich zum Gespött zu machen. Tatsächlich sind Sie in vielen sozialen Situationen

gehemmt, weil Sie unbedingt vermeiden möchten, dumm oder unfähig zu wirken.

- Sie geraten in schreckliche Panik, sobald Sie jemandem begegnen. Sie werden zwanghaft: Sollte ich anrufen? Wirke ich zu verfügbar? Was sollte ich anziehen? Sollte ich mit ihm ins Bett gehen? Ist es zu früh, zu spät? Der Beginn einer Liebeswerbung erfüllt Sie mit lähmender Angst, weil Sie ganz sicher sind, Sie werden alles falsch machen und auf Ablehnung stoßen. Schließlich sorgen Sie vielleicht selbst dafür, daß man Sie zurückweist – damit das Elend endlich ein Ende hat.

- Sie können nur in Idealverfassung auf eine Party oder zu einem Abendessen gehen. Fünf Pfund zuviel, und Sie würden am liebsten nicht mehr die Wohnung verlassen. Merkwürdigerweise leiden Sie häufig unter Freßanfällen – gerade hinreichend, um Ihnen fünf zusätzliche Pfunde zu verschaffen und Sie davon abzuhalten, sich in die Welt hinauszuwagen.

- Sie haben intensive Liebesaffären, die allerdings meist auf Ihr Phantasieleben beschränkt bleiben. In Ihrem Abendkurs gibt es eine wahnsinnig interessante Frau, oder jeden Mittag begegnet Ihnen in der Cafeteria dieser tolle Mann. Sie wenden viel Zeit und Energie auf, an ihn oder sie zu denken, wobei Sie sich an die geringfügigsten Einzelheiten in Kleidung und Verhalten erinnern. Sie entwerfen ausgeklügelte Pläne für eine Unterhaltung, eine zufällige Begegnung. Dazu kommt es zwar nie, doch schon die bloße Vorstellung ist sehr aufregend. In der Zwischenzeit haben Sie ein paar Verabredungen mit anderen Leuten, die Sie nebenher kennengelernt haben. Keiner von denen interessiert Sie wirklich.

Unter Angst vor Ablehnung leiden nicht nur schüchterne Menschen. Auch gesellige Männer und Frauen können mit ihr zu kämpfen haben. Wenn Ihrer Ansicht nach viele der oben beschriebenen Verhaltensmuster auf Sie zutreffen, dann sind Sie durch Ihre Angst wahrscheinlich erheblich gehemmt.

Das Schlimmste an der Angst vor Ablehnung sind vermutlich ihre Folgeerscheinungen. Schon bei der Vorstellung, jemanden nach seiner Telefonnummer zu fragen, spüren Sie unerträgliche Hemmungen, bekommen feuchte Hände und stammeln entsetzt: «Das könnte ich nie!» Angst vor Ablehnung macht es unmöglich, auf jemanden, der Sie fasziniert, zuzugehen und sich mit ihm, mit ihr bekannt zu machen.

Nicht immer äußert sie sich in solchen panischen, lähmenden Gefühlen. Manchmal empfinden Sie vielleicht das Gegenteil von Ängstlichkeit – eine müde, deprimierte Apathie, die Ihnen das Gefühl gibt, es lohne sich nicht, die Wohnung zu verlassen. Sie sind vielleicht zu matt, zu erschöpft, um sich nach der Arbeit noch ins gesellige Leben zu stürzen, oder zu sehr davon beansprucht, Ihren Lebensunterhalt aufzubringen, um noch Vergnügungen einplanen zu können. Möglicherweise betäuben Sie mit Hilfe von Freßanfällen, Drogen oder Alkohol Ihre Unzufriedenheit mit sich und der Welt. Dieses ganze Spektrum der Gefühle, von der Unsicherheit bis zur Apathie, kann ein Ausdruck Ihrer Angst vor Ablehnung sein.

Angst dieser Art nährt auch Gedanken wie die folgenden: «Ich bin nicht attraktiv genug.» – «Mir wird nicht ein einziges Wort einfallen.» – «Ich bin völlig falsch angezogen.» – «Er / sie wird nicht das geringste Interesse an mir haben.» – «Ich kann hier nicht mithalten – bin zu alt, zu jung, zu fade, zu wie auch immer...» Sie werden bemerken, wie schlecht Sie bei solchen Gedanken meist wegkommen. Sie sind einfach nicht gut genug.

Solche negativen, von Selbsthaß diktierten Gedanken sind im Grunde genommen das, was man mangelnde Selbstachtung oder Unsicherheit nennt. Sie können so übermächtig sein, daß Sie sich nie über die sicheren Grenzen Ihres Freundes- und Familienkreises hinauswagen. Die These, Sie müssen sich selbst lieben, bevor jemand anders Sie lieben kann – beziehungsweise Sie müssen erst eine positive Einstellung zu sich selbst gewinnen, um positiv zu anderen stehen zu können –, findet im Wahlstadium unmittelbar Anwendung. Die erforderliche Selbstsicherheit, um sich jemandem zu nähern, entwickeln Sie nur aus einem positiven Gefühl zu sich selbst.

Es gibt noch einen anderen Komplex negativer Gedanken,

in dem sich – nicht ganz so unmittelbar – die Angst vor Ablehnung widerspiegelt. In dem Fall putzen Sie die Menschen in
Ihrer Umgebung herunter, statt sich selbst geringzuschätzen.
Dazu gehören Bemerkungen wie diese: «Na ja, sie wär ja ganz
hübsch, wenn sie nicht soviel Make-up aufgelegt hätte.» – «Da
ist doch keiner, mit dem es sich zu sprechen lohnte.» – «Die
Männer sehen hier alle so belanglos aus.» – «Die Frauen auf
dieser Party sind doch alle oberflächlich.» Worum es geht:
Lehn sie ab, bevor sie dich ablehnen können. Es ist das psychologische Äquivalent zu «Angriff ist die beste Verteidigung» –
und der Feind ist in diesem Falle Ihre Angst vor Ablehnung.

Seien Sie jedoch vorsichtig und ziehen Sie nicht automatisch
den Schluß, mit Ihrer Selbstachtung sei etwas nicht in Ordnung, nur weil Sie irgendeines dieser negativen Denkmuster
an sich beobachten. Jeder hat von Zeit und Zeit und in unter-
schiedlichem Maße solche Gedanken. Der springende Punkt
ist das Maß. Wie sehr und wie oft plagen Sie sich mit solchen
Gedanken herum?

Wenn Menschen auf Ablehnung stoßen, haben sie feste Ge-
wohnheiten, darüber hinwegzukommen. Sie rufen Freunde
an, erzählen ihnen die grauenhafte Geschichte, verkriechen
sich ins Bett und verabreichen sich hohe Dosen der bewährten
Fluchtmittel: Fernsehen, Drogen, Musik, Essen, Alkohol,
Liebesromane. Wenn es nur ein oder zwei Abende dauert und
Sie genügend Selbstvertrauen haben, um am nächsten Wochenende einen neuen Versuch zu wagen, dann ist mit Ihnen
alles in Ordnung. Sie haben eine Möglichkeit gefunden, mit
Ablehnung fertigzuwerden. Es tut weh, aber trifft Sie nicht
vernichtend.

Andere sind weniger glücklich dran. Gehören Sie zu dieser
Gruppe, so versetzt Sie schon der bloße Gedanke, man könnte
Ihnen die kalte Schulter zeigen, in Schrecken. Sie spüren: Eine
solche Situation müssen Sie um jeden Preis vermeiden. Offensichtlich haben Sie noch nicht die Fähigkeit entwickelt, mit
Ablehnung zurechtzukommen. Wenn Sie mit ihr konfrontiert
sind, leiden Sie darunter Monate und Jahre. Noch immer haben Sie einen Mann nicht verwunden, der vor Monaten behauptete, er werde anrufen, und es dann nicht tat. Wochenlang

kreisen Ihre Gedanken um die Frau, die Sie in die Wüste schickte. Und eine Aussprache im Sinne von «Ich mag dich, aber...» kann all Ihre amourösen Aktivitäten für ein halbes Jahr zum Erliegen bringen. Eine Ablehnung wirft Sie völlig aus der Bahn.

Wenn Sie sich von Ablehnungen derart umhauen lassen, machen Sie es sich letztlich nur selber schwer. Solange Sie an der Liebeswerbung Interesse haben, müssen Sie auch auf Ablehnung gefaßt sein. Das Risiko gehört nun einmal unausweichlich mit zum Ritual. Wovon Sie sich allerdings befreien können, ist die lähmende Angst davor. Ihr Ziel muß sein, die Angst vor Ablehnung so weit in den Griff zu bekommen, daß Sie häufiger eine Annäherung riskieren mögen. Das ist alles.

Ganz auflösen können Sie diese Angst nicht. Wie die vielen Spielarten der Angst vor Intimität ist auch eine gewisse Angst vor Ablehnung unvermeidlicher Bestandteil der Liebeswerbung. Sie müssen sie nur auf ein erträgliches Maß verringern.

Grenzen Sie das Risiko ein

Die eigene Angst zu bezwingen erfordert großen Einsatz. Sie fordern sich gewissermaßen selbst heraus – und zwar nicht einfach nur, um eine Liebesbeziehung anzufangen. Dahinter steht das weitergehende Ziel, eine der inneren Barrieren zu demontieren, die ihrer Zufriedenheit bisher im Weg standen. Die haben wir alle. Sich entwickeln heißt im wesentlichen, seine individuellen Grenzen erweitern und seelisches Neuland betreten. Gewiß, das bedeutet Arbeit und kann furchterregend sein. Aber die Mühe lohnt. Damit erschließen Sie sich eine Vielzahl neuer Möglichkeiten.

Ist Ihre Barriere die Angst, andere Menschen könnten Sie ablehnen und verletzen, dann stellen Sie sich vor, wie Ihr Leben aussehen wird, wenn Sie diese Angst verringern. Sie werden Vergnügen am gesellschaftlichen Trubel finden, werden sich einem anderen Menschen nähern, wenn Ihnen danach zumute ist, und sich zurückziehen, wann es Ihnen gefällt. Sie werden sich nicht ständig mit der Frage herumplagen, wie andere wohl über Sie urteilen – das spielt keine besondere Rolle mehr. Verschiedene gesellschaftliche Kreise und Atmosphären werden Ihnen vertraut, und in neuen Situationen werden Sie nicht mehr fürchten, einen Narren aus sich zu machen, weil Ihnen das gar nichts mehr ausmachen würde. Vor allem aber werden Ihre Liebesbeziehungen ihre potentiell vernichtende Wirkung einbüßen. Wenn er nach der dritten Verabredung nicht mehr anruft, werden Sie sich erinnern, daß Sie es nicht persönlich nehmen wollten. Und gibt sie Ihnen wegen eines älteren und wohlhabenderen Mannes den Laufpaß, dann versuchen Sie es nun mit Philosophie – kein Gedanke mehr, sich das Leben zu nehmen.

Solange Sie an der Angst vor Ablehnung festhalten, haben Sie davon nichts als Unsicherheiten. Gelingt Ihnen hingegen das Wagnis, sie loszulassen, werden Sie Freude und Vergnügen haben. Wollen Sie also dieses Handicap, verursacht durch Ihre Ängste, abschütteln, müssen Sie das Risiko eingrenzen. Das kann auf vielfältige Weise geschehen.

Erstens, machen Sie sich Ihre Angst bewußt. Sie müssen sie erkennen, benennen und sich mit ihr auseinandersetzen. Haben Sie ganz offensichtlich panische Gefühle, bedarf es dazu keiner großen Anstrengung. Sie wissen bereits, worunter Sie leiden.

Doch viele erkennen ihre Angst vor Ablehnung gar nicht. Wenn Sie niedergeschlagen und apathisch sind, übersehen Sie leicht, daß Sie in Wirklichkeit Angst haben. Alle Energien richten sich auf das «Eines Tages...» Sie kommen nicht auf den Gedanken, Sie könnten von Ängsten geplagt sein – warten Sie doch nur auf das große Los, den Traumjob oder den Nobelpreis für Literatur.

Sie könnten einen Großteil Ihrer Energien freisetzen, wenn Sie sich heute noch Ihrer Angst stellen und nicht weiter auf ideale Bedingungen hinwirken würden, um scheinbar vor Ablehnung gefeit zu sein. Einen solchen Schutz gibt es nämlich nur in der Phantasie. Solange Sie an der Welt von Liebe, Sex und Beziehungen teilnehmen, werden auch Ihre Gefühle verletzt. Darin geht es uns allen gleich. Schließlich leben wir.

Letzteres ist besonders wichtig. Wir alle leben. Noch nie ist ein Mensch daran gestorben, daß ein Fremder oder eine Fremde kein Interesse an ihm fand. Gewöhnlich ist diese Erfahrung nicht annähernd so vernichtend, wie Sie vorher befürchten. Und das ist das Problem – wie wollen Sie jemals lernen, Ablehnung zu überwinden, wenn Sie Ihr Leben damit zubringen, sie zu vermeiden?

Als nächstes müssen Sie sich Ihren Ängsten stellen. Begeben Sie sich also in zwischenmenschliche Situationen, in denen Sie nach Möglichkeit Ablehnungen erfahren. Übertragen auf die Wahl heißt das, Sie müssen Annäherungen initiieren. Wenn Sie meinen, Sie sind dazu bereit, dann geben Sie sich eine Chance. Wählen Sie ein Umfeld, in dem es Ihnen möglichst leichtfällt, Menschen kennenzulernen. Sind Sie auf einer Party lieber Gastgeber oder Gast? Fühlen Sie sich umgeben von Ihren Freunden wohler oder ganz auf sich allein gestellt, ohne Zuhörer?

Es liegt schon an Ihnen, Situationen zu schaffen, die möglichst günstig für Sie sind. «Möglichst günstig» heißt nicht leicht. Die Wahl fällt eben niemandem leicht, aber sie darf auch nicht unmöglich sein.

Im nächsten Schritt müssen Sie sich mit Ihrer negativen Selbsteinschätzung auseinandersetzen, um Ihre Unsicherheit so weit abzubauen, daß Sie handlungsfähig werden. Aber warten Sie nicht, bis Sie überhaupt keine Angst mehr haben. Solange Sie leben, werden Sie sich immer vor irgend etwas ein bißchen fürchten!

Es gibt viele – vor allem von kognitiven Therapeuten entwickelte – Techniken, mit hemmenden, negativen Gedanken umzugehen. Lesen Sie Philip Zimbardos Buch «Nicht so schüchtern!». Er hat sich eingehend mit diesem Problem beschäftigt.

Sie sind jetzt zum Handeln bereit – und natürlich ängstlich. Schließlich haben Sie sich bisher darum bemüht, eben jene Situationen zu vermeiden, in die Sie sich jetzt kopfüber hineinstürzen wollen. Es ist also nur natürlich, ängstlich zu sein. Die Hauptsache ist, wie gesagt, daß Ihre Angst Sie nicht daran hindert, das Wagnis einzugehen.

Hier die Aufgabe: Handeln Sie sich so viele Ablehnungen

ein wie irgend möglich. Setzen Sie sich pro Abend ein bestimmtes Ziel. Nehmen wir an, Sie besuchen eine Party, auf der Sie nur wenige Leute kennen, oder Sie entschließen sich, die nächstgelegene Singlebar aufzusuchen. Setzen Sie sich, bevor Sie gehen, eine Richtzahl von, sagen wir, drei Ablehnungen. Das heißt, Sie müssen die Wahlsequenz einleiten und sich mindestens drei potentiellen Partnern nähern, von denen keiner positiv reagieren darf.

Um sich drei Ablehnungen einzuhandeln, werden Sie wohl mehr als drei Annäherungen vornehmen müssen. Sie können nicht davon ausgehen, daß es in jedem Falle zu einer Ablehnung kommt. Bei positiven Reaktionen müssen Sie weiterziehen. Einige meiner Klienten mußten auf sieben oder acht Leute zugehen, um ihr Vorhaben zu verwirklichen. Geben Sie nicht auf. Es ist wichtig, daß Sie ausgehen, abgelehnt werden und erfahren, daß Sie damit leben können.

Für diese Aufgabe gelten praktisch keine Einschränkungen. Solange die Personen, denen Sie sich nähern und von denen Sie abgelehnt werden, als Partner in Frage kämen, erreichen Sie Ihr Ziel. Legen Sie keine besonderen Maßstäbe an. Jede Ablehnung zählt, gleichgültig, ob sie vom tollsten Typ im Saal oder vom Mauerblümchen in der Ecke kommt. Aber versuchen Sie, sich mit möglichst unterschiedlichen «Kandidaten» zu konfrontieren. Sie werden die höchst interessante Erfahrung machen, daß Sie sich nicht darauf verlassen können, abgelehnt zu werden – nicht einmal bei Leuten, von denen Sie es mit Sicherheit erwartet hätten.

Die Angst vor Ablehnung werden Sie nicht automatisch verlieren, sobald Sie das Wahlstadium der Liebeswerbung erst einmal hinter sich haben. Doch mit wachsender Liebe und Intimität müßten die Ängste allmählich nachlassen. Intimität hängt von dem Vertrauen ab, daß Ihre Beziehung mit dem Partner sicher ist.

Schließlich werden Sie einen Partner wählen – sei es glücklos oder besonnen. Dann jedenfalls haben Sie mit der Liebeswerbung begonnen.

Herausforderung

Na bitte! Die Wahl ist getroffen, und Sie befinden sich im Stadium der Herausforderung.

Wahrscheinlich haben Sie gehofft, es sei Liebe oder werde es eines Tages sein. Vielleicht bestehen Sie auch darauf, es sei zumindest Leidenschaft. Im äußersten Falle waren Sie vielleicht nur unfähig, nein zu sagen. Ganz gleich, wie Sie Ihre Gefühlslage beschreiben mögen, Sie befinden sich jetzt im Herausforderungsstadium der Liebeswerbung.

Die Herausforderung ist das, was die Bezeichnung ahnen läßt: Einer der Partner agiert, um die emotionale Distanz zu verringern, der andere reagiert.

Die komplizierten Verhaltensmuster der Herausforderung folgen dem Bedürfnis der Beteiligten, sich mit dem jeweils entwickelten Grad an Bindung wohl zu fühlen. Das kann schwierig sein. Sie möchten gern mehr von sich preisgeben – was aber, wenn er oder sie die Informationen gegen Sie verwendet? Sie wären sexuell nicht abgeneigt – aber könnte Sie das nicht zu sehr binden, zu sehr ausliefern? Sie würden gern mehr Zeit investieren – und wenn der andere dem dann größere Bedeutung beimißt, als Sie beabsichtigten? Sie halten es für Liebe oder wenigstens Verliebtheit, haben sich aber geschworen, diesmal einen kühlen Kopf zu bewahren. Man hat Ihnen sehr weh getan – wie sollen Sie da noch jemandem trauen? Sie würden gern schlicht und offen bekennen: «Ich weiß, es klingt verrückt, doch ich liebe dich bereits.» Aber ist das nicht geradezu die Garantie dafür, den anderen zu verschrecken?

Alle diese widersprüchlichen Unsicherheiten und Störungen Ihres Seelenfriedens machen die Herausforderung so heikel. Wenn Sie ehrlich sind, würden Sie das Stadium am liebsten überspringen. Wie schön wäre es, im Augenblick der Wahl schon die Sicherheit zu haben, daß es etwas Ernstes ist.

In den meisten Fällen bekommen wir die Ambivalenz der Herausforderung in vollem Umfang zu spüren. Mal ist das Geschehen leidenschaftlich, mal von tödlicher Langeweile, mal sehr angenehm und schmeichelhaft, dann wieder Gift fürs Selbstvertrauen. Das Besondere der Herausforderung ist, daß sie im Laufe des Werbens um eine einzige Person alle diese Extreme und mehr aufweisen kann.

Angst vor Ablehnung kann nicht nur Ihre Fähigkeit zur Wahl beeinträchtigen und damit den Beginn der Liebeswerbung verhindern, sie nimmt ebenso entscheidend Einfluß auf Ihr Verhalten während der Herausforderung. In der Rolle des Herausforderers müssen Sie eine mögliche Ablehnung in Kauf nehmen. Das ist nicht zu ändern.

Diese unbequeme Wahrheit ist offensichtlich so ein Greuel, daß manche Menschen keine Mühe scheuen, die Herausforderung um das Risiko der Ablehnung zu erleichtern. Wie sie das anstellen? Sie versuchen, herauszufordern und gleichzeitig ein Geheimnis daraus zu machen.

Auf den ersten Blick entbehrt das jeder Logik. Wie soll man jemandem sein Interesse zu verstehen geben und es gleichzeitig verbergen? Das geht zwar nicht wirklich, aber man kann so tun als ob. Wer von Ihnen sich für diese Strategie entscheidet, erfindet komplizierte Entschuldigungen für seine Einladungen («Ich bin zufällig an diese Karten rangekommen.» – «Wir brauchen bei dem Essen eine gerade Zahl von Gästen.» – «Ich war gerade in der Gegend, da...»). Sie versuchen, sich vor Ablehnung zu schützen. Denn wie sollte Sie jemand zurückweisen, wo Sie doch vordergründig kein Interesse zeigen?

Das klappt nicht! Die Herausforderung wäre nicht das, was sie ist. Das Subjekt Ihrer Aufmerksamkeit wird Ihre Absichten wahrscheinlich durchschauen, so verschlüsselt sie auch sein mögen. Und wie auch immer Sie Ihr Interesse kaschieren, Sie werden sich deshalb doch nicht minder abgelehnt fühlen.

Wer sein Interesse direkt zum Ausdruck bringt, wirkt keineswegs verzweifelt oder würdelos. Im Gegenteil, es kann sogar sehr sexy sein. Die unverblümte Feststellung «Ich würde gern mehr Zeit mit Ihnen verbringen», «Ich möchte Sie unbedingt kennenlernen» oder «Ich finde Sie überaus attraktiv und würde gern mehr von Ihnen sehen» ist ein Zeichen von Selbstbewußtsein. Versuchen Sie es! Riskieren Sie es! Sie werden sich selbst sehr gut dabei vorkommen. Außerdem werden dabei all die Energien freigesetzt, mit denen Sie sonst laufend witzige Anmachsprüche oder clevere Erwiderungen zu ersinnen versuchen.

Von Ihrer Angst vor Ablehnung wird es weitgehend abhängen, wie sehr und wie schnell Sie eine positive Reaktion benötigen, um Ihre Herausforderung weiterzuführen. Es gibt keine sichere Methode, mit der sich herausfinden ließe, wann es Zweck hat, die Bemühungen fortzusetzen, und wann Sie sie lieber einstellen sollten. Wenn die erhoffte Reaktion ausbleibt, sollten Sie erwägen, das Unternehmen mal zu unterbrechen – statt es abzubrechen. Machen Sie sich ein paar Wochen rar. Rufen Sie nicht an. Stellen Sie dann den Kontakt wieder her. Das ist keine Garantie für eine positive Reaktion, aber so bleiben Sie im Rennen, ohne so interessiert oder verfügbar zu erscheinen, daß Sie sich selbst abwerten.

Klassische Herausforderung

Das klassische Modell der Herausforderung könnte man auch das Neunzig-Tage-Wunder nennen. Die Dauer dieses Stadiums reicht nämlich in der Regel von einigen Stunden (die Betroffenen nennen das gern wahre Liebe, ich spreche lieber von großer Bereitschaft) bis zu ungefähr drei Monaten. Im klassischen Modell beginnt die Herausforderung mit der Verführung, wobei einer der Beteiligten (gewöhnlich der Mann) mehr Nähe sucht, Interesse zeigt, sexuelle Avancen macht, während der andere (gewöhnlich die Frau) zurückweicht oder zumindest kein Entgegenkommen zeigt. Er ruft sie an, er rührt sie an, macht Komplimente, offenbart seine Gefühle. Sie ist ein bißchen kühl und unverbindlich, vielleicht auch sexuell zurückhaltend. Solange sie dieses Maß an Distanz aufrechterhält, erleichtert sie ihm die Herausforderung. Er kommt näher, sie aber nicht, so kann er sich immer noch sicher fühlen.

Wird die Liebeswerbung fortgesetzt, läßt sie sich schließlich ebenfalls auf größere Nähe ein. Unter Umständen bringt sie das durch sexuelles Entgegenkommen zum Ausdruck. Vielleicht sagt sie ihm auch einfach, was sie empfindet. Oder sie beginnt Pläne zu schmieden, die ihre Erwartungen erkennen lassen. Ganz gleich, welche Form sie wählt, er versteht ihre Botschaft. Sie fühlt sich ihm näher, stärker an ihn gebunden. Ja, sie ist bereit, noch weiter zu gehen.

Wie wird er mit all den Unsicherheiten fertig, die dadurch hervorgerufen werden? Wie also mit der Ambivalenz? Unabhängig von den Motiven seiner Liebeswerbung – ob pures sexuelles Interesse oder das leidenschaftliche Verlangen nach Frau und Kindern –, *gewisse* Unsicherheiten, *gewisse* Ambivalenzgefühle wird er sicherlich empfinden. Das liegt in der Natur der Sache. Und natürlich bleibt ihm nur eines zu tun: Er zieht sich zurück. Jetzt bemüht er sich um etwas mehr Abstand, um eine Lockerung der Bindung. Er leitet die zweite Phase der Herausforderung ein: den Umschwung. Plötzlich sind die Rollen vertauscht und die Machtverhältnisse umgekehrt. Sie übernimmt die Herausforderung, und er hält sich zurück. Das mißfällt ihr zutiefst. Ihm genauso.

Da in der klassischen Herausforderung dem Mann die Rolle des Herausforderers zukommt, geht der Umschwung meist von ihm aus. Aus Gründen der Einfachheit halte ich mich in den folgenden Beschreibungen dieses Abschnitts an die traditionelle Rollenverteilung.

In der Liebeswerbung verschwimmen heute natürlich die Grenzen zwischen den Geschlechterrollen. Das verursacht eine der Irritationen, die Sie am Erlernen der simplen Regeln des Rituals hindert (siehe Kapitel 1). Denn selbstverständlich kann auch sie die Herausforderung übernehmen und er den Widerstand leisten. Vielleicht ist sie es sogar, die auf sexuelle Kontakte drängt, wohingegen er zaudert, weil er noch nicht bereit ist. Jedenfalls initiieren häufig Frauen den Umschwung.

In vielen Fällen werden die Rollen des Herausforderers und

des Herausgeforderten von Verabredung zu Verabredung getauscht. Beide ergreifen auf manchen Gebieten die Initiative und setzen auf anderen Grenzen. Vielleicht geht die Frau sexuell nur bis zu einem gewissen Punkt, hält aber all ihre Zeit für den Mann frei; er hingegen übernimmt sexuell die Rolle des Herausforderers, geizt jedoch sehr mit seiner Zeit. Behalten Sie beim Weiterlesen also alle diese Spielarten im Gedächtnis. Die beiden großen Abschnitte dieses Kapitels, «Verführung» und «Umschwung», sollen Ihnen helfen, die Liebeswerbung anlaufen zu lassen.

Verliebtheit

Vielleicht haben Sie angenommen, in einem Buch über Liebeswerbung müsse viel von Verliebtheit die Rede sein. Schließlich handelt es sich um eine der eindrucksvollsten Erfahrungen, die man mit jemandem haben kann. Wir sehnen uns nach diesem Gefühl, halten die Liebeswerbung für den Schlüssel dazu.

Statt dessen hat es den Anschein, als habe die Liebeswerbung zum Ziel, zwei Menschen in eine liebevolle und dauerhafte Bindung zu führen. Auf dem Weg dorthin erleben manche Paare den gefühlsintensiven, glühenden, aber auch zeitlich begrenzten Rausch der Verliebtheit.

Wenn Sie sich bereits seit vielen Verabredungen im Stadium der Herausforderung befinden und noch immer nicht verliebt sind, dann mögen Sie versucht sein, die Liebeswerbung einfach abzubrechen. Zumindest meldet sich ein leises Gefühl der Enttäuschung. Zweifellos hat eine Werbung, die mit Verliebtheit beginnt, einen ganz besonderen Charakter – so wie ihre besonderen Vorzüge und ihre besonderen Probleme.

Der Zauber einer Verliebtheit beruht auf dem gemeinsamen Eindruck, man sei automatisch bereits eine Bindung eingegangen. Sie sind sich sofort so nahe, daß Sie verschmelzen. Wechselseitig lesen Sie die Gedanken des anderen und wissen seine Sätze zu beenden.

Diese Intimität wurde ohne die Verhandlungen, Auseinandersetzungen, Streitereien und Kompromisse erreicht, die normalerweise eine Liebeswerbung begleiten. Sie geschah einfach. Insofern ist die Verliebtheit schöner als alles, was die rauhe Wirklichkeit des Lebens sonst zu bieten hat. Sie beide bewegen sich in einer privaten Welt nach eigenem Entwurf. Sie sind wie verwandelt. Wahrscheinlich erleben Sie auch ungeahnte sexuelle Freuden. Sie bekommen nicht genug voneinander. Daß es so sein könnte, haben Sie nie gewußt.

Zu den großen Vorteilen der Verliebtheit gehört, daß man die ersten Stadien der Liebeswerbung so rasch hinter sich bringt. Verliebte Paare marschieren im Eiltempo durch das Herausforderungsstadium; allenfalls die Inszenierung einer unvergeßlich stimmungsvollen Verführung kann sie aufhalten. Der Umschwung wird oft ganz übersprungen – diese Phase dient der Anpassung an die Intimität (Kapitel 6). Ausgelöst wird der Umschwung durch die Furcht vor der Falle. Dem verliebten Paar bleiben Ängste dieser Art vorübergehend erspart. Die beiden sind jenseits aller Fallen – sind völlig ineinander verschlungen. Sie fühlen sich eins.

Später werden all die Fragen der Selbständigkeit, Individualität und unterschiedlichen Auffassungen, die nur vorübergehend in den Hintergrund getreten sind, wieder auftauchen. Die Verhandlungsphase eines verliebten Paares kann besonders heftige Formen annehmen. Der Kontrast zwischen der Wirklichkeit und den Anfängen der Liebe ist schwer zu ertragen.

Gewiß, Verliebtheit ist ein magisches, rauschhaftes Lebensereignis und viel zu selten. Aber sie ist nicht notwendigerweise die wahre Liebe. Paare, die der Blitzschlag trifft, die ihr Leben in freudiger Selbstaufgabe ganz aufeinander zuschneiden, machen eine unvergleichliche Erfahrung. Doch sie sind deshalb der wirklichen Liebe nicht näher als Paare, die vorsichtiger zu Werke gehen. Sie müssen sich nicht gleich in der ersten Woche verlieben, um jemanden zu lieben, und Sie müssen auch nicht beim ersten Kuß denken: «Das ist es!» Liebe wird geschaffen. Und der Blitzschlag verschafft dieser Entwicklung nur einen rascheren Anfang.

Entscheidend ist nicht, wie groß die Liebe zu Beginn, sondern wie groß sie am Ende des Werbens ist.

Herausforderung

Verführung

Sie lernten sich auf einer Wohlfahrtsveranstaltung kennen. «Val, ich möchte Sie mit Alexander Whitefeather bekannt machen.»

Valerie: «Was für ein schöner Name.»

Alex: «Sie können ihn haben, wenn er Ihnen gefällt.»

Zwei Monate später verließen Valerie und Alex das Bett gerade so lange, wie sie brauchten, um zu heiraten. Sie meint: «Wenn man weiß, daß es die große Liebe ist, was kann man anderes tun als heiraten?» Er sagt, sie hätten geheiratet, weil sie der Welt die Bedeutung ihrer Gefühle hatten mitteilen wollen. Ich sage, sie haben geheiratet, weil das Übermaß an Liebe, wie es in der Verführungsphase der Liebeswerbung vorkommen kann, leicht zu extravaganten Gesten verleitet.

Der sechsunddreißigjährige Michael bat die gleichaltrige Renata um ihre Telefonnummer, nachdem sie eine halbe Stunde auf einer Singleveranstaltung geplaudert hatten. Sie verabredeten sich zum Abendessen und zum Kino, doch irgendwie endete es damit, daß sie sich die halbe Nacht in Renatas Wohnung unterhielten. Sie verabredeten sich noch ein paarmal, und mit jedem Treffen wuchs Michaels Interesse. Noch nie hatte er mit jemandem so reden können. Renata war so intelligent, so wach. Er konnte es nicht erwarten, mit ihr zusammenzusein, sie zu berühren. Renata war zurückhaltender. Sie mochte Michael, war aber skeptisch. Ständig rief er sie an und bat um eine Verabredung. Sie eröffnete ihm schließlich, er sei ihr zu ungeduldig und sie brauche mehr Zeit. Er trug es mit Fassung. Seine Anrufe wurden seltener, trotzdem machte er keinen Hehl aus seinem Interesse, im Gegenteil. Michael erklärte Renata, er sei ein Mann, der eine Beziehung wolle. Er fühlte sich reif für eine Partnerschaft – und warum nicht auch ein Kind?

Renata war hin- und hergerissen. Da war dieser überaus nette, ziemlich attraktive, alleinstehende Mann, der – merkwürdig genug – Interesse an ihr zeigte. Was war los mit ihr? Warum war sie nicht begeistert und aufgeregt? Lief sie denn wirklich, wie ihr Therapeut angedeutet hatte, vor den Männern davon, die sie haben konnte? Oder war Michael doch nicht so, wie er auf den ersten Blick wirkte? Schließlich war er sechsunddreißig und nie verheiratet gewesen. (Sie übrigens auch nicht, aber bei ihm hätten sie die Gründe doch interessiert.) Na und so ganz ihr Typ war er auch nicht, trotz seiner gewissen Attraktivität. Alles in allem kam sie zu dem Schluß, sich über ihre Gefühle nicht recht im klaren zu sein, deshalb würde sie «ihm eine Chance geben». Renata näherte sich ihm zentimeterweise. Solange sie das tat, fühlte sich Michael ermutigt, sie weiterhin mit ganzem Herzen herauszufordern.

Martin, ein einundvierzigjähriger Kaufmann, ist alert, klug und hat eine Leidenschaft für alte Autos und noch ältere Filme. Martin liebt die Frauen, findet aber, er hat zu viele geliebt, um nun eine zu heiraten.

Jeden Morgen auf dem Weg zur Arbeit begegnet er Lisa. Sie geht ins Büro. Er beschreibt Lisa als «absolut hinreißend» und beschließt sofort, die Sache in Angriff zu nehmen. Sie lächeln sich im Vorbeigehen zu, und Martin beginnt kurze, harmlose Gespräche («Trauen Sie dem Wetter?»). Lisa geht höflich darauf ein, lächelt zurück, blickt ihn an und läßt sich ein, zwei Häuserblocks weit begleiten. Ende der Wahl, Beginn der Verführung!

Eines Morgens sagt Martin: «Wissen Sie, ich würde Sie gern kennenlernen. Was halten Sie von einem Abendessen?» «Warum?» möchte Lisa wissen. «Weil ich Sie bezaubernd finde.» Kurze Pause, dann Lisa: «Das reicht nicht.» Damit geht sie.

Die meisten Herausforderer würden an diesem Punkt entmutigt aufgeben. Doch Martin hat keine Probleme mit dem Selbstbewußtsein. Sie begegnen sich überall in der Stadt, auf der Straße, im Supermarkt, im Videoladen. Jedesmal wenn sie sich treffen, gelingt es Martin, ein paar liebenswürdige Worte mit ihr zu wechseln. Er sei bei diesen Gelegenheiten so charmant, behauptet er, daß er es selbst kaum glauben könne.

Schließlich wiederholt Martin seine Einladung. «Vor einem Monat habe ich Sie gefragt, und Sie haben abgelehnt. Ich finde, Sie haben ein bißchen Zeit gehabt, mich kennenzulernen, und Sie haben sicherlich gemerkt, daß ich kein Unhold oder Verrückter bin. Wenn Sie mich also nicht fürchterlich häßlich finden, warum nicht?» Lisa läßt sich zu einer Erklärung herbei. Es gebe da jemanden – sie lebe zwar nicht mit ihm zusammen, aber es sei sehr ernst. Trotzdem vielen Dank.

Martin läßt nicht locker. Er muß eine Verabredung mit dieser Frau zustande kriegen. Also flirtet er ein bißchen deutlicher. «Wissen Sie, jeden Morgen warte ich hier nur in der Hoffnung, daß Sie vorbeikommen.» Das ist ein Kompliment, das Lisa schwer überhören kann. Ungeachtet ihrer Situation ist sie interessiert. Martin läßt eine Einladung folgen: «Es gibt einen neuen Woody-Allen-Film, den ich gern mit Ihnen sehen würde. Es muß nicht in dem Sinne eine Verabredung sein, wir können einfach als Freunde gehen. Ganz wie Sie wollen. Ich stelle es mir einfach nett vor mit Ihnen.» Er gibt Lisa seine Telefonnummer. Sie solle darüber nachdenken und anrufen, wenn ihr danach zumute sei, ganz unverbindlich.

Martin konnte darauf wetten, daß Lisa anrufen würde. Er sah sie mit ihrem Freund. Seine Beschreibung war von boshafter Treffsicherheit. «Mager, unattraktiv, kein Vergleich mit mir. Sie sehen aus, als schleppten sie sich durchs Was-nun?-Ziehen-wir-zusammen-oder-nicht-Stadium. Ich biete ihr eine kleine Liebesgeschichte. Sie wird nicht widerstehen können.» Sie ruft an, und seitdem verabreden sich die beiden regelmäßig.

Denken Sie bei Verführung an leise Musik, Cognac, Kerzenlicht und ausgeklügelt durchsichtige Gewänder? Sehen Sie eine Frau vor sich, die Ihnen die Zigarette aus dem Mund nimmt, daran zieht und haucht, nach Ihnen habe sie sich schon lange gesehnt? Hoffen Sie, daß der Mann schräg gegenüber im Restaurant – Sie starren ihn seit einiger Zeit an – die Serviette beiseite wirft, an Ihrem Daumen knabbert und flüstert, daß er Sie haben müsse?

Wenn dem so ist, werden Sie von diesem Kapitel ein bißchen enttäuscht sein. Ganz allgemein gesagt, die Verführungsphase der Liebeswerbung verläuft weniger dramatisch, als Sie sich das vorstellen – weniger dramatisch, aber nicht weniger erregend.

Die Verführung umfaßt den gesamten Zeitraum, in dem einer der Beteiligten versucht, den anderen in eine engere Verbindung zu locken. Zur Verführungsphase gehört es, eine Beziehung als platonisch oder erotisch zu definieren. Im Zuge dieser Festlegung werden sexuelle Kontakte geknüpft. Sei es, daß die beiden ins Bett springen, sowie die Zeit dafür reif ist, oder sich allmählich in ihren Zärtlichkeiten steigern. Wie aus den vorhergehenden Beispielen ersichtlich ist, kann der emotionale Ton der Verführung sehr unterschiedlich klingen. Die Skala reicht von oberflächlichstem Interesse («Sie ist ganz nett – nichts Besonderes») bis zu hellstem Entzücken («Das ist es – ich liebe ihn!»).

Meist ist Ihre Gefühlsbindung schwankend und anfällig. Gestern waren Sie hingerissen und fasziniert, heute läßt Sie eine tolpatschige Zärtlichkeit oder ein taktloses Kompliment für Stunden oder Tage erkalten.

Die Vorläufigkeit einer Bindung während der Verführungsphase kommt bei den meisten Paaren in ihren begrenzten Erwartungen zum Ausdruck. Zwei Menschen in dieser Phase können nicht unbedingt davon ausgehen, daß sie auch am Samstagabend – geschweige denn zu Silvester – noch zusammen sind. Im allgemeinen ist in dieser Phase eine formelle Einladung erforderlich, will man eine gemeinsame Zeit in der Zukunft festlegen. Eine Person bahnt den Kontakt an, und die andere ist damit einverstanden. Das wird in unseren Breiten als Verabredung oder Rendezvous bezeichnet.

Die ersten vier Verabredungen

In gewisser Hinsicht sind diese ersten Verabredungen eine Fortsetzung des Auswahlprozesses. Sie suchen nach einer Antwort auf die Frage: Mit was für einem Menschen habe ich es zu tun, und lohnt es sich, ihm meine Zeit zu opfern?

Sollten Sie diese Frage im Augenblick der Wahl bereits positiv beantwortet haben («Natürlich lohnt sich die Zeit. Schau dir doch nur diese Grübchen an!»), dann werden Sie bei den ersten Verabredungen versuchen, den anderen für Sie zu interessieren.

In jedem Fall werden Sie während dieser Treffen bemüht sein, die Anziehungskraft zwischen Ihnen einzuschätzen, also das unsichtbare Signal zur Fortsetzung der Verführungsphase. Dieses Signal hängt von zwei Faktoren ab: der Konversation und der körperlichen Anziehung.

Eine angeregte Unterhaltung über mehrere Stunden mit einem fremden Menschen ist ein Schlüsselerlebnis für den Wunsch, in der Verführung voranzukommen. Sie ist phantastisch ungezwungen und mitteilsam. Wundersamerweise scheint er sie witzig und interessant zu finden. Noch erstaunlicher ist, daß es ihr genauso geht. Damit sind sie schon halb am Ziel.

Um über die Klippen derartiger Gespräche hinwegzukommen, haben sich viele für die ersten Verabredungen ein Standardrepertoire zurechtgelegt. Einige haben diesen Teil der Herausforderung in einem erstaunlichen Umfang vorfabriziert. Erinnern wir uns an Nathan (mit der Erstverabredungskluft), der meinte, er habe die Redensarten für die erste Verabredung so parat, daß er eigentlich gar nicht hinzugehen bräuchte.

Er weiß ein Lied zu singen von der Langweile, jeder neuen Bekannten die ewig gleiche Geschichte vorbeten zu müssen: Jene Woher-ich-komme-was-ich-tue-was-ich-mag-wie-ich-diesen-Film-fand-Unterhaltung, die anderthalb Stunden des ersten gemeinsamen Abendessens füllt. Es ist schwierig, in der Verführungsphase stets die Frische eines neuen Anfangs zu erhalten, vor allem, wenn man über umfangreiche einschlägige

Erfahrungen verfügt. Tatsächlich ist der Überdruß, der sich bei solchen Wiederholungen zwangsläufig einstellt, sogar ein wichtiger Beweggrund für die Fortsetzung einer einmal begonnenen Liebeswerbung.

Zur einen Hälfte besteht Anziehung aus Gespräch, zur anderen aus prickelnden Gefühlen in gewissen sensiblen Körperteilen. Leider sind beide Faktoren in hohem Maße unabhängig voneinander. Jeder kennt die Ironie der Situation, daß man sich mit jemandem wunderbar unterhalten kann, ohne die geringste sexuelle Neigung für ihn zu empfinden. Oder – oft die unangenehmere Variante – wir stellen peinlich berührt fest, daß wir jemanden heftig begehren, mit dem wir nicht zwei Worte wechseln können.

Die ersten Verabredungen (oder die ersten Minuten) zeigen den beiden Beteiligten also nicht nur, ob sie gesprächsweise auf einer Wellenlänge liegen, sondern auch, ob sie sich physisch zum anderen hingezogen fühlen. Ist das der Fall, müssen sie dies als nächstes einander zu verstehen geben. Den anderen wissen zu lassen, daß man sexuell interessiert ist, ist ein erotisches Vergnügen, birgt aber auch gewisse Risiken. Einige stürzen sich kopfüber hinein, andere nähern sich dem mit nervtötender Vorsicht. Die meisten entscheiden sich für einen Mittelweg, sie bedienen sich einer Mischung aus verbalem und nonverbalem Code.

Der nonverbale Code umfaßt eine Vielzahl körperlicher Aktionen und Reaktionen. Sie berühren den anderen, nehmen seine Hand oder halten sich zurück. Sie antworten auf zufällige Berührungen positiv, darauf bedacht, sie zu verlängern, oder scheu und spröde. Jeder verfolgt die Annäherungen und Reaktionen des anderen mit großer Aufmerksamkeit. Entspricht das Ergebnis Ihrer Beobachtungen Ihren Erwartungen, haben Sie eine gute Zeit vor sich.

Eine zweite Möglichkeit, sexuelles Interesse zu signalisieren, liegt in den Themen, die beide anschneiden. Bei der zweiten oder dritten Verabredung zeigt sich die wachsende Intimität in der Regel an den Gesprächsinhalten. Die Unterhaltung verlagert sich von Objekten (den Berufen, Filmen, Politik) auf Menschen und Gefühle (seiner letzten Liebesgeschichte, ihre geschiedene Ehe, seine Vorstellungen zu Sex und Liebe, ihre Gedanken über Leidenschaft und Bindung). Diese Hinwendung zu persönlicheren Themen bereitet den Weg zu größerer körperlicher Nähe.

An diesem Punkt meidet das Paar meist noch das Hier und Jetzt («Mit wem triffst du dich noch?» – «Hat er mehr Geld?» – «Hat sie eine bessere Figur?»). Doch solche Fragen werden in philosophischen Diskussionen über Liebe und Sex oder in Kommentaren zu früheren Beziehungen durchaus angesprochen.

Prüfstein Sexualität

Kommt es zur vierten Verabredung, dann passiert *irgend etwas!* Kaum jemand wird mehr als zwei oder drei Abende für einen Menschen opfern, an dem er kein Interesse hat.

Die vierte Verabredung – gleichgültig, ob sie nach einer Woche oder einem Monat stattfindet – läßt auf Interesse und gute Aussichten schließen. Die nächstliegende Aussicht an dieser Stelle ist gewöhnlich die auf einen sexuellen Kontakt.

Hier führt der Verlauf der Liebeswerbung leicht zu Unsicherheit und Verwirrung. Die Möglichkeit sexueller Kontakte wirft drei Fragen auf: die des *Verlangens*, der *Moral* und der *Grenzen*. Die beiden ersten finden gewöhnlich große Aufmerksamkeit, während die dritte oft mißverstanden wird.

Bei der vierten Verabredung weiß jeder, ob er sexuelles Verlangen spürt oder nicht. Viele sind sich da nach der ersten Viertelstunde sicher. Manche entwickeln ihre Lust weniger zögerlich als andere. Ganz gleich, zu welchem Typus Sie gehören, mittlerweile wissen Sie, ob der andere Sie sexuell anspricht oder nicht. Die Frage ist, ob und wann Sie diesen Gefühlen folgen.

Die Moral spielt eine Rolle bei dieser Entscheidung. Dabei kann Ihre persönliche Einstellung denkbar einfach sein: «Wenn dir danach zumute ist, dann tu es!», oder auch so restriktiv, daß Sie jeglichen sexuellen Kontakt vor einer Ehe ausschließen.

Das größte Problem bei der Entscheidung über sexuelle

Kontakte sind die Grenzen. Erinnern wir uns, in der Verführungsphase übernimmt der eine die Herausforderung, und der andere steckt den Spielraum ab. Die Sexualität ist in dieser Hinsicht ein wichtiger Bereich. Ob man miteinander schläft, hängt nicht nur vom eigenen Verlangen oder der moralischen Rechtfertigung ab, sondern auch von der Frage, inwieweit man sich psychisch und physisch in der Lage fühlt, die Grenzen der Beziehung zu verändern.

Wenn wir von den traditionellen Geschlechterrollen ausgehen, führen beide Partner von der vierten Verabredung an einen typischen inneren Dialog.

Er läßt die bisherigen körperlichen Kontakte Revue passieren und versucht, die Chancen abzuschätzen. Ist es zu früh? Soll ich es wagen? Wird sie mich nach dem Essen in ihre Wohnung bitten? Soll ich sie einladen? Wie wird sie reagieren? Er ist aufgeregt.

Sie denkt: Heute abend kommt die Frage aufs Tapet. Wie soll ich mich verhalten? Ist es zu früh, wenn ich ja sage? Wenn wir zu ihm gehen, kann ich ihn morgens verlassen. Aber bei mir wäre ich in vertrauter Umgebung. Wie soll ich ihn nach Aids fragen? Wie sage ich am besten, daß ich noch warten möchte? Sage ich es ihm beim Essen, wirkt es überheblich. Wenn ich zu lange warte und die Weichen praktisch schon gestellt sind, komme ich mir vor wie ein Teenager. Und was ist, wenn er nie wieder von sich hören ließe?

Sie werden bemerkt haben, daß sie sich doppelt soviel Gedanken macht wie er. Das ist natürlich, denn er fordert heraus, und sie setzt die Grenzen. Sie hat mehr zu bedenken. Wären die Rollen vertauscht, würde er genauso Vorsicht walten lassen.

An diesem Punkt beantworten Sie die entscheidende Frage der Liebeswerbung: Wie soll unser künftiges Verhältnis aussehen – Freundschaft oder Liebesbeziehung?

Man kann aus höchst unterschiedlichen Beziehungen heraus miteinander ins Bett gehen – als Fremde, Bekannte, Freunde, Kollegen, Tennispartner –, und das könnte angesichts einer Liebesbeziehung jeweils irgend etwas oder gar nichts bedeuten. Nachdem Sie miteinander geschlafen haben, sind Sie jedenfalls ein Liebespaar.

Ihnen bleiben die folgenden Stadien der Liebeswerbung, um festzustellen, was es bedeutet, ein Liebespaar zu sein; fraglos hat es für die meisten eine gewisse Bedeutung. Die Rolle des / der Geliebten ist bei jedem festgelegt. Sie hat mit Gefühlen, Hoffnungen und Verletzlichkeit zu tun. Auf jeden Fall ist sie mit bestimmten Erwartungen verknüpft, die allerdings nicht immer vom Partner geteilt werden. Ferner bedeutet sexuelle Intimität eine Verstärkung der Beziehung, die sich nur schwer rückgängig machen läßt. Nachdem er eine Nacht bei ihr verbracht hat, ist es fast unmöglich, die nächste Verabredung mit einem Kuß an der Haustür ausklingen zu lassen. Haben Sie miteinander geschlafen, können Sie schwer den Status einer bloßen Freundschaft aufrechterhalten, die keine Rechte oder Ansprüche auf die Zeit und Zuwendung des anderen gewährt. Sexuelles Interesse treibt die Liebeswerbung an. Gehen die Beteiligten diesen Gefühlen nach, verändert sich auch die Liebeswerbung unwiderruflich.

Die vierte Verabredung ist weder ein willkürlich gewählter Zeitpunkt, noch hat er universelle Gültigkeit. Wahrscheinlich wird die Aids-Problematik dieses Schema erheblich verändern. Viele werden den Geschlechtsverkehr auf unbestimmte Zeit vertagen oder zumindest die Zahl der potentiellen Liebhaber erheblich reduzieren. Gegenwärtig markiert die vierte Verabredung häufig den Beginn sexueller Aktivitäten, sofern sie bis zu diesem Zeitpunkt nicht stattgefunden haben.

Solche Zärtlichkeiten müssen nicht unbedingt bis zum Geschlechtsverkehr führen, obwohl die Wahrscheinlichkeit sehr groß ist, wenn Alter, Einstellung, Moral, Körpergefühl und Zuneigung dazu ermutigen. Die Körperkontakte bei der vierten Verabredung können sich auf Berührungen, Händchenhalten oder Küssen beschränken. Entscheidend ist nicht, wie weit Sie gehen, sondern ob Sie überhaupt einen Anfang machen und Ihre Gefühle auf diesem Wege zum Ausdruck bringen.

Die vierte Verabredung ist also keine unumstößliche Regel für den Beginn von Zärtlichkeiten; eher ein Erfahrungswert der alleinstehenden Erwachsenen, mit denen ich arbeite. Es gibt zahlreiche Ausnahmen. Noch immer gehen viele fast augenblicklich bei Lust und Laune miteinander ins Bett. Doch häufig machen sie die Erfahrung, daß sich solche Affären nicht zu Liebesbeziehungen entwickeln. In der Regel bleiben sie einmalige Gastspiele, auch wenn sich beide Partner möglicherweise mehr erhofft haben.

Frühzeitige sexuelle Verhältnisse scheitern so häufig, weil der Partner, der die Herausforderung übernommen hat, dazu neigt, sich nach seiner sexuellen Eroberung ein bißchen zurückzuziehen. Wenn ernstere Gefühle mit im Spiel waren, wird der Herausforderer sich wohl auch wieder annähern. Distanziert er sich aber von einer Frau, die für ihn noch eine Fremde ist, dann gibt es wenig Gründe für ihn, abermals auf sie zuzugehen. Merkwürdigerweise reicht Sex, und mag er noch so toll sein, nicht immer für eine Fortsetzung der Liebeswerbung aus.

Andererseits gibt es viele Männer und noch mehr Frauen, denen niemals einfallen würde, schon nach vier Verabredungen mit jemandem zu schlafen. Einige von ihnen halten vorehelichen Sex gar für moralisch verwerflich. Natürlich werden auch sie den Übergang von der platonischen zur Liebesbeziehung in irgendeiner Weise innerlich vollziehen müssen. Und selbst wenn sie sich moralisch gezwungen sehen, ihre Zärtlichkeiten einzuschränken, so werden sie sich doch küssen, berühren und umarmen, um sich als Liebespaar zu definieren.

Andere Leute haben wieder andere Gründe, sich etwas mehr Zeit zu nehmen, vor allem heutzutage. Das gesellschaftliche Bewußtsein scheint sich verändert zu haben. Der rasche, «lockere» Sex der siebziger Jahre ist nicht mehr angesagt. Zum Teil ist dieser Wandel auf die wachsende Aids-Angst zurückzuführen, andererseits aber auch auf eine größere Desillusionierung hinsichtlich solch flüchtiger sexueller Begegnungen. Alleinstehende verlangen heute mehr Bedeutung, Bindung und Zuwendung bei ihren sexuellen Erlebnissen. Außerdem möchten sie sich, was ihren Partner betrifft, sicherer fühlen.

Vor fünf Jahren noch wären Sie vielleicht sofort miteinander ins Bett gegangen, heute halten Sie sich wahrscheinlich zurück. Der Preis Ihrer Verletzlichkeit soll durch etwas aufgewogen werden. Ihnen ist an einer soliden Beziehung gelegen, und

Sie spüren, Sex könnte Ihren emotionalen Einsatz erhöhen, bevor Sie überhaupt dazu bereit sind.

Vielleicht sind Sie nicht mehr daran interessiert oder waren es nie, mit jemandem zu schlafen, der Ihnen nichts bedeutet. Mag sein, daß Sie es schon zu oft getan und jetzt satt haben. Möglicherweise ruft eine innere Stimme: «Falsch, falsch, falsch!» Oder Sie fühlen sich gezügelt angesichts der Möglichkeiten von Krankheit und Täuschung. Dann jedenfalls dürfte die körperliche Intimität für Sie eine ganz entscheidende Schwelle in der Liebeswerbung markieren. Unter Umständen schlafen Sie mit Ihrem Partner / Ihrer Partnerin erst, wenn Sie sich im Beziehungsstadium befinden. Sehr einfach hat das eine meiner Klientinnen zum Ausdruck gebracht: «Ich gehe erst mit jemandem ins Bett, wenn ich weiß, daß ich mich auf ihn verlassen kann.»

Zum besseren Verständnis des Gesamtzusammenhanges sollten Sie sich noch einmal vor Augen führen, daß sexuelle Kontakte zur Verführungsphase gehören und daß durch sie eine Veränderung bewirkt wird. Sie können die Veränderung nicht dadurch verhindern, daß Sie den Sex auf unbestimmte Zeit vertagen. Sie können nur für eine Atmosphäre sorgen, die es Ihnen erleichtert, damit umzugehen.

Angst vor Sexualität

Möglicherweise gehören Sie zu den vielen, für die Sexualität eine unbeschwerte, erfreuliche Angelegenheit ist. Wenn ja, wird die Verführung wahrscheinlich zu den angenehmsten Abschnitten Ihrer Liebeswerbung gehören. Ist dieser Bereich für Sie hingegen nicht ganz so unproblematisch, wird die Verführungsphase Sie fordern.

Sexuelle Scheu entzieht sich weitgehend dem intuitiven Verständnis. Die Angst vor Ablehnung können wir alle begreifen – Ablehnung schmerzt. Sex jedoch ist angenehm und kann eine sehr positive Einstellung uns selbst und dem anderen gegenüber hervorrufen. Woher also kommt das Unbehagen, das so heftig werden kann, daß einige es am liebsten ganz lassen würden?

Die Antwort liegt darin, daß manche Menschen Sex mit gewissen Gefahren verbinden. Damit sind nicht Aids und andere Krankheiten gemeint, obwohl sie sicherlich in wachsendem Maße zu sexueller Unsicherheit beitragen werden. Sexuelle Intimität stellt ein enormes emotionales Risiko dar. Für manche Menschen ist es das nicht wert.

Die emotionalen Risiken haben einen doppelten Ursprung: den Geschlechtsakt selbst und seine möglichen Folgen.

In einem langen gesellschaftlichen Entwicklungsprozeß hat sich eine positivere und zwanglosere Einstellung zum Geschlechtsakt ergeben. Deswegen können Sie als einzelner oder einzelne aber doch ein Gefühl haben, das sich auf die Kurzform «O nein, muß ich?» bringen läßt.

Muß ich mich vor diesem Fremden ausziehen? Werde ich gut genug sein? Muß ich etwas leisten? Werde ich ihm erfahren genug sein? Was ist, wenn ich keinen hoch kriege?... Eine endlose Kette unsicherer, ängstlicher Fragen. Die körperliche Liebe verlangt eine physische wie emotionale Entblößung von Ihnen. Manchen Menschen bereitet es großes Unbehagen, sich in solcher Weise zu exponieren.

Wenn Sie nur ein bißchen ängstlich und gleichzeitig erfahren oder verliebt genug sind, werden Sie sich im geeigneten Augenblick wahrscheinlich über all Ihre sexuellen Hemmungen hinwegsetzen. Vielleicht behelfen Sie sich jedesmal bei der ersten sexuellen Begegnung mit der Maxime «Augen zu und durch». Das ist gar nicht mal so schlecht. Zwar bleibt Ihnen sicherlich der leidenschaftliche, sinnenverwirrende Rausch versagt, den Sie sich erhofften, aber manche Menschen sind nun einmal zu gehemmt, um bei einem/einer Fremden gleich aus sich herausgehen zu können. Im Laufe der Zeit werden Sie sich entspannen und mit Ihrem Partner mehr genießen. So real Ihre Unsicherheiten auch sind, sie dauern nicht ewig.

Wenn Ihre Sexualängste jedoch ernsterer Natur sind, werden Sie wahrscheinlich bereits die Möglichkeit einer körperlichen Beziehung vermeiden. Sie werden vielleicht ähnliche Erfahrungen haben wie Phyllis.

Phyllis ist 32 und Adam 28. Sie wohnen im selben Apartmenthaus und sind seit einem Jahr eng befreundet. Als sie sich kennenlernten, war Adam mit einer anderen Frau zusammen. Nach dem Scheitern dieser Beziehung verbrachte er seine Zeit mit Phyllis. Sie liehen Videos aus, sahen sie sich bei Phyllis an, gingen gemeinsam in den Waschsalon und unternahmen noch manch anderes dieser Art. Adam fand Phyllis toll. Sie war für ihn wie eine Schwester. Phyllis hielt Adam für ihren Traumpartner, wagte es ihm aber nicht zu sagen. Sie hatte endlose Tagträume, in denen er die Hauptrolle spielte. Jedoch meinte sie außerstande zu sein, sich ihm sexuell zu nähern, «weil es unsere Freundschaft zerstören könnte».

Phyllis traf sich mit anderen Männern, doch es kam nie zu mehr als ein oder zwei Verabredungen. Sie habe kein Interesse an ihnen, sagte sie. Was sie in Wirklichkeit meinte, war, daß sie lieber mit Adam zusammengewesen wäre.

Phyllis ist zu beherrscht, um beim Sex gern die Kontrolle zu verlieren. Sie ist keine Jungfrau mehr, aber ihre Erfahrungen im Bett sind relativ begrenzt und wenig befriedigend. Sie schämt sich ihrer mangelnden sexuellen Reaktionsfähigkeit und glaubt daher, nicht normal zu sein. Insofern empfindet sie den platonischen Charakter ihrer Beziehung zu Adam als Vorteil. Sie bekommt die Gesellschaft und Zuwendung, die sie braucht, und außerdem die Sicherheit. Solange sie «die Freundschaft nicht zerstören möchte», kann sie das Verhältnis aufrechterhalten, ohne sich mit ihren Sexualängsten auseinandersetzen zu müssen.

Vielleicht geht es Ihnen wie Phyllis, und Sie sind nicht fähig, sich diese Ängste voll bewußt zu machen. In unserer Gesellschaft wird ein starker Druck auf uns ausgeübt in bezug auf eine freie und unbekümmerte Einstellung zum Sex. Viele Ängste und Mängel kann man bekennen und dabei auf Hilfe rechnen. Erzählen Sie Ihrem besten Freund ruhig, daß Sie das Finanzamt übers Ohr gehauen, den Lebenslauf gefälscht oder Ihre Exfrau betrogen haben, er wird Ihnen gewogen bleiben. Aber sagen Sie jemandem, Sie mögen keinen Sex, und er wird befremdet die Augenbrauen hochziehen.

Sozial verpönte Ängste lassen sich am leichtesten ertragen, indem man sie verleugnet – auch vor sich selbst. Wenn Sie Ihre Orgasmen nur gut genug schauspielern, werden Sie am Ende selbst von ihrer Echtheit überzeugt sein. Sorgen Sie dafür, daß Sie hinreichend unattraktiv oder abweisend sind, und Sie glauben schließlich selbst, Sie hätten ja gern sexuelle Kontakte, aber niemand wolle Sie. Sie haben, wenn Sie wollen, tausend Tricks, sich vorzumachen, Ihre sexuellen Ausweichmanöver seien nicht auf Ihre Ängste, sondern auf irgendwelche äußeren Umstände zurückzuführen.

Ihre Ängste vor dem Geschlechtsakt könnten sich in jedem der folgenden Verhaltensmuster äußern:

- Ihre Liebeswerbungen enden mit der dritten oder vierten Verabredung. Nie sind Sie interessiert genug, um sich auf eine sexuelle Beziehung einzulassen. Sie würden sich in sexueller Hinsicht niemals als ängstlich bezeichnen. Es ist einfach so, daß niemand Ihr Typ zu sein scheint.

- Die meisten Ihrer Beziehungen sind platonischer Art. Oft entwickeln Sie tiefe Gefühle für Menschen, mit denen Sie «nur befreundet» sind. Sie glauben, Sie hätten gern eine sexuelle Beziehung, Ihnen aber scheine niemand ein derartiges Interesse entgegenzubringen. Statt dessen spielen Sie die Vertraute, die große Schwester oder den großen Bruder.

- Es fällt Ihnen nicht leicht, sexuelle Angebote abzulehnen. So enden Sie in einem fremden Bett, weil Sie meinten, Sie müßten, und nicht, weil Sie Lust dazu hatten.

- Sie haben eine sehr negative Einstellung zu Ihrem Körper. Sie gehen davon aus, niemand könne Sie so, wie Sie sind, anziehend finden. Doch eines Tages, wenn Sie erst einmal die fünfzehn Pfund abgenommen oder sich im Fitness-Center endlich ein paar Muskeln antrainiert haben, dann werden Sie Sex auch so richtig genießen.

- Nur schwer lassen Sie sich sexuell erregen, nur schwer bekommen Sie einen Orgasmus. Sex ist noch nie ein besonderes Vergnügen für Sie gewesen. Sie verstehen nicht, warum so ein Theater darum gemacht wird.

Sexualängste gelten nicht nur dem Geschlechtsakt selbst, sondern häufig auch seinen Folgen. Die Veränderungen, die sich danach für die Beziehung ergeben, sind nicht immer willkommen. Paare, die diese Konsequenzen fürchten, bleiben häufig in der Liebeswerbung stecken, wie Peter und Tina im nächsten Beispiel.

Tina ist dreißig und seit sieben Jahren geschieden. Was die Verführung betrifft, hat sie recht gemischte Gefühle. Sex mag sie, aber sich selbst mag sie hinterher selten. «Ich erkenne mich selbst nicht wieder, sobald wir miteinander geschlafen haben. Als hätte ich überhaupt keinen Stolz mehr. Ich tue alles, was ihm gefällt, ob ich ihn mag oder nicht. Wenn es erst mal soweit gekommen ist, kann man einem Mann nicht mehr nein sagen – oder er geht.»

Die Zeit, die sie «meine promiskuitive Phase» nennt, hat sie hinter sich, und in Sachen Sex hat sie zwei Entscheidungen getroffen. Die erste lautet, daß der nächste, mit dem sie ins Bett geht, der Mann sein wird, «den ich heirate». Damit meint sie nicht, daß sie bis zur Hochzeit warten will, sondern daß ihr und dem anderen die Beziehung etwas bedeuten muß.

Die zweite besagt, daß sie nie wieder den ersten Schritt tun wird. «Ich habe es satt, die Einladung zu übernehmen, das Gespräch in Gang zu halten, die Initiative zu ergreifen. Immer macht es mich unsicher, als wenn ich ihn dazu überreden müßte. Warum kann ein Mann sich nicht benehmen wie ein Mann und zeigen, daß er mich begehrt?»

Peter ist 35 und hat etwas den Halt verloren. Seit anderthalb Jahren ist er geschieden und befindet sich außerdem in einer unsicheren beruflichen Situation. Er müßte den Arbeitsplatz wechseln, scheint sich aber nicht recht entscheiden zu können. In sexueller Hinsicht hält er sich nicht für ängstlich. Aber ein Draufgänger ist er auch nicht, das gibt er zu. Eine Zurückweisung könnte er nicht verwinden. Und er meint, die meisten Frauen werden ihn schon sexuell herausfordern, wenn sie interessiert sind. Das gefällt ihm besser.

Tina und Peter haben sich in einem Abendkurs kennengelernt. Ihre Liebeswerbung begann bei einer Tasse Kaffee. Beide beließen sie es bei diesen regelmäßigen Treffen, um formelle Verabredungen zu vermeiden. Doch schließlich wurden aus den Kaffeestunden Abendessen, aus den Abendessen gemeinsame Einkäufe fürs Essen und daraus gemeinsam verbrachte Samstagnachmittage und -abende. Sie mögen sich und berühren sich, wenn auch sehr beiläufig. Beide sind nicht sicher, ob das Interesse des anderen sexueller oder einfach freundschaftlicher Art ist. Keiner will den ersten Schritt machen.

Peter spricht viel über Sex. Er bereitet gewissermaßen den Boden, doch Tina wagt sich nicht als erste drauf, wie er es vorgesehen hat.

Schließlich überschreitet ihr gegenseitiges Interesse seinen Höhepunkt und läßt wieder nach. Keiner war bereit, eine sexuelle Begegnung oder Ablehnung zu riskieren. Ihr Zögern führte dazu, daß sie «nur Freunde» sind. Doch eine solche Freundschaft läßt nach, wenn sie sich nicht zur Liebeswerbung entwickelt. Beide machen sie einen Versuch mit anderen Partnern und hoffen, jemanden zu finden, der offensiv und selbstsicher genug ist, ihre Sexualängste zu überwinden.

Tina und Peter haben beide Angst vor den möglichen Folgen des Sex – Ablehnung, Unsicherheit, Abhängigkeit –, ein Dreiklang von außerordentlich unangenehmen seelischen Zuständen. Sie sind beide nicht bereit, sich der emotionalen Verletzbarkeit einer sexuellen Beziehung auszusetzen. Beide hoffen, der andere würde zuerst das Risiko der Ablehnung eingehen und seine Wünsche als erster preisgeben. Wenn beiden Partnern die Konsequenzen sexueller Intimität so unheimlich sind, gerät die Liebeswerbung leicht ins Stocken.

Vielleicht wird auch Ihre eigene Liebeswerbung durch die Sorge um die Konsequenzen sexueller Beziehungen beeinträchtigt. Das kann Sie veranlassen, Beziehungen mit Partnern zu vermeiden, die sich langfristig binden könnten. Oder Sie fühlen sich ängstlich, verloren, verlassen und schuldig, nachdem Sie mit jemandem geschlafen haben. Sollten Ihnen solche psychischen Verfassungen bekannt vorkommen, dann achten Sie auf die folgenden Verhaltensmuster:

- Immer nachdem Sie mit jemandem geschlafen haben, verlieben Sie sich. Vorher kann Ihre Haltung noch so objektiv oder beherrscht gewesen sein, hinterher fühlen Sie sich eine Nummer kleiner. Sie verlieren die Übersicht. Manchmal müssen Sie feststellen, daß Sie sich nach jemandem sehnen, den Sie noch nicht einmal mögen.

- Vielleicht verlieren Sie nach dem Sex nicht Ihr Herz, dafür aber den Kopf. Sie sind bedrückt, unsicher und haben Angst, die Beziehung könnte sich verschlechtern. Sie leiden unter plötzlichen Anfällen von Eifersucht oder sind überkritisch sich selbst gegenüber. Sobald Sie mit jemandem geschlafen haben, fängt das Grübeln an. «Bei mir geht immer alles auseinander. Mal sehen, wann es diesmal soweit ist.»

- Sie lassen sich zwar auf sexuelle Beziehungen ein, doch nur mit Personen, die «nicht zählen». Sexuell unbeschwert fühlen Sie sich mit verheirateten Männern, älteren Frauen, ausländischen Austauschstudenten – kurzum mit jedem, bei dem sich keine Heiratsmöglichkeit abzeichnet. Weil Sie in solche Beziehungen emotional weniger investieren, sind Sie auch weniger verletzlich. Sie fühlen sich möglicherweise durch Ihre Ängste nicht so gehemmt, wenn der Einsatz geringer ist.

- Sie bemerken, daß Sie auf die Möglichkeit einer sexuell übertragbaren Krankheit oder einer ungewollten Schwangerschaft überreagieren. Selbst durch vernünftige und ausreichende Vorsichtsmaßnahmen lassen sich Ihre Ängste nicht beruhigen. Sie können sexuelle Intimität kaum genießen, solange Sie das Gefühl haben, Sie könnten dafür bestraft werden.

- Sie wittern, in der Falle zu sitzen oder eine Verpflichtung übernommen zu haben, sobald Sie mit jemandem im Bett gewesen sind. Sie genießen Sex, aber hinterher fühlen Sie sich auf unerklärliche Weise belastet. Diese Reaktion kann sofort eintreten – es ist Ihnen unerträglich, das Bett mit jemandem zu teilen, oder Sie hassen es, morgens aufzuwachen und er oder sie ist noch da. Es kann aber auch ein paar Wochen dauern, bis sich dieses Gefühl, gefangen zu sein, einstellt. In jedem Fall ist Ihnen die Situation so unangenehm, daß Sie auf einen sexuellen Kontakt verzichten, wenn er mit bestimmten Erwartungen verknüpft sein könnte.

«Abfahren» auf Sex

Ganz gleich, ob Sie Schwierigkeiten mit dem Geschlechtsakt selbst oder seinen Folgen haben, in Ihren Träumen wissen Sie, der oder die Richtige wird automatisch mit all Ihren Hemmungen Schluß machen. – Leider ist das nicht sehr wahrscheinlich. Die Lösung besteht nicht darin, einen Partner zu finden, auf den Sie «abfahren». Worauf es ankommt, ist, auf Sex selbst «abzufahren».

Das heißt aber nicht, daß Sie nun eine emsige sexuelle Aktivität entfalten sollten. Folgen Sie Ihren sexuellen Gefühlen ruhig entsprechend Ihren moralischen Überzeugungen. Doch es gibt keinen Grund, warum Sie nicht Ihrem Vermögen, solche Gefühle sich selbst und anderen gegenüber zu *haben*, freien Lauf lassen sollten.

In den letzten zehn Jahren sind ganze Bücherberge zum Thema Sexualität entstanden – von unseren Phantasien bis hin zu unseren Stellungen. Vielleicht finden Sie in dieser Literatur nützliche Informationen und einige praktische Übungen für sich. Hier möchte ich vor allem auf die im Literaturverzeichnis genannten Arbeiten von Lonnie Barbach hinweisen. Sie verbindet praktische Übungstechniken mit ausgezeichneten, umfassenden Erläuterungen.

Gegebenenfalls sollten Sie überlegen, diese Fragen einmal mit einem Psychotherapeuten oder Sexualtherapeuten durchzusprechen. Damit will ich Ihnen nicht indirekt zu verstehen geben, Sie seien krank. Beileibe nicht. Nur entwickeln sich die Bereiche unserer Persönlichkeit nicht alle in gleichem Tempo und in gleichem Maße. Sie können auf sozialem, körperlichem und geistigem Gebiet sehr weit entwickelt sein, brauchen aber vielleicht ein bißchen Hilfe, um in sexueller Hinsicht genauso weit zu kommen.

Und wie wäre es, wenn es gar nicht Ihr Problem ist, sondern

an Ihrem Partner liegt? In der Verführungsphase können Sie nur wenig gegen die Sexualängste des anderen tun. Allenfalls können Sie ihm oder ihr genügend Zeit lassen oder, wenn Sie wollen, ein Klima emotionaler Sicherheit schaffen.

Wenn Ihr Partner dazu bereit ist, können Sie mit ihm über seine Widerstände sprechen. Ungünstigerweise sind die Bindungen in der Verführungsphase noch schwach. Ihr Partner wird Ihnen lieber den Eindruck vermitteln, Sie seien sexuell nicht attraktiv genug, als seine, als ihre Angst vor Sexualität zugeben. Wenn zu Ihnen jemand sagt, daß er sich nicht für Sie erwärmen kann, bringt das unter Umständen jedes Gespräch zum Erliegen. Also denken Sie daran: *Nehmen Sie es nicht persönlich.*

Wenn Ihre Hemmungen in sexuellen Beziehungen mehr mit den Folgen zu tun haben, müssen Sie sich Fragen anderer Art stellen: «Bin ich wirklich so an einer Beziehung interessiert, wie ich mir das einbilde?» – «Was bedeutet es für mich, mit jemandem ins Bett zu gehen?» – «Wie verändern sich meine Erwartungen?»

Sie sind beispielsweise ein Mann, der bisher wenig sexuelle Beziehungen hatte – könnte es sein, daß Sie solche Beziehungen vermeiden, um gefühlsmäßigen Verpflichtungen aus dem Weg zu gehen? Vielleicht ist es kein Zufall, daß Sie sich nur von Frauen angesprochen fühlen, die Sie nicht haben können. Vielleicht fühlen Sie sich sicherer so.

Oder Sie sind eine Frau mit nur wenig sexueller Erfahrung – stellt ein Liebhaber vielleicht eine Gefahr für Ihr Unabhängigkeitsgefühl dar? Manche Frauen sind zu einem fest umrissenen Selbstgefühl nur in der Lage, wenn ihnen Männer nicht zu nahe kommen. Durch die Beziehung zu einem Mann kann diese hart erkämpfte Autonomie verlorengehen. Für viele Frauen ist Sex gleichbedeutend mit Verlust ihrer Unabhängigkeit.

Sexualängste werden also nicht nur durch die Furcht vor dem Geschlechtsakt selbst ausgelöst, sondern ebensosehr durch die Angst vor der Falle und die Konflikte zwischen Abhängigkeit und Identität. Nachdem Sie sich diese Fragen gestellt haben, müssen Sie sich auf das Problem konzentrieren, das eine sexuelle Beziehung für Sie aufwirft. Vermeiden Sie Sex, um keine Verpflichtungen eingehen zu müssen? Verlieren Sie hinterher Ihren inneren Halt, wenn Sie ein Abhängigkeitsbedürfnis bei sich zugelassen haben? Zahlt sich das für Sie aus?

Manchmal gibt es keine andere Möglichkeit, als zu handeln, um sich seelisch weiterzuentwickeln. Riskieren Sie es, mit Ihrem Partner zu schlafen, und zwingen Sie sich, Ihre Abhängigkeitskrise unter Kontrolle zu halten. Oder umgekehrt. Halten Sie Ihrem Partner so lange stand, bis Sie sicher sind, daß er Ihnen Halt bieten wird, wenn Sie Ihren vorübergehend verlieren. Entscheiden Sie sich für die Alternative, die Ihr gewohntes Verhaltensmuster durchbricht.

Springen Sie über Ihren Schatten und nehmen Sie eine sexuelle Beziehung zu einem Partner auf, der frei ist. Zwingen Sie sich, die Nacht oder das Wochenende mit ihm, mit ihr zu verbringen, und passen Sie auf, ob sich daraufhin Ängste oder Unbehagen einstellen. Versuchen Sie, möglichst an allen Männern oder Frauen irgend etwas sexuell Attraktives zu entdekken, damit Sie sich nicht mehr auf Ihre alte Ausflucht zurückziehen können: «Ich kann mich für niemanden erwärmen.» Trainieren Sie die erogenen Zonen in Ihrem Gehirn. Dadurch schaffen Sie sich viel mehr Möglichkeiten.

Wenn sich in einer Situation, in der Sie sich normalerweise zurückziehen, die Gelegenheit ergibt, mit einem Partner zu schlafen, dann tun Sie es! Es wird vielleicht nicht ohne unbehagliche Empfindungen abgehen. Schließlich ist es neu für Sie. Doch nehmen Sie sich eines fest vor: Ganz gleich, welche Gefühle in Ihnen hochkommen, machen Sie diese dem Partner nicht zum Vorwurf. Sagen Sie nicht: «Ich wäre glücklicher / begehrenswerter / entflammter / zufriedener / weniger ängstlich / interessierter, wenn mein Partner anders wäre.» Denken Sie daran: Sie können all dies sein und fühlen – wenn Sie nur selbst anders sind.

Verführungstaktiken

Ihnen wird an einem erfolgreichen Abschluß der Verführungsphase gelegen sein, vorausgesetzt, Sexualängste sind kein unüberwindliches Hindernis für Sie. Gleichgültig, ob Sie sich in der Rolle des Herausforderers oder des Herausgeforderten befinden, Sie können unter vielen verschiedenen Strategien wählen. Auf den folgenden Seiten finden Sie kein vollständiges Verzeichnis aller möglichen Taktiken. (Sie selbst haben wahrscheinlich schon welche benutzt, die andere sich noch nicht einmal vorstellen können.) Ich begnüge mich hier mit den klassischen Verfahren in der Verführungsphase:

- «Schwer zu kriegen» spielen
- Anpassung
- Liebestests
- Um einen Gefallen bitten.

«Schwer zu kriegen» spielen

Diese traditionelle Verführungstaktik ist offensichtlich in Ungnade gefallen. Findet sie trotzdem noch Anwendung? Lehnen Frauen noch immer eine Verabredung für Samstag ab, wenn er nicht bis Mittwoch angerufen hat? Machen Männer nach wie vor so ein Geheimnis um den Abend, an dem sie mit ihren Kumpels durch die Stadt ziehen? Versuchen manche Menschen wirklich noch, Sie eifersüchtig zu machen, um Ihr Interesse zu wecken? Ja, sie tun es.

Und funktioniert es? Das ist natürlich eine andere Frage.

In einer Untersuchung aus dem Jahre 1973 befragte die Psychologin Elaine Walster Männer, ob sie Frauen vorzögen, die schwer zu erobern seien. Die Umfrage ergab, daß man beim Begriff «Schwer zu kriegen» zwischen zwei Kategorien unterscheiden mußte: 1. wie schwer es dem jeweiligen Mann fällt, und 2. wie schwer es anderen Männern fällt, die Frau zu kriegen.

Die Ergebnisse der Studie sind sehr aufschlußreich für Frauen, die an erfolgreichen Verführungstaktiken interessiert sind. Hoch in der Gunst des Mannes stehen die Frauen, die leicht für ihn selbst, aber schwer für andere Männer zu erobern sind. Als ideal empfindet er eine Frau, die beliebt, attraktiv und begehrenswert ist und keinen Zweifel daran läßt, daß sie ihn aus einer Vielzahl anderer möglicher Kandidaten erwählt hat.

Das läßt die Schwer-zu-Kriegen-Taktik in einem anderen Licht erscheinen. Vielleicht geht es hier um eine Eigenschaft, die Sie nicht vortäuschen, sondern haben sollten.

«Schwer zu kriegen» spielen klingt unangenehm, weil es sich nach Manipulation anhört. Es läßt an affektierte weibliche Schliche und lautes, verlogenes Machogehabe denken. Vielen Männern wie Frauen wird die Vorstellung nicht gefallen, Theater zu spielen, um jemanden für sich zu gewinnen. Sie sagen: «Ich muß doch ich selbst sein. Ich werde keine Spielchen treiben. Ehrlich muß ich sein.» Sie haben recht, wenn Sie darauf bestehen. Es geht einem doch ziemlich gegen den Strich, mit Hilfe einer Falle einen ahnungslosen Mann einzufangen (oder eine Frau, sind doch die Rollen im Stadium der Herausforderung heute nicht mehr eindeutig vorgegeben).

Doch in Ihrem Drang nach Ehrlichkeit haben Sie vielleicht vergessen, sich über etwas Wichtiges zu wundern: Wieso stellt sich, wenn Sie die Wahrheit sagen, heraus, daß Sie leicht zu kriegen sind? Wie kommt es, daß Sie immer so verfügbar sind? Wie kommt es, daß Sie jederzeit bereit sind, Ihr Leben auf den Kopf zu stellen, damit er (oder sie) darin Platz hat?

Der Walster-Studie zufolge sind Frauen, die leicht zu haben sind, Männern unheimlich. Sie nehmen ihnen die Lust. Eine solche Frau wirkt auf einen Mann verzweifelt. Er bekommt das Gefühl, sie könnte zu viele Forderungen stellen oder es zu ernst meinen. Und er fürchtet, sie könnte ihm aus lauter Anhänglichkeit zuwenig Spielraum lassen. Oft genug hat er recht.

Wenn Sie leicht zu haben sind, mögen Sie es sich wahrscheinlich um nichts in der Welt eingestehen. Dabei ist es keine Schande. Es hat nichts mit ihrem Wert als Mensch zu tun. Sie sind vielleicht einfach in hohem Maße bereit für eine Partnerschaft oder Ehe. Manche Menschen, Männer wie Frauen, geraten in eine Art Torschlußpanik. Beispielsweise glauben Sie, es gäbe nicht genügend Männer beziehungsweise Frauen in Ihrem Umfeld. Nach Ihrer Überzeugung wird die Frau, die Sie sich wünschen, niemals Interesse für Sie aufbringen können. Die Zeit vergeht, und Sie sind einsam. Das allein könnte bei jedem dazu führen, daß er leicht zu kriegen ist.

Leider erweist sich gerade die Panik als hinderlich. Sie lassen Ihre Verzweiflung, Ihre Bedürftigkeit erkennen. Sie rufen zu häufig an, schicken zu viele Kartengrüße und geben zu ersichtlich alle anderen Dinge in Ihrem Leben auf. Vielleicht liegt das Problem auch darin, daß es nichts anderes in Ihrem Leben gibt, was Sie aufgeben könnten.

Sie müssen Ihre Panik besser in den Griff bekommen. Mag sein, daß Sie die Sehnsucht nach einer Beziehung nicht unterdrücken können, aber gegen ihre schädlichen Nebenwirkungen können Sie sich schützen. Wie? *Spielen* Sie nicht «Schwer zu kriegen» – *seien* Sie es.

Das heißt nicht, daß Sie Verabredungen platzen lassen oder Desinteresse heucheln sollen. Denken Sie an die Studie: Männer (und wahrscheinlich auch Frauen) haben am liebsten Partner, die für sie selbst leicht und für andere schwer zu erobern sind. Am anziehendsten finden wir demnach jemanden, der offensichtlich ein ausgefülltes Leben hat – mit eigenen Interessen, Freunden und der Möglichkeit, auch noch andere Partner zu wählen. Und von so jemandem wollen wir hören, daß er uns anziehend findet. Um einen entsprechenden Eindruck zu vermitteln und Ihre «Leicht zu kriegen»-Neigungen abzustreifen, sollten Sie sich an folgenden Verhaltensweisen und Einstellungen orientieren:

● Führen Sie kein Leben auf Abruf (wie in Kapitel zwei erörtert). Das ist eine negative Erscheinungsform der Bereitschaft. Wenn Sie an Ihrem eigenen Leben wenig Interesse haben, warten Sie nur darauf, irgend jemandem in die Arme zu sinken. Das spüren Ihre potentiellen Partner und sind verschreckt. Außerdem wird das Warten auf die ersehnte Beziehung zu einer langen, trostlosen Durststrecke.
● Stürzen Sie sich nicht blindlings in eine Monogamie. Versprechen Sie nicht gleich nach der ersten Liebesnacht ewige

Treue. Wenn Sie sexuelle Beziehungen zu mehr als einem Partner ablehnen, dann warten Sie lieber länger, bevor Sie mit jemandem schlafen. Behalten Sie zumindest Ihre Treuebekundungen für sich.

- Halten Sie sich in einer fremden Wohnung nicht so lange auf, bis sie oder er Sie hinauswirft. Setzen Sie sich einen eigenen Zeitplan. Trödeln Sie am Sonntagmorgen nicht herum in der Hoffnung, daß man Sie einlädt, den Tag gemeinsam zu verbringen. Schmeißen Sie sich selbst hinaus. Mag Ihr Bedürfnis auch noch so groß sein, Sie dürfen nicht mit bettelndem Hundeblick dastehen.

- Kontrollieren Sie die Zahl Ihrer liebenswürdigen kleinen Gesten. Dazu gehören Kärtchen, Zettel, Witzchen auf dem Anrufbeantworter, selbstgebackenes Brot, eine Rose vor der Tür, das Anerbieten, seine Wäsche aufzuhängen oder ihren Müll runterzubringen, und die vielen anderen Gefälligkeiten, die kundtun: «Nimm mich, ich bin dein!» Natürlich können Sie einige dieser Dinge tun. Doch wenn sie sich häufen, können sie einen anderen leicht erdrücken.

- Rufen Sie nicht jeden Abend an! Lassen Sie's einfach. Es ist lästig, solange Sie sich nicht beide als Liebespaar verstehen (dann können Sie jede Stunde anrufen). Lassen Sie ein oder zwei Abende verstreichen. Geben Sie ihm oder ihr Gelegenheit, über Sie nachzudenken.

Diese Strategien sind weder unehrlich noch manipulativ, sondern Verhaltenskontrollen. Sie sollen Ihre Selbstachtung behalten, wenn Ihre Ängste mit Ihnen durchzugehen drohen.

Anpassung

Immer wieder erleben wir in der Paartherapie, wie der eine dem anderen vorwirft: «Aber du warst ganz anders, als wir uns kennenlernten.» Oder: «Ich wollte, du wärst wieder so wie früher.» Meist beklagen diese Partner den Verlust jenes Anpassungsvermögens, das ihre Liebe anfangs so wunderbar machte.

Anpassung zeugt von dem Wunsch, sich von seiner besten,

gefälligsten und vorteilhaftesten Seite zu zeigen, um die Liebe eines anderen Menschen zu gewinnen oder zu bewahren. Es ist eine Haltung, die ausdrückt: «Ich will so sein, wie du mich haben möchtest, damit du mich liebst (oder mit mir ins Bett gehst).» Sich anpassen heißt, die eigenen Bedürfnisse und Vorlieben denen des Partners unterordnen. An diesem Punkt der Liebeswerbung will ich mich noch nicht mit dem Preis dieser Art von Flexibilität beschäftigen. Wir bleiben hier nur auf das Ziel der Verführung konzentriert.

Solange Sie der Strategie der Anpassung folgen, sind Sie eher bereit, ins Ballett zu gehen, obwohl es Sie meist einschläfert. Sie sind eher geneigt zu schmeicheln und halten die Makken des anderen gern für liebenswert statt für unausstehlich. Sie verfolgen das Tagesgeschehen in den Zeitungen, um einen interessanten Gesprächspartner abgeben zu können. Für einen guten Eindruck bringen Sie sogar die Wohnung auf Hochglanz, und um großzügig zu wirken, geben Sie mehr Geld aus als gewöhnlich. Sie lassen sich zur Liebe im Morgengrauen hinreißen, obwohl Sie zu dieser Tageszeit nicht die geringste Lust verspüren. Ihren Zeitplan, Ihren Schlafrhythmus, Ihr Temperament und Ihre Garderobe stimmen Sie auf den anderen ab, um sein Herz zu gewinnen.

Natürlich verändert sich die Anpassung im Laufe der Zeit. Auch wenn Sie weiterhin darauf aus sind, Ihrem Partner zu gefallen, so versuchen Sie doch, dabei weniger von sich aufzugeben.

Folgeerscheinung einer neuen Liebe ist das leidenschaftliche Interesse an allen Einzelheiten im Leben des oder der Geliebten. In den ersten Monaten der Affäre mit meinem Mann las ich jeden Tag den Sportteil der Zeitung. Ich empfand das nicht als unangenehme Pflicht. Für eine kurze Zeit verschmolzen seine Liebe zum Baseball und meine Liebe zu ihm. Umgekehrt schaute sich dieser Mann, der normalerweise nichts als Verachtung für das Fernsehen übrig hat, mit mir meine Lieblingsshow an. Inzwischen sind acht Jahre vergangen. Ich bitte seine Freunde, vorbeizukommen und mit ihm über Baseball zu fachsimpeln. Er nimmt mir die Shows auf, damit ich sie mir allein ansehen kann. Das ist eine andere Form der Anpassung.

In der Verführungsphase wird der Herausforderer in der Regel ein Höchstmaß an Anpassungsverhalten an den Tag legen. Er (oder sie) beharrt nicht auf seinem Standpunkt, wird nicht böse und äußert keine Kritik. Seine Botschaft lautet: «Ich bin rundherum ein prima Typ. Mach einen Versuch mit mir.» Er hört geduldiger zu, als es wahrscheinlich seine Gewohnheit ist, spricht nicht mit vollem Mund, erkundigt sich nach dem Befinden ihres Hundes und besinnt sich überhaupt auf seine besten Manieren, um ihr zu gefallen. Wie Sie noch sehen werden, kann infolge des Umschwungs auch die Rolle dessen, der sich anpaßt, wechseln. Er setzt jetzt in stärkerem Maße die eigenen Bedürfnisse und Interessen durch, während sie sich nach Kräften bemüht, denen gerecht zu werden. Unabhängig von den verschiedenen Abschnitten der Liebeswerbung – wer den offensiveren Part des Herausforderers übernimmt, der wird meist auch stärker um Anpassung bemüht sein.

Liebestests

Das emotionale Leitmotiv der Herausforderung ist Ungewißheit. Der Herausforderer ist von seinem Erfolg nicht überzeugt; der oder die Herausgeforderte ist sich über dessen Absichten nicht im klaren. Die Herausforderung ist ein Hin und Her zwischen zwei Leuten, die sich stückchenweise vorwärtsbewegen und dann wieder einen Rückzieher machen.

Ungewißheit in einer Beziehung ist für die meisten Menschen ein sehr beunruhigender Zustand. Um ihn zu beseitigen, versuchen wir alles, soweit es die Beziehung nicht gefährdet. Eine direkte Frage wäre die sicherste Methode, herauszufinden, wo man steht. Es ist aber zugleich auch die riskanteste. Wir haben Angst, ein offenes Gespräch über den Stand unserer Beziehung könnte dieser schaden. Wir heben uns diese Taktik für einen späteren Zeitpunkt der Liebeswerbung auf.

Bis dahin brauchen Sie aber doch Informationen. Wieviel ist ihm tatsächlich an Ihnen gelegen? Wie ernst meint sie es? Es gibt eine einfache, althergebrachte Intimitätsstrategie, wie gemacht zur Beantwortung solcher Fragen: der Liebestest.

Leslie Baxter und William Wilmot haben sich in einer Untersuchung mit solchen heimlichen Tests für Liebende beschäftigt und sind auf eine Vielzahl von Techniken gestoßen, mit denen sich Informationen über den Stand einer Beziehung gewinnen lassen. Die ersten beiden sind keineswegs heimlich. Sie können nämlich eine direkte Frage stellen («Was hältst du von mir?»), obwohl die meisten das zu Beginn der Herausforderung wohl kaum riskieren würden. Oder Sie halten sich an ein altes Hilfsmittel und befragen einen Dritten, eine Freundin, einen Wohngenossen, eine Schwester oder einen Bruder Ihres Partners.

Die heimlichen Tests sind Umwege zum selben Ziel – der gewünschten Information. Die erste Variante bilden die «Intimitätsproben»:

- Probieren Sie eine körperliche Geste, eine Berührung oder eine Umarmung, und achten Sie auf seine / ihre Reaktion.
- Offenbaren Sie dem Partner etwas über sich selbst, und warten Sie ab, ob er ein Gleiches tut.
- Stellen Sie ihn in der Öffentlichkeit als Ihren Freund (oder sie als Ihre Freundin) vor, und beobachten Sie genau, wie er, wie sie reagiert.

Die «Selbstverständlichkeitstests» sind eine riskantere Variante:

- Machen Sie eine scherzhafte Bemerkung über Ihre gemeinsame Zukunft, und finden Sie heraus, ob das Thema Ihren Partner beunruhigt.
- Verzichten Sie absichtlich darauf, anzurufen oder eine Verabredung zu treffen, und warten Sie ab, ob Ihr Partner die Initiative ergreift.
- Machen Sie sich selber ein bißchen schlecht, und hören Sie genau hin, ob Ihr Partner Ihnen sagt, wie wundervoll Sie sind.
- Machen Sie eine ganz eindeutige Anspielung – über eine Verabredung, über Sex, übers Zusammenziehen –, und achten Sie darauf, ob Ihr Partner darauf eingeht.

«Belastungsproben» bilden die nächste Risikostufe:

- Bringen Sie Ihren Partner dazu, etwas um Ihretwillen aufzugeben. Bitten Sie um seine, um ihre Aufmerksamkeit, wenn Sie wissen, daß er, daß sie arbeiten muß. Sie wollen herausfinden, ob Sie an erster Stelle stehen.
- Arrangieren oder nutzen Sie eine räumliche Trennung, um zu sehen, wie Ihr Partner Ihre Abwesenheit aufnimmt.
- Stellen Sie fest, wieweit die Liebe Ihres Partners geht, indem Sie sich unleidlich, mißgelaunt, taktlos oder schlimmer benehmen. Sie probieren aus, ob Sie sich von Ihrer schlechtesten Seite zeigen können und trotzdem geliebt werden.

«Eifersuchtsproben» sprechen für sich:

- Sie erzählen von einem möglichen Rivalen (einer Rivalin).
- Sie treffen sich tatsächlich mit einem potentiellen Rivalen und sorgen dafür, daß Ihr Partner davon erfährt.

Schließlich veranstalten manche Leute sogar «Treuetests», obwohl dies nach Stoff für eine Boulevardkomödie klingt: Man läßt den Partner mit einer attraktiven Mitbewohnerin oder einer hübschen Freundin allein und wartet ab, wie er reagiert.

Solche Prüfungen können unter Umständen die gesamte Liebeswerbung hindurch veranstaltet werden. Während der Herausforderung sind sie jedoch am häufigsten, weil man zu der Zeit für ein offenes Gespräch noch nicht vertraut genug ist. Nicht ungewöhnlich sind sie auch in der Verhandlungsphase, wo man möglicherweise stark an der Verbindung zu zweifeln beginnt.

Liebesprüfungen können Ihnen Informationen verschaffen und insofern Ihr Intimitätsgefühl stärken. Aber Sie sollten sich nicht zu sehr auf sie verlassen. Oft fallen gerade die nettesten Partner in solchen Tests durch. Er weiß nicht, daß er eifersüchtig werden soll, und selbst wenn er eifersüchtig ist, nimmt er sich vielleicht zusammen, um es sich nicht anmerken zu lassen. Der Schuß geht nach hinten los, und Sie fühlen sich ungeliebt.

Wenn Sie testweise darauf lauern, ob sie gleich nach ihrer Rückkehr von einer Geschäftsreise anruft, können Sie unter Umständen lange warten: Auch sie ist unsicher – vielleicht macht sie mit Ihnen gerade denselben Test.

Nicht jeder wird die abfälligen Bemerkungen, mit denen Sie sich selbst schlecht machen, als Aufforderung zu einem aufmunternden Gespräch verstehen. Manchmal werden Sie den Partner davon überzeugen, daß diese Negativversion der Wahrheit entspricht.

Heimliche Tests sind ein unvermeidlicher Teil der Herausforderung. Doch sie ersparen es Ihnen nicht, auch direkt nach den Informationen zu fragen, die Sie brauchen.

Um einen Gefallen bitten

Bei der Herausforderung versucht einer von Ihnen, den anderen in ein engeres Verhältnis zu ziehen. Der eine übernimmt die Herausforderung, der andere geht in die Defensive, mag es auch noch so unmerklich geschehen. Sehr häufig gehört es zur Strategie des Herausforderers, dem anderen gefällig zu sein. Diese Gesten gehen über die normalen Aktivitäten hinaus – beispielsweise sich mit jemandem zu verabreden und einen schönen Abend mit ihm zu verbringen. Das ist schon eine tolle Sache an sich, doch einige Herausforderer gehen noch einen Schritt weiter. Sie fangen an, Kleinigkeiten für Sie zu erledigen, durch die Ihr alltägliches Leben leichter oder zufriedener wird.

So bietet er womöglich an, Ihren Wagen in die Werkstatt zu bringen oder Ihre Stereoanlage zu reparieren, die Wäsche in die Reinigung zu schaffen oder einen geeigneten Steuerberater für Sie zu suchen. In der Rolle der Herausfordernden könnte sie seine Wohnung aufräumen (ganz recht, das zieht *immer noch*), ihn beim Kleiderkauf beraten, ein wichtiges Spiel auf Video aufnehmen, das er sonst versäumen würde, sich um seine Katze kümmern, während er auf Geschäftsreise ist.

Komplimente, Blumen, Konfekt und kleine Geschenke sind

solche traditionellen Vorteile dessen, der verführt wird. Sie bereiten dem Herausforderer ebensoviel Vergnügen wie seinem Partner.

Doch auch das Gegenteil kann geeignet sein, jemanden enger an sich zu binden. Statt etwas für das Wohlbehagen des Partners zu tun, bitten Sie ihn oder sie, etwas für Sie zu tun. Wenn eine Frau einen Mann fragt, ob er ihre Heizung repariert, schafft das ein Stück mehr Nähe. Bittet ein Mann eine Frau, ihn zum Flughafen zu fahren, dann wird sie dadurch ein bißchen mehr in sein Leben hineingezogen. Es handelt sich um die kleinen Gefälligkeiten, die man Freunden erweist. Die bloße Tat dieses oder jenes Gefallens definiert Sie beide auf subtile Weise als miteinander verbunden.

Jemanden um einen Gefallen zu bitten, ist ziemlich trickreich. Sie wollen nicht anmaßend und nicht aufdringlich sein. Sie möchten lediglich einem Gefühl der Verbundenheit Ausdruck verleihen. Und eine solche Zusammengehörigkeit zeigt sich unter anderem in kleinen Gefälligkeiten.

Geld sollte dabei außen vor bleiben. Sind Sie der Herausforderer, empfiehlt es sich nicht, den anderen um eine Auslage zu bitten. Geldangelegenheiten sind emotional besetzt, mag es sich auch um noch so geringfügige Beträge handeln.

Beziehen Sie Ihren Partner in Ihr Leben ein, indem Sie ihn statt dessen um eine kleine Dienstleistung bitten. Bitten Sie ihn, mit dem Hund um den Block zu gehen, mit Ihnen eine Pflanze umzutopfen oder das Wohnzimmer zu streichen. Bitten Sie um ihre Hilfe bei der Zusammenstellung des Essens für Ihre Eltern (aber fragen Sie bloß nicht, ob sie es kocht!).

Alle diese Dinge sollen die traditionellen Verführungsstrategien nicht ersetzen. Natürlich sollten Sie Ihr Interesse und Ihre Zuneigung auch weiterhin möglichst phantasievoll und überzeugend zum Ausdruck bringen. Doch wenn Sie dem Objekt Ihrer Herausforderung Gelegenheit geben, sich erkenntlich zu zeigen, so kann das Ihrer Sache nur nützen.

Der Soll-Typ

Eine Art der Herausforderung ist besonders geeignet, die Beteiligten aus der Fassung zu bringen: eine aufkeimende Liebesbeziehung zwischen Soll-Typen.

Ein Soll-Typ ist jeder (jede), den (die) sich Ihre Mutter für Sie erträumt. Tante Mimi bezeichnet einen Soll-Typ als gute Partie. Er oder sie präsentiert die Verpackung, auf die Sie fliegen *müssen*, und umgekehrt fliegt der Soll-Typ auch auf Sie.

Das nette Mädchen aus gutem Hause ist ein weiblicher Soll-Typ. Der männliche ist Arzt, Rechtsanwalt, Unternehmer, Bankier oder leitender Angestellter. Er/sie ist Junggeselle oder Junggesellin mit der richtigen Herkunft und dem richtigen Alter. Kinder aus erster Ehe stören natürlich nicht das Bild. Der Soll-Typ ist attraktiv, aber nicht zu sehr, und immer passend angezogen. Sie kann sich mit Ihrem Vater unterhalten, er bringt Ihrer Mutter Blumen mit.

Soll-Typen sind nicht sexy, zumindest nicht für Sie. Der nette Arzt findet Krankenschwestern mit roten Haaren unwiderstehlich erotisch. Arzttöchter bringen ihn zum Gähnen. Der nette erzkatholische Banker hat eine Schwäche für Arzttöchter ohne Konfession, während ihn die Tochter seines Chefs zu Tode langweilt. Und so geht der muntere Reigen fort.

Im Grunde genommen ist dieser Eigensinn des Herzens nicht so verwunderlich. Soll-Typen können gar nicht besonders sexy sein, weil sie uns viel zu vertraut sind. Es ist, als wollte man uns mit dem eigenen Bruder oder der eigenen Schwester verheiraten.

Soll-Typen sind nicht lustig. Im Beisein eines Soll-Typs fühlen Sie sich bemüßigt, Ihre besten Manieren zu mobilisieren. Automatisch verhalten Sie sich so, als hätten Sie es mit einem Freund oder einer Freundin der Familie zu tun. Sie glauben zu wissen, was man nun von Ihnen erwartet, und üben sich in Selbstkontrolle. Sie zwingen sich in die Rolle des netten Jungen oder netten Mädchens. Würden Sie gern mit ihr, mit ihm schlafen, so sind Sie doch vorsichtiger, weil Sie Ihr Image nicht ruinieren wollen. Ihnen ist nach Vergnügen, Trinken oder Jeans zumute, aber Ihre Hemmungen halten Sie ab. Im Gespräch mit einem Soll-Typ passen Sie sich ganz dem an, was er, was sie Ihrer Meinung nach zu hören erwartet. Wie soll etwas noch Spaß machen, was so vielen Zwängen unterworfen ist?

Soll-Typen machen Angst. Bei einem Soll-Typ riecht man's schon von weitem – das «Ich bin jemand zum Heiraten». Das weckt alle schlafenden Intimitätsängste in Ihnen. Aber der Soll-Typ spricht in Ihnen wiederum auch jede Faser an, die es nach der Ehe verlangt.

Soll-Typen sind Klischees. Was es so schwierig macht, mit einem Soll-Typ eine Liebeswerbung zu beginnen, ist, daß Sie ihn oder sie nicht als Person sehen. Ihre Klischeevorstellung verstellt Ihnen den Blick. Es sind eben die Jungen und Mädchen, mit denen Sie aufgewachsen sind. Sie meinen, sie zu kennen. Und vermutlich gefällt Ihnen gerade das nicht, was Sie zu kennen glauben.

Jene Verabredung haben Sie schon eingeordnet, bevor sie begonnen hat. Sie sind bereits gelangweilt. Sie denken, Ihr Bild sei längst komplett: Lebensweise, Vorlieben, Einstellungen und Gefühle. Auf dieses Stereotyp bügeln Sie alles zu, den ganzen Abend. Alles, was ins Bild paßt, wird registriert. Unerwartetes nehmen Sie nicht zur Kenntnis. Sie wissen, was Sie erwarten, und zweifellos werden Sie es auch mühelos entdekken.

Ihre Reaktionen auf einen Soll-Typ haben wenig mit seinen individuellen Eigenschaften zu tun, dafür aber viel mit Ihren Klischees. Wenn griechische Gastronomen und firmengebundene Notare Sie mit ihrem Gejogge langweilen, dann wird es auch dieser tun. Wenn Sie Ärztinnen und Betriebswirtinnen für kühl und tüchtig halten, werden Sie die Frau, mit der Sie verabredet sind, nicht anders wahrnehmen.

Sie werden eine gewisse Zeit dafür benötigen, sich von Ihren Erwartungen zu lösen und auf den Menschen vor sich zu reagieren. Viele brechen die Beziehung ab oder forcieren sie panisch, lange bevor sie den anderen kennen. Sie reagieren nur auf den Soll-Typ.

Der fatale Fehler der Verführung

Sie könnten wahrscheinlich hundert Fehler nennen, die Ihnen in der Verführungsphase unterlaufen sind. Denken Sie an die Zeiten, als Sie zu oft oder nicht früh genug angerufen haben; an den Mann, mit dem Sie geschlafen haben, und es besser nicht hätten tun sollen; an die Frau, bei der Sie zuviel Zeit verschwendet haben; an die Fälle, wo Sie sich zu sehr anpaßten, wo Sie schwierig waren, wo Sie lieber nicht auf Ihre beste Freundin gehört oder es besser doch getan hätten. Ganz gleich, wie lang die Liste Ihrer Fehler ist, es gibt in der Verführungsphase nur einen, der wirklichen Schaden anrichtet: zu sehr am Ergebnis zu hängen.

Hängen Sie nicht zu sehr am Ergebnis heißt, konzentrieren Sie sich nicht so uneingeschränkt auf den Ausgang der Liebeswerbung. Versuchen Sie, die einzelnen Schritte auf dem Weg dorthin zu schätzen und zu genießen. Sie werden auf diese Weise eine sehr viel klügere Wahl treffen.

Sie singen ja auch kein Lied, um damit fertig zu werden, und lesen kein Buch, um zum Ende zu kommen. Wenn Sie die Verführung einmal als Buch betrachten, das um seiner selbst willen gelesen wird, haben Sie es vielleicht nicht so eilig, sie hinter sich zu bringen. Oder noch anders ausgedrückt: Die Verführung ist ein Tanz und kein Wettlauf.

Mit einem Wettlauf läßt sich das Verhalten mancher Leute während der Verführungsphase sehr treffend vergleichen. Sie sind verzweifelt bemüht, diese Phase hinter sich zu bringen und ins Beziehungsstadium einzutreten. Eine Verabredung, die nur eine Verabredung ist, kommt einer Zeitverschwendung gleich! Sie wollen, daß so ein Treffen doch bitte zu irgend etwas führt – nach Paris, in die Ehe, auf die Silvesterparty, ganz gleich wohin.

Sind Sie in hohem Maße bereit, neigen Sie ganz besonders zu diesem Fehler. Sie richten Ihr Augenmerk so sehr auf eine mögliche Partnerschaft fürs Leben, daß Sie an jeglicher Verführung überhaupt keinen Gefallen mehr finden können. Vielleicht versuchen Sie immer wieder aufs neue Ihr Glück, aber viel Freude werden Ihnen die Verführungen nicht bereiten. Sie werden zu sehr davon in Anspruch genommen, die Heirats-chancen abzuwägen. Hier einige Beispiele:

- Mark verschleißt eine nach der anderen. Schon bei der drit-ten Verabredung denkt er: «War wieder nichts. Ich könnte nicht den Rest meines Lebens mit einer Frau verbringen, die so still ist.»
- Lars beschreibt seinen Fehler selbst am treffendsten: «Ich will die Dinge immer beschleunigen. Ich tue alles, um diese ganze Verabrederei abzukürzen. Hatten wir viel Spaß zu-sammen im Kino, frage ich sie glatt, ob sie bei mir ein-zieht.»
- Kathrin läßt sich von einem Mann küssen, während sie denkt: «Er wird mir morgen den ganzen Tag vermasseln. Mein Gott, der wird sich mein Leben unter den Nagel rei-ßen.» Bei den ersten Anzeichen von Interesse wird Kathrin von Bindungsängsten überwältigt. Sie ist zu sehr auf den negativen Ausgang fixiert.
- Dana verkündet mit Grabesstimme: «Ich glaube nicht, daß ich ihn heiraten möchte.» Ob die Frage nach drei Verabre-dungen nicht ein bißchen verfrüht ist? Dana lacht, aber sie kann nicht anders. Wenn sie nicht nach einem Monat den Wunsch verspürt, den Mann zu heiraten, verliert sie das Interesse. Sie hat schließlich keine Lust, ihre Zeit zu ver-schwenden.

Zu sehr am Ausgang orientiert zu sein, heißt, am Anfang einer jeden Verführungsphase eine Heirat oder eine Beziehung fest im Sinn haben. Sie sind nicht an der Verführung interessiert. Sie wollen wissen, daß es Liebe ist. Das ist ein ernstzunehmen-des Einstellungsproblem.

Solange Sie an dieser Einstellung festhalten, werden Sie zwei Fehler machen: Entweder forcieren Sie Ihre Bekannt-schaften übermäßig, oder Sie brechen sie vorzeitig ab.

Wenn Sie sich zu sehr mit der Frage beschäftigen, wohin die Beziehung führt, werden Sie nicht viel Freude daran haben, dorthin zu gelangen. Sie werden zu ängstlich sein, um eine Entscheidung zu treffen, um den Dingen ihren Lauf zu lassen und die natürlichen Ungewißheiten der Liebeswerbung zu ertragen. Ihre Entscheidungen werden diese Unsicherheiten zum Ausdruck bringen und nicht ein gesundes Urteilsvermögen.

Gewiß ist die Liebeswerbung als soziales Ritual zielorientiert, und zwar auf die dauerhafte Bindung. Das heißt aber nicht, daß Sie sich vorzeitig darum sorgen müssen, jemals an dieses Ziel zu gelangen. Das werden Sie schon. Fast jeder tut es, irgendwann. Sie möchten, daß Ihre Partnerschaft oder Ehe aus einer möglichst ehrlichen, stabilen, liebevollen Verbindung erwächst. Deshalb liegt es in Ihrem Interesse, nichts zu überstürzen. Glauben Sie an sich selbst. Abgesehen davon haben Sie mehr Spaß an der Gegenwart, wenn Sie sich nicht dauernd fragen, welche Möglichkeiten die Zukunft bereithält. Vielleicht haben Sie es schon vergessen: Auch die Verführung an und für sich macht Spaß.

Herausforderung

Umschwung

Wenn Ihre Liebesbeziehungen häufig nach drei oder vier Monaten enden, dann werden Sie vielleicht die Mühe nicht scheuen, dieses Kapitel sorgfältig zu lesen. Ist es gewöhnlich Ihr Partner, der das Interesse verliert, dann verstärkt vielleicht irgend etwas in Ihrem Verhalten seine Ängste. Sofern das Ende meist von Ihnen ausgeht, sind Ihnen möglicherweise die eigenen unbewußten Ängste im Wege. In jedem Fall sind Sie ein Opfer des Umschwungs.

Dieses Schicksal erfährt im allgemeinen die Frau. Sie wurde anfangs unverhohlen herausgefordert, und ausgerechnet in dem Moment, wo sie darauf anspringt, kommt er davon ab. Weil dies das traditionelle und immer noch häufigste Szenario ist, lasse ich in den Darstellungen dieses Kapitels den Umschwung vom Mann ausgehen und die Frau darauf reagieren. Wie bereits mehrfach erwähnt, sind die Geschlechterrollen in der heutigen Liebeswerbung weit flexibler. Deshalb ist es immer mehr möglich, daß sie ihn herausfordert, bis sein Interesse geweckt ist, und dann – o Schreck – sie den Umschwung bringt und er das Opfer wird. Ob Sie nun zur männlichen oder weiblichen Leserschaft gehören, Sie sollten auf den Umschwung vorbereitet sein und mit ihm umzugehen wissen, sonst werden Sie die Liebeswerbung nur schwer genießen können.

An der Angel

In der Verführungsphase betrieb der eine mit Nachdruck die Herausforderung, während der andere sich zurückhielt. Eine Verführung wird fortgesetzt, bis sie sich (a) als fruchtlos erweist oder (b) Erfolg hat.

Bei Verdacht auf Erfolglosigkeit wird der Herausforderer schließlich aufgeben – das heißt also, wenn einer interessiert ist und der andere nicht. Sie gibt ihm möglicherweise keinen deutlichen Hinweis («Weißt du, ich glaube, es hat keinen Zweck mit uns beiden»), obwohl das wohl der höflichste Weg wäre. Statt dessen ist sie ständig beschäftigt und scheint einfach keine Zeit für ihn zu haben. Vielleicht zieht sie sich auch – freundlich und entschieden zugleich – auf die Standarderklärung zurück: «Ich bin mit jemand anderem zusammen.» Auf jeden Fall bricht der Herausforderer die Liebeswerbung ab, wenn er nicht genügend Resonanz erhält.

Gelingt die Verführung, so gibt die Herausgeforderte ihre Schutzhaltung auf, ist nicht mehr so auf Distanz bedacht und kommt ihm ein paar Schritte entgegen. Viele Ereignisse können ihre gesteigerte Zuwendung auslösen. Die folgenden fünf sind besonders häufig:

- *Er sagt «Ich liebe dich» und / oder spricht von einer gemeinsamen Zukunft.*
  Beides signalisiert ernsthaftes und anhaltendes Interesse. Das ermutigt sie in dem Glauben, ihm gegenüber nicht mehr so auf der Hut sein zu müssen. Ihm ist an ihr gelegen, warum also sollte er ihr weh tun?
- *Sie schlafen miteinander.*
  Viele Frauen und einige Männer behaupten von sich, emotional viel verletzlicher zu werden, sowie sie eine sexuelle Beziehung eingehen.
- *Sie sehen sich in neuer Umgebung.*
  Bisher war er eine Niete für sie, und da sitzt er nun in seinem prächtigen Büro. Die Niete verwandelt sich augenblicklich in einen erfolgreichen Profi. Die gleiche Wirkung erzielt ein veränderter Hintergrund auch bei ihm. In der

Frau, die ihn in der Firma herausfordert, sieht er nur den Kumpel, nicht die Sexualpartnerin. Doch wenn sie ihn zum Abendessen einlädt und sich bei dieser Gelegenheit entsprechend kleidet, erscheint sie ihm plötzlich in ganz anderem Licht.

● *Sie hört das Lob einer Freundin.*
Eigentlich ist er nur eine Notlösung für sie. Eines Tages lernt eine ihrer Freundinnen ihn kennen und bekundet, er sei phantastisch, unglaublich sexy! Sie sei eine Närrin zu zögern. Daraufhin sieht sie ihn mit anderen Augen. Ihm würde es im umgekehrten Fall nicht anders gehen.

● *Sie entdeckt die Konkurrenz.*
Der Mann, der sie nur mäßig begeisterte, wird geradezu spektakulär, sobald sie entdeckt, daß eine andere Frau hinter ihm her ist. Konkurrenz kann – nicht zuletzt mit Hilfe von ihr geweckter Eifersucht – Männern wie Frauen den Nimbus «Schwer zu kriegen» verleihen.

Was auch immer nun der Auslöser ist, das Ergebnis bleibt gleich. Sie rückt näher. Und darauf folgt das entmutigende Ereignis: Er zieht sich zurück. Der Umschwung hat begonnen.

Der Umschwung soll den Prozeß der Liebeswerbung verlangsamen, die entstehende Bindung lockern, so daß beide Partner eher ein gutes Gefühl bei der sich anbahnenden Beziehung haben können. Für beide liegt die Herausforderung dieser Phase darin, die durch die Umstellung hervorgerufenen Ängste zu bewältigen.

Unabhängig von der Rolle, die Ihnen während des Umschwungs zufällt, werden wahrscheinlich Ängste in Ihnen hochkommen. Gerade beginnen Sie, sich für einen Mann zu erwärmen, der Sie zu begehren schien, und nun sieht es plötzlich so aus, als wolle er Sie ein bißchen weniger! Sie fühlen sich wahrscheinlich schrecklich, sind vielleicht wütend («Was soll denn das jetzt?»), in Panik («Bestimmt läßt der mich sitzen») oder deprimiert («Alle verlassen sie mich»). Solche Gefühle können Sie dazu verleiten, sich drängend, übertrieben anhänglich oder feindselig aufzuführen – alles Verhaltensweisen, die den Umschwung eher verschlimmern.

Und auch als derjenige, der sich zurückzieht, bekommen Sie es mit Ihrer Ängstlichkeit zu tun. Sie fürchten, Ihre Freiheit zu verlieren, übermäßig in eine Beziehung verstrickt zu werden, am falschen Partner kleben zu bleiben. Das könnte Sie so weit in die Defensive treiben, daß Sie die Beziehung ganz abbrechen, auch wenn Sie in ihr hätten glücklich werden können. Möglicherweise fühlen Sie sich schuldig («Es war zum Kotzen, ihr weh zu tun, aber...»), unter Druck gesetzt («Ich merkte nur, ich konnte nicht mehr atmen») oder gereizt («Zum Schluß fing ich schon an, sein Lachen zu hassen»). Zwar ist es leichter, jemanden zu verlassen, als verlassen zu werden, aber leichter bedeutet nicht unbedingt leicht.

Zum Umschwung kommt es nicht in jeder Liebeswerbung. Einige Paare verlieben sich so heftig, daß sie sich schon mitten im Verhandlungsstadium befinden, ehe sie zur Besinnung kommen. Wenn beide Partner eine gewisse Reife mitbringen, können sie schon vor Beginn der Liebeswerbung ihre Intimitätsängste bewältigt haben. In einigen Fällen ist die Bereitschaft zur Ehe, zur Partnerschaft so groß, daß die Partner den Umschwung ohne Schwierigkeiten hinter sich bringen und sich ihren Ängsten erst in der Bindungsphase stellen. Auch die Heftigkeit des Umschwungs variiert. Das Spektrum reicht von einer leichten Enttäuschung, über die man ebenso leicht hinweggeht, bis zu dem Eindruck, von den Gefühlen für den anderen sei plötzlich nichts übriggeblieben.

Besonders gravierend ist der Umschwung meist, wenn einer der Partner die Liebeswerbung nicht aus Interesse an einer Bindung begonnen hat. Wie erwähnt, kann es auch um sexuelle Befriedigung, soziale Anerkennung, Eitelkeit oder die reine Lust an der Nachstellung gehen. In der Regel sind diese Bedürfnisse nach drei oder vier Monaten weitgehend befriedigt. Und der Mann oder die Frau merkt, daß die Liebeswerbung über seine oder ihre ursprünglichen Absichten hinausgeht. Daraufhin bewirkt der Betreffende einen langsamen Gang der Dinge oder er bricht das Verhältnis ganz ab, um die Situation neu einzuschätzen.

Unter Umständen erfolgt der Umschwung auch nicht gleich nach erfolgreich beendeter Verführungsphase. Oft genießt das Paar zunächst eine beglückende Zeit, die es dann vielleicht als Liebe bezeichnet. Die beiden bekommen gar nicht genug voneinander, ziehen sich von allen anderen zurück und bleiben auf sich konzentriert. Deutlich spüren sie, zwischen ihnen hat sich ein besonderes Verhältnis entwickelt, und vielleicht sind sie von dessen Intensität und Spannung ergriffen.

Manchmal ist der Zeitraum zwischen Verführung und Umschwung eine ruhigere Phase vorsichtiger Erkundungen. Es sieht so aus, als entwickele sich da etwas Ernstes, doch den Beteiligten widerstrebt es noch, dies anzuerkennen. In jedem Fall ist ein bißchen Aufregung mit im Spiel, und das Gefühl der Verbundenheit wächst. Sie fängt an, ihn in ihre Pläne einzubeziehen, und er bleibt weiterhin interessiert, zumindest eine Zeitlang.

Wahrscheinlich genießen sie jetzt auch noch mehr ihre körperliche Intimität, nachdem sie ihre Sexualängste überwunden haben und wesentlich entspannter sind. Es ist neu genug, um leicht aufregend zu sein, und vertraut genug, daß sie sich behaglich fühlen.

Wenn es doch immer so bleiben könnte! Viele Menschen erwarten das und werden deshalb von den nachfolgenden Ereignissen der Liebeswerbung aus der Bahn geworfen. Anstelle eines gleitenden Übergangs von der Liebe zur Partnerschaft geschieht oft etwas ganz anderes: Das Verhalten des Herausforderers verändert sich entweder unmerklich oder ganz offenkundig. Dabei ist er (sie) sich der neuen Situation unter Umständen schmerzlich bewußt oder er (sie) bemerkt sie überhaupt nicht.

Rückzug oder Stillstand?

Der Umschwung hat zwei Erscheinungsformen: Rückzug und Stillstand. Beim *Rückzug* scheint Ihr Partner einen Schritt rückwärts zu gehen, weg von der gerade entstehenden Bindung. Und Sie merken langsam, daß sich die Liebeswerbung anscheinend im Rückwärtsgang fortbewegt. Eine Frau (oder ein Mann), die (der) Opfer eines Rückzugs wird, kann dies an einer Reihe verschlüsselter Signale erkennen:

- Zu den Zeiten, die bisher ihrer Beziehung vorbehalten schienen, hat er plötzlich etwas vor. Er kündigt an, den Freitagabend mit Freunden zu verbringen oder er sei an diesem Sonntag so beschäftigt, daß er früh gehen müsse.
- Er macht plötzlich ein paar kritische Bemerkungen über sie, während er bisher nur Komplimente für sie fand.
- Sie schlafen seltener miteinander, und/oder sein sexuelles Interesse läßt nach.
- Er scheint schlechter Stimmung zu sein, legt aber keinen Wert darauf, über den Grund zu sprechen.
- Er ist weniger interessiert, wenn sie ihre Gedanken und Gefühle beschreibt.
- Er redet seltener von der Zukunft, statt häufiger.
- Er zeigt ausgeprägte Unabhängigkeitstendenzen, gegen die sie schwerlich Einspruch erheben kann, weil es noch zu früh ist: Er plant eine Wochenendfahrt, ohne sie einzuladen, sagt eine Verabredung ab, weil er müde ist, oder flirtet vor ihren Augen mit einer anderen. Sie ist beunruhigt.

Beim *Stillstand* macht Ihr Partner keinen Schritt zurück, sondern erstarrt an Ort und Stelle. Er (oder sie) unternimmt einfach nichts mehr, um die Bindung zu vertiefen. Stillstandssignale sind subtiler. Manche Paare erreichen einen gewissen Grad an Intimität, meist nachdem sie eine sexuelle Beziehung eingegangen sind, und halten sich dort. Weder gehen sie auf größere Distanz noch setzen sie die Herausforderung fort, sie bleiben einfach bei einer gewissen Routine.

Die Weiterentwicklung einer Beziehung hat viele Anzeichen: zum Beispiel größere Offenheit, die Fähigkeit, Wut zu ertragen, zunehmendes Vertrauen und eine intensivere Bindung. Manch andere Hinweise sind eindeutiger als solche emotionalen. Wenn die Beziehung eines Paares enger wird, verbringt es mehr Zeit miteinander, telefoniert häufiger, falls es nicht zusammensein kann, und stellt sich gegenseitig seinen Freunden und Familien vor.

Im Stillstand errichtet ein Mann (eine Frau) eine Barriere, die eine gewisse Berechtigung zu haben scheint. Dagegen kann der Partner nicht angehen, ohne daß es zudringlich, übermäßig anhänglich oder ähnlich unattraktiv wirkt. Stillstandsbarrieren sind gewöhnlich andere Affären, die Familie, die Arbeit oder Freunde.

Josephs Barriere sind andere Frauen. Immer ist er mit mehreren gleichzeitig zugange. Diese Frauen können bei Joseph verschiedene Funktionen übernehmen – von rein platonischen bis ausschließlich sexuellen. Zu Beginn einer neuen Liebeswerbung findet er immer einen geschickten Weg, sie wissen zu lassen, daß ein großer Teil seiner Zeit bereits vergeben ist. Die neue Bekannte mag im Moment etwas ganz Besonderes sein, aber seine anderen Beziehungen möchte er nicht aufgeben. Joseph erzählt dieser besonderen neuen Freundin nicht, wie er seine Zeit verbringt. Er wartet, bis sie ihn fragt.

Joseph schützt sich auf zwei Arten: Erstens, er ist nie allein, hat also nie Zeit, jene besondere Frau einmal wirklich zu vermissen, weil sie sich in der emotionalen Menge verliert. Zweitens, er sorgt dafür, daß die neue Freundin ängstlich und fordernd werden muß. Denn dann hat er guten Grund, froh zu sein, ihretwegen keine Zugeständnisse gemacht zu haben.

Manuel ist unlängst in eine Anwaltskanzlei eingetreten und hofft, in fünf Jahren Sozius zu sein. In seinen Augen war das keine Entscheidung dafür, nur noch zu arbeiten – Arbeit muß lediglich getan werden. In der Regel widmet Manuel seinem Job etwas weniger Zeit während einer Verführungsphase. Er dehnt die Mittagessen aus und hält sich die Wochenenden frei. Sobald es zum Umschwung kommt, macht er sich plötzlich Vorwürfe darüber, wie er seinen Beruf vernachlässigt habe. Er sieht nicht, daß er sich zurückzieht. Sein dringendes Bedürfnis, bis neun im Büro zu bleiben oder am Sonntagmorgen zu verschwinden, um noch einen Schriftsatz zu beenden, entspricht einfach dem, was getan werden muß. Die richtige Frau würde das schon verstehen. Ist sie sehr verständnisvoll, dann läßt sie all ihre Pläne mit ihm sausen; hält sich die Sonntage frei für den Fall, daß er Zeit hat; bleibt bis Mitternacht auf, so daß er vorbeikommen, mit ihr schlafen, ein kräftiges Frühstück verdrücken und wieder in sein Büro verschwinden kann. Sie fängt an, sich zu beklagen. Er findet, daß sie nicht genügend Verständnis für seine Belange aufbringt.

Eva ist geschieden und teilt sich das Sorgerecht für zwei kleine Söhne mit ihrem Ex-Mann. Dadurch hat sie sehr viele familiäre Verpflichtungen, einschließlich einer komplizierten, aber notgedrungen fortdauernden Beziehung zu ihrem geschiedenen Mann. Eva glaubt, daß sie wieder heiraten und ein neues Leben beginnen möchte. Doch jedesmal, wenn sie eine Beziehung anfängt, scheinen ihr die Verpflichtungen des «alten Lebens» in die Quere zu kommen. Plötzlich machen die Jungen Schwierigkeiten, sie muß den Ex-Mann um Rat fragen, und die neue Beziehung muß in der Schwebe gehalten werden.

Ob Rückzug oder Stillstand, wenn diese Symptome des Umschwungs auftauchen, bleiben sie der Frau (oder im umgekehrten Fall dem Mann) nicht verborgen. Sie entwickelt ein erstaunliches Gespür für seine emotionale Distanzierung, auch wenn sie sich weiterhin regelmäßig treffen, im Bett glücklich sind und allgemeiner Frohsinn zu herrschen scheint. In der Regel ist sie sehr empfindlich auf Zeichen für seine gesteigerte Verbundenheit mit ihr eingestellt. Sie machte sich verletzlicher, sowie sie miteinander schliefen. Das Ganze begann, ihr am Herzen zu liegen (wenn auch oft mit erheblichen Vorbehalten ihm gegenüber), und sie bemerkt nun jede geringfügige Veränderung in der Intensität seiner Herausforderung. Wird man sie verletzen? Meint er es wirklich ernst? Wohin wird die Beziehung führen? Verliert er das Interesse?

An genau diesem Punkt, wo der Herausforderer in seiner Position erstarrt oder ein, zwei Schritte zurückweicht und die Herausgeforderte nervös wird und anfängt zu drängen, findet der Umschwung statt.

Die Angst vor der Falle

Was ist geschehen? Wie kommt es, daß der Herausforderer, der noch vor einem Monat Feuer und Flamme war, plötzlich die Bremsen anzieht?

Ganz einfach, sie gab ihre Zurückhaltung auf und kam ihm entgegen. Dadurch hat sich die emotionale Distanz zwischen ihnen verringert. Für eine kurze Zeit, ein paar Tage oder ein paar Monate, hat er die Nähe genossen. Dann folgte das Unvermeidliche: Er bekam es mit der Angst zu tun. Der Umschwung wird gewöhnlich durch die Angst vor der Falle ausgelöst.

Natürlich könnte diese Angst auch nur gering zu seiner veränderten Haltung beigetragen haben. Vielleicht fand er sie zwar anfänglich anziehend, hatte aber nach zwei oder drei Monaten die Nase voll. Lebensereignisse mögen dazwischengekommen sein (er hat seine Stelle verloren, sein Vater hat einen Infarkt gehabt, sein Geld ging an der Börse flöten), und nun bringt er nicht mehr die Energie auf, die Beziehung fortzusetzen. Vielleicht ist er wunderbarerweise der Frau seiner Träume begegnet und hat keine Zeit mehr für all die anderen angehenden Beziehungen. Vielleicht.

Wenn Ihnen dieser Drei-Monats-Wandel des Herzens das erste oder zweite Mal zustößt, kann es durchaus auf äußere Umstände zurückzuführen sein. Doch wenn Ihr Interesse regelmäßig nach drei oder vier Monaten nachläßt, dann sollten Sie sich lieber einmal kritisch unter die Lupe nehmen.

Die Angst vor der Falle macht Ihnen wahrscheinlich zu schaffen, wenn:

- Sie regelmäßig und zwanghaft das Nörgeln anfangen, nachdem Sie sich ein paar Wochen oder Monate verabredet haben;
- sich Ihr amouröses Interesse gewöhnlich nach drei oder vier Monaten verflüchtigt;
- Sie gleichzeitig mehrere Männer oder Frauen hinhalten und darauf warten, daß sich der oder die Richtige schon aus der Menge der anderen herausheben wird;

- Sie von so vielen verschiedenen Interessen und Verpflichtungen in Anspruch genommen sind, daß Ihnen nicht genügend Zeit und Energie für eine ernsthafte Beziehung bleibt;
- Sie dazu neigen, sich anderweitig gebundene oder aus anderen Gründen nicht in Frage kommende Partner auszuwählen;
- Sie jede Beziehung mit einem gewaltigen inneren Vorbehalt, einem großen Aber beginnen: «Sie ist sehr attraktiv, aber nicht intelligent genug für mich.» – «Er ist nett und lustig, aber sexuell läßt er mich kalt.» Mit dem «Aber» halten Sie sich eine Hintertür offen, falls die Angst vor der Falle sich rührt.

Diese Angst erfaßt Männer wie Frauen. Sie kommt auf, nachdem Sie sich eine Zeitlang getroffen haben und wohl auch schon seit einer Weile miteinander schlafen. Sie sehen sich gezwungen, mehr Zeit und Energie für den anderen zu erübrigen. Sie befällt das panische Gefühl, die Sache nicht mehr im Griff zu haben. Das alles geht zu schnell, und Sie könnten sich tiefer einlassen, als es je Ihre Absicht war. Sie sind plötzlich mit allen möglichen Verpflichtungen und Erwartungen belastet. Bedrohlich zeichnet sich ab, daß Sie über Ihr Tun und Lassen Rechenschaft ablegen müssen. Man erwartet sogar sexuelle Treue von Ihnen, und diese Vorstellung schnürt Ihnen die Kehle zu – all die verpaßten Gelegenheiten. Alarmiert fragen Sie sich nun: «Wie kann ich sicher sein, daß er / sie der / die Richtige ist?»

Luis ist Architekt, 41 und geschieden. Er möchte unbedingt wieder ein geregeltes Leben führen und Kinder haben. Er beschreibt den Umschwung sehr anschaulich: «Anfangs bin ich immer sehr interessiert. Manchmal träume ich sogar vom Heiraten, sehe sie als meine Frau und stelle mir vor, wie sie Schwangerschaftskurse besucht. Ich will damit sagen, daß ich wirklich reif fürs Heiraten bin! Dann sind wir ein oder zwei Monate zusammen, sie fängt Feuer, und ich weiß nicht, irgendwie hakt es plötzlich bei mir aus. Wenn ich anfange, sie schlecht zu machen, weiß ich, daß es wieder soweit ist.

«So war es auch bei Angela (einer Verflossenen). Zum Schluß konnte sie mir gar nichts mehr recht machen. Wir gingen einkaufen, sie besorgte Margarine, und ich dachte: ‹Mein Gott, kann sie noch nicht mal Butter kaufen? Aus was für Verhältnissen kommt sie bloß?› Ich konnte die Art, wie sie Kaffee kochte (sie nahm fertig gemahlenes Pulver), nicht ausstehen, und mir gingen die Filme auf den Geist, die sie toll fand. Sehen Sie, ich ziehe schon wieder über sie her, und dabei geht es um Dinge, die wirklich nicht wichtig sind. Aber ich wünsche mir eine Frau, die schlechthin anbetungswürdig ist. Wenn sie ins Zimmer tritt, möchte ich den Wunsch verspüren, sie in den Arm zu nehmen. Doch wenn Angela heute den Raum betritt, denke ich: ‹Was trägt sie für grauenhafte Schuhe!› Es ist verrückt.»

Gedanken, wie sie Luis beschreibt, sind typisch für die Angst vor der Falle. Er weicht ihr aus, indem er Angela kritisiert. Wahrscheinlich merkt er noch nicht einmal, daß seine Angst etwas mit seinem Widerwillen zu tun hat, sich auf eine Beziehung einzulassen. Allerdings hat er einen gewissen Verdacht, weil das nach seiner Beobachtung «immer geschieht».

Es gibt hier noch einen weiteren Anhaltspunkt für Luis' Angst vor Nähe: Er ist im allgemeinen sehr umgänglich und hat viele Freunde, Männer und Frauen. Er ist gern mit anderen Leuten zusammen und kann über deren Fehler leicht hinwegsehen. Im großen und ganzen ist er loyal und gutwillig, der Typ Mann, dessen Freundschaften aus der Schulzeit ein Leben lang halten. Nur bei neuen Freundinnen, die an ihm sehr interessiert scheinen, erweist er sich als schonungslos kritisch. Gegen seinen Willen.

Viele Menschen empfinden leise Unsicherheiten, wenn sich etwas Ernstes abzuzeichnen beginnt. Einige sind allerdings vor Furcht wie gelähmt. Die beste Beschreibung dieses Typs bietet das Buch «The Dance-Away Lover» von Daniel Goldstine und anderen.

Die Bezeichnung spricht bereits für sich. Der «Dance-Away Lover» ist ein Verführungsgenie. Er ist liebevoll, charmant und zärtlich. Sobald sie ihre Zurückhaltung aufgibt und all seine Wärme und Aufmerksamkeit genießen lernt, zieht er sich zurück. Sie entwickelte eine zu starke Bedürftigkeit. Da beschlich ihn «das ungute Gefühl, es werde von mir erwartet, diese große Leere zu füllen».

Alle Züge der Angst vor der Falle finden ihre stärkste Ausprägung beim «Dance-Away Lover». Er wird überaus kritisch. Jeder Vorbehalt gegenüber der Partnerin wird zu einem Anklagepunkt. Er bringt nicht unbedingt konkrete Beschwerden vor, er wird nur immer krittliger, bis er eine gewisse Distanz hergestellt hat. Er möchte mit einer so traurigen Erscheinung nicht in Verbindung gebracht werden!

Goldstine: «Die wiederholte Desillusionierung des Dance-Away Lovers ist die Konsequenz seines Unbehagens gegenüber der Intimität und Bindung, die zur Liebe gehören. Er ist von vornherein beherrscht von der Angst, in die Falle zu gehen. So klammert er sich an seine Unabhängigkeit für den Fall, daß eine Frau – darauf erpicht, ihn zu packen – ihn in ein Netz aus Verpflichtung und Verantwortung verstricken könnte.»

Bewältigung der eigenen Angst

Wenn Sie das Empfinden haben, Ihre eigene Angst vor der Falle stört Ihr Liebeswerben in bedeutendem Maße, dann wollen Sie sicher etwas unternehmen, um sie loszuwerden. Dafür werden Sie Geduld und Ausdauer brauchen, denn diese Ängstlichkeit zu überwinden, kann äußerst schwierig sein.

Am schwersten ist es, das Problem überhaupt zu erkennen. Wenn Ihre Beziehungsmuster von der Angst vor der Falle diktiert werden, wissen Sie vermutlich gar nicht, daß Sie dieses Problem haben. Immer wieder sind Sie davon überzeugt, daß die Schuld beim jeweiligen Partner liegt. Sobald Sie das Interesse verlieren, übertrieben kritisch werden oder Partner suchen, die bereits gebunden sind, werden Sie höchstwahrscheinlich denken, daß Sie einfach noch nicht den / die Richtige gefunden haben und weitersuchen müssen. Schließlich wollen Sie sich nicht zu früh zufrieden geben, sondern ein gutes Gefühl bei Ihrer Wahl haben. Es dauert lange, bis Sie einsehen, daß dieses gute Gefühl mehr mit *Ihnen* zu tun hat als mit dem, mit der Auserwählten.

Die Angst vor der Falle läßt sich nicht an irgendeiner individuellen Beziehung erkennen, sondern an einem Muster von Beziehungen. Das heißt, Sie müssen sich die typischen Abläufe Ihrer eigenen Affären bewußt machen, wollen Sie diese Angst entlarven. Für uns selbst ist das meistens sehr schwer, weil wir nicht die Objektivität haben, mit dem nötigen Abstand das Gesamtbild in den Blick zu bekommen. Vielleicht möchten Sie dazu eine psychologische Beratung in Anspruch nehmen.

Wie finden Sie aus diesem Muster heraus, nachdem es Ihnen einmal bewußt geworden ist? Das ist die Preisfrage, auf die es keine Standardantwort gibt. Aber ein paar Vorschläge. Bei manchen Menschen bewirkt schon das Bewußtsein, daß ihre Beziehungen unter der eigenen Angst vor der Falle leiden, Entscheidendes. Sie suchen die Ursache nicht mehr um sich herum, sondern in sich selbst, mit anderen Worten, die Neigung, auf den Partner zu projizieren und ihn verzerrt wahrzunehmen, verringert sich.

Bei anderen reicht es nicht, sich das Problem bewußt zu machen. Sie müssen sich eingehender mit Bedeutung und Ursprung ihrer Angst auseinandersetzen. In solchen Fällen empfiehlt sich eine Psychotherapie oder Bücher wie «The Dance-Away Lover», «Das Peter-Pan-Syndrom» und «Die Herzen der Männer». Leider geht es in diesen Texten um die Ängste von Männern. Dabei gibt es heutzutage auch immer mehr Frauen, die sich aus ihren Beziehungen zurückziehen, weil sie ihnen nicht perfekt genug sind oder zu viele Zwänge auferlegen. Die Literatur hat mit dieser Entwicklung nicht Schritt gehalten.

Denken Sie daran, daß Sie sich wohl mit Ihrer Angst vor der Falle auseinandersetzen, sie aber nicht völlig auflösen müssen. Ihr Ziel ist es nicht, einen neuen Partner künftig kritiklos zu akzeptieren oder nie wieder mit dem Gedanken an einen Rückzug zu spielen. Sie sollen nur ein bißchen toleranter werden für die Schwächen des anderen oder sich ein bißchen weniger zurückziehen. Ihr Partner und die Liebeswerbung selbst werden schon für den Rest sorgen. Es mag zwar unmöglich erscheinen, daß Sie jemanden, den Sie heute heftig kritisieren, morgen lieben können, doch genau das geschieht immer wieder – wenn Sie es zulassen. Die Nörgelei, die Zweifel, das schwankende Interesse – es sind normale Begleiterscheinungen auf Ihrem Weg zu einer dauerhaften Bindung.

Umgang mit dem Umschwung des Partners

Halten Sie sich immer vor Augen, daß der Umschwung Ausdruck einer ganz natürlichen Ängstlichkeit ist und kein Urteil über Ihre Attraktivität. Die Grundregel heißt wiederum: *Nehmen Sie es nicht persönlich.*

Wenn es zum Umschwung kommt, werden Sie feststellen, daß Ihr Partner sich zurückzieht oder in seiner Annäherung innehält (Stillstand). Entscheidend für den Fortgang der Liebeswerbung ist nun, wie Sie mit Ihrer neuen Rolle als Herausforderer fertigwerden.

Wie rasch und auf welche Weise Sie den Rollenwechsel bewältigen, wird weitgehend von Ihren individuellen Charakteristika abhängen. Je ängstlicher Sie sind, desto früher werden Sie wahrscheinlich auf eine Klärung der Situation drängen. Je direkter Ihr Kommunikationsstil ist, desto mehr werden Sie das Problem ausdiskutieren wollen. Ihr eigenes Maß an Bereitschaft entscheidet darüber, wie nachdrücklich Sie die Klärung Ihres Verhältnisses vorantreiben. Sind Sie sehr bereit für eine Partnerschaft, werden Sie vermutlich nicht lange in Ungewißheit leben wollen.

Zum Teil wird sich Ihre Reaktion nach der Art des Umschwungs richten. Ihr Partner hat sich entweder zurückgezogen oder den Prozeß der Annäherung unterbrochen.

Die erste Reaktion auf den Rückzug

Wenn sie feststellt, daß er sich zurückzieht, wie unmerklich auch immer, wird sie ängstlich; daraufhin sieht sie sich gedrängt, etwas gegen diese Unsicherheit zu tun. Sie glaubt, da gäbe es nur eine einzige Möglichkeit:

Sie fragt: «Was hast du?» Er antwortet: «Nichts.»

In einer Beziehung gibt es kaum einen Dialog, der so frustrierend ist wie dieser. Sie *weiß*, mit ihm stimmt etwas nicht. Das hat sie sofort gespürt, als er sagte, er werde um halb acht anrufen, und erst gegen zehn dazu kam. Sie entnahm es dem Begrüßungskuß, der eine Nuance gleichgültiger ausfiel als gewöhnlich, daß er sich zurückzog.

Meist täuschen wir uns nicht, wenn wir einen solchen Rückzug spüren, mögen unsere Anhaltspunkte auch noch so flüchtig und intuitiv sein. Sicher, einige Menschen, vor allem Frauen, haben ein übermäßiges Bedürfnis nach Nähe und reagieren übertrieben empfindlich auf die Autonomie des Partners. Doch das ist die Ausnahme. Wer einen anderen lieben und schätzen lernt, kann ein sehr feines Gespür für dessen Reaktionsweise entwickeln.

Warum fällt es ihm so schwer, seinen Rückzug während des Umschwungs einzugestehen? Warum muß er verleugnen, daß er stattfindet? Es gibt verschiedene Möglichkeiten:

- Es war ein unbewußter Rückzug. Als sie anfing, sich zu nähern, ist er ganz automatisch auf Distanz gegangen. Er *weiß* einfach nichts von der Veränderung.
- Er möchte im Augenblick die Intimität nicht durch eine Erörterung seiner Gedanken und Gefühle vertiefen. Wenn er sagt: «Nichts», meint er: «Laß mich in Ruhe!»
- Ihm ist sein Rückzug bewußt, aber er ist noch nicht soweit, es in Worte zu fassen. Er möchte sie nicht verlieren, nicht von sich wegstoßen oder sie verärgern. Deshalb scheut er eine Konfrontation. Seine Gedanken kann er ihr nicht ehrlich sagen, denn sie sind zu kritisch. Also muß er mit seinen inneren Vorbehalten ihr gegenüber allein fertigwerden. Vielleicht erledigen sie sich von selbst.

Es bleibt ihr nichts übrig, als allein mit ihren intuitiven Eindrücken fertigzuwerden. Wenn sie diese artikuliert («Was hast du?»), leugnet er sie («Nichts»). Was kann sie tun? Sie hat einige Möglichkeiten, mit dieser Situation umzugehen, doch ideal ist keine.

Sie kann das Thema ganz fallenlassen. Wenn er seinen Rückzug kurz darauf beendet, haben Sie den Umschwung erfolgreich überstanden. Allerdings ist es nur in seltenen Fällen so einfach. Der Umschwung ist dann nur eine leichte Korrektur der Beziehung, für die der andere Partner nicht mehr als ein bißchen Toleranz aufbringen muß.

Wenn jedoch sie nicht mehr darüber spricht, er sich aber immer weiter zurückzieht, wird sie wohl eine weitere Konfrontation versuchen müssen.

Sie kann deutlicher werden. «Weißt du, ich war ziemlich betroffen, als du nicht über Nacht geblieben bist.» Oder: «Ich habe das Gefühl, daß du mir nicht richtig zuhörst.» – «Hack nicht dauernd auf mir rum. Das kränkt mich.» Sie kann sich durchaus verletzt, abgelehnt, unsicher, wütend, aufgebracht oder fordernd zeigen. Natürlich wird sie ihm in keiner dieser Verfassungen gefallen. Auf ihn wirkt sie nur ängstlich, unselbständig oder übermäßig anhänglich. Wenn sie gekränkt ist, hat er vielleicht Schuldgefühle. Ist sie wütend, ist er vielleicht eingeschüchtert. Wie auch immer, solche Gefühle wecken keine Liebe.

Sie kann die Frage an seiner Stelle beantworten. Sie erklärt ihm, was er ihrer Ansicht nach meint, wenn er sagt: «Nichts.» Sie sagt ihm, was er wirklich fühlt (Angst); was er wirklich tut (ausweichen); woher sein Problem eigentlich kommt (von der Mutter); und wie er sich in dieser Situation verhalten sollte (den Fernseher ausstellen und darüber sprechen!).

Manche Männer reagieren sehr positiv auf diese Übersetzung ihrer Gemütsverfassung. Vielleicht fühlen sie sich gerade zu einer Frau hingezogen, gerade weil sie diese Sprache der Gefühle so fließend beherrscht. Außerdem bringt sie ihnen damit große Aufmerksamkeit entgegen, und dem läßt sich schwer widerstehen.

Andere Männer sind beleidigt. Sie hassen es, analysiert zu

werden. Niemand hat ihnen zu sagen, was sie wirklich fühlen. In diesem Fall bringt ihr psychologisches Vorgehen den Partner nicht näher, sondern macht ihn nur wütend!

Sie kann ihm eine Szene machen. Oft geschieht das am Telefon. Nach ihrer Verabredung am Samstag war sie verstimmt. Sie mochte nicht, wie er über seine Verflossene sprach. (Gewiß, sie hat ihn nach ihr gefragt, aber seine Antwort war unter aller Kritik.) Oder er ließ eine abfällige Bemerkung über ihren Beruf fallen («Ihr Lehrer habt es wirklich leicht»), die sie nervte. Den ganzen Sonntag und Montag hat es in ihr gearbeitet. Am Dienstag, als er schließlich anruft, ist sie wütend. Sie ist nicht einmal mehr sicher, ob sie ihn noch mag. Sie weiß nur, daß sie nicht mag, wie er sie behandelt. Und das macht sie ihm unmißverständlich klar. Sie ist die zu Recht Empörte. Er ist der mißverstandene Unschuldige. Das Telefongespräch bringt keine Verständigung. Nichts ist gelöst.

Sie kann zurückschlagen. Diese Frau bekämpft Feuer mit Feuer. Bei näherem Nachdenken dürfte das nicht unbedingt der beste Weg sein, um ein Feuer zu löschen. Wird er kritisch, wird sie es auch. Wenn er sich sexuell zurückzieht, distanziert sie sich noch ein bißchen weiter. Hat er am Freitag zu tun, ist sie am Samstag beschäftigt. Grundsätzlich beantwortet sie jede seiner Rückzugsbewegungen mit einer Verschärfung der Gangart.

Es kann eine sehr gute Reaktion sein, sich etwas zurückzuziehen, wenn der Partner Angst vor Nähe verspürt. Doch muß das anders geschehen. Wenn sie eingeschnappt und verärgert nach dem Motto *Wie du mir, so ich dir* verfährt, verstricken sich die beiden in einen sinnlosen Konflikt, ohne sich darüber verständigen zu können.

Sie sagt nichts, gibt nach und paßt sich an. In der Verführungsphase hat er sich angepaßt, war liebenswürdig und zuvorkommend. Wenn er Anstalten macht, sich zurückzuziehen, wird sie wahrscheinlich eine Zeitlang in die freigewordene Rolle dessen schlüpfen, der sich anpaßt. Dabei wird sie sich bemühen, nett, verständnisvoll, heiter und umgänglich zu sein. Doch damit läßt sich nur selten eine Lösung für den Umschwung finden.

Sie kann das UB-(Unsere Beziehung)-Gespräch* beginnen. Die meisten dieser ersten Reaktionen auf den Rückzug haben eines gemeinsam. Es sind Versuche, eine Verständigung über *Unsere Beziehung* zu erreichen. Ganz gleich, mit welcher Spielart des Umschwungs das Paar zu tun hat, die Lösung ist auf irgendeine Form dieses UB-Gesprächs angewiesen.

Natürlich sprechen Sie jetzt seit Monaten miteinander. Da ging es wahrscheinlich um Ihre Arbeit, Ihre Familien, Ihre Interessen und Ihre Freunde. Bei wachsender Intimität haben Sie sich über frühere Beziehungen, sexuelle Erfahrungen und private Niederlagen unterhalten. Sie haben sogar über Ihre gegenseitige Zuneigung und Ihre Träume von einer gemeinsamen Zukunft gesprochen.

Als Reaktion auf die plötzliche Veränderung, die der Umschwung in Ihre Beziehung bringt, werden Sie wahrscheinlich auf traditionelle Weise Ihre Intimität verstärken, indem Sie ein UB-Gespräch versuchen. Sie wollen ganz direkt über den Stand Ihrer Beziehung sprechen. Das ist ein sehr riskantes Unternehmen, auf das mancher nur zurückgreift, nachdem auch der letzte Liebestest nicht die nötige Klarheit gebracht hat. Andere neigen grundsätzlich zu einem offenen Kommunikationsstil und werden sich deshalb sofort an das UB-Gespräch halten, mag es noch so riskant sein.

Das UB-Gespräch hat viele Varianten, doch sie weisen bestimmte strukturelle Gemeinsamkeiten auf. Es wird abrupt mit einer Beschwerde oder Sorge des betreffenden Partners in Gang gebracht («Was hast du?» – «Mich stört, daß du...» – «Ich möchte sprechen über...»).

Thema des UB-Gesprächs ist: «Was wird aus unserer Beziehung?» Es spielt keine Rolle, worauf sich die Beschwerde vordergründig richtet, im Prinzip lautet die Frage immer: «Was geschieht mit uns beiden? Was denkst und fühlst du? Meinst du es ernst?»

Wie alle zuvor beschriebenen Reaktionen klappt das UB-Gespräch meist nicht auf Anhieb. Es ist eine große Anforde-

---

* Der Begriff stammt von Brian Gould (American Medical International).

rung an eine wachsende Intimität. Beide sind ängstlich und fühlen sich dabei oft verärgert, verletzt, schuldig oder völlig eingeengt. Ihre Zweierbeziehung ist noch zu jung, um gleich das erste Mal mit so heftigen Gefühlen perfekt umgehen zu können. Lassen Sie sich nicht entmutigen. Im Laufe der Zeit werden Sie mehr Übung bekommen.

Sie sehen, keine der üblichen Reaktionen auf den Rückzug ist sehr erfolgreich. Alle zielen auf größere Gewißheit. Manchmal werden Sie bekommen, was sie brauchen, aber häufiger wird sich Ihre Unsicherheit verstärken. Ihr nächster Schritt ist so notwendig wie schwer: *Sie müssen lernen, sich zurückzuziehen*. Denn genau das sollten Sie tun, wenn Ihr Partner Sie mit einem Stillstand konfrontiert.

Die erste Reaktion auf den Stillstand

Das UB-Gespräch, das sich ergibt, wenn Ihr Partner den Prozeß der Annäherung unterbricht, sieht etwas anders aus. Wahrscheinlich hat sich der Betreffende genau überlegt, was er sagen will, bevor er das Gespräch einleitet. Sie (oder er, je nachdem, wer nun die Rolle des Herausforderers hat) ist etwas nachdenklich geworden! Ihre Beziehung scheint sich festgefahren zu haben, obwohl alles noch wie früher wirkt, wenn sie zusammen sind. Doch sie spürt, daß ihrer Verbindung emotional etwas Wesentliches fehlt. Trifft er sich mit anderen Frauen? Wie verbringt er die Abende an den Wochentagen? Ihr fällt zum Beispiel auf, daß er nicht mehr von ihrer gemeinsamen Zukunft spricht oder daß er immer häufiger «ich» sagt statt «wir». Sie verbringen immer eine schöne Zeit zusammen, aber sie fragt sich langsam, ob jemals mehr daraus werden wird.

Interessant ist in diesem Zusammenhang, daß sie sich alle diese Fragen auch dann stellen wird, wenn sie selbst ernsthafte Vorbehalte gegenüber der Beziehung hat.

Pat traf sich regelmäßig mit einem Buchhalter. Sie fand ihn intelligent und attraktiv, aber insgesamt doch ziemlich langweilig. Meist war er müde und wollte zu Hause bleiben, statt auszugehen und sich zu amüsieren. Pat bezweifelte, daß sie es auf lange Sicht mit ihm aushalten würde. Trotzdem wollte sie wissen, wie ernst er es mit ihr meinte und ob er ihrer Beziehung eine Zukunft gab. Ihre eigenen Einwände hinderten sie nicht daran, sich darüber Gedanken zu machen.

Frank hält Gloria für unangenehm unzuverlässig. Nie kann sie pünktlich sein, sie vergißt, ihn anzurufen, wenn sie es versprochen hat, und wechselt ihre Jobs wie ihre Schuhe. Er kann sich beim besten Willen nicht vorstellen, auf ewig mit ihr zusammenzuziehen. Trotzdem, er ist immer noch verrückt nach ihrem Körper, und sie kann so schnurrig liebevoll sein. Er möchte wissen, ob sie wirklich ihn mag oder ihn nur als Ersatz für ihren Ex-Freund betrachtet.

Wieder zeigt die Ambivalenz – die Krux der Liebeswerbung – ihr Doppelgesicht. In der Tat können Sie jemanden aktiv herausfordern, an dem Sie im Grunde genommen nicht interessiert sind. Und Sie können das Bedürfnis haben, Klarheit über die Gefühle des anderen zu gewinnen, obwohl Sie sich über die eigenen völlig unklar sind. Das ist nicht logisch, aber so ist Liebeswerbung nun einmal.

Warum nehmen Leute oft eine Beziehung wichtig, obwohl ihnen am Partner doch gar nicht viel liegt? Es ist ein weiteres Beispiel für übermäßige Konzentration auf das Ergebnis, wovon im vorigen Kapitel die Rede war. Wenn Sie völlig auf das Ziel der Liebeswerbung ausgerichtet sind, kann Sie jede Stagnation der Beziehung beunruhigen, auch wenn Sie die Beziehung selbst nicht sehr genießen. Abermals steht Ihnen Ihre Konzentration auf den Ausgang der Liebeswerbung im Wege. Es macht sie ängstlicher als nötig und beeinträchtigt Ihre Fähigkeit, erfolgreich mit dem Stillstand umzugehen.

Als Reaktion auf den Stillstand läßt man sich mit dem UB-Gespräch im allgemeinen meist etwas mehr Zeit als beim Rückzug des Partners. Der Rückzug weckt akute Angst, weil Sie eine Veränderung, eine Umkehrung der Gefühle spüren. Der Stillstand löst eine vage Besorgnis aus. Sie sind eher geneigt, erst einmal abzuwarten, «wie sich die Dinge entwickeln». Sie scheinen vielleicht für Unruhe zu sorgen, weil das Gespräch Dinge zutage fördern könnte, die Sie nicht hören wollen. Vielleicht scheuen Sie sich auch, Ihre Vorbehalte bezüglich des Partners auszusprechen oder die eigenen unklaren wie widersprüchlichen Absichten vorzubringen. Aber Sie mögen noch so lange zögern, wenn die Dinge sich nicht natürlich enthüllen und Ihnen die Antworten geben, nach denen Sie suchen, dann werden Sie fragen müssen.

Betrachten wir einen typischen Ablauf:

Seit drei Monaten verabreden sie sich, seit zweien gehen sie miteinander ins Bett. Alles scheint in Ordnung zu sein, wenn sie zusammen sind, doch sie kommen auch nicht viel weiter. Eines Abends, nachdem sie miteinander geschlafen haben oder während sie beim Abendessen sitzen, bringt sie das Thema endlich zur Sprache. Sie fragt: «Was hältst du von mir?» Oder: «Wie denkst du über uns beide?» Wahrscheinlich wird er ziemlich allgemein antworten: «Ich finde dich phantastisch!», «Ich genieße es, mit dir zusammenzusein», oder ausweichend: «Warum, was meinst du?»

Er weiß schon, was ihn erwartet. Gespräche dieser Art kann er nicht ausstehen, er hat sie schon zu oft erlebt. Auch sie ist nervös und hat Angst, eine Antwort zu provozieren, die mit den Worten anfängt: «Ich mag dich sehr gern, aber...» Trotzdem, sie braucht jetzt Klarheit. Deshalb läßt sie nicht locker.

«Na gut, ich würde gerne wissen, ob du noch andere Frauen triffst.» Oder: «Glaubst du, unsere Beziehung sei etwas Besonderes?» Sie fragt auf jeweils unterschiedliche Art: «Meinst du es ernst mit mir oder ist nicht mehr drin?»

Es ist selten, aber es geschieht, daß er aufblickt und sagt: «Ich liebe dich und meine es sehr ernst. Seit unserem ersten Kuß habe ich alle anderen Beziehungen aufgegeben...»

Das kommt, wie gesagt, selten vor, weil ihre Beziehung dann wohl kaum in einen Stillstand geraten wäre.

Mag sein, daß er mit einem klar definierten «Ich mag dich, aber...» die Schranken setzt. Vielleicht sagt er auch, er genieße ihre Gesellschaft, habe aber keine langfristige Beziehung im Auge. Oder er nutzt gar die Gelegenheit, um endlich reinen Tisch zu machen: «Ich glaube, wir haben nicht viel gemeinsam», «Unser Zeitplan ist zu verschieden» oder auch «Irgend etwas stimmt mit mir nicht. Meine Beziehungen kommen nie über diesen Punkt hinweg.»

Ganz gleich, wo er die Schuld sieht, was er meint, ist klar: *Es ist nicht das, was er will.* Möglicherweise ist sie gekränkt, und sie trennen sich. Oder sie bleibt bei ihm, weil sie Gesellschaft braucht, mit ihm schlafen will oder weil sie hofft, daß er seine Meinung ändern wird. Höchstwahrscheinlich wird die Liebeswerbung jedoch keine großen Fortschritte mehr machen.

Häufiger läßt seine Reaktion auf das erste UB-Gespräch alles offen. Er nennt Gründe, die ihn an einer stärkeren Bindung hindern, macht aber gleichzeitig deutlich, daß er an einer Fortsetzung der Beziehung interessiert ist. Er sagt etwas für sie Enttäuschendes so schonend, wie er kann. «Ja, ich treffe andere Frauen, aber du bist sehr wichtig für mich, und ich möchte die Zeit mit dir verbringen.» – «Im Moment habe ich so viel zu tun, daß ich einfach keine Zeit für eine intensivere Beziehung habe, aber ich würde dich gern weiterhin treffen, wenn es möglich ist.» – «Ich brauche viel Zeit für mich selbst und finde es deshalb nicht fair von dir, daß du mich so in Beschlag nehmen willst.» – «Ich bin noch nicht bereit für eine feste Bindung. Ich hoffe, du hast Verständnis dafür.»

Entscheidend für den Ausgang des Gesprächs ist nicht, *was er sagt*, sondern *wie sie es aufnimmt*.

Die meisten Frauen verlieren völlig die Fassung. Sie ist enttäuscht, verletzt und fühlt sich abgelehnt. Diese Gefühle zeigt sie offen; manchmal aggressiv («Wie konntest du mich so an der Nase herumführen!»); manchmal verächtlich («Du magst Frauen wirklich nicht, oder?»); doch meist ist sie niedergeschmettert und sucht bei ihm Trost.

Ein Mann hat mir einmal erzählt, nach diesem unvermeidlichen Gespräch würden seine Beziehungen mehr zu einem «Stützkorsett». «Ja, Sie haben richtig gehört. Sobald sie herausfindet, daß sie nicht die einzige Frau ist, die ich treffe, zerbricht sie fast an der Ungewißheit. Ich muß sie stützen und trösten. Sogar unsere sexuelle Beziehung verblaßt gegenüber dem ständigen Umarmen und Kuscheln, das sie jetzt zu brauchen scheint. Das ist vertrackt, weil ich die Lust verliere, mit ihr zusammenzusein. Ich setze die Beziehung fort, weil ich denke, das ist richtig so. Doch je unruhiger sie wird, desto häufiger sind meine Gedanken bei anderen Frauen.»

Er hat recht. Die meisten Frauen – und die meisten Männer im umgekehrten Falle – können sich sehr schlecht mit den Grenzen abfinden, die der andere setzt. Sie reagieren mit ängstlicher Anhänglichkeit und brauchen unendlich viel Beruhigung, um sich wieder zu fangen. Ständig halten sie sich zur Verfügung und ändern beflissen alle Pläne, um für den Partner Zeit zu haben, der sich ihnen entzieht. Zu nichts mögen sie mehr nein sagen, weil sie das Gefühl haben, eine Probezeit zu absolvieren.

Dieses ganze aufgeregte und würdelose Verhalten entsteht nur, weil sie den Stillstand oder den Rückzug persönlich nimmt. Machen Sie nicht den gleichen Fehler! Denken Sie daran, der Partner, der zögert oder sich zurückzieht, reagiert damit in gleichem Maße auf die eigenen Intimitätsängste wie auf Sie.

Die beste Reaktion auf einen Umschwung

Wenn Sie beim ersten UB-Gespräch eine zögernde Antwort bekommen, dann verzweifeln Sie nicht, sondern *halten Sie sich zurück*.

Das ist der beste Rat, den Sie in der Liebeswerbung bekommen können – und er ist am schwersten zu befolgen. Wenn Sie sich unsicher und gekränkt fühlen, sollen Sie sich selbstsicher und unbekümmert verhalten, statt alles daranzusetzen, mit dem anderen zusammenzusein, wie es Ihrer Sehnsucht entspricht; gehen Sie auf Distanz und lassen Sie die eine oder andere Gelegenheit zu einem Treffen aus. Befürchten Sie, daß alles aus ist, sobald Sie Ihre Initiative einschränken, dann müssen Sie das Risiko eingehen und es feststellen. Wenn es stimmt, müssen Sie das Ganze beenden!

«Halten Sie sich zurück» können Sie wörtlich nehmen: Seien Sie nicht mehr so verfügbar, tragen Sie Ihr Interesse nicht mehr so zur Schau, passen Sie sich nicht mehr bedingungslos an, ringen Sie nicht mehr um sein oder ihr Interesse. Stellen Sie wieder ein gewisses Maß an Unabhängigkeit her.

Diese Strategie hat eine Eigenart: Wenn Sie dabei ärgerlich

oder aufgeregt verfahren, funktioniert sie nicht. Wenn Sie in Wut geraten und sagen: «Okay, wenn du dich mit anderen triffst, siehst du mich nicht wieder», wäre das in dieser Situation nicht sehr hilfreich. Bedenken Sie, die Liebeswerbung ist noch in ihren Anfängen. Es ist zu früh für so ein Ultimatum. Einen Partner, der sich mit seiner Angst vor Nähe auseinandersetzt, würde das viel zu sehr unter Druck setzen.

Wenn er jeden Abend bis elf arbeitet und es sich angewöhnt hat, sie dann anzurufen, weil ihm nach einem warmen Essen und einem warmen Bett zumute ist, dann stellen Sie ihn nicht zur Rede. Erklären Sie ihm nicht, daß er Sie schamlos ausnutzt, und spielen Sie nicht das empörte Opfer, sondern lassen Sie sich nicht länger ausnutzen. Nehmen Sie nach zehn den Hörer nicht mehr ab. Schalten Sie den Anrufbeantworter ein und gehen Sie ins Bett.

Wenn sie einerseits Ihre Gefälligkeiten genießt, andererseits darauf besteht, es sei zu früh, sich an einen zu binden, dann seien Sie nicht so entgegenkommend. Lassen Sie das Auto der Dame unrepariert. Machen Sie einen wunderschönen Urlaub, aber lassen Sie sie diesmal zu Hause. Sie können ihr auch weiterhin sagen, wie toll Sie sie finden, aber lassen Sie sich nicht länger dadurch ausnutzen. Bei ein bißchen mehr Distanz werden Sie im Ansehen steigen. Wenn Sie allzu nah sind, kann der andere oft gar nicht den Blick auf Sie richten.

«Halten Sie sich zurück» heißt auch: diskutieren Sie Ihre Probleme nicht zu Tode. Das UB-Gespräch war ein Anfang, eine erste Gelegenheit für Sie beide, Ihre Gedanken, Gefühle und Vorbehalte mitzuteilen. Sie werden im Laufe Ihrer Beziehung, vor allem, wenn Sie zusammenziehen oder heiraten, noch viele hundert solcher Gespräche führen.

Manche Menschen versuchen, diese Auseinandersetzungen alle in einer Woche hinter sich zu bringen. Sie unternehmen verzweifelte Telefongespräche, um ein Gefühl der Sicherheit zu bekommen. Nur um das Gespräch in Gang zu halten, brechen Sie Streitereien vom Zaun. Mitten in der Nacht wecken sie den Partner, um über ihre Gefühle zu diskutieren. Sie weinen, machen eine Szene und steigern sich in einen Gefühlstornado hinein, der jeden in die Flucht schlagen würde.

Für eine ausführliche Analyse in dieser Phase der Liebeswerbung ist nicht der richtige Moment. Später, im Verhandlungs- und Bindungsstadium, dürfen Sie solchen Problemen nicht ausweichen. Da sollten Sie dann vielleicht reden, kämpfen, schreien und weinen, um Ihre Konflikte auszutragen. Denn dann ist Ihre gegenseitige Verbundenheit stärker und kann emotionale Belastungen, den Aufruhr der Gefühle eher aushalten.

Während des Umschwungs hat Ihr Partner Angst, er könnte Ihnen in eine Falle gehen und erdrückt werden. Er fürchtet, Sie werden sich als eine große, unselbständige Last entpuppen, unter der er zusammenbricht. Tränen, Wut und endlose Gespräche sind da keine Beruhigung für ihn.

Um mit dem Umschwung fertigzuwerden, müssen Sie sich und Ihrem Partner vor Augen führen, daß Sie auch ohne diese Beziehung leben können. Sie müssen erkennen lassen, daß Sie ein Mensch mit vielen Möglichkeiten und einem ausgefüllten Leben sind. Sie werden nicht verkümmern oder daran zugrunde gehen, wenn es diesmal nicht klappt, und Sie werden sich nicht verzweifelt an den Partner klammern, wenn die Liebeswerbung weitergeht. Schließlich haben Sie genügend Selbstvertrauen, und das Zögern Ihres Partners ändert daran nicht das Geringste, denn Sie nehmen es nicht persönlich.

Warum ist das so schwer zu glauben? Warum beginnen Sie an sich zu zweifeln, sobald Ihnen jemand, an dem Sie selbst nicht unbedingt interessiert sind, erklärt, er sei nicht sicher, daß er an Ihnen interessiert ist?

Warum ist es so schwer, sich zurückzuhalten?

Wahrscheinlich werden Sie es mühsam finden, dem Rat zu folgen und sich zurückzuhalten. Vielleicht macht der Vorschlag Sie sogar wütend. Hört er sich doch nach einem jener törichten Winkelzüge an, die Ihnen Ihre Mutter mit auf den Weg gegeben hat. Sie möchten, daß Ihre Beziehung ein solches Affentheater nicht nötig hat. Wie soll Nähe und Vertrauen entstehen, wenn Sie den Partner über Ihre Gefühle täuschen? Sie können ihm doch einfach sagen, was Sie fühlen, und abwarten, was geschieht!

Viele sagen, ihnen sei die Vorstellung zuwider, dem Partner vorzumachen, sie hätten keine Zeit, und damit nur dämlich die Zeit zu verschwenden. Doch das ist nur ein Teil der Wahrheit. Uns widerstrebt dieser Gedanke auch, weil er uns ängstigt.

Es ist beunruhigend, eine Beziehung sich selbst zu überlassen. Was ist, wenn sie das nicht aushält? Vielleicht wird Ihre Freundin wütend, wenn Sie ihr sagen, daß Sie ihr Auto nicht in die Werkstatt bringen können? Ist es nicht denkbar, daß er nie wieder anruft, wenn Sie ihm erklären, Sie hätten am Freitag zu tun? Der Umschwung kann Sie so einschüchtern, daß Sie sich in keinem Punkt durchzusetzen wagen. Sie befürchten, daß er oder sie zu keiner Anstrengung mehr bereit ist, wenn Sie ihm nicht alles (vor allem sich selbst) möglichst leicht machen.

Schwierig ist die Zurückhaltung auch, weil Sie viel lieber das Gegenteil täten. Sie möchten mit ihm zusammensein. Gern ließen Sie sich von ihr zu den klassischen «Aufgaben des Mannes im Haus» bestellen. Sie möchten, daß er ohne Sie gar nicht mehr auskommt, und glauben, dazu müßten Sie ihm ständig zur Verfügung stehen. Vielleicht fühlen Sie sich hundsmiserabel ohne ihn und sind so glücklich mit ihm zusammen, daß Sie auf diese kurze Seligkeit einfach nicht verzichten können.

Das Schwerste an der Zurückhaltung ist indessen, daß Sie sich stark zeigen müssen, wenn Sie sich schwach fühlen, selbstsicher auftreten sollen, wo Sie verunsichert sind, oder unbeschwert bleiben sollen, auch wenn Sie sich mit quälender Verlustangst abmühen.

Ihre Ängstlichkeit, sowie Sie einen Umschwung spüren, ist unvermeidlich. Verändern können Sie nur, wie Sie mit ihr umgehen. Zum Beispiel könnten Sie aus eigener Kraft mit ihr fertigwerden, statt sich an den Partner zu klammern, um bei ihm Beruhigung zu finden. Sie müssen wieder zu dem selbständigen und unabhängigen Menschen werden, der Sie vor dem Umschwung waren. Ihre Freunde können da sehr hilfreich sein, auch Ihre Arbeit. Tun Sie alles, was Ihnen irgendwie Ihren Seelenfrieden zurückgeben könnte. Ihr Partner kann Ihnen das zum gegenwärtigen Zeitpunkt nicht abnehmen.

Denken Sie daran: Sie sind liebenswert, Ihr Partner macht eine Krise durch, die ihn selbst betrifft. Also nehmen Sie es nicht persönlich!

Olivia hat diesen inneren Prozeß gut beschrieben. Seit drei Monaten trifft sie sich mit Albert. Anfangs war er der absolute Soll-Typ und hat ihr so zugesetzt, daß sie die Lust verlor. Seit sie miteinander schliefen und zwei Freundinnen schworen, sie würden ihn sofort nehmen, wenn sie nicht interessiert sei, wurden ihre Gefühle lebhafter. Als er dann zweimal hintereinander einen Wochenendausflug wegen der Arbeit verschob, bekam sie das Gefühl, er würde sich zurückziehen. Sie schliefen nicht mehr so häufig miteinander, und er sprang morgens immer gleich aus dem Bett, um unter die Dusche zu eilen. Olivia wurde langsam ängstlich. Obwohl er noch so oft wie früher anrief, merkte sie, daß irgend etwas nicht in Ordnung war.

Wie nicht anders zu erwarten, stellte sie ihn schließlich zur Rede. Ein oder zwei Tage bestürmte sie ihn mit ihren Fragen, dann gab er zu, daß er ihr gegenüber ein Gefühl des Unbehagens verspüre. «Ich weiß nicht, warum», sagte er, «aber ich fühle mich unter Druck gesetzt. Ich möchte auch weiterhin mit dir zusammenkommen, aber vielleicht nicht mehr so häufig.»

Das Gespräch fand am Telefon statt. Als Olivia auflegte, war sie am Boden zerstört. Sie begann ihre übliche Litanei von Selbstvorwürfen. (Ich habe ihn verloren. Ich wußte, daß es so kommt. Immer passiert mir das. Es ist meine Schuld...)

In einer Therapie war ihr klar geworden, daß es sich dabei um ihre Projektionen handelte, also nicht etwa Alberts Gedanken, sondern ihre eigenen.

Diesmal konnte sie solche Vorwürfe als ihre eigenen automatischen Erwartungen erkennen. Sie riß sich zusammen und zwang ihr Denken entschieden in eine andere Richtung. «Meine Haltung veränderte sich völlig von einer Minute zur anderen. Ich sah, wie bedürftig ich wurde, und dachte: ‹Halt mal! Ich weiß, daß dieser Mann mich mag. Er fühlt sich nur ein bißchen eingeengt und braucht etwas Zeit. Mir geht es gut. Ich muß ihn nicht jede Minute sehen, um beruhigt zu sein.›»

Olivia waren ihre eigenen Verhaltensmuster bewußt: «Ich erkenne sehr genau, wenn ich einen dieser Unsicherheitsanfälle habe. Dann sitze ich auf der Couch rum und tue nichts. Ich bin völlig unproduktiv und brauche Bestätigung von anderen, mein eigenes Leben spielt überhaupt keine Rolle mehr. Wunderbar ist es, wenn ich zu mir zurückfinde. Ich muß mich dazu aufraffen, unter Freunde zu gehen oder mich mit irgendeinem Mann zu verabreden, der mir vielleicht sogar nichts bedeutet – und schon sehe ich die Dinge viel gelassener.»

In dieser Liebeswerbung gelang es Olivia, ihre Selbstvorwürfe abzudrehen. Sie begriff, daß ihre Ängstlichkeit von innen kam und weniger eine Reaktion auf den Rückzug des Partners als auf das eigene Selbstbild war. Bilder lassen sich verändern.

«Ich wußte, ich würde es überleben, wenn er mich verließe. Und ich wußte auch, daß er sich dazu noch nicht entschlossen hatte.» Sie hockte nicht am Telefon, bis er anrief, und sie steigerte sich nicht in eine Wut hinein. Als er nach Ablauf einer ganzen Woche anrief, bebte sie nicht vor unterdrücktem Ärger und legte nicht jedes Wort auf die Goldwaage. Sie war heiter, froh, von ihm zu hören, und hatte keine Probleme mit der Distanz. Die Liebeswerbung setzte sich fort.

Nicht jeder erwartet, daß seine Beziehungen infolge negativer Selbsteinschätzung scheitern, aber es ist bei vielen der Fall – Männern wie Frauen. Wenn Sie viel mit alleinstehenden Freunden zusammenhocken, die Ihnen erzählen, wie schrecklich die Männer und wie schwierig die Frauen sind oder wie unmöglich die Liebe im allgemeinen ist, dann wächst die Wahrscheinlichkeit, daß Sie am Umschwung verzweifeln. Sie werden sich gegen dieses schleichende Schwinden Ihrer Selbstachtung schützen müssen, wenn Sie zum gegebenen Zeitpunkt in der Lage sein wollen, Zurückhaltung zu üben.

Gehen Sie das Risiko einer solchen Zurückhaltung ein. Natürlich ist es ein Glücksspiel. Die Beziehung kann sich vor Ihren Augen in Luft auflösen. Doch dann würde sie das wahrscheinlich ohnehin, ob Sie sich zurückhalten oder nicht.

Der Umschwung muß nicht das Ende Ihrer Beziehung einläuten. Wenn Ihnen oder Ihrem Partner kein schwerwiegendes Entwicklungsproblem zu schaffen macht, wie etwa dem «Dance-Away Lover», dann hat Ihre Liebeswerbung sehr gute Aussichten, diese schwierige Zeit zu überstehen.

Bedenken Sie, der Umschwung kann in jeder Art Liebeswerbung auftreten – bei den beiden, die es für die große Liebe hielten, und ebenso bei denen, die sich kaum zur zweiten Verabredung durchringen konnten.

Menschen, die keinen sehnlicheren Wunsch hatten, als zu heiraten, erleben voller Überraschung einen plötzlichen Anfall von Bindungsangst, der obendrein vielleicht einen Umschwung auslöst. Wer geschworen hat, sich nie zu binden, wird an der Drei-Monats-Marke wahrscheinlich mit sich ringen müssen.

Entscheidend ist, daß die meisten Menschen den Umschwung wahrscheinlich überstehen werden und die Liebeswerbung fortsetzen – nicht weil der oder die einzig Richtige erschien oder die Ängste plötzlich wie durch Zauberei verschwanden, sondern weil sie sich wirklich mit ihren Ängsten auseinandersetzen wollen und weil sie Partner gefunden haben, die ihnen die Sicherheit geben, es zu tun.

Wenn Sie den Umschwung gelöst haben, dann haben Sie beide die Anforderungen der Herausforderung bewältigt:

- Sie sind sich körperlich und emotional nähergekommen und fühlen sich beide wohl dabei. Sie erwarten, daß Ihre Zusammenkünfte auf einer geregelten Basis stattfinden – sei es jeden Samstag, jeden Abend oder wie auch immer. Vielleicht bleibt einer von Ihnen auch weiterhin bei formellen Einladungen, aber im Grunde genommen sind sie überflüssig.
- Sie haben schon angefangen, darüber zu sprechen, welche Absichten und Erwartungen Sie an diese Beziehung knüp-

fen. Vermutlich geschah das nicht ohne ängstliche Augenblicke, nicht ohne Anflüge von Wut und Ärger. Sie sind sich näher, und Sie bedeuten einander viel.

Die Zeit der Herausforderung bietet zwei Menschen die Möglichkeit, sich näherzukommen. Nach Abschluß dieses Stadiums sind Sie ein Paar. Sie haben eine Beziehung entwickelt.

Endlich eine Beziehung

Erinnern Sie sich noch an die Zeit, als Sie ständig von Ihrem Wunsch nach einem Partner geredet haben? Vielleicht ist Ihnen das Klischee von der «ernsthaften Beziehung» nicht über die Lippen gekommen, aber im Grunde wollten Sie genau das: etwas Dauerhaftes, etwas Besonderes. Ihre Mühe sollte sich lohnen, Ihr emotionales Engagement nicht umsonst sein. Nun haben sich Ihre Wünsche erfüllt.

- Sie sind hingerissen. Außer sich vor Liebe und Bewunderung. Sie hätten nie geglaubt, daß jemand Ihr Leben so verändern könnte. Oder
- Sie sind unsicher. Hin- und hergerissen zwischen Zuneigung und Gleichgültigkeit. In sexueller Hinsicht sind Sie fasziniert, aber Sie haben große Bedenken wegen der unterschiedlichen Lebensstile. Oder Sie haben sich an das Zusammensein mit ihm, mit ihr gewöhnt, sehnen sich danach, wenn Sie allein sind – und doch wissen Sie nicht genau, ob es Liebe ist. Oder
- Sie sind ängstlich. Darüber würden Sie gern sprechen, trauen sich aber nicht so recht. Um das Boot nicht zum Kentern zu bringen, neigen Sie zu Nachgiebigkeit. Sie denken: «Hoffentlich vermassel ich diese Geschichte nicht. Was bedeute ich ihm / ihr? Ich habe Angst, daß es wieder mit einer Enttäuschung endet.» Oder
- Sie sind zufrieden. Das ist alles ganz nach Ihrem Geschmack. Was es bedeutet, wissen Sie nicht genau, aber es gefällt Ihnen. Sie haben jemanden liebgewonnen. Die Zukunft wird schon zeigen, wohin das führt. Oder

● Sie sind nervös. Hilfe – das geht viel zu schnell! Sie wissen schon ganz genau, worauf das hinauslaufen wird, aber Sie sind nicht sicher, ob Sie auch dorthin wollen. Andererseits sind Sie gern mit ihr, mit ihm zusammen. Das würden Sie vermissen, wenn Sie Schluß machen würden. Oder?

Oft werden Sie mehrere dieser Gefühle gleichzeitig verspüren. Kein Wunder, daß Beziehungen so kompliziert sind. Wer soll sich in einem solchen Wirrwarr auskennen?

«Eine Beziehung» ist das Stadium, das die meisten zu Beginn der Liebeswerbung als das Ziel angeben, nach dem sie streben. Ein angenehmer Ort zum Verweilen: Sie haben etwas Wesentliches erreicht, ohne sich mit der Angst vor der Festlegung auf Dauer auseinandersetzen zu müssen.

Der Geist und die Struktur

Ihre Liebeswerbung ist in das Beziehungsstadium eingetreten, wenn sich zwischen Ihnen entweder der Geist oder die Struktur einer Beziehung ergeben hat. Im Idealfall zeichnet sich beides ab.

Die Struktur einer Beziehung ist einfach: Sie leben in einer Beziehung, wenn Sie beide davon ausgehen, daß Sie auch in Zukunft regelmäßig zusammenkommen werden. Im Stadium der Herausforderung mußte einer fragen und der andere einwilligen; in einer Beziehung hingegen *gehen Sie selbstverständlich davon aus, daß Sie sich treffen*, gleichgültig, ob jedes Wochenende oder jeden Abend.

Wie bei den meisten Unterschieden zwischen den Werbungsstadien handelt es sich auch hier eher um einen allmählichen Übergang als um einen spektakulären Einschnitt. Manche Paare gehen schon in der Verführungsphase von der stillschweigenden Voraussetzung aus, daß die Wochenenden füreinander reserviert sind, während in anderen Beziehungen noch nach acht Monaten an jedem Dienstagabend eine offizielle Einladung für den kommenden Samstag ausgesprochen wird.

Die Vorstellung, daß man sich regelmäßig trifft, vor allem am Samstagabend, ist eine so tief verwurzelte soziale Erwartung, daß sie sich bereits nach der zweiten Verabredung einstellen kann. Wenn Sie nach wenigen Verabredungen eine solche Beständigkeit erwarten, so heißt das natürlich nicht, daß Sie bereits im Beziehungsstadium sind. Vielmehr zeigt das Beispiel, wie verfrüht manche Erwartungen in Liebesdingen sein können. (Eine meiner Kolleginnen versucht, die voreiligen Erwartungen von Klientinnen stets dadurch abzuwiegeln, daß sie sagt: «Kaufen Sie aber noch kein Hochzeitskleid.»)

Es ergeben sich quantitative und qualitative Unterschiede in Ihrer Zeiteinteilung, wenn Sie die Struktur einer Beziehung entwickeln. Erstens: Sie werden wahrscheinlich *mehr Zeit zusammen* verbringen. Wenn es zu solchen regelmäßigen und als selbstverständlich vorausgesetzten Treffen kommt, liegt zweifellos eine Beziehung vor, auch wenn sie auf eine Verabredung pro Woche beschränkt ist. Sie sind in die Beziehung eingetreten, aber gewissermaßen nur mit einem Fuß. Bei einem Treffen in der Woche bleibt Ihnen nicht genügend Zeit, viel von sich zu offenbaren und ein klareres Bild von Ihrem Partner zu gewinnen. Wenn Ihre Beziehung ein paar Monate lang über diesen Stand nicht hinauskommt, sollten Sie etwas unternehmen, um sie voranzubringen. Oder ist es vielleicht besser, sie zu beenden?

Zweitens: Sie verbringen nicht nur mehr Zeit, sondern *mehr unstrukturierte Zeit* miteinander. Die Notwendigkeit, gemeinsame Unternehmungen zu planen, wird geringer. Sie sind entspannter und beziehen sich gegenseitig mehr in Ihren Alltag ein. Die Verabredungen am Samstagabend erstrecken sich nun immer häufiger auf den Sonntag. Statt am Dienstagabend essen zu gehen, bringen Sie sich Arbeit aus dem Büro mit. Im Beziehungsstadium beginnen sie, einander in die Textur Ihres normalen Lebens einzubinden, während Sie sich in der Zeit der Herausforderung aus dem Alltag gelöst haben, um füreinander Zeit zu finden.

Drittens: Wenn einer von Ihnen das Muster durchbricht, nach dem Sie gewöhnlich Ihre Zeit miteinander verbringen, scheint er eine solche Entscheidung jetzt erklären zu müssen.

Sie verleben die meisten Sonntage gemeinsam. Plötzlich möchten Sie sich mit Ihren Freundinnen zum Frühstück treffen oder einen Wochenendausflug machen. Da erwartet Ihr Partner von Ihnen, daß Sie ihn informieren. Ja, meistens reicht bloße Information nicht aus. Der Partner wird nicht zufrieden sein, wenn er hört: «Übrigens, rechne dieses Wochenende nicht mit mir.» Eine solche Mitteilung mag im Stadium der Herausforderung genügen, in einer Beziehung ist eine etwas ausführlichere Erklärung erforderlich. Wohin fährst du? Mit wem? Hat es für uns irgendeine Bedeutung?

Die veränderte Bedeutung der gemeinsam verbrachten Zeit kommt auch in der zunehmenden gegenseitigen *Rechenschaftspflicht* zum Ausdruck. Manche Menschen freuen sich, wenn sie ihre Unternehmungen mit jemandem absprechen können, der Anteil an ihrem Leben nimmt. Für andere ist es eine lästige Pflicht, die ihnen entschieden gegen den Strich geht. Ich werde im nächsten Kapitel ausführlich darauf zurückkommen.

In der Rechenschaftspflicht zeigt sich nicht nur, daß Ihre Liebe eine andere Gestalt angenommen hat, sondern daß sie von Ihnen auch anders erlebt wird. Beziehung bedeutet nicht nur Wandel der Struktur, sondern auch Wandel des Bewußtseins.

Dieser Geist einer Beziehung ist das immer stärker werdende Empfinden beider, daß sie zusammengehören. Sie fangen an, *sich als Paar zu verstehen.* Vom Partner reden Sie als «meine Freundin», «mein Lebensgefährte» oder wie immer die Bezeichnungen gerade lauten mögen. Sie sind sich darüber einig, daß Sie «miteinander gehen», auch wenn noch nicht abgesprochen ist, wohin dieses Miteinander führen soll.

Der Geist einer Beziehung ist das wachsende Gefühl von Intimität, Liebe und Vertrauen. Sie geben dem anderen mehr und mehr von sich und Ihrem Leben preis. Sie vertiefen Ihre Freundschaft, und es entwickelt sich eine gemeinsame Geschichte, auf die Sie sich beide beziehen können.

Ihre Gespräche werden persönlicher und unverschlüsselter. Das UB-Gespräch, das Sie während des Umschwungs einführten, findet jetzt häufiger und zwangloser statt. Sie teilen sich beide bereitwilliger Ihre Gefühle mit – Ärger, Angst und Enttäuschung genauso wie Freude und Zuneigung. Der erste große Krach oder kleine Knatsch liegt hinter Ihnen. Sie lernen allmählich, über Probleme zu diskutieren. Doch zu Beginn des Beziehungsstadiums gibt es nicht viel zu diskutieren. Sie genießen die Blumenwiese des Plateaus.

Wenn Sie das Plateau erreicht haben, sind wahrscheinlich einige charakteristische Ereignisse eingetreten. Es handelt sich um Marksteine auf dem Weg zur Bindung. Sie tragen dazu bei, den Stellenwert der Beziehung zu klären und ihren Geist zum Ausdruck zu bringen.

- Sie lernen die Freunde und die Familie des anderen kennen. Diese akzeptieren den Status Ihrer Beziehung, indem sie Sie nur noch zusammen einladen.
- Sie äußern Ihre Zuneigung offen. Sie erfinden Koseworte füreinander. Einer von Ihnen oder beide haben gesagt: «Ich liebe dich.»
- Sie machen Ihre ersten gemeinsamen Anschaffungen. Es kann sich um ganz kleine Dinge handeln – eine Platte, eine Pflanze, ein Poster, das Ihnen beiden gehört. Für Sie beide bedeutet dies, es gehört «uns».
- Sie haben Ihre Zusammengehörigkeit auf die Probe gestellt, indem Sie eine längere Zeit zusammen verbracht haben – einen Urlaub oder ein verlängertes Wochenende auf dem Land. Dabei haben Sie festgestellt, daß Ihnen das Zusammensein weiterhin Freude bereitet.
- Sie sind eine ausschließliche sexuelle Beziehung eingegangen. Keiner von Ihnen läßt sich mit einem Dritten ein. Vielleicht haben Sie sich in aller Offenheit auf eine monogame Beziehung geeinigt; vielleicht ist die Ausschließlichkeit unausgesprochen, eine stillschweigende Übereinkunft, die sich einfach aus der Dauer der gemeinsam verbrachten Zeit ergibt.
- Wenn es einer von Ihnen besonders auf die Ehe abgesehen hat, wird der Erwartungsdruck zunehmen. Der Wunsch kann sich zum Beispiel in Gesprächen äußern, und sei es nur in allgemeinen, theoretischen Überlegungen. In Ihren Tag-

träumen können künftige Kinder eine große Rolle spielen. Sie leben zusammen oder erwägen, es zu tun. Beide sondieren Sie das Terrain.

Ihre Liebeswerbung muß nicht unbedingt alle diese Wegmarken aufweisen, damit der Geist der Beziehung spürbar wird. Auch wenn nur einige dieser Ereignisse hinter Ihnen liegen, können Sie das Plateau erreichen.

Manche Leser werden jedoch in Beziehungen gelebt haben oder leben, in denen kaum etwas von dem hier beschriebenen Geist zu spüren war oder ist. Denn es ist durchaus möglich, die Struktur einer Beziehung (ein regelmäßiges Muster von Verabredungen, das man als selbstverständlich voraussetzt) ohne den Geist dieser Verbindung zu entwickeln, der gewöhnlich mit ihr einhergeht.

Sie können sich Ihrem Partner sehr nahe fühlen, und doch widerstrebt es Ihnen, mehr Zeit zu investieren oder mehr Verpflichtungen einzugehen. Umgekehrt können Sie täglich zusammenkommen, und doch entwickeln beide nur langsam ein Zusammengehörigkeitsgefühl. Eine Beziehung, die zu Ehe und Intimität führen soll, braucht beides.

Und wenn sie nicht gestorben sind: das Plateau

Das Beziehungsstadium umfaßt drei einander überschneidende Phasen: Plateau, Verhandlung, Bindung.

Das Plateau ist eine «Traumzeit» für beide. Alle Ungewißheiten des Anfangs liegen hinter Ihnen. Die meisten der Konflikte, die Sie austragen müssen, um zu einer dauerhaften Verbundenheit zu gelangen, haben Sie noch vor sich. So ist diese Phase im allgemeinen ein Freudenfest.

Doch am Ende pocht die Wirklichkeit laut an die Tür. Je näher Sie der Bindungsphase kommen, desto schärfer nehmen Sie auch die Verschiedenheiten wahr, die Sie zögern lassen. Sobald die Unterschiede zwischen Ihnen unübersehbar hervortreten, beginnt die Verhandlungsphase, die oft aufreibende Arbeit an der Paarbeziehung, die Ihnen in Ihrer beider Individualität möglich ist.

In der Bindungsphase schließlich wendet sich ein Paar all den Fragen zu, die eine Heirat mit sich bringt.

Die ersten Monate des Beziehungsstadiums – die Plateauphase – sind besonders angenehm. Sie können zwischen dem Bedürfnis nach Nähe und Zusammengehörigkeit und dem Bedürfnis nach Freiheit und Unabhängigkeit ein zwangloses Gleichgewicht bewahren. In der Beziehungsphase schließen Sie sich emotional aneinander an. Sie empfinden Liebe und Anteilnahme. Gleichzeitig sind Sie noch nicht vollkommen gebunden. Noch können Sie gehen, wann Sie wollen. Sie haben die Möglichkeit, sich in die eigene Wohnung zurückzuziehen, wenn Sie verärgert sind. Noch können Sie sich in kleinen Flirts auf die Probe stellen, geheime Nischen in Ihrem Leben für sich reservieren, können testen, wie es ist, wütend zu sein oder nachzugeben. Die Beziehung hat sich auf ein glückliches Zwischenstadium eingependelt: Einerseits hat sich etwas Wichtiges entwickelt, andererseits ist es noch nichts Endgültiges. Manche Paare finden so viel Gefallen an diesem Zustand, daß sie dort endlos verweilen.

Sie haben beide viel von dem Perfektionismus abgelegt, der für die Zeit der Herausforderung charakteristisch war. Jetzt beschäftigen Sie sich eher mit der Zukunft der Beziehung als mit den Eigenschaften Ihres Partners. Sie genießen die emotionale Sicherheit des Plateaus.

Im sexuellen Erleben pendelt der Zeiger irgendwo zwischen schön und atemberaubend. Sie haben weniger Hemmungen voreinander, sind offener für Erkundungen und Experimente. Die Leidenschaft steht in voller Blüte, und die sexuelle Lust überdeckt die meisten Probleme, die es zwischen Ihnen gibt.

In der Frage, wie lange das Plateau dauert oder wie lange es dauern sollte, gehen die Auffassungen weit auseinander. Eine Ewigkeit, wünschen sich die meisten, sobald sie den richtigen Menschen gefunden haben. Dieser Wunsch wird nicht in Erfüllung gehen, aber es kann eine geraume Zeit andauern. Wenn Sie sich noch in der Ausbildung befinden, weit voneinander entfernt wohnen, noch nicht geschieden oder durch ähnliche

Lebensumstände eingeschränkt sind, kann sich das Plateau in die Länge ziehen.

Doch diese Phase zwischen Umschwung und Verhandlung kann auch sehr kurz sein. Mit wachsender Intimität lassen sich die Unterschiede zwischen Ihnen nicht mehr übersehen, und Sie sind gezwungen, sich mit ihnen auseinanderzusetzen. Dies ist beispielsweise der Fall, wenn Sie zusammenleben. Die Erfahrung des täglichen Umgangs durchstößt den Phantasiewall, den Sie um den Partner errichtet haben. Immer deutlicher zeigt sich der wirkliche Mensch. Ob es Ihnen gefällt oder nicht, Sie müssen die Verhandlungen aufnehmen.

Wie lange auch immer das Plateau anhält, ein Aspekt ist überaus wichtig: Viele Menschen entschließen sich in dieser Phase zu heiraten. Denn die Gefühle, die Sie während des Plateaus für Ihren Partner entwickeln, entsprechen genau den Empfindungen, die man nach weitverbreiteter, mit den romantischsten Bildern gefüllter Auffassungen genau dem Menschen entgegenbringen soll, den man heiraten will. Sie kommen immer besser miteinander aus, die sexuelle Leidenschaft hält an, und Sie wiegen sich noch immer in der Illusion, daß Sie wie füreinander geschaffen sind.

In gewisser Hinsicht bereitet uns die Gesellschaft auf eine Heirat während des Plateaus vor: Viele wachsen mit der Warnung auf, die ersten beiden Ehejahre seien die schwersten. Mit anderen Worten: Sie haben die Verhandlungs- und Bindungsphase noch vor sich, wenn Sie während des Plateaus heiraten.

Manche Menschen können mit Verhandlung und Bindung tatsächlich besser umgehen, wenn sie verheiratet sind. Sie sind sich Ihres Partners sicherer. Es steht mehr auf dem Spiel, so daß Sie beide eine größere Bereitschaft mitbringen, Ihre Konflikte zu lösen. Manchmal tragen die gesetzlichen und sozialen Verpflichtungen der Ehe dazu bei, daß die Beteiligten sich größere Mühe geben, ihre Differenzen zu klären und zusammenzubleiben.

Bei anderen Paaren bewirkt die Heirat während des Plateaus exakt das Gegenteil – ein böses Erwachen. Sie haben erwartet, diese schöne Zeit würde endlos fortdauern. Nun, da sich zeigt, daß Sie sich getäuscht haben, empfinden Sie die Veränderung als unerträglich. Verständnislos blicken Sie auf das Geschehen. «Alles war wunderbar, bevor wir geheiratet haben», sagen Sie, oder: «Ich hatte wohl eine falsche Vorstellung von ihr.» Manchmal bringt Sie die Heirat zu dicht zusammen, so daß Sie die Flexibilität nicht bewahren können, die erforderlich ist, um die Verhandlungsphase durchzuhalten. Anstatt die Sicherheit zur Klärung der Verschiedenheiten zu spüren, haben Sie Angst und fühlen sich in die Enge getrieben, wenn die Konflikte zutage treten.

Wer während des Plateaus heiratet – oder, noch impulsiver, im Stadium der Herausforderung –, ist häufig zu sehr auf das Ergebnis fixiert. Erst einmal wollen Sie heiraten. Über die Art der Beziehung können Sie sich später immer noch Gedanken machen. Manche Paare heiraten während des Plateaus, um die Angst und Mühsal zu beenden, die es kostet, eine Beziehung zu knüpfen. Leider gelingt es niemandem, diese Schwierigkeiten ganz zu umgehen.

Um ein Paar zu werden, müssen wir durch alle Phasen des Prozesses gehen, durch die positiven *und* die negativen. Im Idealfall durchleben wir jede bis zu einem gewissen Grad, bevor wir uns zur Ehe entschließen. Wenn Sie während des Plateaus heiraten, laufen Sie Gefahr, in der Ehe festzustellen, daß Sie mit jemandem zusammenleben, mit dem Sie keine vernünftigen Verhandlungen führen können. Möglicherweise verpflichten Sie sich dadurch zu einem Leben voller Enttäuschung und Leid. Das Risiko erscheint ein bißchen zu groß, nur um die Ringe zu tauschen.

Gerade mit der Auflösung der traditionellen Rollen wird es für die Partner immer wichtiger, daß sie sich vor der Ehe genügend Zeit für die Verhandlungsphase nehmen. Heute haben Paare mehr auszuhandeln.

Unsere Großeltern haben meist auf dem Plateau der Liebeswerbung geheiratet. Bis zu diesem Zeitpunkt hatten sie in der Regel nicht zusammengelebt und vielleicht nicht einmal miteinander geschlafen. Ihre Großmutter wird kaum mehrere Liebhaber gehabt und Ihren Großvater als den besten unter ihnen ausgewählt haben. (Und wenn sie es doch tat, wird sie es für sich behalten haben.) Bei der traditionellen Eheschließung

Ihrer Großeltern wußten beide, was von ihnen erwartet wurde. Die Frauen kochten, putzten, zogen die Kinder groß und kamen ihren sexuellen Pflichten nach. Die Ehemänner arbeiteten, trugen den Mülleimer hinaus, brachten ihren Söhnen einen festen Händedruck bei und schmusten mit ihren Töchtern, bis diese zu groß für Liebkosungen waren. Diese Ehepaare waren stabile Wirtschaftseinheiten mit einer effizienten Arbeitsteilung. Über Intimität machten sie sich weit weniger Gedanken als wir. Wenn meine Großmutter von meinem Großvater sprach, benutzte sie trotz der 55 Ehejahre seinen Nachnamen («Herr Silverstein sagt...»). Sie kannte ihre Rolle.

Wir dagegen kennen unsere Rollen nicht mehr. Die Frage ist offen und muß in den Auseinandersetzungen der Verhandlungsphase und im Prozeß der Bindung geklärt werden. Wenn Sie darüber sprechen, was Sie einander bedeuten, was Sie voneinander erwarten, warum Sie einander enttäuschen und wie Sie einander glücklich machen können, haben Sie mit den Verhandlungen begonnen.

Endlich eine Beziehung

Verhandlung: Der Schnittpunkt von Macht, Liebe und Wirklichkeit

P atrick und Susan sind verliebt. Bereits jetzt haben sie beschlossen, ihr erstes Kind nach dem Freund zu nennen, der sie zusammengebracht hat. Gleich beim ersten Treffen hat Patrick Susan erklärt, er wolle sie heiraten. Am folgenden Tag rief Susan ihre Mutter an und teilte ihr mit, sie sei «dem Mann ihres Lebens» begegnet.

Patrick und Susan nahmen sofort eine monogame, von festen Regeln bestimmte Beziehung auf. Sie kamen sich sehr rasch sehr nahe, ohne daß es Probleme gab. Susan verzichtete einfach auf ihr eigenes Leben und ihre Interessen, um jeden Konflikt mit Patrick zu vermeiden. Er begeistert sich für Eishockey und Skitouren und neigt dazu, aus seinem Leben einen einzigen Abenteuerurlaub zu machen. Susan kaufte sich eine Daunenjacke und stürzte sich entschlossen in das Frischluftvergnügen. Früher verbrachte sie ihre Freizeit mit Kitschromanen und Kinobesuchen. Das hat zwar Spaß gemacht, war aber ein einsames Vergnügen. Jetzt hat sie Patrick, und alles ist anders.

Um Patrick bei der Stange zu halten, hatte Susan sich völlig umgekrempelt. Und das funktionierte. Patrick war der Überzeugung, das «ideale Mädel» gefunden zu haben. Natürlich fühlte er sich betrogen, als Susan das neue Leben zu anstrengend wurde und sie mehr Muße verlangte. Schließlich hatte er sie nie zu seinen Unternehmungen gezwungen, oder? Sie hatten einfach gut zusammengepaßt. Er war begeistert von ihrer Aufgeschlossenheit gewesen, mit der sie ihm wie eine eifrige Schülerin gefolgt war, und hatte es genossen, ihr seine Welt nahezubringen. Aber schließlich sah Susan ein, daß ein Wochenende auf dem Eis etwas anderes war als ein ganzes Leben auf Schlittschuhen. Sie erklärte, daß sie hin und wieder eine Pause einlegen müsse.

Wenn wir die Masken, die wir in der Zeit der Herausforderung tragen, ablegen, um uns näherzukommen, ist die Enttäuschung oft genauso groß wie die Liebe.

Mildred und Thomas sind seit einem Jahr zusammen. Vom Heiraten war schon die Rede, wenn sie auch noch keine konkreten Pläne gemacht haben. Doch diese Gespräche sind nicht ohne Wirkung auf Mildred geblieben. Die Beziehung ist eine feste Größe in ihrem Leben geworden. Sie glaubt an eine gemeinsame Zukunft. Ihre Erwartungen beginnen sich zu verändern.

Anfangs, in der Zeit der Verabredungen, hatte Mildred nie irgendwelche Kritik an Thomas geäußert. Sie war damit einverstanden, daß er kam und ging, wie es ihm paßte, und sie in seine Pläne einbezog, wenn es ihm gefiel. Schließlich hatte er ja ihr gegenüber keine Verpflichtungen. In letzter Zeit hat sich ihre Einstellung verändert. Von einem festen Freund kann man doch mehr erwarten als gemeinsame Unternehmungen ab und zu, und ein zukünftiger Verlobter ist noch etwas viel Ernsthafteres. Mildred findet, Thomas müsse sie stärker an seinem Leben beteiligen. Natürlich kann er die Freitagabende mit seinen Freunden verbringen, keine Frage. Aber warum erzählt er nicht, wo sie gewesen sind? Sie weiß, daß er oft auf Geschäftsreisen ist. Doch ist es zuviel verlangt, daß er sie anruft, wenn er unterwegs ist? Und könnte er ihrem Sohn nicht ein kleines Geburtstagsgeschenk mitbringen, wenn er sie liebt? Kinder sind sehr empfänglich für kleine Gesten. Auf alle Kritik, die Mildred vorbringt, hat Thomas nur eine Antwort: «Ich liebe dich, aber mach mir keine Vorschriften!»

Mit dem Fortgang einer Beziehung steigen auch die Erwartungen. Was in der Zeit der Herausforderung vollkommen in Ordnung war, genügt Ihnen beiden jetzt nicht mehr. Ihre Erwartungen werden sich sicher nicht zur gleichen Zeit in die gleiche Richtung entwickeln. Wo sich Unterschiede zeigen, müssen Sie verhandeln.

Karen und Martin haben seit einem halben Jahr eine Liebesbeziehung wie aus dem Bilderbuch. Das Stadium der Herausforderung hatten sie nach einer Verabredung hinter sich gebracht, und wenn es überhaupt einen Umschwung gab, so haben sie ihn nicht bemerkt. Martin kann sein Glück nicht fassen. Er findet Karen schön, intelligent und tüchtig. Karen ergeht es mit Martin nicht anders. Sie hält ihn für einen der ganz seltenen Männer, die wirklich zuhören, wenn man mit ihnen redet. Letzte Woche haben sie beschlossen zusammenzuziehen. Seitdem sind sie auf Wohnungssuche. Dieses gemeinsame Vorhaben hat Unterschiede zwischen ihnen zum Vorschein gebracht, von denen sie keine Ahnung hatten.

Martin möchte ein kleines Haus mieten, möglicherweise mit einer Kaufoption. Es kommt ihm darauf an, daß das Objekt preiswert ist, auf die Wohngegend legt er weniger Wert. Karen würde gern ein größeres Apartment in dem exklusiven Hochhaus mieten, in dem sie wohnt. Was für Martin preiswert ist, ist in Karens Augen schäbig. Im allgemeinen zeigt Martin viel Verständnis für Karens Wünsche. Er hat genügend Geld, und wenn sie es in gepflegten Restaurants ausgeben will, hat er nichts dagegen. Doch in der Wohnungsfrage läßt er nicht mit sich reden. Er möchte seinen Grundsätzen treu bleiben. Abgesehen davon geht es sonst immer nach Karens Willen. Steht ihm nicht auch ein kleiner Sieg zu? Unterschiedliche Wertvorstellungen, unterschiedliche Prioritäten, dazu ein Vorstoß gegen die bestehende Verteilung der Macht – das sind die richtigen Voraussetzungen für den Beginn der Verhandlungsphase.

Alle drei Paare beginnen zu verhandeln, sich über die Beziehung zu einigen, die sie anstreben. Jeder der Beteiligten trägt seine eigenen Vorstellungen von der «richtigen» Vorgehensweise, der «richtigen» Art zu leben, der richtigen Art zu lieben, in die Beziehung hinein. In der Verhandlungsphase sondiert das Paar die Unterschiede in seinen Überzeugungen und Auffassungen und versucht, sich auf eine Reihe praktischer Grundsätze zu einigen.

Die Zeit der Herausforderung bringt, wenn sie günstig verläuft, die angenehme Erfahrung mit sich, nach und nach Gemeinsamkeiten zu entdecken. Die Verhandlungsphase dagegen ist der schwierige Prozeß, mit den Verschiedenheiten fertig zu werden.

Die Idealvorstellung, die Sie sich vom Partner gemacht haben, ist mehr und mehr der Kenntnis der wirklichen Person gewichen. Es ist wie beim Polaroid-Foto: Je mehr es sich entwickelt, um so schärfer werden die anfangs verschwommenen Umrisse. Je klarer das Bild, desto größer die Wahrscheinlichkeit, daß Ihnen nicht gefällt, was Sie sehen. Er ist nicht so geduldig oder so zugänglich, wie Sie angenommen haben. Sie ist nicht so lieb und selbstlos. Der smarte Geschäftsmann, der er zu sein schien, entpuppt sich als Fassade, und ihre Lebhaftigkeit legt sich mit der Zeit. Sie hat zwar von Anfang an gewußt, daß er hohe Unterhaltszahlungen leisten muß, aber jetzt stellt sie fest, daß er nie wieder aus seinen Schulden herauskommen wird. Ihm war klar, daß sie ihre Arbeit liebt, aber jetzt fühlt er sich vernachlässigt.

Seine Kinder, die zunächst nur in lustigen Anekdoten auftraten, die er zum besten gab, schränken nun seine Zeit und Aufmerksamkeit für sie erheblich ein. Ihre Fitnessbesessenheit hat anfangs nicht unwesentlich zu seinem sexuellen Vergnügen beigetragen, doch nun bringt sie ihn mit ihren Vorträgen über seine ungesunde Lebensweise zur Raserei.

Erst lieben Sie sich, können nicht genug voneinander bekommen, dann gehen Sie sich auf die Nerven. Das ist der Beginn der Verhandlungsphase.

Dieses Stadium der Auseinandersetzungen, das alle Erscheinungsformen von leichter Verstimmtheit bis zu offenem Kriegszustand annehmen kann, gehört zur natürlichen Entwicklung der Liebe. Diese Entwicklung hat nichts mit Auflösung zu tun, wenn es Ihnen auch im Moment so vorkommen mag.

Sehr häufig haben die Beteiligten in der Verhandlungsphase den Eindruck, als sei alle Leidenschaft dahin und durch Verwirrung oder einen unsicheren Frieden ersetzt worden. Das ist natürlich ein armseliger Ersatz. Wahrscheinlich frustriert oder erschreckt es Sie, daß die Leidenschaft schwindet. Machen Sie sich keine Sorgen. Sie ist nicht wirklich verschwunden, sie wird nur verdeckt von den Gefechten der Verhandlungsphase.

Irgendwann kehrt die Leidenschaft zurück, ebenso die Liebe. Sie werden dann nicht genau wissen, wie es kommt und was Sie dazu getan haben, daß sie wieder auflebt. Es erscheint Ihnen wie ein Wunder. Und in gewisser Weise ist es das auch, denn ausgerechnet in den schlechtesten Zeiten konsolidiert sich der Geist und die Verbundenheit der Beziehung. Die Verhandlungsphase ist eine notwendige schwierige Zeit, die Ihre Liebe und Zuneigung füreinander vertieft.

Sie sind ein Paar geworden. Jetzt gilt es, die Einzelheiten zu klären. In der Verhandlungsphase müssen Sie sich darüber einigen, *wie* Ihre Beziehung aussehen soll. Der Prozeß mag unbewußt bleiben, aber er findet statt. Für die Beteiligten kommt es in dieser Phase darauf an, mit der Wut fertig zu werden, die entsteht, wenn Sie sich Konflikten zuwenden. Einerseits wollen Sie nicht, daß der Zorn Sie beide auseinanderreißt, andererseits wollen Sie ihn nicht hinunterschlucken und sich von innen zerreißen lassen. Sie stehen vor der Aufgabe, die Balance zu finden.

Die Verhandlungsphase können Sie nicht überspringen, und mögen Sie sich beide noch so ähnlich sein. Das gehört zu den herben Tatsachen des Liebeslebens.

Partner, die in ähnlichen Verhältnissen mit ähnlichen Wertvorstellungen aufgewachsen sind, mögen es leichter haben als zwei Liebende, die aus ganz verschiedenen Welten stammen. Paare, in denen ein Partner oder beide konfliktscheu sind, werden ruhiger durch die Verhandlungsphase kommen als Paare, die zu heftigen Auftritten neigen. All das prägt den Stil der Verhandlungen – ihre Häufigkeit, Intensität, vielleicht auch Lautstärke. Ganz umgehen aber können Sie diese Phase nicht. Verhandlungen sind unvermeidlich, weil sich an einem bestimmten Punkt der Beziehung Ihre Art, einander zu sehen, radikal verändert.

Die Verhandlungen beginnen, sobald die Realität sich durchsetzt. Nicht umsonst heißt es, sie wirke wie eine kalte Dusche. Sie vertreibt das erste Liebesglück, weil

- Sie ein realistischeres Bild von Ihrem Partner gewinnen;
- er oder sie ein realistischeres Bild von Ihnen gewinnt;
- Sie beide nicht gerade begeistert sind von dem, was Sie sehen.

Verliebt in eine Phantasie

Der erste Aspekt der Realität, der sich durchzusetzen beginnt, ist das dämmernde Bewußtsein, wer Ihr Partner tatsächlich ist. Sie sind sich nun nahe genug gekommen, um sich zu erkennen.

Jede Beziehung beginnen wir mit einer bestimmten Vorstellung von unserem Partner. Je weiter die Liebeswerbung vorankommt, desto mehr entdecken wir den wirklichen Menschen. Die Lücke, die zwischen ihm und unserer Vorstellung klafft, ist die Entfernung, die wir in der Verhandlungsphase überwinden müssen.

In den hinter Ihnen liegenden Abschnitten der Wahl, der Herausforderung und des Plateaus konnten Sie sich in dem Glauben wiegen, Sie hätten ein klares Bild von Ihrem Partner. Tatsächlich hatten Sie nur ein Phantasiebild, eine Legende, die Sie sich selbst von dem Menschen, den Sie wählten, erzählt haben. Sie haben mit einer *Projektion* begonnen.

Wir fangen die Liebeswerbung alle mit einer Mischung aus Projektionen und Phantasien an. Sonst haben wir ja auch nichts, an das wir uns halten könnten. Leider sind wir meist nicht umsichtig genug, um unser Vorstellungsbild als Projektion oder Phantasie zu entlarven. Wir nehmen es für bare Münze.

Diese Phantasiegestalt lebt von Ihren Vermutungen über den Partner – wir stellen ständig Vermutungen über Menschen an. Sie vibrieren vor Erregung und meinen, jede Frau mit einem solchen Körper werde Sie Ihr Leben lang faszinieren. Sein Schweigen läßt Sie glauben, er sei ein profunder Denker; ihr beruflicher Erfolg zeugt in Ihren Augen von ihrem unabhängigen Geist. Sie meinen, daß jeder Mann, der bei seinen Kollegen ein so hohes Ansehen genießt, Ihre Achtung verdiene; daß jede Frau, die so kochen kann, sich ein Kind wünscht.

Auch wenn Ihre Gefühle nicht in solchen Höhen schweben, nehmen Sie den Partner verzerrt wahr. Sie haben einfach nicht genug Informationen, um sich ein vollständiges Bild zu machen. Die fehlenden Fakten ersetzen Sie durch Stereotypen, Projektionen und Vorurteile.

Es muß nicht immer enttäuschend sein, den Unterschied zwischen der Phantasiegestalt, in die Sie sich verliebt haben, und dem wirklichen Menschen zu entdecken. Manchmal verlieben wir uns in jemanden, den wir als kritisch oder hart wahrnehmen. Zu unserer Freude stellen wir fest, daß sich unter der rauhen Schale ein weiches Herz verbirgt. Oft zeigt der Partner eine Tiefe, die Sie nie vermutet, oder eine Kraft, die Sie vorher nicht bei ihm gespürt haben. Die Realität kann freudige Überraschung wie Desillusionierung sein.

Doch ungeachtet Ihrer Phantasien werden Sie anfangs dazu neigen, Ihren Partner zu idealisieren. Sie ist charmant, er mitreißend. Den ganzen Menschen zu sehen, hatten Sie noch keine Zeit.

Am Anfang einer Beziehung können wir den Partner nicht deutlich wahrnehmen, weil unser Wunschdenken uns blind macht. Wir sehen in dem anderen, was wir in ihm sehen wollen. Unsere Bedürfnisse, Sehnsüchte, ja die Liebe selbst erschweren es uns eine gewisse Zeit lang, vom Objekt unserer Empfindungen mehr als nur einen schwachen Umriß zu erkennen.

Diese Zeit beträgt gewöhnlich acht bis neun Monate. Natürlich kann sie auch viel länger dauern. Mancher wacht erst nach Jahren aus seinen Träumen auf. Und sie kann schneller verstreichen. Einige lassen sich schon in den Anfängen der Liebeswerbung nicht über die Realität hinwegtäuschen.

Manche Beziehungen sind der Entwicklung eines wirklichkeitsgetreuen Bildes weniger förderlich. Wenn die Beteiligten weit voneinander entfernt leben, brauchen sie unter Umständen nie auf ihre Phantasiebilder zu verzichten. Die Wirklichkeit hat kaum eine Chance, sich durchzusetzen. Wenn dagegen zwei gereifte Menschen mit ähnlichen Lebenserfahrungen, die sich nichts vormachen müssen, eine Beziehung eingehen, werden beide sehr früh einen zutreffenden Eindruck voneinander bekommen.

Im allgemeinen lassen sich die Phantasien und Projektionen der Liebeswerbung nur dann an der Wirklichkeit messen, wenn die Beteiligten genügend Zeit investieren. Sind Sie mit jemandem sehr häufig zusammen, haben Sie mehr Möglichkeiten, seine Stimmungen, Schwächen und Launen kennenzulernen. Sie bemerken, was er ißt, wie oft sie sich die Haare färbt. Bestimmte Verhaltensmuster werden erkennbar: Morgens ist er nicht ansprechbar; einen Tag, bevor sie ihre Periode bekommt, weint sie; nach jedem Gespräch mit ihrer Mutter ist sie zwanzig Minuten mit Vorsicht zu behandeln; wenn er mit seiner geschiedenen Frau zu tun gehabt hat, hat er für den Rest des Abends eine Wut auf alle Frauen; ohne die stundenlangen Telefonkonferenzen mit ihren Freundinnen ist sie nicht glücklich; er besteht darauf, für sich selbst zu bezahlen.

Je mehr Zeit Sie gemeinsam verbringen – was sowohl Wiederholung als auch Abwechslung bedeutet –, desto mehr Gelegenheiten haben Sie, ein realistischeres Bild vom anderen zu gewinnen. Aber es sind eben nur Gelegenheiten. Viele nutzen sie nicht, denn ihre Phantasien sind für sie bequemer und sicherer. Nehmen Sie sich Zeit für den Partner und zwingen Sie sich zu aufmerksamer Beobachtung. Vielleicht werden Sie alles liebenswert finden, was Sie entdecken, auf jeden Fall aber schärfen Sie damit Ihren Blick für die Realitäten. Die stärkste Verbundenheit entsteht, wenn Sie fähig sind, das zu lieben, was ist, nicht das, was Sie sich wünschen.

Noch ein weiterer Umstand ist dafür verantwortlich, daß an diesem Punkt der Beziehung in der Regel die Verhandlungsphase einsetzt: Wenn Sie sich nahe kommen, verändern Sie sich beide.

Wandlung durch Intimität

Wieso sind Sie und Ihr Partner in der privaten Sphäre Ihrer Beziehung ganz anders, als die Welt Sie sieht? Warum erscheint eine Beziehung Außenstehenden oft unerklärlich, während die Beteiligten mit ihr völlig zufrieden sind? Dieses geheimnisvolle Umschalten zwischen öffentlichem und privatem Selbst ist eine Wandlung, die durch Intimität hervorgerufen wird.

Wir gehen in unserem Leben nur mit sehr wenigen Menschen enge emotionale Bindungen ein. Unter den Hunderten oder Tausenden, mit denen Sie im Laufe Ihres Lebens irgendeine Form von Bekanntschaft schließen, wird sich höchstens ein halbes Dutzend solcher Beziehungen entwickeln lassen – vielleicht zu Ihren Eltern, Ihren Kindern, ein oder zwei sehr guten Freunden und zu den Partnern, die ihren Weg zusammen gehen.

Wenn Sie sich im Kontext dieser wenigen Beziehungen betrachten, dürfte eines deutlich sein: Für die, die Sie lieben, sind Sie ein anderer als für die Außenwelt, in der Sie sich sonst bewegen. Sie mögen ein umgänglicherer oder schwierigerer Mensch sein als der, den die Leute kennen. In der Öffentlichkeit sind Sie vielleicht ein strenger Vorgesetzter, dem es nur auf Effektivität ankommt, und zu Hause ein zärtlicher Spielgefährte für Ihre Kinder; Sie gelten als eine Frau von unerschütterlicher Selbstsicherheit, aber den wenigen, zu denen Sie Vertrauen haben, zeigen Sie sich in Ihren Zweifeln und schwachen Momenten.

Zu dieser Wandlung durch Intimität kommt es auf folgende Weise: Wenn Sie in eine Beziehung ein hohes Maß an Zeit, Zuwendung und Gefühlen investieren, überwinden Sie beide irgendwann die Grenzen Ihrer öffentlichen Identität, und das persönliche Selbst tritt mehr und mehr zutage.

Das verborgene Selbst mag ein Teil von Ihnen sein, mit dem Sie sich nie sehr eingehend beschäftigt haben. Es ist jener Teil, der sich in der Kindheit entwickelt hat. Die erste und prägendste Beziehung ist die zu unseren Eltern. Alle tragen wir in unsere Liebesbeziehungen das Lebensmuster und die Überzeugungen aus jenen primären Bindungen hinein. Das geschieht nicht bewußt. Man nimmt sich nicht vor, sich so zu verhalten, als sei die Freundin die Mutter oder der Freund der Vater. Das sind Gefühle und Reaktionen, die tief in unserer Psyche vergraben liegen.

Den Umgang mit Nähe, Liebe, Abhängigkeit, Zuwendung, Wut, Sexualität, Akzeptanz, Ablehnung, Grenzen – mit allen Facetten der Intimität – lernen wir zunächst in der Familie, aus der wir stammen. Konflikte zwischen Partnern entstehen, weil jeder ein anderes, in einer anderen Familie erworbenes Bündel von emotionalen Bedürfnissen, Ängsten und Erwartungen mit sich herumträgt. Betrachten wir ein Beispiel:

Nach acht Monaten fühlen sich Ben und Margret als Paar. Sie nehmen ihre Beziehung ernst. Freunde fangen an, sie nach der Hochzeit zu fragen. In letzter Zeit ist Margret allerdings auf ein Problem gestoßen. Ben neigt dazu, sie in der Öffentlichkeit aufzuziehen. So läßt er sich bei Freunden über ihre törichten politischen Auffassungen oder ihre «Schwatzsucht» aus. Das geschieht zwar stets mit einem liebevollen Lächeln, aber es mißfällt Margret. Sie erwartet Liebe und keine Kritik. Allmählich wird sie wütend und stellt Ben zur Rede, als sie allein sind. Er sagt, sie solle nicht so empfindlich sein. Sie hält ihm vor, sein Spott sei feindselig. Er entgegnet ihr, sie solle mit dem Psychologisieren aufhören. Jeder hat Schwierigkeiten, den anderen zu verstehen. Margret fragt sich, ob Ben vielleicht doch nicht so umgänglich ist, wie sie zuerst gedacht hat. Ben findet Margret unsicher. Sie streiten sich.

Was verbirgt sich hinter diesen Differenzen? In der Familie, in der Ben aufgewachsen ist, werden Ärger und Zuneigung im selben Atemzug ausgedrückt. Ständig ziehen sich die Familienmitglieder auf. Die Tischgespräche sind gespickt mit kaum verschleierten Herabsetzungen. Wenn Bens Eltern einander oder eines der Kinder kritisieren wollten, machten sie meist vor der ganzen Familie eine ironische Bemerkung. Alles lachte, aber derjenige, auf den die Kritik zielte, verstand, was gemeint war. Automatisch bediente sich Ben Margret gegenüber der gleichen Technik, die seine Eltern ihm gegenüber angewandt hatten.

Margret war entsetzt. In ihrer Familie durfte niemand etwas Negatives sagen. Es war eine freundliche Familie. Alle waren lieb zueinander, was auch immer sie gerade empfanden. Margret war ein braves Mädchen, das seinen Eltern «keine Sorgen machte». Nie erhoben Vater und Mutter die Stimme, zumindest nicht vor den Kindern. Alle Spannungen in ihrer Beziehung wurden unter den Teppich gekehrt.

So ist es nur zu verständlich, daß sich Ben und Margret in den Haaren lagen. Ben brachte seine Kritik in der verschleierten, neckenden Form vor, die er zu Hause gelernt hatte, während Margret übermäßig gekränkt reagierte, weil ihre familiären Erfahrungen mit Intimität sie gelehrt hatten, daß jegliche Kritik tabu sei.

Wenn die Partner erkennen, daß ein Problem, vor dem sie gerade stehen, seine Wurzeln in früheren Erlebnissen hat, sind sie auf dem besten Weg, es zu lösen. In dem geschilderten Fall konnte Ben einsehen, daß Margret tief gekränkt war und daß es bessere Möglichkeiten gibt, Unzufriedenheit mitzuteilen, als die vor anderen inszenierte Ironie seiner Eltern. Margret lernte, offener mit dem Ausdruck negativer Gefühle umzugehen, als es ihr in der Kindheit beigebracht worden war. Beide konnten sich gemeinsam weiterentwickeln und eine Beziehung schaffen, die zwar auf vergangenen Erfahrungen errichtet ist, aber den Erfordernissen der Gegenwart gerechter wird.

Es ist schwer, die Wurzeln von Konflikten einer gegenwärtigen Beziehung in den Einstellungen zu entdecken, die man in der Herkunftsfamilie gelernt hat. Dazu ist ein hohes Maß an Selbsterkenntnis und die nüchterne Prüfung liebgewordener Vorstellungen und Verhaltensweisen erforderlich. Am meisten hindert uns dabei unsere unumstößliche Überzeugung, daß alles, was wir brauchen, was wir tun, was wir glauben, *richtig* sei.

Herbert kommt aus einer Familie, in der alle lachen, lärmen, schreien und ihren Gefühlen freien Lauf lassen, wenn sie wütend sind. Über Andreas Familie senkt sich ein dreitägiges tödliches Schweigen herab, wenn es ein Problem gibt. Bei einem Streit pflegt Herbert zu schreien, während Andrea sich zurückzieht. Jeder meint, mit dem anderen lasse sich nicht reden. Wer hat recht?

Edgar hat Eltern, die ihn über jeden seiner Schritte ausgefragt haben. Er haßte ihre Einmischungen und entwickelte als Jugendlicher immer perfektere Methoden, sich ihrer Neugier zu entziehen. Als Ingrid einmal völlig harmlos fragt: «Wie war es heute?», reagiert Edgar, als führe sie sich wie der Großinquisitor auf. In Ingrids Familie berichtete jeder begeistert und in allen Einzelheiten, was er getan hatte. Alle ließen sich genußvoll und ausführlich über jedes Ereignis, jede Entscheidung aus. Edgar fragt sie kaum jemals nach irgend etwas. Interessiert er sich nicht für sie? Ingrid fragt ihn nach allem und jedem. Er überlegt, ob sie kein Vertrauen zu ihm hat. Wer hat recht?

Noch heute läßt Berts Mutter ihren Sohn nicht gehen, ohne ihm zumindest einen liebevollen Klaps zu versetzen. In seiner Familie berührte, umarmte und küßte jeder jeden. Seine Eltern halten immer noch Händchen, wenn sie zusammen im Auto fahren oder spazierengehen. Bert hat diesen körperlichen Ausdruck von Zuneigung nie in Frage gestellt. So zeigt man seine Liebe eben.

Versucht er es bei Gina, entzieht sie sich. Es ist ihr unangenehm, wenn er ihren Arm umklammert. So etwas würde ihr Vater niemals tun. In ihrer Familie hat man sich auch geliebt, aber man hat sich nicht in aller Öffentlichkeit «betätschelt». Das ist würdelos. Für sie verliert Bert viel von seiner Anziehungskraft, wenn er sich so verhält. Er wirkt dann schwach und unmännlich. Bert fühlt sich immer häufiger zurückgestoßen. Gina erscheint ihm kalt und abweisend. Wer hat recht?

Natürlich hat in den geschilderten Situationen niemand recht oder unrecht. Die Partner haben unterschiedliche Arten von Intimität gelernt. Leider denken wir in solchen Intimitätskonflikten unwillkürlich, daß wir recht haben. In der Regel glauben Sie, daß Ihre Annahmen, Ihre Bedürfnisse absolut angemessen sind. Ihr Partner erscheint Ihnen plötzlich fehlgeleitet, unreif, ungebildet und völlig im Unrecht.

Die Wandlung durch Intimität zeigt Ihnen also den Partner und – wenn Sie bereit sind hinzuschauen – auch die eigene Person in einem ganz neuen Licht. Das liegt nicht nur an der zusätzlichen Information, die Ihnen zur Verfügung steht, weil Sie mehr Zeit miteinander verbringen, sondern auch daran, daß Sie jetzt anders miteinander umgehen.

Wahrscheinlich wird es charakteristische Unterschiede zwischen Ihrer Einstellung zur Intimität und der Ihres Partners geben. Deshalb müssen Sie eine gemeinsame Basis finden, eine Art entmilitarisierter Zone. Die Suche nach so einem Treffpunkt ist Aufgabe der Verhandlungsphase.

Die Überwindung des Wuttabus

Eine Faustregel, in der eine der weniger erfreulichen Tatsachen des Lebens enthalten ist, lautet: Solange Sie nicht wütend auf Ihren Partner gewesen sind, sind Sie ihm nicht nahe. Ohne Wut keine Intimität.

Doch so natürlich die Wut auch ist, nicht weniger natürlich ist es, sie zu fürchten. Kaum einer vermag mit ihr umzugehen. Die meisten fressen sie in sich hinein, einige lassen sich von ihr hinreißen. Wenn Sie oder Ihr Partner eines der folgenden Muster wiedererkennen, könnten Probleme im Umgang mit Wut die Ursache sein.

● Äußerlich scheint Ihre Beziehung in Ordnung zu sein, aber im Inneren mangelt es ihr an irgend etwas. Sie vermissen das Gefühl der Nähe, der Verbundenheit. Woher das kommt, können Sie nicht sagen. Manchmal scheint Ihr Partner weit fort zu sein.

- Es widerstrebt Ihnen, ein Problem direkt anzusprechen. Sie ärgern sich, daß er soviel fernsieht oder daß sie Ihre Freunde nicht zu mögen scheint. Trotzdem beschließen Sie, sich damit erst «nach der Hochzeit» auseinanderzusetzen.

- Sie glauben, daß jemand, der Sie wirklich liebt, nicht auf Sie wütend sein kann. Er oder sie würde Sie so akzeptieren, wie Sie sind.

- Jede Erörterung unangenehmer Themen gerät außer Kontrolle. Ganz gleich, wie vorsichtig Sie (oder Ihr Partner) ein Problem ansprechen, stets kommt es zu einem Zornesausbruch. Einer von Ihnen brüllt, droht oder wirft Tassen an die Wand.

- Sie oder Ihr Partner neigen dazu, Konfrontationen auszuweichen. Sie sprechen tagelang nicht mit ihm, sind beleidigt, verlassen während eines Streites das Zimmer oder die Wohnung.

- Einer von Ihnen greift zu körperlicher Gewalt, mag es auch eine noch so leichte Form und unabsichtlich sein.

Die Wut und alle ihre Verwandten – Frustration, Ärger, Gereiztheit, Treuebruch – sind wesentliche Elemente der Intimität. Nur aus einer Beziehung, die sich der Wut gewachsen zeigt, kann Liebe entstehen. Die Partner können sich nur nahe kommen, wenn sie ihre Wut zum Ausdruck bringen dürfen.

Natürlich schreiben wir der Liebe in unserer Vorstellung ganz andere Eigenschaften zu – Verständnis, Wärme, Mitgefühl, Lust. Wer sagt schon: «Ich liebe meinen Partner sehr, aber von Zeit zu Zeit möchte ich ihn umbringen.»

Theoretisch mag es Ihnen klar sein, daß Sie hin und wieder wütend auf Ihren Partner sein werden. Die meisten Menschen wissen, daß ein Zusammenleben ohne Reibungen nicht möglich ist. Doch dabei stellen wir uns eine höfliche und vernünftige Art von Wut vor, eine Unstimmigkeit, die man in einer «guten Beziehung» aus der Welt schafft, indem man sich zusammensetzt und das Problem nach Art zivilisierter Menschen bespricht. Man klärt die Unstimmigkeit mit «angemessenen Kommunikationstechniken», und das Paar rückt auf dem Spielbrett der Intimität ein Feld vor.

Gelegentlich geht das tatsächlich. Die Fähigkeit, Gefühle und Gedanken auszudrücken, um sie auf bereitem Boden wurzeln zu lassen, ist das Kennzeichen funktionierender Kommunikation. Ohne sie lassen sich Konflikte nicht austragen.

Häufiger jedoch findet keine so rationale Auseinandersetzung mit der Wut statt. Nur ein zorniges Gebrüll ertönt, weil ein unabsichtlicher Schlag einen lang verborgenen wunden Punkt getroffen hat. Der Vorgang ängstigt beide Partner, den wütenden und das Objekt der Wut. Sie sind entsetzt. Unter Umständen bleibt die Ursache ein Rätsel («Hat er sich wirklich so aufgeregt, nur weil ich mich ein bißchen um seinen Cousin gekümmert habe?»), während die Heftigkeit erschreckend ist («Klar, ich habe mich wieder verspätet, aber deswegen eine solche Szene auf der Straße zu machen!»). Was auch immer die Wut hervorruft, in ihren Auswirkungen geht sie über den ursprünglichen Anlaß hinaus.

Die Beteiligten müssen sich mit diesem Anlaß auseinandersetzen: «Ich bin wütend, weil du gesagt hast, du rufst um sechs an, und dann habe ich den ganzen Abend am Telefon gesessen.» Durch all die Abwehrreaktionen, die diese Bemerkung hervorruft – «Ich bin aufgehalten worden. Außerdem habe ich gesagt: ‹So gegen sechs.› Ich kann dich nicht über jede Stunde meines Lebens auf dem laufenden halten» –, müssen sie sich einen Weg bahnen. Wenn der Auftritt eskaliert, überhäufen sich die Partner, die dabei sind, das Ausmaß ihrer Rechenschaftspflicht abzugrenzen, mit Beschuldigungen: «Du bist entsetzlich unverantwortlich / unreif.» – «Du läßt mir so wenig Freiheit, daß ich nicht mehr atmen kann.»

Das Resultat einer solchen Konfrontation kann eine offene Verhandlung über Rechenschaftspflichten sein. Ist die Wut erst einmal zum Ausdruck gebracht («Ich mag es nicht, wenn man mich warten läßt») und der Konflikt ermittelt («Ich möchte niemandem Rechenschaft ablegen müssen»), haben die beiden die Tür zu einem Gespräch aufgestoßen. «Wie kannst du genügend Freiheit bekommen, ohne daß ich wie eine Närrin in Ungewißheit schwebe?» – «Welchen Grad von Verläßlichkeit brauchst du?» Solche Fragen müssen Paare ständig aushandeln.

Aber das macht angst. Wer seine Wut zum Ausdruck bringt, der kehrt einen Konflikt hervor. Mit offenen Bekenntnissen gehen Sie an diesem Punkt der Beziehung eine Reihe von Risiken ein:

- Sie riskieren, die Illusion zu zerstören, daß die Beziehung wunschlos glücklich sei. Wenn Sie Ihre Wut zum Ausdruck bringen, untergraben Sie den Mythos, Sie und Ihr Partner befänden sich im Zustand der Vollkommenheit.
- Sie riskieren, sich dem Partner als unselbständig, schwierig, abhängig, eifersüchtig oder von irgendeiner anderen unattraktiven, wenn auch menschlichen Seite zu zeigen.
- Sie riskieren, das Boot zum Kentern zu bringen. Vielleicht kommt Ihr Partner zu dem Ergebnis, daß ihm die Beziehung soviel Ärger nicht wert ist.

Offenheit kann dazu führen, daß der Partner Sie ablehnt. Dabei haben Sie sich die größte Mühe gegeben, die charmante Frau, der verführerische Mann schlechthin zu sein. Es kann Ihnen passieren, daß Sie erstarren, hin- und hergerissen zwischen der Überzeugung, nicht kneifen zu dürfen, und der Angst, sich als Ungeheuer zu offenbaren.

Das Ergebnis läßt sich in vielen Fällen vorhersagen: Einer oder beide verbergen ihre Gefühle. In der Hoffnung, daß sich die Schwierigkeiten «von alleine legen», ignorieren Sie die Unterschiede. Die Verhandlungen werden vertagt, weil Sie Angst haben, Ihre Probleme zu benennen. Sie sind Opfer des Wuttabus.

Frauen sind von diesem Tabu häufiger betroffen als Männer. Sie haben auf Grund ihrer Erziehung mehr Widerstände gegen aggressives Verhalten, und die Äußerung von Wut ist ein aggressiver Akt. (In Anlehnung an die Feministin Gloria Steinem könnte man sagen: «Ein Mann ist aggressiv, wenn er einen Krieg beginnt, eine Frau, wenn sie den Mann hinhält.») Zudem haben Frauen oft das Gefühl, daß es ihre Aufgabe sei, die Beziehung zusammenzuhalten – nicht unbedingt um ihrer eigenen Vorteile willen, sondern «damit er bei mir bleibt». Wut löst Trennungsängste aus.

Viele Frauen, die das Bedürfnis spüren, ihren Gefühlen Geltung zu verschaffen, haben in der Zeit der Herausforderung keine Probleme damit. In den ersten Monaten – oder Wochen, je nach Dauer dieses Stadiums – können Frauen ihren Ärger sehr direkt artikulieren. Sie sind oft stolz darauf, daß sie sich von keinem Mann «unterbuttern» lassen. Sie legen Wert auf ihre Unabhängigkeit und Selbstachtung. Das Autonomiegefühl, das dieser Einstellung zugrunde liegt, beginnt jedoch allzu oft zu bröckeln, sobald sie sich als Teil einer Zweierbeziehung verstehen.

Ungeachtet aller Risiken ist der Ausdruck von Wut in einer Beziehung notwendig, weil

- Wut ein normales menschliches Gefühl ist und Sie wissen müssen, ob Ihre Beziehung sie aushält;
- Wut Unterschiede deutlich macht, so daß das Paar auf eine direkte Weise mit ihnen umgehen kann;
- Sie lernen müssen, sich darauf einzustellen, wie jeweils der andere negative Gefühle ausdrückt.

Sie können das Risiko, das in der Äußerung von Ärger liegt, verringern, indem Sie sich mit den Möglichkeiten der Verhandlungsphase anfreunden. Verhandlungen, die zu guten Ergebnissen führen, können die Wut von ihrem Tabu befreien.

Ein Verhandlungsratgeber

Roger Fisher und William Ury von der Harvard University, Mitarbeiter an einem Forschungsprojekt über den Verlauf von Verhandlungen und Autoren des Buches «Sachgerecht verhandeln, erfolgreich verhandeln», erklären: «Die Verhandlung ist ein Prozeß wechselseitiger Kommunikation mit dem Ziel, eine gemeinsame Entscheidung zu erreichen.» Für Tina, 33, eine Veteranin der Liebeswerbung, die so viele Beziehungen wie Trennungen hinter sich hat, ist Verhandlung «der Übergang von den Komplimenten zu den Problemen».

Ganz gleich, welcher Definition Sie zuneigen, Sie lassen sich auf einen Kommunikationsprozeß ein, wenn Sie verhandeln. Letztlich ist es nicht Ihr Ziel, zu strafen, lange Debatten zu führen, Ihre Kräfte zu messen, die Oberhand zu gewinnen, obwohl alle diese Gefühle und Absichten Elemente des Prozesses sein können. Letztlich ist es Ihr Ziel, *eine Lösung herbeizuführen*.

Der erste Schritt zur Lösung eines Problems ist, es zu erkennen. Dazu müssen Sie das Wuttabu so weit überwinden, daß Sie Ihre Unzufriedenheit vorbringen können. Es ist nicht nötig, daß Sie aus der Haut fahren, toben, einschnappen, schmollen oder Teller an die Wand werfen, um deutlich zu machen, was Sie wollen. Sie brauchen nur den Mut, sich mit dem Problem zu konfrontieren und Ihre Gefühle direkt zu äußern. Sagen Sie: «Ich möchte mit dir sprechen über... Ich bin ärgerlich über... Ich werde wütend, wenn du... Ich mag nicht...»

Sodann müssen Sie sich auf die möglichen Reaktionen Ihres Partners einstellen. Es erschreckt ihn (oder Sie, wenn Sie angesprochen sind), sich der Wut zu stellen. Wut beschwört die Gefahr einer Trennung herauf. Sie hört sich wie ein Angriff an, mögen Sie sie auch noch so vorsichtig formulieren. Automatisch reagieren die meisten Menschen auf eine Bedrohung oder einen Angriff mit Abwehr. Wenn Sie sich wehren, sind Sie nicht an Kompromissen oder Inhalten interessiert. Es geht Ihnen nur noch um Selbsterhaltung.

Dieser Kreislauf von Angriff und Verteidigung kann ein zentraler Stockungspunkt der Verhandlungsphase sein. Und das kann wie im folgenden Beispiel aussehen:

Er kommt zu spät.

Sie sagt nichts, schmollt, zieht sich zurück, läßt ein paar spitze Bemerkungen fallen. Sie setzt alle Signale ein, die ihr zur Verfügung stehen, um ihren Ärger rüberzufunken, ohne ihn zu artikulieren. Sie möchte sehen, ob er aufmerksam genug ist, ob er genug Interesse an ihr hat, um nachzufragen. Schließlich tut er es.

Er: Was hast du?
Sie: Nichts.

Dieser Wortwechsel wird jeden entmutigen, der es nicht gelernt hat, mit Muffeln und Mimosen umzugehen, und nicht weiß, daß man ihnen gut zureden muß, um sie zu Äußerungen über sich zu bewegen.

Er: Na, sag schon, Süße, ich seh doch, daß bei dir irgendwas nicht stimmt.

In dieser Weise fährt er fort, bis er entweder verärgert aufgibt (dann sind sie beide eingeschnappt) oder sie sich überwindet und sagt, was sie verstimmt hat.

Sie (vorwurfsvoll oder gekränkt): Du hast dich verspätet. Dabei weißt du, daß ich das nicht ausstehen kann. Es macht dir anscheinend Spaß, mich warten zu lassen. Das brauchst du, um dein Ego zu polieren.

Er wird angegriffen. Wohl kaum einer wird in dieser Situation fähig sein, den Wahrheitsgehalt in den Vorwürfen des anderen anzuerkennen. Statt dessen geht er entweder zum Gegenangriff über: «*Mein* Ego? Und was ist mit deinem unstillbaren Bedürfnis, Komplimente zu hören? Nur zu, reden wir über Egos!» – oder in die Defensive: «Hör mal, ich kann nicht mit dem Glockenschlag Feierabend machen. Das war eine wichtige Sache.»

In beiden Fällen führt die Erörterung des Problems in eine Sackgasse. Vielleicht steigert sie ihre Wut, damit er endlich von ihren Gefühlen Kenntnis nimmt, oder er steigert seine Wut, damit sie zurücksteckt.

In der Verhandlungsphase müssen die Beteiligten zunächst ein System entwickeln, das ihnen ermöglicht, ihre Wut auf eine sichere Weise auszudrücken, die die automatischen Abwehrreaktionen dessen überwindet, auf den sich die Wut richtet. Voraussetzung ist, daß Sie bereit sind, sich auf Ihre Wut einzulassen und nach einer Form des Ausdrucks zu suchen, die einer beiderseitig befriedigenden Lösung des Problems förderlich ist. Sie erreichen nichts mit Ihrer Wut, wenn Sie Ihrem Partner nur eins auswischen wollen, wenn es lediglich um einen verdeckten Liebestest geht oder wenn Sie die Wut auf Ihren Chef an Ihrer Freundin auslassen. Alle diese Gründe dürften manchmal für Ihre Wut oder die Ihres Partners verantwortlich sein, aber sie haben wenig mit der Lösung eines Problems zu tun.

Viele Techniken können dem Paar helfen, den Ausdruck von Wut sicherer zu machen. Sie müssen lernen, welche Zeit, welcher Ort und welcher Stil am besten geeignet ist, sich über negative Gefühle zu verständigen.

Bei manchen Menschen spielt die Wahl des Zeitpunktes eine große Rolle. Mit meinem Mann kann ich kein Problem am Morgen besprechen. Die kleinste Klage empfindet er als vernichtenden Angriff, wenn er sie vor dem Mittagessen zu hören bekommt. Ich kann nicht immer darauf Rücksicht nehmen, weil ich ungeduldig bin und Schwierigkeiten habe, meine Gefühle unter Kontrolle zu halten. Doch wenn es um ein wichtiges Problem geht, gedulde ich mich meistens, bis ich weiß, daß er mir mit mehr Verständnis zuhört.

Manche Menschen mögen es nicht, wenn man sie während des Essens oder gleich beim Nachhausekommen mit Problemen überfällt. Manche Frauen versuchen, einen Konflikt anzusprechen, während ein Pokalspiel im Fernsehen läuft, und manche Männer leiten eine Verhandlung ein, während die Frau sich mit einem schreienden Kind beschäftigt. Es ist töricht zu erwarten, daß Gefühle unter solchen Bedingungen hinreichend gewürdigt werden.

Paartherapeuten empfehlen in Fällen, in denen Partner Schwierigkeiten haben, Probleme zum natürlichen Zeitpunkt – also im Moment ihres Aufkommens – zu diskutieren, die Vertagung auf einen bestimmten Termin. Sie legen das Gespräch beispielsweise auf den nächsten Dienstag abend fest. Dabei einigen Sie sich auf die Regel, daß jeder die Klagen des anderen ohne Widerspruch und Verteidigung aufnimmt. Einziges Ziel ist, daß man Ihnen zuhört und Sie versteht.

In einem Interview mit dem Journalisten Darrell Sifford verriet der bekannte Psychiater O. Spurgeon English ein Geheimnis seiner mehr als fünfzig Ehejahre. Er hat mit seiner Frau folgendes Abkommen: Wenn einer von ihnen das «Zauberwort» ausspricht, muß der andere zuhören, ohne den Sprechenden zu unterbrechen, und danach drei Minuten warten, bevor er antwortet. Mit Hilfe dieser Technik, so English, ließen sich schwierige Probleme ansprechen, ohne daß sogleich Abwehr mobilisiert werde. Leser, die sich für die Verhandlungsstrategien anderer Paare interessieren, seien auf das Buch «Streiten verbindet» des Psychologen George Bach verwiesen.

Auch den Ort gilt es zu bedenken, wenn Sie vorhaben, ein Problem anzusprechen. Das Bett ist dazu ungeeignet, desgleichen ein Anruf bei Ihrem Partner im Büro. Wenn Sie beide an einem System arbeiten, wird es Ihnen immer leichter fallen, passende Situationen zu erkennen.

Der dritte Faktor einer erfolgreichen Methode zur Lösung von Problemen ist der Stil, die Art, wie Sie Ihre Wut zum Ausdruck bringen. Wie oben erwähnt, werden Sie sich zunächst an eine Form halten, die Sie in Ihrer Familie gelernt haben. Wenn man dort zu schreien pflegte, schreien Sie auch. Wenn Ihre Mutter laut wurde und Ihr Vater sich in den Keller verzog, werden Sie möglicherweise dieses Muster unbewußt in der eigenen Liebeswerbung zu wiederholen suchen. Sie müssen beide lernen, des anderen Mundart bei der Äußerung von Wut zu verstehen. Wahrscheinlich muß jeder seinen Stil verändern, um dem Partner einen klareren Empfang zu erleichtern.

Sobald Sie herausgefunden haben, welche Zeit, welcher Ort und welcher Stil einer Verständigung am dienlichsten ist, können Sie beginnen, über den Konflikt zu verhandeln, in dem es um unterschiedliche Bedürfnisse geht. Anfangs sind Sie vielleicht nicht in der Lage, ihn zu erkennen. Statt dessen werden Sie wahrscheinlich Ärger spüren, den Sie als berechtigt ansehen, weil der Partner Sie durch sein «falsches Verhalten» gekränkt oder schlecht behandelt hat. Sie sind von seiner Unzuverlässigkeit betroffen. Sie hilft Ihnen nicht, Ihre Wohnung aufzuräumen, was für eine gute Freundin doch selbstverständlich sein müßte. Sie erzählt Ihnen nicht, was sie tut, wenn sie nicht mit Ihnen zusammen ist. Er will sich auf keine Pläne einlassen, die weiter als zwei Tage reichen.

Der nächste Schritt besteht darin, sichtbar zu machen, auf welches Problem der einzelne Anlaß zur Wut sich gründet. Sie will nicht aufräumen, er nicht planen? Der Konflikt betrifft die unterschiedlichen Erwartungen, die beide an die Rolle der Freundin oder des Freundes stellen. Sobald Sie sich nicht mehr übers Aufräumen oder Planen unterhalten, sondern über unterschiedliche Erwartungen, hat die Verhandlung Aussicht auf Erfolg.

Fisher und Ury beschreiben diesen ersten Schritt der Konfliktlösung als «Trennung der Personen vom Problem». Das ist die Formulierung der Verhandlungsspezialisten für unser Motto «Nehmen Sie es nicht persönlich». Gemeint ist, daß Sie unterscheiden müssen zwischen Ihrer Kränkung, Enttäuschung, Ihrem verletzten Stolz und Ihrer Ängstlichkeit auf der einen und dem grundlegenden Problem auf der anderen Seite, das durch den Zusammenprall verschiedener Erwartungen entsteht. Nur zu oft bleiben wir in unseren Gefühlen stecken, in dem Bemühen, sie ruhigzustellen, anstatt auf das eigentliche Problem einzugehen.

Der größte Feind einer Trennung von Person und Problem ist die *Schuldzuweisung*. («Ich bin wütend, weil du dich weigerst, Pläne zu machen. Du willst keine Pläne machen, weil du ein egoistisches Kind bist, das...» – «Ich bin wütend, weil du mir nicht beim Aufräumen hilfst. Du willst mir nicht beim Aufräumen helfen, weil du eine verwöhnte Prinzessin bist, die...») Schuldzuweisungen können Ihnen das angenehme Gefühl geben, im Recht zu sein, sie helfen Ihnen aber nicht, strittige Fragen auszuhandeln.

Solange Sie darauf fixiert sind, Ihrem Partner die Schuld zu geben, bleiben Sie für eine ganze Skala potentieller Fehleinschätzungen und Mißverständnisse zugänglich. Bei Schuldzuweisungen spielen Sie sich als Gedankenleser auf: «Du behandelst mich so, weil du keine Achtung vor Frauen hast.» Sie beschneiden sich selbst in Ihren Möglichkeiten, die Situation zu verändern: «Wir können nicht glücklich sein, bis *du* aufhörst...» Dem Partner, gegen den sich die Vorwürfe richten, bleibt nichts anderes übrig, als sich zur Wehr zu setzen. Er oder sie muß sich verteidigen, muß beweisen, daß Sie im Unrecht sind, um sich zu schützen.

Die meisten verfallen in solche Vorwürfe, weil sie das Gefühl haben, im Recht zu sein. Doch Rechthaben spielt keine Rolle, wie Ury und Fisher zeigen. Schuldzuweisungen bringen die Verhandlungen nicht voran, selbst wenn sie berechtigt

sind. Dabei merken Sie es oft selbst nicht, daß Sie sich vorwurfsvoll verhalten. Einige typische Anzeichen:

- Sie sagen «du» statt «ich». Zum Beispiel: «Du warst gemein» oder «Du hast dein Versprechen nicht gehalten»,
  statt «Ich bin gekränkt» oder «Ich habe etwas anderes erwartet». Sie können nicht falsch liegen, wenn Sie eigene
  Erfahrungen beschreiben, doch Sie bewegen sich auf unsi-
  cherem Gelände, sobald Sie versuchen, die Erfahrungen des
  anderen zu benennen.
- Sie können den Standpunkt des Partners nicht artikulieren.
  Statt dessen halten Sie sich an eine bequeme Theorie, nach
  der der Partner entweder schlecht ist («Er ist total ichbezo-
  gen») oder dumm («Sie argumentiert völlig irrational»).
  Wenn Sie sich auf diese Hypothese stützen, hören Sie nicht
  zu, sondern machen dem anderen Vorwürfe.
- Sie fühlen sich hilflos. Sie scheinen keinerlei Einfluß auf die
  Situation zu haben, weil Sie nicht die Ursache des Problems
  sind. Abermals haben Sie nicht versucht, den Konflikt zu
  erkennen, sondern sind zu dem Schluß gekommen, daß der
  andere die Schuld trägt.

Sobald Sie erkannt haben, daß das Problem nichts mit den persönlichen Gefühlen zu tun hat, sind nach Ury und Fisher drei
weitere Schritte notwendig, um den Konflikt zu lösen. Alle
drei haben das gleiche Ziel: Sie sollen Ihre Aufmerksamkeit
und die Ihres Partners auf praktikable, kreative Möglichkeiten
lenken, über Unterschiede zu verhandeln und der Neigung zu
widerstehen, sich auf rechthaberische Positionen zurückzuziehen, die eine Lösung unmöglich machen.

Bleibt noch ein wichtiger Punkt zu erwähnen. Ziel von Verhandlungen im Rahmen der Liebeswerbung ist nicht der Sieg,
sondern ein Kompromiß. Wenn Sie gewinnen und Ihr Partner
verliert, verlieren auch Sie. Geht es Ihnen nur darum, recht zu
haben, sind Sie nicht an vernünftigen Verhandlungen interessiert, sondern am Sieg.

Wenn auf einem der Konfliktfelder eine Differenz zwischen
Ihnen deutlich wird, hat keiner von Ihnen recht – Sie *sind* ver-

schieden. In einem gegenseitigen Anpassungsprozeß müssen Sie daran arbeiten, den Unterschied auszugleichen.

Konfliktfelder

Die Verhandlungen in diesem Stadium der Liebeswerbung sind eine gemäßigte Spielart jener Machtkämpfe, die verheiratete Paare austragen. Das Thema ist immer das gleiche: Wie verfahren wir mit unseren Verschiedenheiten? Und auch das psychologische Problem verändert sich nicht: Ich habe nicht erwartet, daß ich einen so hohen Preis für diese Beziehung bezahlen muß. Verliere ich mehr, als ich gewinne?

In der Regel sind die Gefühle, die in der Verhandlungsphase der Liebeswerbung geweckt werden, nicht so heftig wie diejenigen, die sich nach der Hochzeit einstellen, wenn die gleichen Konflikte erneut auftreten. Allmählich bekommen Sie eine Vorstellung davon, welche tiefgreifenden Unterschiede zwischen Ihnen bestehen. Die Auseinandersetzungen sind neu und noch nicht mit der Enttäuschung, Erschöpfung oder Bitterkeit belastet, die jahrelange Kämpfe um die gleiche Frage hervorbringen können. Meist geht es im Zwist der Liebeswerbung um geringfügigere Dinge als im Ehestreit, weil Sie als Paar noch keine Entscheidungen von größerer Tragweite zu treffen haben. In einer Meinungsverschiedenheit über die Frage, ob eine Fahrt mit dem Taxi Verschwendung oder notwendiges Mittel zur Steigerung des Lebensgefühls ist, geht es zwar genauso um Macht, Geld und Prestige wie später im Kampf um den Hauskauf, nur fällt es in der Taxifrage sehr viel leichter, nachzugeben.

Während der Liebeswerbung mag der chaotische Umgang Ihres Partners mit Rechnungen und Formularen nur leichten Unwillen bei Ihnen hervorrufen. Sobald Sie zu einer gemeinsamen Steuererklärung verpflichtet sind, kann sich der Unwille zu Zorn auswachsen.

Jetzt ist die Gewohnheit Ihres Partners, jeden Sonntag seine Eltern zu besuchen, nur lästig oder ärgerlich. Ihr Impuls, diese Konvention in Frage zu stellen, hält sich in Grenzen. Doch nachdem Sie vier oder fünf Jahre lang bei der Familieninszenierung mitgespielt haben, ist sie zu einer unerträglichen Belastung geworden.

Solche Faktoren führen nicht unbedingt zum offenen Konflikt, sondern schlagen sich vielfach nur als unterschwellige Stimmung nieder. Wenn es Ihnen gelänge, sich ihrer bewußt zu werden, könnten Sie unter Umständen besser definieren, wie Sie sich eine befriedigende Beziehung vorstellen. Allerdings achten in dieser Phase die wenigsten auf solche Details, weil ihr Blick auf das Ziel gerichtet ist. Sie hoffen, daß die Dinge «sich von allein regeln».

Es ergeben sich zahllose Möglichkeiten, «Dinge zu regeln». In der Verhandlungsphase sind die Anlässe zum Streit so vielfältig wie die Menschen, die sich ineinander verlieben. Die Leitthemen dieser Kämpfe lassen sich indessen zu einigen großen Bereichen zusammenfassen, den Konfliktfeldern. Dazu gehören:

- Geld
- Sex
- Rechenschaftspflicht
- Erwartungen
- Persönliche Schwächen
- Familie und Freunde

Jedes dieser Themen werden wir einzeln betrachten, um ein möglichst klares Bild von den Motivsträngen der Verhandlungsphase zu gewinnen. Sie dürfen dabei aber nicht vergessen, daß sich diese Stränge normalerweise zu einem unentwirrbaren Knoten verschlingen, der Sie dazu bringt, sich bei Ihren Freunden auszuweinen, Ihren Partner im besonderen und das andere Geschlecht im allgemeinen zu verfluchen.

Den Mittelpunkt dieses Knotens – seinen härtesten Teil – bildet der Kampf um die Macht. Das Grundmuster jeder Auseinandersetzung in der Verhandlungsphase lautet: Wie organisieren wir den Laden – nach deinen Vorstellungen oder meinen? In allen Verhandlungen geht es zumindest teilweise um die Frage: Wer gibt wem nach? Wonach richten wir uns, wenn wir die Art unserer Beziehung definieren – nach deinen Wünschen oder meinen? Solange Sie in einen solchen Machtkampf verstrickt sind, wird Ihnen mehr an einem Sieg als an einem Kompromiß gelegen sein. Wenn Sie im Machtkampf steckenbleiben, wie es uns allen von Zeit zu Zeit passiert, wird es Ihnen vielleicht helfen, sich an den Regeln erfolgreicher Konfliktlösung zu orientieren.

Geld

Geld ist einer der häufigsten Streitpunkte in der Ehe. Paare, die nicht zusammenleben, kriegen sich deshalb selten in die Haare, weil sie kaum gemeinsame Kasse machen. Jeder entscheidet für sich, wieviel er wofür ausgeben will. Der Partner kann Ihnen gegenüber in Geldfragen Andeutungen machen, er kann Druck ausüben oder Sie zu einer Ausgabe zu überreden versuchen, aber da das Geld nicht gemeinsam verwaltet wird, sind echte Verhandlungen nicht möglich.

Bei Geldkonflikten in der Liebeswerbung geht es meist um die Frage, wer was bezahlt. Vor allem gilt das für die Anfangszeit der Herausforderung. Die Frage ist schwierig, da es augenblicklich keine klaren Regeln für die Handhabung von Gelddingen in der Liebeswerbung gibt. Statt offen zu verhandeln, hält man sich an ein paar vage Richtlinien, die Peter Applebome in der *New York Times* beschrieben hat, zum Beispiel: Wer hat die Verabredung – zum Essen, zum Kinobesuch – vorgeschlagen? Wieweit akzeptieren die Beteiligten die traditionellen Rollen von Mann und Frau? Wer hat mehr Geld?

Mit der Fortdauer der Beziehung werden die Partner ihre Übereinkunft immer wieder neu den Verhältnissen anpassen müssen. Größere Belastungen, die beide tragen, etwa wenn eine Urlaubsreise geplant ist, verlangen ein direktes Gespräch über die Aufteilung der Kosten. Erste gemeinsame Ausgaben, zum Beispiel Geschenke für Freunde, können finanzielle Verhandlungen einleiten. Oder sie sparen, um sich etwas leisten zu können, das sie sich beide als Ziel gesetzt haben – eine Hochzeit, ein Haus –, und machen so den ersten Schritt, ihr Geld zusammenzulegen.

Keines dieser gemeinsamen Vorhaben kann die empfindlichen Gefühle wecken, die später bei Geldverhandlungen im Spiel sind. In einer Hinsicht ist das schade, denn die Partner haben keine Gelegenheit festzustellen, wie sie auf diesem schwierigen Konfliktfeld miteinander auskommen. In anderer Hinsicht ist das ein wohltuender Aufschub. So haben Sie beide die Möglichkeit, Verhandlung zunächst einmal in unverfänglicheren Fragen zu praktizieren. Das hilft Ihnen, sich auf das interessante Gespräch vorzubereiten, das Sie führen werden, wenn Ihr Partner das Geld, das Sie zur Hochzeit bekommen, in einen todsicheren Börsentip investieren will, während Sie ein Segelboot haben möchten.

Sex

Sex ist ein weiteres großes Konfliktfeld, das Ehepartnern mehr zu schaffen macht als Liebespaaren. Viele sexuelle Probleme werden erst sichtbar, wenn der Reiz einer neuen Beziehung zu verblassen beginnt.

Am Ende mag das Paar feststellen, daß ihn nur einmal im Monat die Lust überkommt, während sie spätestens nach einer Woche auf heißen Kohlen sitzt. In den ersten Stadien der Liebeswerbung haben sie täglich miteinander geschlafen, jeder Zeitpunkt war ihnen recht. Jetzt will er morgens, sie abends. Wie oft, wann, in welcher Stellung, wie lange – alle diese Fragen werden zu Verhandlungsthemen, wenn die erste Euphorie Ihrer Leidenschaft schwindet.

Bemerken Sie in frühen Stadien der Liebeswerbung sexuelle Probleme, so ziehen Sie es unter Umständen vor, die Beziehung zu beenden statt zu verhandeln. Ein Paar, das noch am Anfang seiner Beziehung steht, wird kaum in der Lage sein, jene sexuellen Schwierigkeiten in den Griff zu bekommen, mit denen wir alle es hin und wieder zu tun bekommen – unvereinbare Erwartungen, Impotenz, vorzeitige Ejakulation, Orgasmusprobleme und so fort. Löst sich die Schwierigkeit rasch von allein, steht dem Fortgang der Beziehung nichts im Wege. Wenn sie sich als hartnäckig erweist, kann das Paar in eine Sackgasse geraten. Partnern, die noch nicht lange zusammen sind, fehlt es noch an einer gemeinsamen Geschichte oder Sprache, die es ihnen erleichtern würde, ohne Hemmungen über ihre sexuellen Probleme zu reden. Sexuelle Probleme lassen sich kaum durch codierte Kommunikation lösen. Sie müssen sich schon auf die konkreten Einzelheiten einlassen, um voranzukommen. Hier kann eine Sexualtherapie sehr hilfreich sein, doch widerstrebt Paaren in diesen Anfangsphasen häufig der vertrauliche Rahmen einer solchen gemeinsamen Therapie. All das kommt ihnen zu früh. Statt also sexuelle Konflikte auszuhandeln, verleugnen viele Paare in diesem Stadium das Problem oder zerbrechen daran.

Es gibt eine Ausnahme: Viele Paare müssen über die Frage der Monogamie verhandeln. Doch genaugenommen ist Monogamie gar kein Verhandlungsthema. Wenn Sie fest an sie glauben, so bildet diese Überzeugung das Fundament Ihrer Beziehung. In dieser Frage hat es selten Zweck, nach einem Kompromiß zu suchen oder sich auf halbem Wege zu begegnen. Sind Sie für eine streng monogame Beziehung, wäre es das beste, Sie fänden einen Partner, der ebenso empfindet. Sind Sie für sexuell offene Beziehungen, sollten Sie nach Möglichkeit Partner finden, die Ihre Auffassungen teilen.

In vielen Beziehungen ist es erforderlich, über den Zeitpunkt zu verhandeln, da sich die Partner zu monogamem Verhalten verpflichten. Sexuelle Treue ist ein Schritt auf dem Weg zur Bindungsphase. Wahrscheinlich werden Sie nicht beide gleichzeitig diesen Schritt machen wollen. Es ist ein Unterschied, ob man einfach nicht mehr mit anderen schläft oder ob man sich ausdrücklich auf sexuelle Treue einigt. Sie oder Ihr Partner können schon seit Monaten monogam sein, weil es zu riskant ist oder zuviel Zeit kostet, von einem Bett zum anderen zu hasten; doch das Recht auf sexuelle Freiheit behalten Sie sich noch vor. In Ihrer Phantasie malen Sie sich Nächte mit einem oder einer interessanten Fremden aus und genießen die Vorstellung, so ein Abenteuer jederzeit haben zu können.

Ein ausdrückliches Abkommen über sexuelle Treue raubt Ihnen das Gefühl, solche Möglichkeiten zu haben, aber es vertieft auch die Bindung zwischen Ihnen und Ihrem Partner. Auf dieses Verhandlungsergebnis läuft es bei vielen hinaus.

Wie bei allen Verhandlungen über Aspekte der Bindung dürften auch die Fragen, die sich auf die Monogamie beziehen, etwa lauten: «Wann kann ich sie erwarten?» – «Wie lange soll ich auf sie warten?» – «Was soll ich tun, wenn ich sie nicht durchsetzen kann?» Die Antworten sind im Einzelfall verschieden, aber die allgemeinen Richtlinien sind universell:

- Erwarten Sie nicht eine monogame Beziehung vom ersten Moment an, nur weil Sie sich durch jegliche Freiheit des Partners bedroht fühlen. Versuchen Sie, Ihren Drang nach monogamen Verhältnissen zu überprüfen. Sehr häufig versteckt sich dahinter weniger die Liebe zum Partner als das Bedürfnis nach Sicherheit. Denken Sie daran: Die Fixierung auf das Ergebnis der Liebeswerbung kann Sie im Eiltempo durch emotionale Prozesse treiben, so daß den Gefühlen keine Zeit bleibt, sich normal zu entfalten. Auf lange Sicht ist das kein Vorteil.

- Die Verpflichtung zur Monogamie ist angebracht, wenn Ihre Verbindung sich zu einer engen Beziehung vertieft hat. Sind Ihre Gefühle schon an diesen Punkt gelangt, müssen Sie vielleicht warten, bis der Partner Sie eingeholt hat. Warten Sie so lange, wie Sie es mit Ihrem Selbstgefühl vereinbaren können, aber warten Sie keinen Augenblick länger.

- Wenn Sie darunter leiden, sollten Sie die Frage ansprechen, Ihren Gefühlen Luft machen und versuchen, die Ihres Partners zu verstehen. Das ist ein guter Moment, um sich wieder einmal an die Grundregel der Liebeswerbung zu erinnern: *Nehmen Sie es nicht persönlich*. Ein Partner, der nicht weiß, ob er sich für die Monogamie entscheiden soll, kann sich dennoch durchaus für Sie entschieden haben. Genauso wahrscheinlich ist es allerdings, daß er hin- und herschwankt, ob er sich binden soll oder nicht.

- Wenn sich im Laufe der Zeit und in allen Ihren Gesprächen keine Einigung auf eine monogame Beziehung erzielen läßt, müssen Sie sich entscheiden. Wie wichtig ist dieser Aspekt für Sie? Könnten Sie sich damit abfinden, wenn er in Ihrer Beziehung fehlt? Könnten Sie kleinere Übertretungen übersehen?

Wenn Sie nach gründlicher Selbstbeobachtung zu dem Ergebnis kommen, daß Sie auf Ihre monogame Grundeinstellung nicht verzichten können, müssen Sie die Beziehung auflösen. Liebe gründet sich auf Vertrauen. Ist für Sie die Monogamie eine unentbehrliche Voraussetzung für Vertrauen, dann gibt es keinen Ersatz dafür.

Rechenschaftspflicht

In der Kindheit ist Rechenschaftspflicht selbstverständliche Bedingung und in der Jugend ein Fluch. Wenn wir diese beiden Lebensabschnitte hinter uns haben, wird sie zu einem Verhandlungspunkt der Liebeswerbung.

Es handelt sich um das Gebot, Ihrem Partner bis zu einem gewissen Grad von Ihren Handlungen zu berichten, sie zu erklären und anzukündigen.

Rechenschaftspflicht kann bedeuten,

- daß Sie eingehend und vollständig über die Zeit Auskunft geben, die Sie ohne den Partner verbringen;
- daß Sie ihn über jede Änderung Ihrer Pläne sofort und direkt informieren;
- daß Sie offen auf direkte persönliche Fragen antworten;
- daß Sie bei Ihrer Zeiteinteilung Rücksicht auf die Bedürfnisse des Partners nehmen.

Die Rechenschaftspflicht liegt genau auf dem schmalen Grat zwischen Freiheit und Bindung, zwischen Autonomie und Abhängigkeit. Sie schlägt die Brücke zwischen diesen beiden gegensätzlichen Bedürfnissen der Seele.

Wir sind diesen widersprüchlichen Sehnsüchten des Menschen schon oft begegnet, denn sie vor allem machen den Preis und den Lohn der Intimität aus. Die Liebeswerbung, durch die wir eine tiefe und dauerhafte Bindung zu einem anderen Menschen herstellen, bringt uns den Lohn der Intimität. Wenn Sie alle Stadien der Liebeswerbung durchlaufen, so gewinnen Sie Freundschaft, Sicherheit, Liebe und das tiefe Glück, erkannt, verstanden und akzeptiert zu werden.

Der Preis ist Ihre Freiheit.

Wenn die Partner über Rechenschaftspflicht verhandeln, so geht es um den Preis der Liebe. Es ist ein Kampf in dem Ausmaß, in dem Sie sich in Ihren Einstellungen zu dieser Pflicht unterscheiden. Wenn Sie beide eine solche Einschränkung Ihrer Bewegungsfreiheit bejahen oder sich sogar darüber freuen, wird sie kaum zu einem Problem werden. Begrenzungen sind für viele Menschen nicht bedrohlich, sondern beruhigend.

Zum Problem wird die Frage, wenn der eine Grenzen ablehnt und sich gegen sie sträubt, der andere hingegen sie braucht, um sich sicher zu fühlen. Es gibt kein «richtiges» Maß für die Rechenschaftspflicht, keine angemessene Einschränkung der Freiheit. Sie haben in der Verhandlungsphase das Ziel, sich auf Grenzen zu einigen, mit denen Sie beide gut zurechtkommen. Dabei muß ein Partner unter Umständen auf Freiheit und Spontaneität verzichten, um die Ängste des anderen zu verringern. Oder der eine wird die beruhigende Gewißheit, immer gefragt zu werden, opfern müssen, damit der andere sich nicht eingesperrt fühlt. Sie werden sich auf halbem Wege treffen können, wenn Sie in der Lage sind, das Problem fest ins Auge zu fassen, es von Ihren persönlichen Gefühlen zu trennen, Ihre unterschiedlichen Bedürfnisse anzuerkennen und einen Kompromiß auszuhandeln.

Erwartungen

Da die Liebeswerbung ein soziales Ritual ist, bietet sie uns genau vorgeschriebene soziale Rollen an, die wir übernehmen sollen. Letztes Jahr waren Sie noch Sie selbst, dieses Jahr sind Sie «ihr Freund» oder «seine Freundin». Ein Hauptproblem des Werbens ist der Unterschied zwischen Ihrer persönlichen Interpretation dieser Rolle und den Erwartungen Ihres Partners, wie Sie die Rolle ausfüllen. Der Unterschied zwischen seinen oder ihren Erwartungen und Ihrer Interpretation ist ein Gegenstand fortlaufender Verhandlungen.

Valerie fand, Walter, als ihr Freund, hätte sich zu ihrem Geburtstag ruhig etwas Besonderes einfallen lassen können, eine Überraschungsparty oder eine liebevolle Geste. Wohlgemerkt, verlangt hat sie es nicht – das wäre unbescheiden gewesen. Aber als *gar nichts* geschah, traf es sie doch. Sie konnte es nicht fassen.

Walter bemerkte, daß sie sauer war. Er war überrascht. Schließlich wußte Valerie doch, daß er im besten Restaurant der Stadt einen Tisch bestellt hatte. Was konnte er dafür, daß ihm eine dringende Arbeit dazwischengekommen war? Sie wußte doch, daß sie es in der nächsten Woche nachholen würden. Walter fühlte sich hundeelend, weil er Valerie gekränkt hatte, aber er fühlte sich auch ungerecht behandelt. Aus Geburtstagen machte man in seiner Familie keine große Affäre. Höchstens schickte man mal eine Karte. Wo lag Valeries Problem?

Die Liste der Ereignisse und Fragen, die in einer Partnerschaft unterschiedliche Erwartungen auslösen können, ist endlos. Geburtstag, Urlaub, Weihnachten, Silvester, Valentinstag, Muttertag, ein Jubiläum – sie alle bieten hinreichend Anlaß für eine Kollision der Erwartungen. Zeit, Geld, Entscheidungssituationen, Freizeit, Sexualität und Haushaltspflichten (auch wenn Sie nur halb zusammenleben) sind – je nachdem, wie weit Ihre Erwartungen auseinandergehen – mögliche Streitpunkte.

Überall, wo Ihre Erwartungen sich nicht decken, haben Sie die Möglichkeit, einen Kompromiß auszuhandeln – doch allzu häufig machen Sie keinen Gebrauch von ihr.

Statt dessen nehmen Sie die Enttäuschung oder die Wut nicht zur Kenntnis, die Ihre unerfüllten Erwartungen in Ihnen hervorrufen. Sie geben vor, es mache Ihnen nichts aus, und klagen Ihr Leid einer Freundin. Das ist ungefährlicher, als sich beim Partner zu beklagen. Oder Sie schnappen ein, schmollen, ziehen sich zurück, werden sarkastisch – kurz, Sie greifen zu jedem Mittel, mit dem Sie Ihren Ärger signalisieren können, ohne über ihn zu sprechen.

Einige geben sich jede erdenkliche Mühe, zum idealen Freund, zur idealen Freundin zu werden. Sie entwickeln ein feines Gespür für das, was man von ihnen erwartet, und versuchen nach Kräften, dem gerecht zu werden. Ihre einzige Sorge ist, daß sie die Erwartungen des Partners enttäuschen könnten.

Die eigenen nehmen sie nicht ernst, sondern sagen sich: «Das hat Zeit bis zur Ehe.»

Der Zusammenprall unterschiedlicher Erwartungen ist ein legitimer Verhandlungsgegenstand. Dabei ist es von entscheidender Bedeutung, daß Sie beide einen angemessenen Verhandlungsstil zur Klärung solcher Differenzen entwickeln, denn die Erwartungen, die sich später an die Rolle «Ehemann» oder «Ehefrau» knüpfen, sind noch umfassender und konfliktträchtiger.

Die «persönlichen Fehler»

Viele Paare verlagern die Verhandlungen über Nähe und Distanz auf ein anderes Feld. Sie knüpfen eine Beziehung vom Typ «Ich liebe dich, aber...» und entfesseln Kämpfe um Macht oder Bindung, indem sie sich auf persönliche Angewohnheiten des anderen «einschießen», die sie als ärgerlich, beleidigend oder unerträglich empfinden.

Harald haßt es, daß Marlene raucht. Er würde gern mit ihr zusammenleben, versichert er, sie auch heiraten, aber er werde sich nie mit verräucherten Zimmern abfinden. Gewiß, sie hat schon geraucht, als er sie kennengelernt hat, doch jetzt, da ihre Beziehung ernster geworden ist, stört es ihn weit mehr. Marlene ist bereit, ihm mit einer Reihe komplizierter Regeln entgegenzukommen – zum Beispiel nur im Freien oder bei offenem Fenster zu rauchen –, doch die Vorschläge nützen gar nichts. Harald will eine Nichtraucherin. Und außerdem: Alle seine Freunde geben ihm recht. Alles, was er liest, bestätigt seine Auffassung. Wenn sie ihn liebte, würde sie das Rauchen aufgeben!

Donna teilt Markus schließlich mit, daß es so nicht mehr weitergehe: mindestens 25 Pfund müsse er abnehmen. Es sei ihr peinlich, ihn ihren Freunden und Bekannten vorzustellen. Nie hätte sie gedacht, daß sie jemals mit einem dicken Mann zusammensein werde. So eine Fülle könne sie beim besten Willen nicht akzeptieren. Außerdem zeuge dieses Aussehen von mangelnder Selbstachtung. Seit einiger Zeit kontrolliert sie, was er ißt. Schon bei der kleinsten Kaloriensünde zeigt sich strenge Mißbilligung in ihrer Miene. Markus ist dazu übergegangen, sich an den Abenden, die er ohne sie verbringt, regelrechten Freßorgien hinzugeben, um sich ihrem Tadel zu entziehen. Es ist verrückt, aber er kann sich einfach nicht beherrschen. Je mehr sie auf Mäßigung besteht, desto verbissener frißt er. Donna ist davon überzeugt, daß sie sich vernünftig verhält. Sie möchte mit Markus zusammenbleiben, sie möchte einen schlankeren Mann. Und außerdem: Alle ihre Freundinnen geben ihr recht. Alles, was sie liest, bestätigt ihre Auffassung. Wenn er sie wirklich liebte, würde er abnehmen!

Viele ähnliche Geschichten könnten hier folgen, in denen es um andere «Mängel» geht: chronische Unpünktlichkeit, unverbesserliche Schlampigkeit, ordinäres Auftreten, kindisches Verhalten, schlechte Tischmanieren. Sie und Ihr Partner können auch neue Fehler erfinden, die Ihnen ganz allein zustehen, und zum Gegenstand erbitterter Verhandlungen machen.

Die Auseinandersetzung über den persönlichen «Fehler» ist im allgemeinen ein reiner Machtkampf. Der Kritiker möchte den Partner nach seinem Geschmack und seinen Vorstellungen umkrempeln. Alle Argumente, die die «Berechtigung» der Kritik beweisen sollen, verschleiern den nackten Impuls, den anderen dem eigenen Willen zu unterwerfen.

Der Partner, gegen den sich die Kritik richtet, nimmt die Herausforderung mit gleicher Verbissenheit an. Er kämpft um die Macht, indem er einen Bereich persönlicher Autonomie statuiert und unter keinen Umständen bereit ist, nachzugeben. Allerdings – und hier bekommt dieser Vorgang eine ironische Wendung – kann jedes Beharren auf dem Recht, sich nicht nach den Vorstellungen anderer einschränken und lenken zu lassen, «nach hinten losgehen». Unter Umständen halten Sie an einer unsinnigen oder schädlichen Gewohnheit nur fest, um zu zeigen, daß Sie das Recht dazu haben.

Die einzige Möglichkeit, diesen Machtkampf zu beenden, besteht im Verzicht auf alle Verhandlungen. Der Kritisierende mag «im Recht» sein, trotzdem muß er zurückstecken. Die Verantwortung für einen persönlichen Fehler liegt bei dem, der ihn hat. Er (oder sie) ist der einzige, dem die Entscheidung zukommt, sich zu verändern.

Auch der Kritisierende hat die Wahl. Er kann lernen, mit dem Fehler des anderen zu leben, oder die Beziehung abbrechen. In der Regel ist diese Entscheidung so schwer, daß sie all die Energie beansprucht, die sich zuvor auf den Partner richtete.

Familie und Freunde

Ein Paar zieht einen Kreis um sich, um das «Wir» abzugrenzen. Zu den Nebenwirkungen dieses notwendigen Kreises gehört indessen, daß jeder, der sich außerhalb des Radius befindet, automatisch unter die Kategorie «sie» fällt. Dabei gehörten einige der Menschen, die nun «sie» geworden sind, bisher zu «uns».

Ihre Familie muß sich wohl oder übel diesem Wandel unterziehen, und nicht anders ergeht es den Freunden. Sie alle müssen ein bißchen zurücktreten, um dem neuen Menschen in Ihrem Leben Platz zu machen, und alle empfinden einen gewissen Verlust – auch Sie.

Ihr Partner und Sie werden über die Grenzen des Kreises verhandeln. Sie müssen hinreichend befestigt sein, um Ihnen beiden das Gefühl zu geben: Ich bin für dich die primäre Bezugsperson. Andererseits müssen sie durchlässig genug sein, damit Sie die Bindungen der Liebe, Treue und Verläßlichkeit zu anderen wichtigen Menschen in Ihrem Leben aufrechterhalten können. Höchstwahrscheinlich werden Ihre Ansichten über den genauen Verlauf der Grenzen nicht übereinstimmen. Wo Sie unterschiedlicher Auffassung sind, müssen Sie verhandeln.

Ihr Ziel ist es, dafür zu sorgen, daß Ihre Angehörigen und Freunde sich einerseits nicht in Ihre Liebesbeziehung einmischen, andererseits nicht aus Ihrem Leben vertrieben werden. Sie müssen ein kompliziertes Gleichgewicht herstellen, das für den Partner, für das alte soziale Bezugssystem und Sie selbst akzeptabel ist. Dies kann ein endloser Verhandlungsprozeß sein. Was können Sie tun, um zu verhindern, daß sich Verwandte und Freunde in Ihre Liebesbeziehung einmischen?

Stellen Sie einen neuen Partner nicht zu früh vor und lassen Sie dabei nicht die Fanfaren zu laut erklingen. Damit gäben Sie Anlaß zu zahllosen Kommentaren («Soll ich die Hochzeitsparty vorbereiten?» – «Bist du noch immer mit ihr zusammen?»), die Ihre Ängste verstärken und die Beziehung gefährden.

Nehmen Sie sich die Zeit, die eigenen Gefühle zu erkunden, bevor Sie sich den Gedanken und Gefühlen der Leute aussetzen, die Einfluß auf Sie haben. Natürlich erhoffen Sie Zustimmung, wenn Sie den neuen Partner zu Hause vorstellen. Doch oft genug bekommen Sie statt dessen Ablehnung zu hören. Ihre Angehörigen und Freunde haben ihre eigenen Vorstellungen darüber, wer zu Ihnen und wer in ihren Kreis paßt. Machen Sie es nicht ihnen recht, sondern sich selbst!

Lassen Sie Angehörige und Freunde nicht über den Zustand Ihrer Beziehung urteilen. Wenn Sie dies zulassen, werden Sie nicht nur Meinungen dazu hören, was für ein Mensch Ihr Partner sein sollte, sondern auch Tips, wie es nun am besten mit der Beziehung vorangehe. Ohne es zu wollen, können Sie Ihre Familie und Freunde zu solchen Urteilen ermutigen, indem Sie jede neue Entwicklung in der Beziehung mit ihnen erörtern. Wenn Sie sie um Rat bitten, dürfen Sie nicht überrascht sein, daß sie beleidigt sind, wenn Sie nicht auf sie hören.

Halten Sie unter allen Umständen Ihre Familie aus Ihrem inneren Monolog heraus. Die bis in ihre Kindheit zurückreichenden Auffassungen Ihrer Angehörigen von Ihnen können mit unausweichlicher Macht zu einer sich selbst erfüllenden Prophezeiung werden.

Beispielsweise wünscht sich Dianes Mutter seit jeher nichts sehnlicher, als daß ihre Tochter heiratet, bezweifelt aber, daß sie es je schaffen wird. Soweit Dianes Erinnerung zurückreicht, hat der Mutter die Art, wie sie, Diane, die Männer «behandelt», immer mißfallen. («So kriegst du keinen dazu, dich zu heiraten.» – «Du hast keine Ahnung, wie du es anstellen mußt, damit er dich will.» – «Du weißt nicht, wie man einen Mann glücklich macht.») Bei jeder Beziehungsschwierigkeit gerät Diane in Verzweiflung. Die Angst lähmt sie, und sie denkt: «Immer dasselbe. Wieder vermassel ich alles.»

Mit Hilfe einer Psychotherapie gelangte Diane zu der Einsicht, daß solche Gedanken die automatischen Erwartungen waren, die sie von ihrer Mutter übernommen hatte. Dianes innerer Monolog war geprägt von der Vorstellung, die ihre Mutter von ihr hatte!

Um jedem negativen Selbstbild entgegenzuwirken, das Ihre Eltern möglicherweise in Ihnen erzeugt haben, müssen Sie Ihren eigenen inneren Beziehungsmonolog eingehend prüfen. Wenn sich in ihm mehr die alten familiären Negativurteile über Sie niederschlagen, als das, was inzwischen aus Ihnen geworden ist, dann müssen Sie ihn umschreiben. Selbst von liebevollen Familien können negative Einflüsse ausgehen. Um sie aus Ihrer Beziehung zu vertreiben, müssen Sie sie zunächst aus Ihrem Kopf vertreiben.

So sehr Sie einerseits darauf achten müssen, daß sich Ihre Freunde und Verwándten nicht in Ihre Beziehung einmischen, so wichtig ist es andererseits, dafür zu sorgen, daß Sie sie nicht aus Ihrem Leben hinausdrängen, während Sie sich den Anfangsstadien Ihrer Beziehung widmen. Vergessen Sie über der neuen Bindung in Ihrem Leben die alten nicht.

Sie tun das nicht nur für Ihre Freunde, sondern auch für sich selbst. Ihr Freundes- und Bekanntenkreis ist eine Art Sicherheitsnetz. Es sorgt für Ihr seelisches Gleichgewicht, befriedigt einen Teil Ihrer Abhängigkeitsbedürfnisse, so daß Sie Ihren Partner nicht mit diesen überfordern, und hilft Ihnen, Ihre Identität zu bewahren, wenn die Liebe Sie ganz zu verschlingen droht. Wenn Sie den Kontakt zu Verwandten und Freunden einbüßen, verlieren Sie den Kontakt zu sich selbst.

Versuchen Sie, die Balance zu halten, wenn es darum geht, Ihren neuen Partner in den Kontakt mit Ihren alten Freunden einzubeziehen oder Zeit mit diesen allein zu verbringen. Wenn der neue Freund oder die neue Freundin nie dabei wäre, würden Sie die verschiedenen Bereiche Ihres Lebens viel zu streng trennen. Bestünden Sie aber darauf, daß Ihre «bessere Hälfte» immer dabei ist, fänden Ihre Freunde keinen Zugang mehr zu Ihnen. Die Anwesenheit Ihres neuen Partners verändert die Situation. Das ist bisweilen reizvoll, wird aber zur Last, wenn es die Regel ist.

Bedienen Sie sich symbolischer Gesten. Schicken Sie Karten, Geschenke, einen Zeitungsausschnitt, Geburtstagsgrüße. Lassen Sie so oft wie möglich von sich hören. Ihre Verwandten und Freunde müssen wissen, daß sie noch auf Sie rechnen können.

Geben Sie kritische Bemerkungen nicht an Ihren Partner weiter. Um in Verhandlungen unserem Standpunkt Nachdruck zu verleihen, überkommt es uns gelegentlich, das Urteil eines Freundes über den Partner zu zitieren. («Geza findet auch, daß du unreif bist.» – «Florian sagt, er würde sich nie mit deiner Schludrigkeit abfinden können.») Noch lange nachdem die Verhandlung zur beiderseitigen Zufriedenheit abgeschlossen ist, wird Ihrem Partner diese Bemerkung im Kopf herumgehen.

Kritisieren Sie nicht die Freunde oder Angehörigen des Partners. Gewiß, die Versuchung wird groß sein, genauso wie die Freunde versucht sind, Sie zu kritisieren. Seien Sie standhaft! Sie und Ihr Partner müssen ja nicht dieselben Leute mögen, nur weil Sie einander mögen. Werden Sie nicht ausdrücklich nach Ihrer Meinung gefragt, behalten Sie sie für sich.

Wenn Sie oder Ihr Partner ein Kind haben, stehen Sie vor einem besonderen Problem. Es ist richtig und notwendig, daß wir uns aus unserer Herkunftsfamilie lösen und uns auf einen neuen Menschen konzentrieren. Auch wenn es Ihre Eltern und Geschwister kränkt, wenn sich Ihre Freunde vernachlässigt fühlen – jeder versteht, daß diese Ablösung zum natürlichen Lauf der Dinge gehört.

Aber es entspricht überhaupt nicht dem natürlichen Lauf der Dinge, wenn Sie sich von Ihrem Kind trennen. Ihr Kind löst sich von Ihnen, wenn es dazu bereit ist, meist mit einer gehörigen Portion Wut und Ambivalenz. Ihre neue Partnerbeziehung empfindet es als unmittelbare Bedrohung. Genauso schwierig ist es, eine Beziehung zum Kind des Partners zu entwickeln. In solchen Fällen kann man die Familie nicht von der Liebesbeziehung abgrenzen. Unter Umständen brauchen Sie und Ihr Partner psychologische Beratung, um mit diesen Schwierigkeiten fertig zu werden. Auf jeden Fall aber brauchen Sie unendliche Geduld und viel Humor.

Keiner dieser Vorschläge ist leicht zu befolgen, vor allem wenn Sie bis über beide Ohren verliebt sind und die Außenwelt nur noch schattenhaft wahrnehmen. Am Ende aber müssen Sie und Ihr Partner wieder Ihre Plätze in dieser Außenwelt einnehmen. Sie müssen sich entscheiden, wie Ihre Beziehung zu ihr aussehen soll, müssen Grenzen setzen und sie überprüfen. All das setzt erfolgreiche und fortdauernde Verhandlungen voraus.

Wieviel ist zuviel?

Für viele unserer Konflikte auf diesen Feldern – Geld, Sex, Rechenschaftspflicht, Erwartungen, persönliche «Fehler», Familie und Freunde – lassen sich durch Verhandlungen vernünftige Lösungen finden. Andere werden Ihrer Liebe ständig zu schaffen machen. Sie werden mit ihnen leben lernen, einen endlosen Kampf um ihre Beseitigung führen oder die Beziehung beenden.

Es gibt einen entscheidenden Schlüssel zu erfolgreichen Verhandlungen: Ihre Einstellung. Gehen Sie davon aus, daß Liebe in einer Atmosphäre kritikloser Akzeptanz gedeiht. In der besten aller Welten wäre die Liebe grenzenlos.

Fragen Sie sich jedesmal, wenn Sie auf einen Unterschied stoßen zwischen dem, was Sie sich von Ihrem Partner wünschen, und dem, was er Ihnen gibt: Kann ich damit leben? Und machen Sie auch den Versuch, damit zu leben!

Gewiß, wir müssen uns erheblich verändern, um eine dauerhafte Bindung zu schaffen, doch die meisten von uns sind vor allem bestrebt, den Partner zu verändern. Dabei können wir unsere Energie viel besser nutzen, indem wir uns selbst ändern.

Wenn Ihr Partner in hohem Maße Rechenschaft von Ihnen erwartet, Sie dagegen ein hohes Maß an Freiheit verlangen, vergeuden Sie Ihre Kraft nicht damit, Ihren Partner zu ändern. Verändern Sie sich selbst! Fragen Sie sich zunächst, ob Sie nicht nachgeben können. Kann ich meine eigenen Bedürfnisse zurückstecken, um ihn, um sie glücklich zu machen? Geben Sie nach. Geben Sie. Geben Sie aus Liebe, um der Liebe willen, um Ihres eigenen Glückes willen. Geben Sie, weil es immer auch Weiterentwicklung und Zufriedenheit für Sie bedeutet, wenn Sie Ihre inneren Grenzen überschreiten. Geben Sie, denn jemanden zu lieben heißt, ihn zu akzeptieren, und nicht, ihn zu verändern.

Um als Liebender nachgeben und geben zu können, lösen Sie sich von dem kritischen, verurteilenden Teil Ihrer selbst. In dem bereits erwähnten Interview hat sich der Psychiater Spurgeon English auch zu diesem Problem geäußert: «Junge Menschen – und manche gar nicht mehr so junge – verlangen zuviel und haben zuwenig zu geben. Sie suchen nach Erfüllung, wissen aber kaum, wie man Erfüllung gibt. Statt dem Partner freundlich und geduldig bei seiner Entwicklung zu helfen, wählen sie die bequeme Abkürzung, den anderen durch Nörgelei und Kritik nach ihren Vorstellungen umzumodeln. Die Psyche des Menschen ist in der zweiten Hälfte des 20. Jahrhunderts nicht stark und reif genug, um sich die Kommentare eines Partners, der meint, er spreche im Interesse des anderen, anzuhören oder gar zu Herzen zu nehmen.»

Was stört Sie an diesem Rat? Sie haben Angst, daß Sie von Ihrem Partner überfahren werden, daß Sie ihm soviel geben und er Sie dann ausbeutet. Sie haben gelernt, Ihren Ärger ernst zu nehmen, sich für Ihre individuellen Bedürfnisse einzusetzen, sich zu behaupten. Nun scheint es, als verlange man von Ihnen, dies alles um der Liebe willen aufzugeben.

Sie werden beide vieles davon ablegen müssen. Überlegen Sie es sich gut, welche Themen Sie zur Sprache bringen. Sobald eines offenliegt, sollten Sie es sich genau anschauen und prüfen, ob es nicht eine Frage ist, in der Sie nachgeben können. Sie werden es nicht schaffen, alle Unterschiede zwischen Ihnen und Ihrem Partner zu akzeptieren und mit ihnen zu leben. Einige werden Ihnen auf die Nerven gehen. Über andere hingegen werden Sie hinwegsehen können. Die Frage lautet nur: Wieviel ist zuviel?

In der wirklichen Welt ist die Liebe nicht grenzenlos und sollte es auch nicht sein. Wir müssen unserer Bereitschaft zum Nachgeben Grenzen setzen, um uns selbst zu schützen.

Es gibt nur wenige Situationen, in denen es von vornherein erforderlich scheint, die Grenzen eines gesunden Kompromisses zu überschreiten, um die Beziehung zu erhalten. Dazu gehört der Versuch, eine Beziehung mit jemandem aufrechtzuerhalten, der Sie körperlich mißhandelt; der süchtig ist, gleichgültig ob es um Rauschgift, Medikamente oder Alkohol geht; der der Spielsucht verfallen ist; der Sie durch ständige Kritik und Herabwürdigung seelisch mißhandelt.

Solange Sie nicht mit einem dieser Extremfälle konfrontiert sind, können nur Sie entscheiden, ob Sie die Grenzen Ihrer Liebesfähigkeit erreicht haben. Diese Feststellung werden Sie nicht sehr tröstlich finden, suchen wir doch meistens nach irgendwelchen objektiven Maßstäben, wenn wir uns in einer liebgewordenen Überzeugung oder Einstellung zu einem Kompromiß durchringen sollen. Wir fragen: «Habe ich nicht das *Recht*, zu erwarten...» (daß ein Mann mich unterstützt? daß eine Frau sich Kinder wünscht? daß er seinen Teil der Hausarbeit übernimmt? daß sie die Wochenenden mit mir verbringt?)

Die Frage ist verständlich, aber nicht konstruktiv. Natürlich haben Sie das Recht zu *erwarten*, was immer Sie wollen. Doch was Sie erwarten und was das Leben Ihnen zu bieten hat, sind zwei Paar Schuhe. Nützlich ist nur die Frage: «Was kostet es mich, wenn ich mit dem lebe, was diese Beziehung von mir verlangt?»

Wenn die Kosten nur aus ein paar unerfüllten Erwartungen bestehen, werden Sie sich vermutlich damit abfinden können. Worauf wollen Sie denn Ihr Leben gründen – auf eine Reihe unverzichtbarer Erwartungen oder auf einen Menschen aus dem wirklichen Leben, den Sie lieben?

Wenn Sie hingegen feststellen, daß Sie für diese Beziehung mit Ihrer Selbstachtung bezahlen, sind Sie an die Grenze Ihrer Liebesfähigkeit gestoßen. Jeder Mensch braucht etwas anderes, um sich mit sich selbst wohl zu fühlen. Ein Mann muß Haushaltsvorstand sein, der andere gleichberechtigter Teil einer «Arbeitsgemeinschaft». Eine Frau muß unabhängig sein und in ihrem Beruf etwas leisten, während eine andere so geliebt sein möchte, daß ihr finanzielle Unterstützung zugestanden wird.

Kompromisse können Sie über Ihre Auffassungen schließen, wie etwas sein sollte oder ist. Dagegen sind keine Kompromisse in Fragen möglich, von denen Ihr Selbstgefühl abhängt. Natürlich ist es von Vorteil, wenn Ihr Selbstbild nicht so angeschlagen ist, daß Ihr Partner ein Muster der Vollkommenheit sein muß, damit Sie wohlauf sind. Im allgemeinen gilt: Je wohler Sie sich mit sich selbst fühlen, desto weniger werden Sie sich in Ihrer Liebesfähigkeit beschränken.

Je positiver Ihr Selbstbild ist, desto liebenswerter sind Sie für andere. Sie beanspruchen weniger, weil Sie nicht so bedürftig sind. Je wohler Sie sich mit sich selbst fühlen, desto leichter werden Ihnen die Zauberformeln der Verhandlung über die Lippen kommen: «Tut mir leid.» – «Entschuldige, bitte!» – «Ich hatte unrecht.»

Endlich eine Beziehung

Bindung – nein danke

Es führt kein Weg daran vorbei: Der Inbegriff der Bindung im Verlauf der Liebeswerbung ist die Entscheidung zur Heirat. Diese Wahrheit hat schon starke Männer zu Boden gestreckt und völlig normale Frauen in rasende Megären verwandelt.

Ob Ihnen die Frage «Willst du mich heiraten?» aus heiterem Himmel gestellt wird oder ob sie seit Monaten in der Luft liegt, macht dabei keinen Unterschied. Sobald sie auf dem Tisch ist, kommt man nicht mehr an ihr vorbei. Es gibt nur zwei Antworten: ja oder nein. «Vielleicht», «Später» oder «Laß uns ein andermal darüber sprechen» sind keine Antworten, sondern Hinhaltemanöver. Die Antwort bleibt Ihnen nicht erspart.

Während die meisten Phasen der Liebeswerbung ständigen Veränderungen unterworfen sind, ständig zwischen Bindung und Distanz hin- und herschwanken, ist die Heirat eine Entscheidung, die nur Schwarz oder Weiß zuläßt. Man kann «ein bißchen» zusammenleben, «sowas wie» befreundet sein und es «halbwegs ernst» meinen, aber man ist entweder verheiratet oder nicht. Man entschließt sich dazu oder nicht. Man kann sich nicht hinter einer dritten Möglichkeit verschanzen. Das macht angst, ist aber auch ein Reiz.

Die Frage «Willst du mich heiraten?» fordert ein Ja oder Nein, aber die Antwort kennt tausend Schattierungen: «Noch nicht... Ich bin im Augenblick nicht soweit... Es liegt nicht an dir, sondern an mir... Du weißt, unter welchem finanziellen Druck ich stehe... Ich hab da irgendwie einen Block, aber ich arbeite daran... Ich habe Angst vor der Ehe, weil meine

Eltern so unglücklich waren... Die Scheidung hat meine ganze Kindheit kaputt gemacht... Warum sollen wir eine so schöne Beziehung zerstören?!»

Mögen wir als Gesellschaft auch noch so übersättigt und dekadent sein, die Heirat hat nach wie vor große Bedeutung für uns. Noch immer geht es dabei um die «guten» und die «schlechten Tage» und «bis daß der Tod euch scheidet». Viel mehr Ewigkeit ist kaum zu bekommen.

Paradoxerweise ist für uns die Ehe trotz der hohen Scheidungsrate noch immer eine Angelegenheit auf Dauer. Die Leichtigkeit, mit der man sich heute scheiden lassen kann, sehen viele nicht als beruhigenden Ausweg, sondern als Bedrohung von Glück und Stabilität. Deshalb verfahren wir mit der Scheidung wie mit den meisten Gefahren, die unserem Wohlbefinden drohen: Wir leugnen sie, so gut wir können.

Wenn Sie darüber vorher nachdenken, könnten Ihnen die Konsequenzen einer Heirat Bauchweh bereiten. Wenn man mir früher etwas von Hochzeit und Bindung erzählte, dann tauchte in mir das Bild von einer Irrenanstalt für Verheiratete auf. Es schien mir unfaßbar, daß mein Leben einem Fremden gehören sollte, und ich glaube, ich konnte mir auch nicht vorstellen, daß irgend jemand mich haben wollte.

Auf der anderen Seite scheinen manche gut damit zurechtzukommen, sich überhaupt nicht mit solchen Gedanken auseinanderzusetzen. Sie scheinen überhaupt keine Angst und eine eher lässige Einstellung zu haben. Wenn man sie reden hört, könnte man meinen, eine «feste Beziehung» sei ein Konsumartikel, und sie müßten nur wissen, wo er am günstigsten angeboten werde. («Wohin soll ich gehen, um jemanden kennenzulernen? Ich hätte gern eine feste Beziehung.»)

Die meisten von uns liegen irgendwo in der Mitte, einerseits bestrebt, jemanden zu finden, den sie so lieben, daß sie mit ihm eine Partnerschaft eingehen können, andererseits voller Angst, ihnen würden dabei zu große Opfer abverlangt.

In dieser Situation hoffen Sie, daß die Liebe Sie über alle Bindungsängste hinwegtragen wird. Sie hoffen, daß Sie wissen werden, wann es soweit ist, und daß auch der Partner es zur selben Zeit spürt. Und dann arrangieren Sie gemeinsam den magischen Moment der Verlobung und leben glücklich bis ans Ende Ihrer Tage.

Sollte Ihre eigene Liebeswerbung nur eine unvollkommene Kopie dieses Phantasiebildes sein, machen Sie sich nichts draus. Den anderen geht's genauso.

Realitäten der Entscheidung

Wenn Sie dann wirklich vor der Entscheidung stehen zu heiraten, ist sie häufig geprägt von Angst, Enttäuschung, äußeren Zwängen und tausend anderen unerfreulichen Aspekten, von denen Sie gehofft hatten, sie würden Ihnen erspart bleiben. Liebe, Sex, Leidenschaft und Abhängigkeit bilden zusammen mit Unabhängigkeit, Verpflichtung, sozialen Erwartungen und unverminderten alten Ängsten ein unentwirrbares Knäuel. Sich zur Heirat entscheiden heißt, die Lasten sorgfältig und immer aufs neue abzuwägen. Sind sie zu schwer, werden Sie versuchen, sie auf Ihrer seelischen Schulter umzuverteilen, bis Sie sie bequem tragen können.

Muß das Heiraten wirklich eine solche Prüfung sein? Nein. Wie in den anderen Phasen der Liebeswerbung gleiten manche Paare auch in dieser leicht hindurch, während andere in wilde Strudel geraten. Im Zentrum dieses Kapitels steht der Aufruhr der Gefühle, zu dem eine Bindung führen kann. Was für manche Paare eine Krise ist, kann für andere der natürliche nächste Schritt sein.

Laurie, 35 und zum drittenmal verheiratet, beschreibt die letzte und glücklichste Ehe so: «Es gab keinen Antrag. Wir hatten beide andere Partner verlassen, um zusammenzukommen. Als wir uns aus den alten Bindungen gelöst hatten, lautete die Frage eher: ‹Und was kommt nun?› Es war kein langes Gespräch, nur ganz beiläufig. Ich war überhaupt nicht nervös. Es war einfach der nächste Schritt. Ich konnte mir überhaupt nicht vorstellen, nicht verheiratet zu sein. Ich hatte mein Leben einfach so eingerichtet.»

Lydia und Frank hatten das Gefühl, daß sie sich sofort erkannten. Frank sagt: «Wir litten beide unter unseren Scheidungen und hatten beide die Nase voll von der Single-Szene. Nach zwei Wochen war mir Lydia vertrauter als meine Frau nach zwei Jahren. Jedenfalls waren Lydia, ihre Kinder und ich sofort eine Familie. Die Heirat schien die natürlichste Sache der Welt zu sein.»

Joseph und Frenzie waren seit sieben Jahren zusammen, doch ihre Beziehung hatte bereits begonnen, als Frenzie vierzehn war. Sie erzählt: «Joseph war mein erster Freund, praktisch der einzige Junge, mit dem ich jemals ausgegangen bin. Schon in den unteren Klassen der High School wußte ich, daß ich ihn heiraten würde. Damals dachte ich, 21 sei ein ideales Alter, um zu heiraten. Deshalb leisteten wir einen Schwur. Als ich 21 wurde, machten wir ihn wahr.»

Andere Paare brauchen einen Anstoß von außen. Das erleichtert ihnen den Schritt.

«Wir wollten ein Haus kaufen. Schließlich meinte ich: ‹Na ja, ein Haus bindet nicht weniger als eine Ehe. Dann können wir auch gleich heiraten.›»

«Bei einer Frau von 28 mag das merkwürdig klingen, aber wir wollten in einem Bett schlafen, wenn wir unsere Eltern besuchten. Und das war nur durch die Heirat möglich.»

«Ich pendelte ständig zwischen seinem und meinem College hin und her. Ich wollte das College wechseln, aber mein Vater sagte: ‹Kommt nicht in Frage. Ich tue nichts, um euch zusammenzubringen.› Da habe ich Kenny angerufen und gesagt: ‹Mein Vater will auf keinen Fall, daß ich das College wechsle. Was sollen wir tun?› Er meinte: ‹Ich glaub, wir sollten heiraten.› Es war wirklich nur eine Frage der Logistik.»

Für viele ist es nicht ganz so einfach. Sie bekommen in der Auseinandersetzung über eine Bindung die ganze Macht der Ambivalenz zu spüren.

«Es war ein jahrelanges Hin und Her: Mal waren wir zusammen, mal auseinander. Der Bruch ging immer von ihr aus. Vermutlich war ich mir ihrer deshalb nie ganz sicher. Jedenfalls wollte sie plötzlich heiraten, und da meldeten sich tausend Zweifel in mir. Vor allem quälte mich der Gedanke: ‹Werde ich wirklich nie wieder mit einer andern Frau schlafen können?› Natürlich erzählte ich ihr, was mich beschäftigte, und sie wurde wütend. Es flossen reichlich Tränen. Schließlich stellte sie mir ein Ultimatum. Entweder du heiratest mich oder... Wissen Sie, für mich war es ganz wichtig, daß sie das sagte. Bis zu diesem Augenblick hatte sie sich immer einen Ausweg offengehalten.»

«Ich war noch so jung, 21. Verlobt habe ich mich, weil ich meinte, ich müßte. Es war eben an der Zeit. Aber gleich am ersten Tag lag mein Verlobungsring auf dem Eßtisch. Der Juwelier sollte ihn enger machen. Jedenfalls räumte ich den Tisch ab, sah den Ring, dachte, es sei die Lasche einer Bierdose, und warf ihn weg. Zwei Stunden später fand ich ihn auf dem Boden des Mülleimers. Meinen Sie nicht, ich wollte mir damit selbst einen Hinweis geben?»

«Leo spielte oben mit meinem fünfjährigen Sohn. Der fragte ihn: ‹Heiratest du meine Mama?› Er sagte: ‹Das weiß ich nicht. Gehen wir sie fragen.› Leo kam in die Küche und sagte: ‹Ich glaube, es wird Zeit, daß wir heiraten.› Ich konnte nur denken: ‹Warum?› Er schwatzte von Versicherungspolicen und meinte dann: ‹Übrigens, dein Sohn hat mich beauftragt, dich zu fragen.› Wenn Sie alleinstehende Mutter sind, und Ihr Sohn sucht Ihnen einen Mann aus, dann ist das ein überzeugendes Argument. Außerdem, als Leo einzog und ich deswegen ziemlich nervös war, sagte er: ‹Vertrau mir! Es wird schon gut gehen.› Ich vertraute ihm, und es ging gut. Deshalb beschloß ich, ihm abermals zu vertrauen. Ich sagte ja. Bei der Hochzeit weinte ich mir die Augen aus, und mein Sohn hielt die ganze Zeit meine Hand.»

Der Wendepunkt

Das ganze Ritual des Werbens ist ein Prozeß allmählicher Eingewöhnung in die Bindungsphase. Es führt uns unmerklich an eine dauerhafte Bindung heran.

Während Sie sich von der Verführung über den Umschwung zum Plateau und darüber hinaus entwickeln, tauschen Sie einen Teil Ihrer Autonomie gegen Verbundenheit ein. Immer mehr Mosaiksteine Ihres Lebens haben Sie in die

Beziehung gesteckt, immer mehr von «meiner» in «unsere Zeit» verwandelt. Das ist der Beginn der Bindungsphase.

Wenn Ihre UB-Gespräche fruchtbar waren, haben Sie die persönlichen, normalerweise abgeschirmten Teile Ihrer selbst preisgegeben. Wenn Sie mit diesen Teilen auf Sympathie und Verständnis gestoßen sind, haben Sie eine einzigartige Verbindung zu Ihrem Partner geknüpft. Sie ist der Beginn der Bindungsphase.

Wahrscheinlich haben Sie auch, zumindest in gewissem Maße, «alle anderen aufgegeben». Sie haben im Laufe der Liebeswerbung die Monogamie erprobt. Entweder nach und nach oder sofort haben Ihr Partner und Sie die Verabredungen mit anderen Partnern eingestellt. Sie fangen keine Affären an und verfolgen vielversprechende Flirts nicht weiter. In der Regel haben Sie sich über diese Frage verständigt und auf sexuelle Ausschließlichkeit geeinigt. Das schließt gelegentliche Zweifel oder jähes Interesse an anderen nicht aus. Doch Sie haben sich – zögernd oder enthusiastisch – zur sexuellen Bindung an einen Partner entschlossen.

Neben allen gemeinsamen Gesprächen und Verhandlungen bleiben natürlich Ihre persönlichen Gedanken. Für viele gibt es Augenblicke, in denen sie eine innere Auseinandersetzung mit sich selbst führen. Mit diesem Dialog beginnt die wirkliche Bindung an den Partner. In diesem Moment fangen Sie an, ihn ernst zu nehmen, gestehen Sie sich ein, was sie Ihnen bedeutet. Von nun an finden Sie neue Bezeichnungen für die Beziehung und stellen andere Erwartungen an sie. Das ist der entscheidende Wendepunkt in der Liebeswerbung. Hören wir, wie die Betroffenen diesen Moment erleben:

«Ich weiß es noch genau. Ich fuhr gerade nach Hause und dachte plötzlich: ‹Völlig klar. Den Mann heirate ich!› Ich spürte es im Magen – ein Adrenalinstoß, Angst und freudige Erregung zugleich. Ich weiß nicht, wieso ich darauf kam, aber sobald der Gedanke da war, gab es keinen Weg zurück.»

«Wir waren gerade bei Freunden im Krankenhaus gewesen, die ihr erstes Kind bekommen hatten. Hinterher gingen wir am Fluß spazieren, und plötzlich schoß es wie ein Blitz durch mich hindurch: ‹Das könnte der Mann sein, mit dem ich ein

Kind haben will.› Dann dachte ich: ‹Nein, nein, nicht mit ihm. Du bist dir gar nicht sicher. Sei nicht dumm!› Aber der Gedanke ließ mich nicht mehr los.»

«Es war das einzige Mal in meinem Leben, daß ich eine völlig egoistische Entscheidung getroffen habe. Ich verließ meine schwangere Ehefrau, um mit Anita zu leben. Ich trat aus der Wohnung mit einer Tasche in jeder Hand und dachte: ‹Jetzt gibt's kein Zurück. Sie und keine andere!›»

«Ich wußte es von dem Augenblick an, als ich ihr Haus betrat. Nach einem Blick auf das Kind, den Hund und das sympathische Durcheinander von Büchern war mir klar: Hier gehe ich nicht wieder weg.»

«Eines Tages spielten Norman und ich Tennis. Mein Geschiedener und ich hatten viel gespielt, und es war jedesmal ein Alptraum gewesen: Er fegte über den Platz, und ich stand verschüchtert in einer Ecke. Ich war eingeschnappt, und er schrie mich an, wenn ich einen Schlag verpatzte. Es war grauenhaft. Als nun Norman und ich spielten, da war es Tennis und sonst nichts. Es machte Spaß, und er gab sich soviel Mühe mit mir. Ich fing an, ihn zu lieben, weil ich mich so wohl fühlte mit ihm.»

Man könnte meinen, daß jetzt, da die großen Probleme der Rechenschaftspflicht, Treue und Bekenntnisse hinter Ihnen liegen und eine enge Beziehung zwischen Ihnen besteht, die Frage der Hochzeit nicht mehr so viel Erschütterung verursachen kann.

Doch häufig ist es ganz anders. Dann kommt es zu einem erbitterten Machtkampf oder dem bedrängenden Gefühl, die Pistole auf die Brust gesetzt zu bekommen. Es kann die verzweifelte Gewißheit aufbrechen, daß die ganze Sache nur ein großer Irrtum war oder der wilde, unwiderstehliche Impuls, jung und frei zu bleiben.

In diesem Kapitel geht es um einen wesentlichen Punkt: Wenn die Bindungsphase zu einer Krise wird, heißt das nicht unbedingt, daß Ihre Beziehung nicht in Ordnung ist. Sie können eine ideale Partnerschaft haben, einander aufrichtig lieben und die Bindungsphase doch als tödliche Lähmung erleben.

Umgekehrt gilt das gleiche. Nur weil Sie beide keine Zweifel haben und Ihre Familien Ihnen zureden, müssen Sie nicht unbedingt «richtig» gewählt haben. Schlecht aufeinander eingespielte, kaum zueinander passende und unreife Paare können genauso freudig in eine Ehe hüpfen wie zwei Menschen, die gelernt haben, sich zu lieben und zu akzeptieren.

In der Bindungskrise zeigen sich nicht in jedem Falle die wahren Gefühle, die Sie Ihrem Partner entgegenbringen. Zumindest genauso wahrscheinlich ist es, daß es sich um Ihre wahren Gefühle hinsichtlich der Ehe handelt. Wenn Ihre Gefühle bei dem Gedanken an eine Ehe nicht wenigstens ein bißchen gemischt sind, dann haben Sie sich ihre Realitäten noch nicht bewußt vor Augen geführt.

Diese Auffassung steht in direktem Gegensatz zur landläufigen Meinung über die Ehe. Ein einunddreißigjähriger Physiker erklärte sein Zögern so: «In meiner Familie heißt es ständig: Wenn du irgendwelche Zweifel hast, laß die Finger davon! Nun habe ich Zweifel und kann mir nicht vorstellen, wie sie sich auflösen sollen.»

Viele von uns drückt dieser Anspruch. Sie meinen, Sie müßten sich wirklich sicher sein. Doch statt Gewißheit zu empfinden, spüren Sie Bedrohung. «Die Hälfte von all meinem Besitz wird ihr gehören. Da mußt du verdammt sicher sein, um ein solches Risiko einzugehen!» – «Sobald du einen Mann heiratest, erwartet er lauter Dinge von dir, um die er eine Freundin nie im Leben gebeten hätte. Plötzlich mußt du kochen und seine Schwester anrufen. Ich weiß nicht, ob ich das alles auf mich nehmen möchte.»

Es geht in diesem Kapitel darum, daß Sie einerseits sicher sein müssen, daß Ihnen andererseits aber auch Ihre Zweifel helfen. Die Gefühle, die in dieser Phase der Liebeswerbung auftreten, haben mit Ihrer emotionalen Einstellung zur Ehe ebensoviel zu tun wie mit Ihren Empfindungen gegenüber dem Partner. Dies zu klären, kann eine Qual sein. Verzweifeln Sie nicht daran. Auch Romeo und Julia wären diese Mühen nicht erspart geblieben, hätten sie sich ein Jahr lang regelmäßig gesehen.

Heiraten ist etwas anderes
als Verheiratetsein

In den meisten Fällen ist es in dieser Phase des Werbens die Frau, die die Dinge vorantreibt, während der Mann mitten im Schritt festfriert.

Gleichgültig, ob Sie auf eine feste Bindung drängen oder vor ihr davonlaufen, Sie machen in der Regel einen Denkfehler: Sie halten die Ehe für einen Schlußpunkt und nicht für einen Anfang.

Männer wie Frauen reagieren auf die Ehe, als sei sie etwas Statisches. Die einen freuen sich auf sie wie auf ein heißersehntes Weihnachtsgeschenk, die anderen fürchten, sie bekämen einen Trostpreis überreicht. Beide denken in die gleiche Richtung: die Ehe sei eine Art Endresultat.

Aber Bindung und Ehe sind beileibe keine statischen Zustände, sondern dynamische Prozesse. Sie sind Veränderungen unterworfen. Mal werden sie besser, mal schlechter und manchmal beides in einer Woche. Wenn Sie heiraten, haben Sie noch lange keine Ehe, sondern nur die Möglichkeit, eine Ehe zu schaffen.

Der eine mag sich sorgen: Was ist, wenn sich meine Ehe als Irrtum herausstellt? Das Mißverständnis liegt darin, daß sich eine Ehe nicht als Irrtum «herausstellen» kann. Sie ist kein Film, dessen Ende feststeht. Wenn Ihre Ehe ein Irrtum ist, dann deshalb, weil Sie sie dazu werden lassen. Sie sind kein passives Opfer. Sie haben die aktive Rolle übernommen, eine Familie zu gründen. Wie gut oder wie schlecht Ihnen das gelingt, hängt von Ihnen ab, nicht von «ihr».

Ein anderer träumt: Wenn ich doch erst verheiratet wäre, alles andere fände sich dann schon. Die Hochzeit ist das einzige Ziel. Tatsächlich beginnt nach dem Fest erst die Aufgabe, die Ehe zu gestalten. Die Heirat ist nur der Anfang, Verheiratetsein ein fortdauerndes Bemühen.

Die gleiche Unterscheidung gilt für die Bindungsphase. Während der Liebeswerbung ist das Höchstmaß an Verbindlichkeit, das Ihnen abverlangt wird, die Einwilligung zu *heiraten*. Erst später, manchmal Jahre später, entschließen Sie sich, *verheiratet zu sein.* Die *Entscheidung, verheiratet zu sein,* ist das Herzstück, die Basis einer glücklichen Ehe. Alle anderen Bedingungen – Verständnis, Achtung, gleiche Wertvorstellungen, sexuelle Befriedigung – sind sekundär. Die Grundentscheidung ist, verheiratet zu sein. Wir sind verheiratet. Punktum. Wir gehen nicht auseinander. Entweder klären wir unsere Probleme oder streiten uns ewig, aber wir bleiben zusammen.

Nur in seltenen Ausnahmefällen kann das Paar eine solche gegenseitige Verpflichtung schon in der Zeit des Werbens eingehen. Meist kommt dieser Moment erst nach mehreren Ehejahren.

Der sechsunddreißigjährige Michael beschreibt, wie es ihm erging: «Die Entscheidung, verheiratet zu sein, traf ich erst nach etwa einem Jahr, als wir in eine schwierige Zeit gerieten. Bis dahin hatten wir eigentlich nur eine tolle sexuelle Beziehung und viel Spaß. Doch dann bekamen wir Streit über meinen Umgang mit Geld. Er mißfiel ihr, und ich hatte keine Lust, mich zu ändern. Da wurde ich nachdenklich und fragte mich: ‹Na, meinst du es wirklich ernst mit dieser Ehe?› Ich nehme an, sie tat dasselbe, denn von da an wurden wir eine Ehepaar.»

Sandra schildert eine ähnliche Vertiefung der Verbundenheit: «Vier Jahre lang spielten wir Familienleben. Plötzlich wollte er wieder auf die Schulbank. Das bedeutete eine Riesenumstellung für uns: kein Geld, Umzug und so weiter. Ich stand vor der Frage: ‹Willst du das wirklich? Soll jemand anderes einen solchen Einfluß auf dein Leben haben?› Und da fiel es mir wie Schuppen von den Augen: ‹Du bist verheiratet!›»

Wenn Sie in der Bindungsphase heiraten, erwartet niemand von Ihnen, daß Sie sich entscheiden können, mit Leib und Seele und auf Dauer verheiratet zu sein. Sie verpflichten sich nur, es zu versuchen. Sie laden sich und Ihren Partner dazu ein, mit der Gestaltung eines gemeinsamen Lebens zu beginnen.

Jetzt und auch in jedem anderen Stadium der Liebeswerbung lautet die richtige Frage: «Möchte ich, daß diese Beziehung andauert und sich weiterentwickelt? Oder ist es mir recht, wenn sie auseinanderbricht?»

Nicht sicher, nicht bereit, nicht interessiert: die Angst vor Bindung

Wenn die Frage nach einer Heirat sich in Ihre Beziehung schleicht oder hineinbricht, werden Sie vermutlich glauben, der Leitspruch *Nehmen Sie es nicht persönlich* habe nun ausgedient. Die Entscheidung zu heiraten kann unmöglich eine unpersönliche sein. Es wird Ihnen nie gelingen, Ihre Gefühle bezüglich der Heirat abstrakt zu klären. Sie wählt ihn. Er wählt sie. Oder nicht.

So persönlich die Entscheidung zu heiraten auch ist, ironischerweise ist die Maxime *Nehmen Sie es nicht persönlich* niemals angebrachter als in diesem Moment der Liebeswerbung. Die Widerstände gegen eine Bindung sind heftig, und sie bestanden bereits lange bevor Sie beide sich begegnet sind.

Die Bindungsangst ist im Laufe der Liebeswerbung die letzte Spielart der Intimitätsangst. Mit ihrem Ableger, der Angst vor der Falle, hatten Sie schon zu einem viel früheren Zeitpunkt zu tun. Das Thema ist in beiden Fällen das gleiche: «Mein Gott, auf was lasse ich mich da ein!»

Nur das Blickfeld ist unterschiedlich. Zu Beginn der Liebeswerbung, vor allem während des Umschwungs, konzentrieren Sie sich in der Regel auf die Person, für die Sie sich entschieden haben. Der Perfektionismus setzt ein. Sie oder Ihr Partner schlagen sich mit so törichten, aber herrschsüchtigen Gedanken herum wie: «Ich kann keine Männer leiden, die so knickerige Trinkgelder geben.» – «Sie ist eine tolle Frau, aber ihre Beine sind einfach zu kräftig.» Wieder und wieder unterziehen Sie den Partner einer gnadenlosen Prüfung, bis Sie eine Schwäche entdeckt haben, an der Sie sich festbeißen können. Die Schwäche zerstreut Ihre Angst vor der Falle, denn sie bewahrt Sie davor, die Liebeswerbung fortzusetzen.

In der Bindungsangst spiegeln sich die verschiedenen Unsicherheiten wider, die aufkommen, wenn eine Beziehung sich unaufhaltsam der Heirat nähert. Statt ausschließlich auf den Partner gerichtet zu sein, gilt die Bindungsangst oft der Institution Ehe selbst: «Was ist, wenn ich in fünf Jahren erschreckt darüber aufwache?» – «Wie könnte ich versprechen, nie wieder mit jemand anderem zu schlafen?!» – «Ist es die wahre Liebe oder nur eine Frage zufälligen Timings? Ich möchte jemanden nicht einfach aus Zufall heiraten!»

Die Bindungsangst ist ein komplexes Phänomen. Ihre eigene oder die Ihres Partners könnte sich auf einige der folgenden Themen beziehen.

Die Angst vor Kontrollverlust

Angst vor Bindung ist Angst vor dem Verlust an Kontrolle über Ihr eigenes Leben. Plötzlich finden Sie die Autonomie eines Singledaseins attraktiv. Nach fünfzehn Jahren als Einzelkämpfer entschloß sich ein Mann nur mit diversen Bedenken dazu, mit einer Frau zusammenzuleben: «Werden wir jeder ein eigenes Zimmer haben? Was ist, wenn ich bis in die Nacht hinein lesen möchte? Wird sie verlangen, daß ich jeden Abend zum Essen zu Hause bin? Ich bin ziemlich unordentlich und hebe alles auf. Jede Wette, daß sie von mir verlangt, die alten Zeitschriften wegzuwerfen. Das sollte sie lieber nicht...»

Während der Liebeswerbung überraschte mich mein Mann mit der wehmütigen Feststellung: «Immer schon wollte ich einmal einen Karpfen in der Badewanne halten. Jetzt, wo du hier wohnst, wird das ja nicht mehr gehen.» Er sprach in vollem Ernst. Ich rechne es mir noch immer hoch an, daß ich nicht in schallendes Gelächter ausbrach. Statt dessen gelang es mir, in sachlichem Ton zu erwidern: «Wenn du einen Karpfen in unserer Badewanne halten willst, bin ich damit völlig einverstanden. Ich bade sehr gern mit einem Fisch.» Er machte seine Drohung zwar nie wahr, brachte jedoch während einer Angelsaison eine Würmerzucht im Keller unter. Ich hielt das für einen Test und gab jedem Wurm einen Namen. Das schien ihn zu beruhigen.

Als Junggesellin oder Junggeselle sind Sie vielleicht einsamer oder unbefriedigter, als Ihnen lieb ist, aber Sie sind auch außerordentlich stark. Soweit man überhaupt sein Leben bestimmen kann, entscheiden Sie über das Ihre. Vielen fällt es schwer, auf diese Selbstbestimmung zu verzichten, selbst wenn sie sie gegen die Liebe eintauschen.

Die Angst vorm Handeln

Ein Paar mag auf einer Wolke der Lust und Freude durch die vorangegangenen Stadien geschwebt sein, doch nun steht es vor der Frage, ob es heiraten soll. Da können Sie sich nicht einfach treiben lassen. Sie müssen etwas unternehmen. Handeln ist ein wirksames Mittel gegen Träume.

Wir sind nicht sehr häufig dazu aufgerufen, aktiv unser Leben zu steuern. Meistens nimmt es ohne unser Zutun seinen Lauf – unter dem Einfluß von Eltern, Lehrern, Vorgesetzten, Umständen, Glück und Gelegenheiten. Die meisten Menschen haben eine relativ passive Haltung zu ihrem Leben. Wir finden uns in einem Beruf wieder, in dem wir meinen, irgendwie «gelandet» zu sein. Unsere Freunde beziehen wir aus der Nachbarschaft. Wir tun, was man von uns erwartet.

Viele von uns empfinden die großen Entscheidungen eher als Unvermeidbarkeiten. Haben Sie sich im Ernst entschieden zu studieren, oder war es nicht einfach das Nächstliegende? Haben Sie sich zur Scheidung entschlossen, oder war es die unausweichliche Reaktion auf äußere Ereignisse? War es Ihr freier Entschluß, Rechtsanwalt zu werden, die Firma des Vaters zu übernehmen, Mutter zu werden, oder ergab es sich gewissermaßen als nächster folgerichtiger Schritt von selbst?

Für frühere Generationen war die Ehe wahrscheinlich die natürliche Konsequenz bestimmter Umstände. In Kapitel eins war die Rede davon, um wieviel schwerer es heutzutage ist, die Liebeswerbung überhaupt zu einem erfolgreichen Ende zu bringen. Die Heirat ist schon lange kein notwendiger nächster Schritt mehr. Heute müssen Sie und Ihr Partner eine Entscheidung treffen.

Dieses Novum, eine wichtige Entscheidung über das eigene Leben fällen zu müssen, trägt nicht unwesentlich zu unserer Panik bei. Wir sind daran gewöhnt, den vorgezeichneten Bahnen wohl oder übel zu folgen. Zwar reden wir immer von unseren Veränderungswünschen, doch es bedarf erheblicher Anstrengung, sie auch umzusetzen. Jetzt bietet sich Ihnen in Form einer Ehe die Möglichkeit zur Veränderung. Und was fühlen Sie? Betäubung und Lähmung.

Käuferreue

In einigen Fällen wird die Ehe nicht als Entscheidung empfunden – sie ist einfach der nächste logische Schritt. Erinnern wir uns: Die Liebeswerbung hat ihre Eigendynamik. Die Werbung treibt *Sie* nicht weniger voran als Sie die Werbung.

Merkwürdigerweise erstarren Sie beide in diesem Fall oft zur Handlungsunfähigkeit. Sie könnten an einem eigenartigen Phänomen leiden, das als Käuferreue bezeichnet wird. Demnach wird oft ein Interessent, wenn er auf das Angebot eines Hausmaklers schon fast eingegangen ist, von starken Bedenken befallen: Der Preis ist zu hoch, das Dach undicht, die Küche zu klein. Manchmal sind die Zweifel so stark, daß der Interessent seinen Seelenfrieden nur retten kann, indem er vom Kauf zurücktritt.

Auch Liebesleute können Käuferreue bekommen. Ist die Heirat lediglich ein unvermeidlich nächster Schritt, könnte es Ihnen so vorkommen, als hätten Sie sich da unbedacht auf ein schlechtes Geschäft eingelassen. Sie können sich tatsächlich nicht erinnern, daß Sie sich zur Heirat *entschieden* haben. Die Dinge schienen sich halt so zu ergeben. Jetzt haben Sie Bedenken: Er ist viel zu schwach, sie zu kritisch. Im Grunde genommen mögen Sie seine Kinder oder ihre Freunde nicht. Die Käuferreue kann es sehr erschweren, sich mit einer Bindung wohl zu fühlen.

Der Schrecken der Dauer

Eine Heirat bewirkt eine grundsätzliche Neuorientierung Ihres Lebens. Sie überquert den großen psychologischen Abgrund zwischen vorläufig und dauernd. Und die Bindung dient als Brücke.

Einige der schönsten und freiesten Momente unseres Lebens verdanken wir der Erfahrung von Vorläufigkeit. Vorläufigkeit ist das Gefühl, welches eine Frau im Urlaub fremden Männern zulächeln läßt, während sie in der Bar neben der Firma eine Eisesmiene aufsetzt. Die Vorläufigkeit erlaubt es dem deutschen Ingenieur, mit einer Kollegin aus Frankreich zusammenzuleben, die für ein halbes Jahr in seiner Firma hospitiert, während er sich sehr beengt fühlen würde, wenn sie sich entschiede dazubleiben.

Vorläufigkeit ist keine zeitliche Qualität, sondern eine Geisteshaltung. Manche Paare unterhalten «vorläufige» Beziehungen über einen Zeitraum von vier oder fünf Jahren. Nie geben sie ihren Hintergedanken auf: «Das ist nichts Ernstes. Es geht nur so lange, bis ich das Studium abgeschlossen habe, bis ich die Firma in Schwung gebracht habe, oder wie es eben dauert.» Was ernst heißt, ist klar: Es heißt auf Dauer.

Ein entscheidendes Element der Bindungsangst ist das ehrfürchtige und gehemmte Gefühl, das sich bei uns mit dem Begriff der Dauer verbindet.

Vor allem ist Dauer etwas, das wir mit Erwachsensein assoziieren. Vorläufigkeit ist die unbeschwerte, spielerische Haltung der Jugend. Dauer ist, was den Erwachsenen obliegt.

«Ich bin zu jung, um schon zu sterben.» Zwar hat das keiner der Männer und Frauen, mit denen ich an ihrer Bindungsangst arbeitete, bisher gesagt. Doch häufig höre ich es sozusagen unausgesprochen am Ende unserer Gespräche nachklingen. So zum Beispiel, wenn meine Klienten etwas ganz anderes sagen: «Ich liebe sie, aber bin noch nicht bereit zu diesem Schritt.» – «Müßte ich nicht im siebenten Himmel sein? Doch ich empfinde nichts als Depression.» – «Plötzlich wird alles so ernst. Er kommt mir wie mein Vater vor, nicht wie mein Freund.» – «Er hat von Versicherungen und Hypotheken geredet. Ich wollte rauslaufen und mir einen reinknallen.» – «Ich glaube, unsere Beziehung ist großartig. Ich liebe sie wirklich und weiß, sie liebt mich auch wie keine andere, aber nun redet sie vom Heiraten, und mir kommt es vor, als schnappe die Falle hinter mir zu. Ich möchte mit ihr zusammenbleiben, aber ein anderer Teil von mir schreit ‹Laß mich raus hier!›»

Der Entschluß zur Heirat ist ein kleiner Tod. Er bedeutet das Ende eines der Privilegien der Jugend: das Gefühl der unbegrenzten Möglichkeiten.

Jung sein heißt allmächtig sein. Wenn die soziale Herkunft oder unsere besondere Situation es zulassen, glauben wir in der Jugend, unendlich viel Zeit und jede Chance vor uns zu haben. Erwachsen werden wir, indem wir unter diesen Möglichkeiten wählen und uns ein Leben aufbauen.

In diesem Zusammenhang ist die Heirat eine der Schlüsselentscheidungen. Sie gehört in unserer Gesellschaft zu den Ereignissen, die unseren Eintritt in das Erwachsenendasein markieren. Gewiß, viele Leute heiraten, obwohl sie noch lange nicht erwachsen sind. Doch das ändert nichts an der psychologischen Bedeutung der Bindung. Sie verlangt von uns den Verzicht auf den Jugendtraum, daß alles möglich sei.

Die sozialen Realitäten der Ehe

Auch die gegenwärtige soziale Wirklichkeit der Ehe trägt zur Bindungsangst bei. Die Scheidungsrate ist kein Trost für den Mann oder die Frau, die eine Entscheidung zur Heirat in Panik versetzt. Die fast fünfzigprozentige Scheidungsrate scheint Ihnen nur eines zu bedeuten: Fast die Hälfte der Menschen, die diese Entscheidung treffen, treffen die falsche. Die Strafe für eine falsche Entscheidung scheint hart zu sein. Sie bringt Monate oder Jahre des Unglücks und eine fürchterliche Trennung, die zu finanziellem und emotionalem Chaos führen, von den Kindern ganz zu schweigen, die auseinandergerissen werden und sich mit Flickfamilien abfinden müssen. Das ist wahrlich genug, um ins Zögern zu kommen.

Auch andere soziale Realitäten können zu den Bindungsproblemen beitragen. Eine vorrangige Bedeutung mag dabei dem Widerstand gegen die Rollenverteilung in der Ehe zukommen. Denn «Ehemann» und «Ehefrau» sind möglicherweise mit Verpflichtungen und Erwartungen befrachtet, von denen «Freundin» oder «Freund» ganz frei sind. Wahrscheinlich wissen Sie nicht genau, worauf die Rollenverteilung hinauslaufen würde, aber wie das scheue Wild im Wald wittern Sie bereits Gefahr und möchten fliehen.

Es ist ein mühseliges Geschäft, den stereotypen Erwartungen zu widerstehen, die in der Gesellschaft mit der Rolle des «Ehemanns» und der «Ehefrau» verknüpft sind. Ein Ehepaar kann sich zwar auf ein eigenes Rollenverständnis einigen, muß sich aber der Probleme stets bewußt bleiben, um Ärger und Enttäuschung zu vermeiden.

Er fürchtet, sobald er sich auf eine feste Bindung einlassen wird, ist er auch gezwungen, sein Gehaltskonto mit ihr zu teilen. Die Sache selbst macht ihm eigentlich gar nichts aus, aber daß er dazu verpflichtet sein soll, stört ihn. Er hat so eine Ahnung, daß die Kumpel die spontanen Kneipentouren ohne ihn machen müssen, wenn er erst einmal «Ehemann» ist. Selbst wenn er sich schon seit zwei Jahren nicht mehr an solchen Unternehmungen beteiligt hat, widerstrebt ihm die Vorstellung, daß es nicht mehr möglich sein soll. Er hat ein ganz bestimmtes Bild vom «Ehemann». Das Haar ist schütter, er hat einen Schmerbauch und eine freundlich-beflissene Miene, wie sie sich eben einstellt, wenn man tagein, tagaus «Ja, Liebes; gewiß doch, Liebes» sagt. Das ist nicht die Art, wie er sich selbst sieht!

Sie vermutet, daß sie sich mit dem Jawort verpflichtet, für die Kühlschrankbevorratung zu sorgen. Tatsächlich hat sie gerne einen Grund für leckere Vorräte, aber die Aussicht, einmal in der Woche in den Supermarkt zu müssen, schreckt sie zurück. «Ehefrau» klingt in ihren Ohren wie passendes Bettzeug besorgen und nie wieder einen ganzen Wochenlohn für ein tolles Kleid verschleudern können. Auch sie verbindet ein Bild mit der «Ehefrau»: jemand, der vor einem Haufen schmutziger Unterwäsche eines anderen steht. Das entspricht nicht unbedingt ihrem gewünschten Selbstbild.

Die eigene Lebenserfahrung

Natürlich gibt es auch unzählige individuelle Erfahrungen, die zu Ihrer oder Ihres Partners Bindungsangst beitragen. Eine gescheiterte frühere Ehe, bittere Scheidungskämpfe, die Scheidung der Eltern, oder daß diese zusammenblieben und sich lieber hätten scheiden lassen sollen, eine besonders indiskrete und herrschsüchtige Mutter, ein überkritischer Vater, die Unfähigkeit, sich vom Familienkreis zu lösen, Depressionen, ein ausgeprägtes individuelles Bedürfnis nach Abenteuer und Veränderung, eine ungewöhnlich starke Neigung zu sexueller

Abwechslung – all solche individuellen Faktoren können zu Ihrer oder Ihres Partners heftigen Abneigung gegen eine Bindung führen.

Gleichgültig ob es ein traumatisches Erlebnis in Ihrer Vergangenheit oder ein gewisser Persönlichkeitszug ist, der nach Freiheit und Abwechslung verlangt, stets reagieren Sie auch in gewissem Maße auf jene versteckten Grundlagen der Bindungsangst, die wir bereits erörtert haben. Es widerstrebt Ihnen, die Kontrolle über Ihr Leben zu verlieren. Sie haben Angst, mit Ihrer Wahl einen großen Fehler zu riskieren. Die Vorstellung von einer Dauer schreckt Sie ab, denn Vorläufigkeit ist so viel einfacher. Das Erwachsenendasein geht Ihnen gegen den Strich, solange sich der Jugend so viele Möglichkeiten bieten. Und die Rolle des «Ehemanns» oder einer «Ehefrau» kommt Ihnen wenig verlockend vor, so wie Sie sie sich vorstellen.

Das also ist Ihre Lage. Seit zwei Jahren sind Sie zusammen und meinen, im großen und ganzen glücklich zu sein. Ohne Zweifel haben Sie ein Gefühl der Zusammengehörigkeit und können sich ein Leben ohne sie eigentlich nicht vorstellen. Doch deshalb sind Sie noch lange nicht bereit, sie zu heiraten. Oder irgendeine andere Frau. Und gerade das scheint ihr in letzter Zeit ständig im Kopf herumzuspuken. Dauernd macht sie Anspielungen, und manchmal weint sie sogar deshalb. Sie ist noch verliebter als sonst, und Sie wissen, dahinter steckt diese Idee vom Heiraten. Sie haben versucht, bloß nicht daran zu denken, doch jetzt geht der Druck los. Aber natürlich werden Sie sich auf keinen Fall zu irgend etwas zwingen lassen.

Trotzdem, es wird etwas geschehen müssen. Sie sind sich Ihrer Gefühle nicht sicher. Einerseits meinen Sie, sie zu lieben; das Zusammensein mit ihr ist wunderbar, und überdies scheint auch sie Sie wirklich zu lieben. Andererseits *sind Sie vollkommen zufrieden mit der Situation so, wie sie ist*. Sie beide sind zusammen, so oft sie es wollen. Sie fühlen sich wohl. Warum das alles mit diesem Heiratskram – Einladungskarten und Familientreffen – stören? Warum soll sich etwas ändern? Warum kann ich nicht mein eigener Herr und sie nicht trotzdem bei mir bleiben?

Umgang mit der Bindungsangst des Partners

Sie können niemanden dazu bewegen, sich zu binden. Sich binden ist ein innerer Prozeß. In diese Fähigkeit wachsen wir hinein. Sie ist ein Entwicklungsgrad, die Bereitschaft, erwachsen zu sein. Es ist die Fähigkeit, zu wählen und sein Leben selbst zu lenken. Und das spielt sich im Innern ab.

Trotzdem brauchen Sie gewisse Strategien, um diese schwierige Zeit zu bewältigen. Die Zaghaftigkeit Ihres Partners wird Ihnen wahrscheinlich zur Qual. Wenn jemand, an dem Ihnen sehr viel liegt, erklärt, er (oder sie) sei nicht sicher, nicht bereit, nicht interessiert, dann ist Ihr Glück bedroht. Das kann einen noch so stabilen und fröhlichen Menschen in einen ängstlichen, klammernden Narren verwandeln! Oder Sie werden zum Heckenschützen, der ständig darauf lauert, seine Spitzen loszulassen. Sie sind wütend, gekränkt oder in Panik, je nachdem, wie Sie im Falle einer Bedrohung gewöhnlich reagieren. Die meisten sind alles zugleich.

In der Regel weist der Partner Sie (noch) nicht wirklich zurück, aber seine Reaktionen ließen sich auch nicht gerade als leidenschaftlich bezeichnen. Vielleicht haben Sie das Gefühl, eine Probezeit zu absolvieren. Und wie reagieren Sie? Betrachten wir ein typisches Szenario:

Wahrscheinlich werden Sie sich eine Zeitlang in Selbsthaß ergehen. «Warum bin ich nicht gut genug für ihn, für sie?» Sie kommen sich langweilig vor, blöd, armselig, als Versager – was immer Ihr wunder Punkt sein mag.

Auch Ihren Partner werden Sie wahrscheinlich eine Zeitlang hassen. Warum ist er/sie so unreif, unentschlossen oder gemein? Sie lassen kein gutes Haar am Charakter des Partners, während Sie den eigenen in Stücke reißen: Sie suchen nach einem Ventil für dieses elende Gefühl nach einer Zurückweisung.

Irgendwann kommen Sie vielleicht ins Grübeln. Sie fragen sich: «Wie lange sollte ich mir das noch mitansehen? Soll ich Schluß machen? *Kann* ich es überhaupt? Ich möchte keinesfalls ein Ultimatum stellen, aber ich will mich auch nicht zum Narren halten lassen. Sollte ich versuchen, ihn / sie eifersüchtig zu machen? Ich möchte mich nicht mit anderen Männern / Frauen treffen, aber vielleicht muß ich es. Werden wir das Ganze jemals lösen? Bedeutet das, er / sie liebt mich gar nicht?»

Inzwischen konzentriert sich die Beziehung möglicherweise mehr und mehr auf das «Problem» Ihres Partners. Möglicherweise führen Sie UB-Gespräche. Manche suchen Hilfe in der Psychotherapie – als Paar oder für den Partner –, in der Hoffnung, daß ein Fachmann «ihn oder sie wieder ins richtige Gleis bringen kann». Der Partner geht zum Therapeuten, um herauszufinden, was für ihn so entsetzlich und unmöglich ist – Sie oder die Ehe. Das kann einen ziemlich nervös machen. Sie sind ganz begierig nach Neuigkeiten. Betont beiläufig fragen Sie gelegentlich: «Na, wie läuft es?», als würde Ihr Glück nicht von der Antwort abhängen.

Anfänglich bemühen Sie sich um ein ruhiges, wohlmeinendes Verständnis. Wahrscheinlich fühlen Sie sich jetzt noch verletzter und abgelehnter. Es muß etwas geschehen!

Das Dilemma, mit Ihrer Liebe auf einen zögernden Partner zu treffen, ist folgendes: Wie können Sie auf eine Situation Einfluß nehmen, die nicht in Ihrer Hand zu liegen scheint? Sie sind in einer Weise zur Passivität verdammt, wie sie schlimmer kaum vorstellbar ist: hilflos einen Urteilsspruch erwartend. Wenn Sie versuchen, darauf einzuwirken, könnte sich Ihr Partner beklagen, Sie seien drängelig, würden ihn / sie unter Druck setzen oder mit Ihren Beschwerden verfolgen. Natürlich befürchten Sie auch selbst, daß solche Versuche nach hinten losgehen.

Andererseits, wenn nicht Sie auf eine Lösung drängen, wer dann? Sie hoffen, daß bei Ihrem Partner eine Art Spontanheilung eintritt. Eines Tages wird er (sie) sich endlich zu einer Entscheidung aufraffen, sie fröhlich bekanntgeben, und die Tortur wird vorüber sein. Mit dieser Vorstellung im Kopf sind Sie zunächst geneigt einzuwilligen, wenn Ihr Partner um «mehr Zeit» bittet.

Manche Paare brauchen tatsächlich nicht mehr als ein bißchen Zeit. Eine Veränderung bedeutet für manche, ganz vorsichtig mit dem kleinen Zeh zuerst ins Wasser zu gehen! Der betreffende Partner muß vielleicht den Gedanken von allen Seiten betrachten, sich hindurchbeißen und behutsam mit ihm vertraut werden. Wenn dies der Fall ist, werden Sie feststellen, daß die Gespräche, die ursprünglich mit «Falls wir verheiratet wären» begonnen, jetzt mit «Wenn wir verheiratet sind» anfangen. Sie schlagen sich mit einer Fülle müßiger Fragen herum: «Wo würden wir leben, wenn wir das täten?» oder «Müßte denn um die Hochzeit ein solcher Aufwand betrieben werden?»

Wenn Ihre Beziehung langsam diese Richtung einschlägt, haben Sie keine Probleme. Ihr Partner wird mit seiner Bindungsangst alleine fertig. Es wird Ihnen möglicherweise nicht schnell genug gehen. Doch wenn es Ihnen gelingt, Ihre Ungeduld zu zügeln, werden Sie am Ende wahrscheinlich ans gewünschte Ziel gelangen.

Der Rest dieses Abschnitts ist für die Leser bestimmt, deren Beziehung jetzt – oder vielleicht künftig – feststeckt. Sie lieben sich, nehmen Anteil am Leben des anderen – und kommen trotzdem nicht vom Fleck.

Sie sind mit Ihrer Geduld so gut wie am Ende. Mehr Zeit können Sie ihm oder ihr nicht lassen. Sie wollen, daß etwas passiert. Wenn es schon kein Ja sein kann, dann möchten Sie nun zumindest ein klares Nein hören. Sie haben die Ungewißheit satt. Was tun Sie also?

Irgend etwas! Wahrscheinlich können Sie mit der Situation nur umgehen, indem Sie sich aus Ihrer passiven Rolle heraus in die Rolle des Aktiven retten. Auf die Entscheidung Ihres Partners mögen Sie keinen Einfluß haben, wohl aber auf Ihr eigenes Leben. Sie haben Ihre Zukunft in die Hände eines anderen Menschen gelegt, und der geht nicht besonders großartig damit um. *Nehmen Sie es zurück!*

Ich gebe Ihnen im folgenden Beispiele, wie man die Kontrolle über sein Leben zurückgewinnen kann. In jedem beschriebenen Fall drängte ein Partner auf Heirat. Jeder klärte auf andere Weise seine Situation mit dem liebenden, aber zögerlichen Partner. «Liebend» ist mit Bedacht gewählt; Sie mögen von dieser Liebe nicht viel spüren, wenn Sie sich mit der Bindungsangst Ihres Partners auseinandersetzen.

Es gibt drei Möglichkeiten:

- Akzeptieren Sie Nein nicht als Antwort.
- Beharren Sie nicht – überzeugen Sie.
- Stellen Sie ein Ultimatum.

Akzeptieren Sie Nein nicht als Antwort

Barry ist 35 und seit drei Jahren geschieden, als er Joan begegnet. Er hat zwei halbwüchsige Töchter, die bei seiner geschiedenen Frau leben. Bis Joan in Erscheinung trat, waren sie die einzigen Frauen in seinem Leben.

Joan ist 32, hat nie geheiratet. Sie ist eine erfolgreiche Anlageberaterin, findet ihren Beruf aber seit einiger Zeit weniger befriedigend, als sie gehofft hatte.

Barry und Joan sind seit anderthalb Jahren zusammen. Er ist sehr überrascht, daß er sich noch einmal verliebt hat. Nach seiner Scheidung hatte er sich geschworen, sich nie wieder auf dieses Risiko – genannt Liebe – einzulassen. Joan hat weniger Probleme. Soweit sie das sagen kann, gehören Barry und sie zusammen. Sogar seine Töchter, die sich anfangs wie kleine Ungeheuer aufführen, haben sich mittlerweile gefangen. Sie scheinen sie als unvermeidlich akzeptiert zu haben. Die älteste erklärte Joan: «Wir wissen, wir hätten es schlechter treffen können.» Joan nahm das als Ermutigung – und machte ihm einen Heiratsantrag.

Barry ließ sie abblitzen. Im Prinzip habe er nichts dagegen zu heiraten – irgendwann, wenn der Zeitpunkt gekommen sei, aber so weit sei es noch nicht. Er fixierte sich ganz auf die Zeit. Es sei zu früh. Seine Töchter würden es nicht verkraften. Und er dann im übrigen auch nicht. Er brauche mehr Zeit, mehr Erfahrung, das Gefühl, frei zu sein. Vielleicht hätte er sich nach der Scheidung häufiger mit anderen Frauen treffen sollen. Vielleicht sollte er sich jetzt mit anderen Frauen treffen. Vielleicht sollte er alles mögliche tun, nur Joan nicht heiraten.

Die meisten Frauen hätten nach einer solchen Eröffnung wohl die Waffen gestreckt. Joan dagegen zuckte nicht mit der Wimper. Sie hatte nicht die Absicht, sein Nein als Antwort zu akzeptieren.

Sie erwiderte: «Ich finde es völlig verständlich, daß du mehr Zeit und Freiheit brauchst. Glaub mir, wenn ich es könnte, würde ich dir von beidem geben, aber ich kann es nicht. Mit dieser Situation könnte ich nicht umgehen. Ich würde es nicht verkraften. Tut mir leid, aber das ist kein Weg für uns.»

Auch für seine Zweifel zeigte sie Verständnis. Es müsse ja wirklich äußerst beunruhigend für ihn sein, sich zu verlieben, wo er sich so fest geschworen habe, es nie wieder dazu kommen zu lassen. Sie könne verstehen, daß er glücklicher wäre, wenn er sich eifrig verabredet und den Markt gründlich abgegrast hätte. Joan gab Barry zu verstehen, daß sie seine Vorbehalte in keinster Weise persönlich nahm. Im Grunde sagte sie: «Natürlich wirst du mich heiraten, und natürlich wird dir der Gedanke anfangs absolut nicht gefallen. Aber du kommst schon darüber hinweg.»

Schließlich riet Joan ihrem Freund, sich sein Verhalten gut zu überlegen. Eine Frau wie sie sei eine einmalige Chance für ihn. Zweifellos sei sie die netteste, liebevollste und interessanteste Frau, die ihn je lieben würde. Wenn er sich wirklich von ihr trennen wolle, sei sie einverstanden, aber sie denke, daß er sich das doch noch einmal überlegen werde.

Das tat er dann auch. Joan begann, bis spät in den Abend hinein zu arbeiten, so daß er eine Ahnung davon bekam, wie das Leben ohne sie wäre. Er stellte fest, daß sie ihm fehlte. Joan blieb bei ihrer Haltung, daß sie Schluß machen würde, wenn er versuchte, die Beziehung offener zu gestalten. In der Hinsicht ließ sie keine Mißverständnisse aufkommen, nicht weil sie sein Begehren für unannehmbar hielt, sondern weil sie nicht in der Lage war, sich damit abzufinden. Man kann nicht über seinen Schatten springen. Auch ihrer Einstellung, er sei töricht, wenn er sie aufgäbe, blieb sie treu. Schließlich sah er es wie sie. Ihre Heirat hat er nie bereut, und Joan ließ sich nie hinreißen zu Äußerungen wie: «Das habe ich dir gleich gesagt.»

Joan brauchte viel Zeit und Toleranz, um ihre Beziehung

durch diese schwierige Zeit zu steuern. Niemand kann Ihnen sagen, wieviel Zeit Sie Ihrem Partner geben oder wieviel Ambivalenz Sie ertragen müssen. Im allgemeinen steht dem Partner, der das Nein des anderen nicht akzeptiert, ein enger zeitlicher Rahmen zur Verfügung – es handelt sich eher um Wochen oder Monate als um Jahre. Diese Strategie, auf dem gewünschten Ausgang zu beharren, erfordert einigen Mut. Die meisten würden wohl fürchten, sie könnten den Partner zu sehr bedrängen oder gar zur Ehe zwingen. Außerdem hätten sie vielleicht das Gefühl, eine Ehe, auf der sie bestehen, könne kein Ausdruck von Liebe sein. Liebe muß freiwillig gegeben werden. Die Weigerung, ein Nein als Antwort zu nehmen, kann als Versuch verstanden werden, Bindung und Liebe zu erzwingen.

Joan sah das anders. Sie trennte Barrys Liebe zu ihr (die sie für stark hielt) von seiner Fähigkeit, sich zu binden (die sie für schwach hielt). Dann machte sie sich daran, die Schwäche ihres Partners auf die Stärke ihrer Gewißheit zu stützen. Bemerkenswert ist hier, daß sie seine Angst nicht durch ein Ultimatum verschlimmerte. Statt dessen schlug sie sich mit der ganzen Intensität ihrer Überzeugung, sie sei gut für ihn, auf jene Seite seiner Ambivalenz, die ihn zu ihr hinzog. Diese Strategie erforderte eine gehörige Portion Selbstbewußtsein und Mut. Nur aus einer sehr positiven Einstellung zu sich selbst konnte sie die Gewißheit ziehen, daß sie Barry ein gutes Angebot machte. Und sie mußte sich immer wieder ermahnen, seine Ablehnung nicht persönlich zu nehmen.

Beharren Sie nicht – überzeugen Sie

Auch Carole nahm Einfluß auf ihre Beziehung und ihr Leben, indem sie einen bestimmten Standpunkt bezog. Allerdings verhielt sie sich weniger nachdrücklich und unnachgiebig als Joan im vorigen Beispiel. Doch Carole argumentierte, verteidigte ihren Standpunkt und vertrat ihre Sache auch sonst mit großer Überzeugungskraft. Ihre Zukunft war ihr zu wichtig, um seine Entscheidung in aller Ruhe abzuwarten. Wenn man jemanden überzeugen möchte, darf man nicht das Gefühl haben, alles, worum man sich bemüht, sei eigentlich gar nicht der Mühe wert. Carole indessen meinte, alles, was es zu haben wert sei, sei es auch wert, darum zu kämpfen.

Carole war 42, John 46, und beide waren schon einmal verheiratet. Als sie sich begegneten, lag Caroles Scheidung anderthalb Jahre zurück, Johns gerade zwei Monate. Beide fühlten sie sich noch nicht «bereit» für eine Ehe. Bei Carole war jedoch die Bereitschaft zu einer Beziehung größer. John, der gerade seiner unglücklichen, schuldzersetzten Ehe entkommen war, stand der Sinn danach, sich auszutoben.

Deshalb kamen sie nur allmählich in der Liebeswerbung voran, mit mehreren Umschwüngen, zu denen Johns Exkurse in die Singleszene beitrugen. Stets kam er zurück, und stets hieß Carole ihn willkommen, wenn ihre Kommentare auch immer bissiger wurden.

Am Ende ihres zweiten Jahres erreichten sie eine Plateauphase. Beide trafen sie sich nicht mehr mit anderen, beide verstanden sich als festes Paar. Auf mehr aber wollte John sich auch nicht einlassen. Jeder behielt seine Wohnung. Häufig fuhr er allein in Urlaub, und sei es, um sich zu beweisen, daß er das Recht dazu hatte.

Schließlich wurde Carole klar, was sie wollte: «Ich hatte es satt, ein Leben wie eine Stadtstreicherin zu führen, die Hälfte der Zeit zu Hause und die Hälfte der Zeit bei ihm zu wohnen, die Wäsche zum Wechseln in der Handtasche. Ich wollte heiraten.»

John ganz und gar nicht. Auch er wußte ziemlich genau, was er wollte: «Ich liebe dich, aber ich kann den Gedanken nicht ertragen, meinen Freiraum aufzugeben. Ich würde ersticken. Ich möchte selbst über meine Zeit und mein Leben bestimmen und mit dir zusammensein, wenn ich es will, und nicht weil ich es muß. Ich bin schon mal verheiratet gewesen und weiß, wie das läuft. Du hast kein eigenes Leben mehr. Ich will nicht heiraten, und ich werde es nicht.»

Carole brach nicht zusammen. Heute sagt sie: «Ich kannte ihn doch – die Seiten, die ich liebte, und die Seiten, die ich haßte. Also beschloß ich, ihn zu *beruhigen* und nicht zu zwingen. Ich erklärte ihm: ‹Solange ich mich sicher fühle, kannst du soviel Freiheit haben, wie du möchtest. Anstrengend und anhänglich werde ich nur, wenn ich das Gefühl habe, du weist mich zurück.›» Carole wußte, daß John bei einer Frau nichts so fürchtete wie emotionale Abhängigkeit und das ständige Einklagen von Zuwendung und Aufmerksamkeit. Seine Ängste rührten von den Erfahrungen mit seiner geschiedenen Frau und seiner Mutter her. Carole war sicher, in dieser Hinsicht bestünde keine Gefahr bei ihr, sie war in der Lage, mit ihren Bedürfnissen und Emotionen selbst fertig zu werden. Aber das wollte sie nur innerhalb einer Ehe. Sie brauchte eine wirkliche Bindung.

Ihre Auseinandersetzungen dauerten zweieinhalb Jahre und wurden ziemlich offen geführt. Häufig sagte Carole zu ihm: «Ich frage mich, ob meine Geduld deinem Zwiespalt gewachsen sein wird.» Ihre Haltung war positiv und unaufdringlich. «Es kam mir nicht in den Sinn, ihm zu sagen: ‹Entweder du heiratest mich oder...› Ich fürchtete mich davor und hielt es auch für falsch. Statt dessen erklärte ich ihm: ‹Wenn du auf keinen Fall heiraten willst, kann ich das verstehen und respektiere deine Entscheidung, aber ich möchte irgendwann wieder heiraten. Wenn du dich also endgültig gegen eine Heirat entschieden hast, können wir wohl nicht zusammenbleiben, so traurig das ist.› Ich merkte, das verlagerte das Blickfeld. Es ging nicht mehr darum, ob er mich ablehnte, sondern um das Eigentliche: seine Einstellung zur Ehe. Das verbesserte die Situation für uns beide. Wieder und wieder behauptete ich: ‹Wenn du mir eine Chance gibst, kann ich dir beweisen, daß die Ehe nicht so schlimm ist, wie du befürchtest.›»

Schließlich beschlossen John und Carole, zusammen ein Haus zu kaufen, das groß genug war für ihre Kinder und seinen Computer. Als sie das Haus gefunden hatten, meinte John: «Ich schätze, wir sollten heiraten.»

Carole erklärt: «Ich habe ihn wirklich davon überzeugt. Von der Heirat. Jetzt sagt er: ‹Vielen Dank, mein Liebes. Ich bin glücklich.› Und warum auch nicht? Ich weiß, was er braucht, und sorge dafür, daß er es bekommt. Ich habe ja auch von ihm bekommen, was ich brauchte.»

Das Ultimatum

Das klassische Verfahren zur Einflußnahme auf eine festgefahrene Beziehung ist das Ultimatum. Ein Partner sagt: «Entweder du heiratest mich, oder ich mache Schluß.»

Dieses Vorgehen erfordert Mut und ein hohes Maß an Risikobereitschaft. Wenn Sie ein solches Ultimatum stellen, dann sollten Sie es ernst meinen und darauf gefaßt sein, daß wirklich Schluß ist. Ein Ultimatum löst bei beiden Partnern Angst aus, weil es extremen Druck an einer sehr empfindlichen Stelle ausübt. Es sollte nicht die erste oder zweite Maßnahme sein. Doch wenn Sie dem Partner einfach nicht «mehr Zeit» geben können, wenn Sie mit Ihrer Überzeugungskraft am Ende sind, aller Nachdruck erfolglos geblieben und Ihre Geduld erschöpft ist, dann haben Sie nur noch die Wahl, entweder den unzulänglichen Zustand Ihrer Beziehung ein für allemal zu akzeptieren – oder Ihrem Leiden ein Ende zu machen. Das Ultimatum ist das äußerste Mittel in der Liebeswerbung.

Der Kampf um die feste Bindung ist ein notwendiger Teil vieler Beziehungen. Wenn Sie daran denken, ihn nicht persönlich zu nehmen, wird er eine Weile keinen großen Schaden anrichten.

Schließlich aber wird dieser Kampf doch zu persönlich, zu unerfreulich, Sie empfinden ihn zu sehr als Ablehnung, um ihn länger zu ertragen. Jeder, der sich nach einer festen Bindung sehnt und nur ein «Vielleicht» bekommt, fühlt sich zurückgewiesen. Kaum etwas könnte schlimmer sein, als mit einer solchen Ablehnung in kleinen Dosen zu leben. Sie nagt an Ihrer Selbstachtung und läßt Sie an Ihrem Sexappeal zweifeln. Sie kommen sich langweilig oder unattraktiv vor. Und am Ende bewirkt Ihre Unsicherheit, daß Sie tatsächlich aufdringlich, reizlos und unselbständig werden. Befreien Sie sich aus dieser Situation. Sie brauchen wieder Liebe und Anerkennung. Sie wissen gar nicht mehr, wie das ist.

Wann ist das Maß voll? Wann sollten Sie Ihr Ultimatum stellen?

Es wird Zeit für ein Ultimatum, wenn:

- Sie an nichts anderes mehr denken können als ans Heiraten, völlig von dieser Idee beherrscht sind.
- Sie ständig ängstlich, genervt oder wütend sind, weil Ihre Beziehung stagniert.
- Sie sich übertrieben kritisch sehen und das Gefühl haben, Sie seien nicht gut genug.
- Ihnen das eigene Verhalten peinlich ist. Sie sind verunsichert, brauchen ständig seine/ihre Aufmerksamkeit und die Gewißheit, daß er/sie Sie liebt.
- Ihre Beziehung nur noch ein einziger Kampf ums Heiraten ist. Sie scheinen kein anderes Gesprächsthema mehr zu finden. Jeder törichte Streit über die Frage, in welchen Film Sie gehen wollen, ist in Wirklichkeit eine Auseinandersetzung übers Heiraten.

Was nun folgt, sind einige Beispiele für ein Ultimatum. Jedes wurde in einer anderen Phase der Beziehung und in unterschiedlicher Weise gestellt. Niemand kann Ihnen sagen, welches der richtige Zeitpunkt für ein Ultimatum ist. Das Timing hängt von Ihrem Maß an Bereitschaft und Geduld ab. Ein Ultimatum ist keine manipulative Strategie. Es wird nicht gestellt, «um mal zu sehen, was passiert». Es soll den Partner nicht kommandieren oder ihm beweisen, wieviel Macht Sie über ihn haben. Vielmehr ist es ein Zeichen Ihrer Entschlossenheit, ein letztes Mittel, einen für Sie beide schmerzlichen Konflikt zu beenden, den Sie auf angenehmere Weise nicht zu lösen vermochten.

Der letzte Termin

Ein Ultimatum kann viele Formen annehmen. Meist ist es ein willkürlich festgesetzter letzter Termin. Mehr oder minder unverblümt sagt der eine Partner dem anderen: «Du hast bis dann und dann Zeit, dich zu entscheiden. Wenn du bis dahin noch immer nicht weißt, was du willst, gehe ich.»

Auf diese Weise haben Douglas, 34, und Jenny, 28, ihre Bindungskrise gelöst. Nachdem sie sich seit etwa einem Jahr kannten, begann Jenny, nach ihrer gemeinsamen Zukunft zu fragen. Sehr zurückhaltend äußerte sie erst einmal ihr Bedürfnis, ihr Leben zu planen. Jennys Vorstöße waren gemäßigt – keine dramatischen Szenen oder tränenreichen Vorwürfe, nur eine klare Mitteilung ihrer Gefühle. Ein paar Monate später, nach dem Urlaub, wurde sie deutlicher. Sie eröffnete Douglas, daß sie bis zum Juni wissen müsse, woran sie sei. Jenny drohte nicht, im Gegenteil, sie blieb sehr sachlich. Dieses halbe Jahr noch, mehr Zeit könne sie ihm nicht einräumen.

Douglas zweifelte nicht an seiner Liebe zu Jenny. Tatsächlich war er überrascht, daß er sich mit den «Schwächen» abgefunden hatte, die ihn noch vor einem halben Jahr erheblich gestört hatten. Mittlerweile machte es ihm nichts mehr aus, daß sie so still war, obwohl er sich immer eine temperamentvolle Frau vorgestellt hatte. Auch ihr eigenartiger Sinn für Humor störte ihn nicht mehr. Das war «einfach Jenny, und ich liebe sie».

Er liebte sie, aber wollte sie nicht heiraten. Auf keinen Fall. Na ja, eines Tages vielleicht, aber der lag noch in weiter Ferne. Am meisten quälte ihn der Gedanke an das «Für immer». Wie kann sich irgend jemand auf irgend etwas für den Rest seines Lebens festlegen? Was ist, wenn es sich als Irrtum herausstellt?

Im April nahmen Douglas' Ängste zu. Er merkte plötzlich, daß der Sommer näher rückte und mit ihm seine Frist. Er war davon überzeugt, daß Jenny es ernst meinte mit ihrem Ultimatum. Sie war sehr freundlich gewesen, aber auch sehr bestimmt.

Im Mai wurde Douglas klar, nun müsse er sich entscheiden. Inzwischen war er durch eine Therapie zu einer Reihe von Erkenntnissen gelangt:

- Garantiertes Gelingen einer Ehe gibt es nicht. Sie ist immer ein Risiko.
- Er war nicht gewillt, Jenny aufzugeben und mit einer anderen Frau einen neuen Anfang zu machen, nur um wieder am gleichen Punkt zu enden. Tatsächlich hatte er sich schon zur Heirat entschlossen, als ihm klar geworden war, daß er sie nicht mehr aus seinem Leben wegdenken konnte.
- Eine Ehe «erweist» sich nicht als gelungen oder mißlungen. Douglas und Jenny werden ihre Ehe erst selber gestalten,

aufbauen, an ihr arbeiten. Das Resultat entzieht sich also keineswegs ihrer Einflußnahme, und die Ehe ist nicht so mysteriös, wie es ihm immer vorkam.

Mitte Mai verlobten sich Douglas und Jenny. Zu seiner Überraschung empfand Douglas Stolz und freudige Erregung. Von Freunden und Kollegen bekam er nur positive Reaktionen. Selbst die Hochzeitspläne vermochten ihn nicht zu schrecken.

Douglas war Jenny dankbar, daß sie diese klare Entschiedenheit hinsichtlich ihrer Beziehung aufgebracht hatte. Ohne diesen letzten Termin, meint er, hätte er sich womöglich nie zu einem Entschluß aufraffen können. Mit der Frist, so Douglas, habe Jenny «meine Ängste mit einem Rahmen versehen, so daß ich sie in den Blick bekommen konnte».

Der sanfte Kick

Nicht jedes Ultimatum ist an einen letzten Termin geknüpft. Manche können eine etwas realistischere Form annehmen: «Ich räume dir so viel Zeit ein, wie ich kann. Danach gehabe dich wohl!» Damit verhalten Sie sich ehrlich und liebevoll, nehmen aber auch ihr Leben in die eigene Hand.

In den vier Jahren, die Diane und Tony sich nun kennen, wiederholte sich in ihrer Beziehung immer wieder ein bestimmtes Muster. Sie fanden sich, liebten sich – und dann wurde Tony das Opfer eines Umschwungs. Zwar hielt er stets große Stücke auf Diane, doch fand er sie «zu nett» und «nicht aufregend genug». Manchmal sahen sie sich monatelang, einmal sogar ein ganzes Jahr nicht. Dann kamen sie wieder zusammen, und das ganze Spiel begann von vorn.

Nach seinem dreißigsten Geburtstag begann Tony schließlich, Diane ernster zu nehmen. Er zog bei ihr ein, noch immer nicht ohne Zweifel, aber gewillt, einen Versuch zu machen.

Nach ein paar Monaten des Zusammenlebens verspürte Tony eine gewisse Dringlichkeit zur Heirat. Ihr Zusammenleben bewirkte, daß er den besonderen Charakter ihrer Beziehung schätzen lernte; sie gab ihm etwas, was er bei seinen «aufregenden» Frauen nie gefunden hatte. Er war bereit zu einer festen Bindung. Und ausgerechnet da gelangte Diane zu der Erkenntnis, daß sie es nicht sei.

Tony fiel aus allen Wolken. Diane war der einzige Mensch in seinem Leben, dessen Liebe er sich sicher wähnte. Doch das Schlimmste war, ihre Zweifel bezogen sich vor allem auf ihre sexuelle Beziehung. Konnte sie ihm trauen? Hatte sie selbst bereits genug Männer kennengelernt? Sie hatte zu viele Jahre damit verbracht, auf Tony zu warten – Jahre, in denen sie das Leben nicht so genossen hatte, wie sie es hätte tun sollen. Nun spürte sie, wie ihr die Zeit davonlief, und konnte damit nicht umgehen. Diane bat Tony, nicht auszuziehen, aber sie dachte auch nicht daran, ihn zu heiraten!

Nach einigen Monaten der Niedergeschlagenheit seinerseits und der Schuldgefühle ihrerseits sowie endlosen gemeinsamen «Problemgesprächen» gab sich Tony einen Ruck. Er erläuterte ihr die Situation mit folgenden Worten: «Ich verstehe ja, daß du verunsichert und noch nicht soweit bist. Aber du mußt erfahren, daß ich nicht weiß, wieviel Zurückweisung ich noch hinnehmen kann. Auch wenn es sicher nicht in deiner Absicht liegt, mich zu kränken, verletzen tut's mich doch. Das heißt, wenn es mir zuviel wird, werde ich dich verlassen. Ich bin darauf gefaßt, auch wenn ich glaube, daß ich es noch eine Zeit aushalte.»

Dieses offensichtlich ehrlich gemeinte und ganz ruhig vorgetragene Ultimatum hatte durchschlagende Wirkung. Diane war gezwungen, ihre Ängste in den Griff zu bekommen und sich selbst eingehender zu prüfen. Ihre eigenen Gefühle hatten sie so in Anspruch genommen, daß sie Tonys Kümmernisse gar nicht zur Kenntnis genommen hatte.

Bei kritischer Betrachtung ihres Verhaltens erkannte Diane, daß ihr Widerstand gegen die Ehe auf zwei Faktoren basierte. Erstens, ein großer Teil ihrer Ambivalenz war unbewußte Wut auf Tony noch aus der Zeit, als seine Unentschiedenheit ihr das Gefühl gegeben hatte, er liebe sie nicht und lehne sie ab. Jetzt, da er bereit war, eine feste Bindung einzugehen, fühlte sie sich sicher genug, einen Teil dieser Wut rauszulassen.

Zweitens, im Lauf ihrer Beziehung hatte sich überwiegend Tony mit Intimitätsängsten auseinandergesetzt. Solange er zögerte, brauchte sie sich ihren eigenen Ängsten nicht zu stellen, und denen sah sie sich dann plötzlich gegenüber, als Tony seine Scheu überwunden hatte. Das traf sie natürlich völlig unvorbereitet, denn ihre Beziehung zu Tony hatte es ihr bisher erspart, solche Ängste bei sich bewußt zu erfahren. Wenn eine Bindung Sie bisher nie hat bedrohen können, wie sollten Sie dann entdecken, daß sie Ihnen Angst macht?

Tonys Ultimatum brachte diese Probleme an die Oberfläche. Diane gab es Gelegenheit, ihre emotionalen Reaktionen zu verstehen und zu überwinden. Durch die Bewältigung ihrer Wut und Angst gelang es Diane, wieder eine Basis für ein gemeinsames Leben mit Tony zu finden.

Das Ultimatum gleich zu Beginn

Im nun folgenden Beispiel war das Ultimatum beides, erstes wie letztes Mittel. Barbara, 35, hatte zu viele Beziehungen hinter sich, die sich im Zustand einer fast-aber-doch-nicht-ganz-festen Beinahe-Bindung festgefahren hatten. Noch einmal wollte sie diese quälende Unentschiedenheit nicht über sich ergehen lassen. Abgesehen davon hatte sie in diesen Beziehungen eine wertvolle Erfahrung gemacht: Es gab viele Männer, die zu der Hoffnung berechtigten, mit ihnen eine glückliche Beziehung zu unterhalten – mit zwanzig hätte sie daran niemals geglaubt.

Wenn Sie davon ausgehen, daß Sie in dieser Hinsicht noch viele Gelegenheiten haben werden beziehungsweise haben könnten, dann fällt es Ihnen relativ leicht, die Zukunft zur Sprache zu bringen. Sind Sie hingegen der Überzeugung, daß Ihr gegenwärtiger Partner der einzig richtige ist, werden Sie von seinen oder ihren Launen abhängig sein. Sie können kein Ultimatum riskieren, weder als erstes noch als letztes Mittel.

Bei einer der ersten Verabredungen von Barbara und Glen, in einem jener typischen Gespräche, die sich um Beziehungen, Leben und Liebe drehen und häufig dem ersten sexuellen Kontakt vorausgehen, erwähnte Glen, er sei davon überzeugt, daß ein Mann nach einem halben Jahr wisse, ob er eine Frau heiraten wolle oder nicht. Barbara sagte nichts, merkte sich diese Äußerung aber gut.

Aus Anlaß ihrer sechs Monate alten Beziehung lud Barbara Glen zum Abendessen ein. Beim Essen erinnerte sie ihn an das besagte Gespräch und fragte: «Also was ist?» Verlegen räusperte sich Glen und druckste herum. Schließlich gab er zu erkennen, daß er damals dann doch nicht so wörtlich genommen werden wollte. Er war ganz offensichtlich noch nicht zu einer festen Bindung bereit. Barbara wickelte sein Dessert in einer Tüte ein und bat ihn, sie nicht mit seinem Anruf zu belästigen, bis er bereit sei.

Zwei nervenaufreibende Wochen später stand Glen mit einem Verlobungsring vor der Tür. Barbara sagt heute, sie sei außer sich vor Freude und wahnsinnig glücklich gewesen. Aber sie bleibt auch dabei, daß sie auf keinen Fall angerufen hätte. Sie hatte die Haltung: «Es gibt so viele Männer, die ich lieben könnte und die mich lieben könnten. Was soll ich da meine Zeit mit einem verschwenden, der es nicht tut.»

Glen muß jedesmal lachen, wenn er die Geschichte ihrer Verlobung erzählt. «Von Zeit zu Zeit wird Barbara auch heute noch energisch. Manchmal halt ich dagegen, und manchmal geb ich nach, aber immer erspart sie uns viel Zeit!»

Alle meine Beispiele nahmen einen Ausgang, der eine Chance für den glücklichen Beginn einer Ehe bildete. Der glückliche Anfang ist ein mögliches Ergebnis eines Ultimatums.

Natürlich ist auch ein anderes Ergebnis denkbar, das für den Partner, der auf die Heirat drängt, in der Regel weniger angenehm ist: Er bekommt ein Nein zur Antwort und muß gehen.

Dieses Nein kommt meistens in einer Art Nicht-Antwort! Der Mann (oder die Frau, wenn die Rollen im Bindungskonflikt vertauscht sind), der klipp und klar sagt: «Ich habe beschlossen, dich nicht zu heiraten», ist die Ausnahme. Das ist zu schmerzlich und zu riskant. Er möchte ja die Beziehung nicht unbedingt beenden, nur heiraten will er nicht… nicht sie… zum gegenwärtigen Zeitpunkt… oder jemals… er weiß nicht so genau… und braucht mehr Zeit.

Wenn der Partner, der das Ultimatum stellte, dazu steht und wirklich Schluß macht, ist die Sache traurig, aber auch positiv. Dann ist er jemand, der in der Lage war, seinen Weg weiterzugehen. Solche Wahrheiten sind bitter, aber dieser Mann (oder die Frau) setzen sich dem aus und haben es überstanden.

Es gibt nur einen wirklich rundherum negativen Ausgang eines Ultimatums: wenn beide Partner darüber hinweggehen. Der letzte Termin rückt näher, verstreicht, und beide Partner tun so, als hätten sie ihn vergessen. Dabei ist zwischen ihnen nichts gelöst, es wird ein neues Ultimatum gestellt. Und wieder ignoriert.

Manchmal macht sie halbherzige Anstalten, ihre Drohung wahrzumachen. Sie löst die Beziehung auf, ist einsam, er ruft an, sie kommen wieder zusammen. Es geht eine Zeitlang gut. Dann möchte sie heiraten, er hegt noch dieselben Zweifel, und so verläßt sie ihn abermals. Es gibt Paare, die sich auf diese Weise zehn Jahre lang im Kreise drehen. Jeder benutzt die Beziehung, um sich das Risiko einer neuen zu ersparen. Beide flüchten sie sich in die Pseudosicherheit der Beziehung zurück, wenn sie in der Außenwelt Abfuhren oder Niederlagen einstecken müssen. Und keiner von beiden weiß, wie sie aus der Sackgasse herauskommen sollen.

Stellen Sie kein Ultimatum, solange Sie es nicht auch ernst meinen. Wenn Sie sich derart in einer Beziehung festgefahren haben, daß Sie zwar wissen, Sie werden weiterhin unbefriedigt bleiben, aber sie aus sich heraus nicht beenden können, dann sollten Sie Hilfe suchen.

In diesem Buch geht es nicht um destruktive, aussichtslose Beziehungen, die Jahre dauern und darüberhin den einzelnen zerbrechen können. Wer sich mit solchen Beziehungen eingehender beschäftigen möchte oder sollte, dem seien die Bücher «Love and Addiction» von Stanton Peele und «Wenn Frauen zu sehr lieben» von Robin Norwood empfohlen. Vielleicht mögen Sie auch eine Psychotherapie erwägen.

Ganz gleich, was Sie tun, suchen Sie Hilfe. Sie sind nicht mehr in einer Liebeswerbung, Sie sind in Schwierigkeiten.

Umgang mit der eigenen Bindungsangst

Die Ehe ist eine soziale Institution. Es ist nur vernünftig zu zögern, bevor Sie sich dem Zugriff solcher Institutionen aussetzen. Wenn Sie überhaupt keine Bedenken haben, sich fest zu binden, sind Sie entweder so bereit, daß Sie mehr als reif für diesen Schritt sind, oder so verliebt, daß Sie nicht mehr klar denken können.

Vielleicht sind Sie beide so eng verschmolzen, daß Sie Ihren Partner kaum noch in den Blick bekommen. Sie bemerken lediglich, wie er / sie Ihren Wünschen perfekt entspricht. Es ist, als gingen Sie mit sich selbst eine Bindung fürs Leben ein! Zwar ist das nur eine vorübergehende Illusion, sie erleichtert jedoch ungemein das «Willst du mich heiraten?»

Bindungsangst ist nicht zu verwechseln mit vernünftigem Zögern, leichten Unsicherheitsanfällen und «kalten Füßen» am Vorabend der Hochzeit. Das sind milde und unproblematische Spielarten. In ihnen äußert sich eine gewisse Unsicherheit, aber nicht Bindungsangst, die handlungsunfähig macht.

Haben Sie diesbezüglich ein echtes Problem, ist es manchmal nur schwer zu erkennen. Vielleicht hegen Sie einen Verdacht, wie Douglas, als er sich in Psychotherapie begab, um herauszufinden, welcherart Ängste wohl seine Beziehungen immer wieder beeinträchtigen. Unter Umständen hat Ihnen Ihr Geliebter schon unumwunden gesagt, daß Sie mit dem Gedanken an eine Heirat Probleme zu haben scheinen. Oder Freunde haben angedeutet, daß Ihre Beziehungsprobleme wahrscheinlich mehr an Ihnen selbst liegen.

Nichts verstellt den Blick auf die Bindungsangst so sehr wie der Mythos vom einzig Richtigen. Wenn Sie diesem Mythos vorbehaltlos anhängen, brauchen Sie die Schuld nie bei sich zu suchen. Sie können alle Ihre Ängste und Zweifel außer acht lassen und einfach zu dem Schluß gelangen, in diesem Fall sei es eben nicht der oder die Richtige gewesen.

Möglicherweise haben Sie ein Bindungsproblem, wenn:

- Sie eine monogame Beziehung nach der anderen haben. Die Verhältnisse sind längerfristig, enden aber alle aus dem einen oder anderen Grund kurz vor der Heirat. Eine andere Spielart ist die Heiratswut: Sie führen eine kurzfristige Ehe nach der anderen. Für Sie ist die Hochzeit eine Art, Lebewohl zu sagen.

- Sie eine betont negative Einstellung zur Ehe haben. Jedem erzählen Sie, daß Sie nicht für die Ehe geschaffen seien, daß Sie diesen Fehler nie wieder begehen werden oder daß Sie Ihre Lektion gelernt haben.

- Sie sich viele abschätzige Witze über die Ehe machen hören.

- Sie mit Ihrer Beziehung in einer Sackgasse stecken und wissen, daß er Sie nie heiraten wird, Sie aber trotzdem nicht Schluß machen können.

- Sie bei ernsthaften Heiratsplänen körperliche Symptome an sich feststellen. Magenschmerzen, Kopfschmerzen, ängstliches Herzklopfen können Beispiele sein für Ängste, die sich über Ihren Körper ausdrücken.

- Sie Ihr Leben so arrangiert haben, daß Sie nicht heiraten können. Sie wollen auf keinen Fall auf die Unterhaltszahlungen verzichten. Ihre alten Eltern sind unbedingt auf Sie angewiesen. Eigentlich das ganze Jahr hindurch sind Sie beruflich unterwegs, da bleibt einfach keine Zeit für so etwas wie Heiraten. Sie haben es nie geschafft, die Scheidung einzureichen, obwohl Sie schon seit Jahren getrennt leben.

- Sie jedesmal, sobald eine Beziehung eng und dauerhaft wird, etwas tun, was sie zerstört. Plötzlich beginnen Sie eine Affäre, legen sich mit der Familie Ihrer Freundin an, verhalten sich abscheulich oder begeben sich völlig überraschend auf eine Reise – kurz, Sie tun irgend etwas, was Ihren Partner unter Garantie frustriert, verärgert oder vertreibt.

- Sie an den oder die einzig Richtige glauben. Das heißt, Sie meinen, die Ursache für Ihre eigenen Zweifel und Ängste sei bei Ihrem Partner zu suchen, nicht bei Ihnen.

Jedes einzelne oder alle diese Anzeichen sollten Sie zum Anlaß nehmen, auf Ihre eigenen Bindungsängste zu achten. Ein Bewußtsein dafür ist der erste Schritt zur Veränderung. Bei manchen Menschen genügt es sogar schon. Wenn Sie wissen, die Schwierigkeiten liegen in Ihnen selbst begründet und sind nicht die Auswirkung eines falschen Partners, dann ist schon viel erreicht. Nun können Sie daran arbeiten.

Dazu gehört, daß Sie sich mit Ihren Vorbehalten auseinandersetzen und Ihre Zielsetzung überdenken. Sie haben erklärt, daß Sie irgendwann heiraten möchten. Ob Ihre Gefühle hinsichtlich dieses Vorhabens nicht vielleicht gemischter sind, als Sie es sich eingestehen?

Sie müssen sich auch die eigene Entwicklung vergegenwärtigen, soweit sie verschiedene Aspekte der Bindungsangst betrifft. Wie stehen Sie zu der Tatsache, daß Sie älter werden? Sehen Sie sich lieber als Kind oder als Erwachsener? Verträgt sich eine Heirat nicht mit Ihrem Selbstbild?

Wie gern sind Sie für Ihre eigenen größeren Entscheidungen auch verantwortlich? Haben Sie das Gefühl, schon jemals eine getroffen zu haben? Und wie ging das aus? Hoffen Sie darauf, zu Ihren Entscheidungen gezwungen zu werden, so daß Sie im Falle eines Mißerfolges jemanden haben, dem Sie die Schuld geben können?

Liegt es an Ihrer Angst vorm Scheitern, daß Ihnen dieser endgültige Schritt zu riskant erscheint? Manche Menschen können den Gedanken an einen Fehlschlag so wenig ertragen wie andere – im Stadium der Wahl – den Gedanken an Ablehnung. Bevor Sie ein Scheitern in Kauf nehmen, vermeiden Sie lieber das Risiko. Bevor Sie ein Risiko eingehen, warten Sie, etwas Vollkommenem gewiß zu sein. Sie stellen fest, daß es keine Vollkommenheit gibt und auch keine Ehe ohne Risiko. Das läßt Sie zur Handlungsunfähigkeit erstarren.

Scheuen Sie die zusätzlichen Verpflichtungen einer festen Bindung? Ein Betroffener: «Ich liebe Marion und habe nicht die Absicht, sie zu verlassen. Aber ich habe keine Lust, mich gesetzlich für ihre Kinder zu verpflichten. Das ist mir zu viel Verantwortung.»

Linda erklärte ihre lang gehegte und logisch begründete Abneigung gegen die Ehe wie folgt: «Ich liebe Mark, aber ich zog es vor, ohne Trauschein mit ihm zu leben. Mein Widerstand gegen die Ehe resultierte in erster Linie daraus, daß er im Gegensatz zu mir aus einer riesigen Familie kommt. Solange wir einfach zusammenlebten, meinte ich, selbst bestimmen zu können, ob ich an den Familienveranstaltungen teilnahm. Seit wir verheiratet sind, fühle ich mich dazu verpflichtet.»

Bestenfalls werden Ihnen Ihre Antworten auf solche Fragen eine gewisse Richtung weisen, Problembereiche nahelegen, in denen Sie vielleicht gründlicher nachdenken, sich eingehender prüfen oder mehr Arbeit investieren müssen. Vielleicht werden Sie auch Ihre Vorbehalte dem Partner gegenüber besser verstehen lernen. Es ist schwer, in der Frage einer Bindung voranzukommen, solange Sie nicht verstehen, warum Sie zögern.

Es handelt sich um komplizierte Gedanken und Gefühle. Ihr Ursprung wird mit Ihrer Familie und Kindheit zusammenhängen, mit Ihren eigenen Lebenserfahrungen und auch den gesellschaftlichen Einflüssen, denen wir alle unterworfen sind. Ist das Problem ernster, sind die Ängste schwerwiegender, dann werden Sie mehr als die Zwiesprache mit sich selbst brauchen; Sie sollten sich an einen Therapeuten wenden. Es ist ein Problem, das sich mit psychotherapeutischen Mitteln in den Griff bekommen läßt, deshalb kann ich Sie nur dazu ermutigen.

Ehe ohne Bindung

Leider gibt es viele Ehen ohne auch nur den geringsten Anflug der Bindung, die das Verheiratetsein ausmacht. Solche Paare erleben stürmische Anfangsjahre, häufige Trennungen und eine Fülle dramatischer Szenen. Einer oder beide haben noch nicht begriffen, daß sie verheiratet sind. Sie befinden sich in einer ständigen Probezeit, unablässig mit der Frage beschäftigt: Will ich überhaupt verheiratet sein? Ist das ein Dauerzustand?

Gewiß, ein bestimmtes Maß an solchen Zweifeln ist – einmal

mehr – normal und notwendig. Wir erinnern uns, die Verbindlichkeit *zu heiraten* ist die stärkste Bindung, die sich im Rahmen der Liebeswerbung erreichen läßt. Den Entschluß, *verheiratet zu sein*, können Sie in seiner ganzen Tragweite, mit allen Einschränkungen, Verpflichtungen und Enttäuschungen, gewöhnlich erst in der Ehe treffen.

Das Maß ist der Kern der Sache. Wenn Sie Klarheit über Ihre Einstellung zur Ehe gewonnen haben, wenn Sie bereit und erwachsen genug sind und sich ausreichend von Ihrer Familie gelöst haben, dann sind Sie in der Lage, eine Ehe auch mit den nötigen Voraussetzungen für eine Bindung einzugehen. Bei den meisten Menschen ist das leider nicht der Fall.

Was geschieht? Nun, im besten Fall bleiben die Partner zusammen, entwickeln sich gemeinsam weiter und gehen die Bindung dann lange nach der Heirat ein.

In den weniger glücklichen Fällen leben die Betroffenen im permanenten Kriegszustand, bis sich einer oder beide erschöpft und verbittert aus dem Staube macht. Gewöhnlich heißt es dann: «Ich verstehe das nicht. Kaum waren wir verheiratet, ging alles schief.» In der Hitze des Gefechts beschuldigt manchmal einer den anderen: «Ich wollte überhaupt nicht heiraten. Du hast mich dazu gezwungen.» Es ist bequem, dem anderen die Verantwortung in die Schuhe zu schieben, und es verletzt.

Eine Ehe ohne eine tiefe Bindung zum anderen zu beginnen ist durchaus in Ordnung. Es ist noch zu früh. Doch eine Ehe ohne jegliche Bindung macht Angst. Sie sind in einer tagtäglichen Beziehung, die Ihr ganzes Leben formt, eingeschlossen, ohne das Gefühl, sich für diese Einschränkungen auch entschieden zu haben, oder ohne zu wissen, wofür Sie Ihre Freiheit aufgaben.

Bindung ohne Ehe

In unserer Gesellschaft bringen heterosexuelle Paare ihre Bindung zueinander durch Heirat zum Ausdruck. Sie schließen sich zu einer gesetzlichen, wirtschaftlichen und sozialen Einheit zusammen – der Familie. Wenn Sie und Ihr Partner sich dazu nicht in der Lage fühlen, sagt das etwas über Ihre Bindungsfähigkeit aus. Vielleicht hat einer von Ihnen (oder haben beide) das Bedürfnis, sich psychisch einen Ausweg offenzuhalten.

Anders liegt der Fall bei einigen Hindernissen, die vor allem gesetzlicher Art sind. Manchmal macht einer der in Trennung lebenden Partner die Scheidung praktisch unmöglich, so daß keine gesetzliche Möglichkeit zur Heirat besteht. Oder eine Zweitehe wäre wegen der Besitzverhältnisse für die Kinder finanziell geradezu unverantwortbar nachteilig. Häufig haben Partner, deren Ehewünsche an solchen gesetzlichen oder finanziellen Barrieren scheitern, das Bedürfnis, ihre Verbindung trotzdem durch einen feierlichen Akt zu besiegeln, vielleicht in Form einer privaten Zeremonie vor Freunden und Angehörigen. Das mag keine gesetzliche Gültigkeit haben, dafür wohl aber liebevoll gemeint sein.

Abgesehen von diesen wenigen Ausnahmen müssen sich die meisten Paare mit der Frage einer Heirat auseinandersetzen. Und das sorgt in jeder Beziehung für Unruhe. Um die zu vermeiden, gehen manche Paare, die schon lange zusammen sind, der Frage lieber aus dem Weg.

Typisch für solche Paare ist, daß ihr Zusammenhalt statt auf einer Lösung auf der Leugnung des Konflikts beruht. Das heißt, sie ignorieren ihn, weil sie ihn für unlösbar halten und weil es ihnen zuviel Unbehagen bereiten würde, das Ganze anzusprechen. Zwar müssen in jeder langlebigen Liebe manche Dinge unter den Teppich gekehrt werden, doch werden es zu viele, wird Ihre Beziehung zum Eiertanz, und Sie können sich als Paar nicht weiterentwickeln.

Verleugnete Konflikte leiten sich häufig von starken Vorbehalten gegenüber dem Partner ab. Ihnen mißfällt ihre Familie so sehr, daß Sie keine offizielle Verbindung zu ihr wünschen.

Im Grunde Ihres Herzens können Sie seine Kinder nicht ausstehen, obwohl Sie ihm das nie sagen würden. Oder sie entspricht Ihren sexuellen Vorlieben ganz und gar nicht. Sie verhalten sich zwar weiterhin monogam, aber eine Heirat würde bedeuten, daß Sie für alle Zukunft in dieser Hinsicht nichts mehr zu erwarten hätten. Diese Dauer-Enttäuschung wollen Sie gar nicht erst ins Auge fassen. Er hat keinen Erfolg im Beruf. Das stört Sie, aber solange Sie nicht seine Frau sind, haben Sie damit nichts zu tun.

Irgendwie ist es möglich, eine Beziehung Tag für Tag unter Umgehung der Probleme weiterzuführen und sich doch relativ wohl zu fühlen. Sie können den Status quo aufrechterhalten, kommen aber keinen Schritt voran. Ihre Vorbehalte können Sie nur außer acht lassen, indem Sie die Möglichkeit einer Heirat ausklammern.

Tatsächlich lehnen Sie es ab, sich zu binden. Beide sagen Sie: «Wir brauchen keinen Trauschein.» Doch eigentlich geben Sie damit nur zu verstehen, daß es einem von Ihnen oder beiden Erleichterung verschafft, wenn Sie es nicht tun.

Verlobung

Eine Schlußszene hat das Sozialdrama Liebeswerbung noch: die Verlobung. Offiziell beginnt sie damit, daß Sie Ihre Mutter anrufen (oder Ihren Bruder, Ihren Cousin, Ihre beste Freundin, Ihren Mutterersatz), um ihr mitzuteilen: «Weißt du was? Wir heiraten!» Sie endet mit dem Jawort.

Bis zu dieser schicksalsschweren Ankündigung sind Sie beide ziemlich vernünftige und realistische Leute. Von dem Moment an, da Sie der Welt eröffnen, Sie seien verlobt, ändert sich im allgemeinen alles.

Automatisch schlüpfen Sie in Rollen, auf die Sie überhaupt nicht vorbereitet sind: Braut *in spe* und Bräutigam. Wenn Sie eine Hochzeit planen, hat diese Rolle einiges auszuhalten: Sie müssen organisieren («Die Gäste werden folgendermaßen von der Kirche zum Empfang transportiert...»); gesellschaftliche Rücksichten nehmen («Wenn wir Harold und Grace einladen, können wir Marilyn und George nicht übergehen...»); zwischen den verschiedensten Interessen vermitteln («Deine Mutter möchte die Männer im festlichen Anzug, doch mein Vater weigert sich, einen Smoking zu tragen, und mein Bruder lehnt es aus politischen Gründen ab, sich einen Schlips umzubinden, meine Schwester besteht aber auf einem langen Kleid; was hältst du davon, daß ich sie anrufe und ihnen damit drohe, daß wir einfach durchbrennen...»); diplomatisches Geschick beweisen («Wir sind begeistert von deiner Uhr, Tante Ethel. Nein, eine Uhr in Gestalt eines Schweinemagens, also so etwas von originell...») und Takt beweisen («Da Susan nun mal ihre Gewichtsprobleme hat, warum stecken wir nicht alle Brautjungfern in weite rosa Kleider. Das könnte doch sehr drollig aussehen...»).

Wo so viele Leute zufriedengestellt und so viele Einzelheiten entschieden werden müssen, findet sich Konfliktstoff in Hülle und Fülle. Konflikte sind niemals angenehm. Doch wenn Sie begreifen, welche Funktion sie in Ihrer Entwicklung zum Paar übernehmen, werden Sie alles leichter verkraften.

Ihr Partner und Sie gründen eine Familie. Die Hochzeit ist sozusagen das Richtfest und die erste gemeinsame Aktivität Ihrer Herkunftsfamilien. Wie können Sie da erwarten, daß es leicht sein wird?

So wie viele sich ausmalen, die Liebe sei ein Blitzschlag und sie bräuchten nur dem/der Richtigen zu begegnen, um mit Volldampf einer festen Bindung entgegenzueilen, so erwarten sie auch, die Verlobung sei eine aufregende Zeit ungetrübter Zufriedenheit. Sie werden wissen, daß Sie zu diesen Menschen gehören, wenn Sie sich in verschiedenen Klangfarben der Empörung immer wieder den gleichen Protest vorbringen hören: «Aber es ist doch *meine* Hochzeit, Mutter. Ich will sie so haben, wie es *mir* gefällt.»

Es ist nicht einfach nur Ihre Hochzeit, es ist eine in Ihrer Familie! Sie sind Braut oder Bräutigam und wahrscheinlich die Hauptpersonen, aber die Statisten sind genauso beteiligt. Die Liebeswerbung ist ein soziales Ritual und die Heirat ein soziales Symbol. Alle Menschen in Ihrem engeren sozialen Umfeld nehmen daran Anteil und möchten ein möglichst schönes und gelungenes Fest. Aber natürlich gehen die Auffassungen darüber, was schön und gelungen ist, auseinander.

Auch wenn es in Ihren Konflikten um Einzelheiten der Hochzeit gehen wird, ist das Grundthema Familienmacht und -treue. Alle Mitglieder der beiden Familien müssen ihre Einstellung Ihnen und Ihrem Partner gegenüber modifizieren, um eine neue, erweiterte Familie zu bilden. Sosehr sie auch mit Ihrer Wahl einverstanden sein mögen, sie fühlen sich durch die veränderte Situation immer noch ein bißchen bedroht. Sie werden Ihre Treue gegenüber den familiären Wertvorstellungen, dem familiären Stil auf die Probe stellen, indem sie sich erbittert mit Ihnen streiten, ob die Einladungskarten weiß oder beige sein sollen. Seine Mutter erklärt ihm, ihre Mutter habe mit der Entscheidung für gebackenen Schinken einen fürchterlichen Mißgriff getan. Ihre Mutter bemerkt ihr gegenüber, daß das türkisfarbene Kleid seiner Mutter absolut geschmacklos sei. Beide Mütter pochen auf die jeweils vorrangige Familienloyalität.

Innerhalb Ihrer eigenen Familie werden die Konflikte, die sich an der Hochzeit entzünden, all die Auseinandersetzungen über Trennung und Selbständigkeit widerspiegeln, die im Laufe der Jahre stattgefunden haben. Vordergründig können sich die Braut und die Mutter nicht über die Tafeldekoration einigen, in Wahrheit nehmen sie ihren uralten Machtkampf wieder auf.

Das gilt in erster Linie für Ersthochzeiten. Wenn Sie geschieden oder verwitwet sind, akzeptiert Ihre Familie Sie in der Regel als Erwachsenen. Die zweite Hochzeit bringt deshalb mehr Ihre eigenen Wertvorstellungen als die Ihrer Familie zum Ausdruck.

Abgesehen von dem Machtkampf zwischen den Familien und dem Ihren in der eigenen, wird es sicherlich auch zwischen Ihnen beiden zu einem Machtkampf kommen.

Eine Hochzeit verlangt Entscheidungen. Entscheidungen haben mit Macht zu tun, und Macht bedeutet, daß die Beteiligten ihren Willen durchzusetzen versuchen. Viele Männer glauben, sie könnten sich diese potentiellen Konflikte ersparen, indem sie sich aus allen diesen Entscheidungen heraushalten. Da sie meinen, mit ihrer Kompetenz höre es bei diesen Fragen auf, lassen sie die Hochzeit ihre Sache sein. «Sag mir nur, wann und wo ich erscheinen soll.» Diese Haltung kränkt die Braut meistens. Sie möchte, daß er sich beteiligt. Schließlich ist es seine Hochzeit genauso wie ihre.

Manche Männer entdecken überrascht, daß sie an bestimmten Aspekten der Hochzeit sehr wohl interessiert sind. Immerhin ist eine Hochzeit ein gesellschaftliches Ereignis. Und Männer können ebenso stark von gesellschaftlichen Gesichtspunkten bestimmt sein wie Frauen. Derselbe Mann, der sich eben noch für völlig uninteressiert an diesem Hochzeitsgetue der Frauen erklärte, stellt zu seiner Überraschung fest, daß es ihm durchaus nicht gleichgültig ist, wo sein Chef sitzt, ob auch ja alle seine Cousins eingeladen sind und daß eine außergewöhnliche Sektmarke aufgefahren wird.

Vielleicht ziehen Sie es angesichts solchen Konfliktstoffes vor, den Festlichkeiten ganz aus dem Wege zu gehen. Sie brennen durch. Ihre Verlobung währt eine Fahrt lang zum Standesamt und einen Anruf bei zwei Freunden, die Sie bitten, sich im Rathaus einzufinden. Das kann man natürlich machen. Man erspart sich so die familiären Auseinandersetzungen und die Hektik der Verlobungszeit. Aber man bringt sich auch um etwas.

Die große Besonderheit der Hochzeitsfeier spiegelt sich in ihrer Bedeutung für andere: Selten in Ihrem Leben gibt es Anlässe wie diesen, wo alle Menschen, denen Sie wichtig sind, Riesenanstrengungen unternehmen, um Ihretwegen da zu sein. Meist passiert es nur zweimal, daß sich andere Menschen unseretwegen in Züge, Flugzeuge, Busse setzen und alle Pläne über den Haufen werfen, um ihr Interesse an uns öffentlich zu bekunden: bei der Hochzeit und beim Begräbnis. Wenn Sie sich dazu entschließen, die Spannungen und Konflikte der Hochzeitsvorbereitungen in Kauf zu nehmen, wird es sich allemal für Sie lohnen. Die Menschen, die Sie schätzen, sind unter einem Dach versammelt und bemüht, Ihnen diesen Tag so schön wie möglich zu machen. Sie bekennen sich nicht nur zur Liebe zu Ihrem Partner. Sie werden auch all die Zuneigung derer erfahren, an denen Ihnen gelegen ist. Das entschädigt reichlich für die endlosen Verhandlungen der Verlobungszeit.

Ihre Beziehung hat sich in der Realität bewährt. Erfolgreiche Konfliktlösungen haben Ihre Liebe vertieft. Sie trafen einander, warben umeinander, fochten miteinander und haben Ihre Bindung schließlich öffentlich besiegelt. Damit sind Sie den Weg bis zum glücklichen Ende gegangen!

Der weite Weg zu zweit

Als Single lebt man auf der Kante. Wer verheiratet ist, hat eine Nische. Keine Frage, verheiratet lebt es sich besser.

Das gilt nicht für jedermann und jeden Lebensabschnitt. Doch für die meisten und über weite Strecken des Erwachsenenalters ist die Nische der Kante bei weitem vorzuziehen.

Die Kante, auf der Sie als Single balancieren, ist die zwischen Hoffen und Bangen. Sie suchen, prüfen, vergleichen. Begegnen Sie jemandem, der in Frage kommt, so wachsen in Ihrem Innern Spannung, Ängste, Ungewißheit. Ihre Möglichkeiten scheinen so begrenzt zu sein. Wenn sich eine ergibt, können Sie es kaum genießen. Sie haben solche Angst, sie zu vermasseln.

Die Nische der Verheirateten bildet ihre Bindung. Bindung ist der bewußte Verzicht auf andere Möglichkeiten. Ihre Energie und Aufmerksamkeit gelten einem Projekt – der Gestaltung Ihres Zusammenlebens. Macht das Projekt Fortschritte, fallen als Nebenprodukte Zufriedenheit und Seelenfrieden ab.

Natürlich ist es eine Frage des persönlichen Geschmacks, ob man ein Leben in der Nische dem auf der Kante vorzieht. Vielleicht geht es Ihnen anders. Wenn Sie die Kante als aufregend empfinden und Ihnen die Aussicht auf eine wohlige Nische unerträglich langweilig, eine Art psychischer Tod zu sein scheint, werden Sie sicherlich keinen Gefallen an der Ehe finden. Wenn Ihnen andererseits die Nische erleichternd vorkommt, wie das Abstreifen jugendlicher Unruhe und als Schritt auf Sie selbst zu erscheint, dann ist Ihre Bereitschaft groß.

Sollten Sie ohnehin bereit sein, haben Sie womöglich das

Gefühl, daß ich Salz in eine offene Wunde streue. Vielleicht suchen Sie schon seit Jahren einen festen Partner. Als alleinstehende Frau kennen Sie möglicherweise all die entmutigenden Statistiken auswendig. Und nun sind Sie verärgert, weil man Sie zu etwas drängt, das Ihrer Meinung nach schwierig, wenn nicht gar unmöglich ist. Wenn Sie ein unverheirateter Mann sind, reagieren Sie vermutlich gereizt darauf zu hören, daß Sie jede Möglichkeit zum Heiraten haben sollen. Ihre Erfahrung sagt Ihnen, daß die richtige Frau trotz Ihrer Mühe nie Interesse für Sie zu haben scheint.

Und doch ist es ganz gewiß *nicht* unmöglich. Ihr Denken ist Ihnen im Wege. Die Schwierigkeiten, die Sie mit der Liebeswerbung gehabt haben, resultierten aus folgenden Mythen:

- dem Mythos vom einzig Richtigen
- dem Mythos von der romantischen Liebe
- dem Mythos von der inneren Gewißheit
- dem Mythos von der Heirat als Endstation.

Der Mythos vom einzig Richtigen

Die Liebeswerbung ist ein Prozeß, in dessen Verlauf sich eine Verbundenheit zwischen zwei Menschen entwickelt. Sie ist kein Blitzschlag, der die Glocken erklingen läßt und Sie in den siebten Himmel entführt, wie Sie sich das vielleicht erträumt haben.

Den oder die einzig Richtige gibt es nicht. Es gibt nur Ihre Fähigkeit, Liebe zu geben und zu empfangen. Zwar sind manche Menschen «richtiger» für uns als andere, doch nur weil sie es uns leichter machen, sie zu lieben, und umgekehrt eher bereit sind, uns zu lieben. Haben Sie die emotionale Kapazität zur Liebe, dann können Sie auch viele lieben. Ist diese jedoch eingeschränkt («Ich könnte keinen Mann lieben, der kleiner ist als ich» – «Nie könnte ich eine Frau lieben, die keinen Beruf hat»), leidet auch Ihre Chance, die Stadien der Liebeswerbung erfolgreich zu durchlaufen, unter den gleichen Einschränkungen. Es liegt an Ihnen, welche Begrenzungen Sie sich auferlegen. Dabei hilft es zu begreifen, daß solche Einschränkungen Ihre eigene Liebesfähigkeit beschneiden. Sie sind keine Anhaltspunkte, mit denen Sie den Richtigen oder die Richtige identifizieren.

Der Mythos von der romantischen Liebe

Dave, der sich zu einem Antrag nicht durchringen kann: «Ich glaube, mich stört, daß meine Empfindungen so ganz anders sind, als ich es mir vorgestellt habe. Es hat so viele Frauen gegeben, auf die ich abgefahren bin. Das war bei Donna nie der Fall. Sie war nur so verknallt in mich, so gut zu mir, und irgendwie bin ich dann bei ihr geblieben...»

Der Mythos der romantischen Liebe – Blicke, die sich diagonal durch den überfüllten Saal doch treffen... Glocken, Feuerwerk... die innere Gewißheit, die augenblickliche Verbundenheit... eine unwiderstehliche körperliche Faszination... eine wunderbar mühelose, berauschende körperliche Erfüllung.

Gibt es das wirklich? Natürlich. Ist es die wahre Liebe? Nicht unbedingt. Muß man das erlebt haben, um vernünftig zu heiraten? Ganz bestimmt nicht.

Wenn Sie sich dem Mythos der romantischen Liebe verschrieben haben, werden Sie sicher viele Beziehungen frühzeitig abbrechen. Solange der Blitz nicht einschlägt, sind Sie binnen kurzem verschwunden. Treffen sich Ihre Blicke diagonal durch den überfüllten Saal, doch Sie sehen nur das Goldkettchen oder weiße Söckchen oder die violetten Fingernägel – dann werden Sie keinen zweiten Blick verschwenden. Haben Sie nach der zweiten Verabredung noch kein Feuer gefangen, gibt es keine dritte.

Schlimmer noch, der Mythos der romantischen Liebe gibt Ihnen das ständige Gefühl, betrogen zu sein, hält Sie in fortgesetzter Unsicherheit, auch wenn Sie eine vielversprechende Beziehung eingegangen sind. Wie Dave fragen Sie sich unablässig, ob Sie Ihren Partner jemals wirklich liebten. Zweifel quälen Sie: «Vielleicht rede ich es mir nur ein.» – «Wer weiß, ob es nicht einfach ein zufällig günstiges Timing ist.» – «Kann doch sein, daß ich einfach unbedingt heiraten möchte.»

Sie übersehen dabei gewisse Realitäten des Heiratens. «Einreden» müssen Sie es sich schon ein bißchen, um eine feste Bindung einzugehen. Das unerwartet günstige Timing gehört zur Bereitschaft. Und wenn Sie nicht heiraten wollten, könnten Sie keine glückliche Ehe führen.

Der Mythos der romantischen Liebe verstellt den Blick auf diese Aspekte. Sie harren der jähen Leidenschaft, weil Sie sich unbequeme Entscheidungen ersparen möchten. Bequemer ist nicht immer besser.

Noch einmal, es zählt nicht die anfängliche Intensität Ihrer Liebe. Was Sie am Ende der Liebeswerbung empfinden, ist für Ihre Zukunft von Bedeutung.

Der Mythos von der inneren Gewißheit

Manchen Menschen verursachen ihre Liebesbeziehungen eine Qual, weil sich jene innere Gewißheit nicht einstellen mag. Man hat sie mit einem Mythos großgezogen.

Tatsächlich verhält es sich mit dieser Gewißheit offensichtlich folgendermaßen: Einige werden – sei es auf der Stelle, sei es nach geraumer Zeit – «wissen», daß sie bei einer Heirat mit ihrem Partner die richtige Wahl treffen. Diese innere Gewißheit erleichtert Ihre Liebeswerbung außerordentlich, vor allem wenn Sie beide von der gleichen Gewißheit beseelt sind. Die Entscheidung fällt da nicht mehr schwer.

Doch viele Menschen müssen ohne eine solche Gewißheit auskommen. Unter Umständen können Sie ein so hohes Maß an Sicherheit gar nicht aufbringen, weil Ihre Intimitätsängste Sie daran hindern. Manchmal verlieben Sie sich in einen Mann, in eine Frau, der oder die von Ihren Idealvorstellungen so stark abweicht, daß diese Gewißheit sich nicht einstellen kann. Ein andermal glauben Sie, sicher zu sein, aber Ihre Angehörigen und Freunde sind ganz anderer Meinung, und Ihre innere Gewißheit schwindet. Aus was für Gründen auch immer, das Gefühl der inneren Gewißheit ist nicht immer möglich. Was bedeutet das für Ihre Wahl?

Wahrscheinlich nicht viel. Ob sich jemand nun sicher ist oder nicht, die Anforderungen zu einer Ehe bleiben. Sie ist stets ein Risiko und kann immer scheitern. Die innere Gewißheit kann Sie nicht vor Schwierigkeiten oder einer Scheidung bewahren.

Mangel an innerer Gewißheit ist nicht zu verwechseln mit schwerwiegenden, unwidersprochenen Zweifeln. Von Zweifeln war in diesem Buch oft die Rede, wobei es immer um die gleichen Prinzipien ging: Gewisse Zweifel sind unvermeidlich, weil das Bedürfnis nach Geborgenheit (Beziehung) mit dem Bedürfnis nach Freiheit (Distanzierung) kollidiert; weil Sie sich auf ein ungewisses Abenteuer einlassen; weil Sie sich Ihrer selbst und Ihrer wirklichen Bedürfnisse nicht sicher sind; weil Ihre Vorstellungen von Liebe und Liebeswerbung sich von Ihren Erfahrungen erheblich unterscheiden.

Gewisse Zweifel sind keine gravierenden. Nur Sie selbst können sie unterscheiden. Gehen Sie mit sich selbst zu Rate, prüfen Sie, aus welchen Motiven Sie die Beziehung eingegangen sind, erkennen Sie, was Ihnen Ihr Partner bedeutet, und machen Sie sich bewußt, wie sich Ihre Partnerschaft bisher entwickelt hat. Diese Fragen sind nicht leicht und werden Sie einige Mühe kosten. Also machen Sie es sich nicht dadurch noch schwerer, daß Sie sich Ihren Blick durch den Mythos von der inneren Gewißheit trüben lassen. Reden Sie sich nicht ein, Ihre Zweifel seien zwangsläufig schwerwiegend, nur weil Ihnen die Gewißheit fehlt. Das kann zutreffen, doch manchmal fehlt sie Ihnen einfach deshalb, weil Sie erwachsen sind und über einen entsprechenden Realitätssinn verfügen. Möglicherweise wissen Sie sogar zuviel, um so eine Gewißheit noch entwickeln zu können, Sie haben zu viele eigene Erfahrungen gemacht. Einer realistischen Einschätzung der Ehe kann Ihre Fähigkeit, im voraus zu «wissen», wie es zu sein hat, jedenfalls irreparablen Schaden zufügen!

Der Mythos von der Heirat als Endstation

Die Ehe ist kein Fertigprodukt, sondern ein Bausatz. Sie kaufen sie nicht im Supermarkt, sondern erschaffen sie.

Als Single werden Sie dazu verleitet, sich die Ehe als Zustand und nicht als Prozeß vorzustellen. Man «schließt» die Ehe wie den Kaufvertrag für ein Haus oder ein Auto.

Wenn Sie sich diese Denkweise zu eigen machen, befallen Sie natürlich all die Bedenken, die für größere Erwerbungen typisch sind. Sie fragen sich, ob Sie richtig gewählt haben und ob Sie ein gutes Geschäft machen. Haben Sie auch genügend Vergleiche angestellt, die Vor- und Nachteile hinreichend erwogen? Manchmal überkommt uns kurz vor dem Kauf der unwiderstehliche Drang, aus dem Geschäft zu laufen und ein paar Konkurrenzangebote zu prüfen, nur um ganz sicher zu gehen. Es beschäftigt Sie, ob Sie etwas Angemessenes für Ihr Geld bekommen haben und ob andere Leute auch beeindruckt sein werden von Ihrer Wahl.

Auf diese Weise verschwenden Sie viel unproduktive Energie. Sie können noch so gut wählen und sich Ihrer Sache wer weiß wie «gewiß» sein, an dem Tag, an dem Sie Ihr Jawort geben, ist noch lange nicht alles entschieden.

Die Ehe als Prozeß zu verstehen verunsichert, gibt Ihnen aber auch mehr Einfluß auf Ihre Zukunft. Das Risiko wird größer, weil Sie einsehen müssen, daß diese Beziehung, ganz gleich wie vollkommen Sie gewählt haben, noch viel Einsatz von Ihnen und Ihrem Partner verlangt. Eine ideale Wahl macht noch keine ideale Ehe. Einfluß gewinnen Sie insofern, als Sie zur Harmonie beitragen können; Ihr Glück hängt also nicht nur von der Wahl des Partners ab, sondern auch, und in höherem Maße, von dem, was Sie und Ihr Partner nach erfolgter Wahl aus Ihrer Ehe machen.

Das ist die gute Nachricht, ähnlich erleichternd wie die Erkenntnis, daß viele Kränkungen der Liebeswerbung nicht persönlicher Art sind. Wenn Sie erwachsen genug sind, um die Einschränkungen der Ehe zu akzeptieren, sicher genug, um ein gewisses Maß an Freiheit in ihr zuzulassen, selbständig genug, um sich einen Lebensbereich auch außerhalb der Ehe zu

schaffen, und liebevoll genug, um die Realitäten der Ehe anzuerkennen, dann können Sie eine harmonische Partnerschaft
aufbauen.

Genausogut sind die Aussichten, wenn Sie Selbsterkenntnis, Kritik und persönliche Mißerfolge zu ertragen vermögen.
Sie müssen die Mythen Ihrer Kindheit überwinden und die
Realitäten der Erwachsenenwelt akzeptieren. Sie müssen bereit sein, das zu lieben, was *ist*, und nicht das, was sein sollte.
Sie müssen den Mut aufbringen, Ihre Gefühle zu offenbaren,
Ihre Zweifel mitzuteilen und die Kontrolle über Ihr Leben mit
einem anderen Menschen zu teilen, dann führen Sie eine wirkliche Ehe.

Die Mühe lohnt

Sollte der Eindruck entstanden sein, daß die Liebeswerbung
hart und die Ehe schwer ist, so lag das nicht in meiner Absicht.
Beide bieten natürlich auch den meisten Anlaß zu Fröhlichkeit
und Ausgelassenheit, trotz der vielen Mühen, die wiederum
auch nicht zu leugnen sind.

Es wäre nur natürlich, wenn Sie sich fragen, ob all die Mühe
lohnt. Sie haben es verstanden, sich mit Ihrem Leben befriedigend zu arrangieren. Freunde haben Sie, Arbeit und ein Zuhause. Das Geld auf der Bank reicht, um zu leben, die Freizeit,
um zu reisen, zu segeln oder all das zu lesen, wonach Ihnen der
Sinn steht. Sie fühlen sich relativ sicher und überwiegend
wohl.

Vielleicht haben Sie für diesen Zustand heiterer Zufriedenheit einige Zeit gebraucht. An frühere Beziehungen denken Sie
nicht gern zurück. Wochen Ihres Lebens haben Sie dafür geop-
fert, vergeblich auf irgendeinen Rückruf zu hoffen. Sie hatten
mit dem Gefühl zu kämpfen, nicht gut genug für jemanden zu
sein, der in Wahrheit für dreißig Sekunden Ihrer Zeit hätte
dankbar sein müssen.

Vielleicht waren Sie schon verheiratet. Wenn Sie wieder
alleinstehend sind, dürfte in der Zwischenzeit eine wenig erfreuliche Zeit hinter Ihnen liegen. Die Schwierigkeiten einer

Ehe haben Sie überall riesengroß vor Augen; Sie fühlen sich nach schwerem Kampf geschlagen.

Ob Sie sich nun ein angenehmes Leben als Junggeselle eingerichtet oder sich nach einer Scheidung mühsam gefangen haben, wahrscheinlich fragen Sie sich: Wozu all die Kompromisse, Strategien und Anpassungsversuche im Laufe der Liebeswerbung, wenn es danach in der Ehe nur genauso weitergeht?

Alle großen Anstrengungen im Leben werfen die gleichen Fragen auf. Ist es der Mühe wert, um Unabhängigkeit und Identität zu kämpfen? Beide lassen sie sich nur unter beträchtlicher Mühe verwirklichen. Warum sollen wir unsere Beziehung mit ehrlichen Aussprachen über Konflikte vertiefen, wenn freundliche Lügen für ein viel angenehmeres Auskommen an der Oberfläche sorgen? Hat es irgendeinen Sinn, ein Gefühl für moralische Grundsätze zu entwickeln, wenn sich Unehrlichkeit viel mehr auszahlt? Wozu sollen wir immer den schwierigen Weg wählen?

Wir stellen uns diesen Anforderungen nicht in erster Linie, weil es uns in der Außenwelt etwas einträgt, sondern weil sie unser Innerstes und unsern Verstand bereichern. Ob diese Anstrengungen der Mühe wert sind, wird nicht an ihrem Erfolg auf materieller Ebene gemessen, sondern daran, bis zu welchem Grad wir unsere Kapazität entfaltet haben, als Menschen andere und uns selbst zu lieben, Verantwortung für unser Leben zu übernehmen, anderen wie ein Erwachsener zu geben, statt lediglich zu nehmen wie Kinder.

Auch die Liebeswerbung und Ehe tragen in sich die Möglichkeiten zu einer solchen inneren Entwicklung. Es genügt nicht, sich durch all die Stadien zu schleppen, weil man es von Ihnen erwartet, weil Sie sich eine Familie wünschen, weil Sie es satt haben, allein zu sein. Der beste Grund, den Schritt nach vorn, von der Liebeswerbung zur Ehe zu wagen, ist die Chance, die Sie sich damit geben, in Ihrer eigenen psychischen Entwicklung weiterzukommen.

Die Chance zum Risiko

Wenn Sie Ihr Liebesleben auf das lange Warten nach dem vollkommenen Partner ausrichten, versuchen Sie im Grunde, den Risiken der Liebe auszuweichen. Das Bestreben, alle Risiken zu vermeiden, ist im allgemeinen eine ziemlich langweilige Lebensstrategie.

Jedesmal wenn Sie während der Wahl einen potentiellen Partner ausmustern, gehen Sie auf Nummer Sicher. Die Liebeswerbung wird nicht in Gang kommen, und Sie werden nicht riskieren, Ihren Irrtum zu erfahren.

Aus Sicherheitsbedürfnis stellen Sie Ihre Versuche in der Wahlphase ein. Sie wollen nicht noch mehr Ablehnung einstecken. Der Abbruch der Herausforderung bewahrt Sie zumindest vor der Peinlichkeit. Sie retten Ihren Stolz. Er ist zwar ein kläglicher Ersatz für die Liebe, aber sicherer.

Bei jedem Umschwung stehen Sie vor der Alternative, die Sache durchzustehen oder mit dem nächsten Partner durchzustarten. Der neue Versuch ist sicher – das Spiel kennen Sie schon. Ein Risiko gehen Sie ein, wenn Sie die alte Beziehung durchstehen; möglicherweise gerade lang genug, um am Ende verheiratet dazustehen. Die Verhandlungsphase erfordert Ihren Mut zu Ärger und Wut, die Ehe Ihren Mut zur Bindung. Letztlich sind die Realitäten der Liebeswerbung alle Mühe und Unruhe wert, weil Sie Ihnen Gelegenheit geben, ein seelisches Risiko einzugehen.

Die Chance, Fortschritte zu machen

Vieles spricht dafür, daß etwas nicht stimmt, wenn Ihre Liebesaffären mit vierzig noch genauso ablaufen wie mit 22. Das Leben darf nicht zu einem ständigen Wiederholungsprozeß verkommen.

Es ist keine Kunst, geschweige denn eine Herausforderung, sich in jemanden zu verlieben, der Ihrer Idealvorstellung entspricht. Dagegen erfordert es große innerliche Anstrengungen von Ihnen, jemanden mit seinen nur allzu menschlichen Schwächen lieben zu lernen. Das ist eine höhere Ebene.

Was bedeutet es schon, ein Jahr lang in einen ungeheuer erotischen Körper vernarrt zu sein. Es ist ein Zeichen von geistig-seelischer Reife, wenn Sie einen Menschen, dessen Körper den unvermeidlichen Veränderungen der Zeit unterworfen ist, treu und zugetan bleiben können.

Kinderart ist es, das alte Spielzeug wegzuwerfen und nach dem neuen, glänzenden zu greifen. Ein Kind sagt, das liegt am Spielzeug, aber wir wissen, daß es an der Aufmerksamkeitsspanne des Kindes liegt. Erst der Erwachsene vermag einen Partner zu wählen und bei seiner Wahl zu bleiben, trotz der zahllosen verlockenden Möglichkeiten, die sich ihm bieten. So kommt er weiter.

Der beste Grund, alle Stadien der Liebeswerbung bis zum erfolgreichen Ende zu durchlaufen, liegt darin, daß Sie sich eine Zukunft eröffnen, statt immer wieder verschiedene Spielarten Ihrer Vergangenheit zu wiederholen. Die Zukunft bedeutet Ihre höhere Ebene.

Jemanden zum Lieben

All das hört sich überaus vernünftig an, und trotzdem macht es Sie verrückt. Herzlich gern würden Sie heiraten. Weder das Risiko würden Sie scheuen noch die Mühe, sich der nötigen Entwicklungsarbeit zu unterziehen, wenn sich nur die Gelegenheit bieten würde. Doch Sie scheinen niemanden zum Lieben finden zu können. Das Leben ist ungerecht!

Wenn Sie niemanden finden, dann sollten Sie sich fragen: Wie ist es mit meiner Liebesfähigkeit bestellt?

Die nötige Liebesfähigkeit bringen Sie mit, wenn Sie viele Liebeswerbungen beginnen und sich darüber im klaren sind, daß es in der Phase der Wahl nicht angebracht ist, wählerisch zu sein. Später, wenn es um wichtige Dinge geht, können und müssen Sie etwas kritischer sein. Je strenger die Maßstäbe sind, die Sie während der Wahl anlegen, desto eingeschränkter ist auch Ihre Liebesfähigkeit.

Je liebesfähiger Sie sind, desto größer ist auch Ihre Bereitschaft zu geben. Geben heißt nicht unbedingt Anpassung.

Manchmal ist gerade Ihre Wut das Wohltuende, was Sie zu geben haben. Ein Gebender zu sein heißt nicht, den Partner wie einen Geschäftsabschluß zu betrachten, alles aufzurechnen und darauf zu bestehen, daß man selbst am besten dabei wegkommt.

Geben und Lieben sind untrennbar miteinander verbunden.

Wenn Sie Schwierigkeiten haben, jemanden zu finden, mit dem Sie eine Liebeswerbung beginnen oder abschließen können, würde ich Ihnen vorschlagen, nach einem Fehler in Ihrer Einstellung zu suchen. Vermutlich geht es Ihnen in erster Linie darum, reichlich Liebe zu bekommen, statt sie großzügig zu geben.

Sie suchen nach jemandem, der Ihre Liebe verdient. Viele Menschen entdecken Sie nicht und kommen zu dem Schluß, daß Sie eben «hohe Ansprüche» hätten. Treffen Sie dann endlich jemanden, der Ihre Liebe zu wecken vermag, senden Sie eine verzweifelte Botschaft: *Bitte, erwidere meine Liebe! Bitte, gib dich mit mir zufrieden!* Sie haben vergessen, daß es besser ist zu geben denn zu nehmen.

Dieser Fehler ist so grundsätzlicher und allgemeiner Natur, daß ich Ihnen eines versprechen kann: Wenn Sie sich bemühen, mehr Männer oder Frauen zu entdecken, denen Sie Liebe anbieten können, werden Sie endlich auch einen dankbaren Empfänger finden.

In diesem Fall sollten Sie sich die Prinzipien der Liebeswerbung ins Gedächtnis rufen, die wir erörtert haben.

Erstens, nehmen Sie es nicht persönlich, vor allem nicht in den ersten Stadien der Beziehung. Denken Sie daran, daß die Zweifel und Vorbehalte zur Liebeswerbung gehören. Sie sagen nichts über Ihren persönlichen Wert aus.

Zwingen Sie sich, das Risiko einer Ablehnung einzugehen; lassen Sie sich von Ihrer Angst vor Schmerz nicht abhalten. Suchen Sie eigene Wege, um sich gegen diese unvermeidlichen Niederlagen abzuhärten. Verschaffen Sie sich möglichst viele Möglichkeiten, zu lieben und geliebt zu werden.

Lassen Sie sich von den Ängsten, die untrennbar zur Liebeswerbung gehören, nicht in einen willenlosen, anhänglichen Weichling verwandeln. Dieser Weichling lebt in uns allen. Er ist kein neurotischer Auswuchs unseres seelischen Unterholzes! Reden Sie ihm ins Gewissen, wenn er sich zeigt. Erinnern Sie ihn daran, wer Sie sind und was Sie wert sind. Sie brauchen vor Beziehungen nicht davonzulaufen oder sich verzweifelt an sie zu klammern, nur weil es gelegentlich den Weichling in Ihnen zum Vorschein bringt.

Finden Sie heraus, welche typischen Äußerungsformen Ihre Intimitätsängste annehmen. Werden Sie sich darüber, soweit es geht, bewußt, dann können Sie Ihre Hindernisse auf dem Weg zu einer festen Bindung beiseite räumen. Lernen Sie, auf Ihre Beziehungsmuster zu achten. Um so besser kommen Sie an sie heran.

Denken Sie daran, daß Ihnen die Liebe nicht in den Schoß fällt, sondern geschaffen, erarbeitet werden muß. Die Liebeswerbung ist der Prozeß, in dessen Verlauf Sie Ihre Liebe entwickeln und gleichzeitig Ihre Ängste davor in den Griff bekommen. Die Zeiten größerer Distanz brauchen Sie genauso sehr wie den Bindungsprozeß.

Die Liebeswerbung muß nicht perfekt sein, nicht Ihr Partner und Sie selbst erst recht nicht.

Sie müssen lediglich:

- ein gewisses Risiko eingehen und gegen die Angst angehen;
- einen wirklichen Menschen lieben, nicht ein Phantasiegebilde;
- es gut mit sich meinen in diesem Prozeß.

Wenn Ihnen diese drei Dinge gelingen, ist Ihnen eine glückliche Liebeswerbung sicher.

Dank

Jeremy Tarcher ist ein unvergleichlicher Verleger. An ihn zu geraten, war ein großes Glück für mich.

Wesentlichen Anteil am Zustandekommen dieses Buches hatten außerdem meine Lektorin Connie Zweig, meine Agentin Susan Schulman und Denise Mulholland-Logan, die das Manuskript über Dutzende von Revisionen druckfertig machte, ohne je ihre heitere Gelassenheit zu verlieren. Jede dieser Frauen leistet Hervorragendes in ihrem Beruf, und jede von ihnen hat mir während des ganzen Zeitraums unserer Zusammenarbeit viel Freundlichkeit entgegengebracht.

Für ihre Hilfe bei meiner Arbeit an diesem Buch und darüber hinaus möchte ich folgenden Freunden und Kollegen danken: Donna Vogel, Pamela Diaz, Malcolm Antell, Cheryle Cotton, Brett Bender, Myrna Snider, Larry Rinehart, Joe Goldberg, Cindy Baum-Baicker, Carole Ivy, Pat Wisch, Spencer Henderson und Jane Glassman.

Dank an Libby und Ray Hyman, Donna und Jim Vogel sowie Peter und Robin Reed, in deren Wohnungen ich mich zum Schreiben zurückziehen durfte.

Dank an meinen Vater Harold Sills für seinen juristischen Rat und an meine Tochter Spencer Hoffman für ihre Organisationskunst.

Liebe und Dank meinem Mann Lynn Hoffman, der der Mittelpunkt meines Lebens ist und deshalb wesentlichen Anteil an jedem Projekt hat, das ich in Angriff nehme. Für dieses Buch hat er recherchiert, redigiert, korrigiert und Vorschläge gemacht. Die besten Teile sind sein Werk.

Schließlich danke ich meiner Mutter, der ich mein Leben verdanke.

Literatur

APPLEBOME, P.: Dating Game and the Check: Who Pays? *The New York Times*, 27. Januar 1986

BACH, G.: Pairing. Intimität und Offenheit in der Partnerschaft. Rowohlt Taschenbuch, Reinbek 1979

BACH, G.; WYDEN, P.: Streiten verbindet. Spielregeln für Liebe und Ehe. Fischer Taschenbuch, Frankfurt am Main 1983

BARBACH, L.: Mehr Lust. Gemeinsame Freude an der Liebe. Rowohlt Taschenbuch, Reinbek 1988

DIES.: For Yourself. Die Erfüllung weiblicher Sexualität. Ullstein Taschenbuch, Berlin 1982

BAXTER, L. A.; WILMOT, W. W.: Secret Tests: Social Strategies for Acquiring Information about the State of the Relationship. *Human Communications Research* 11, Nr. 2 (1984)

BLACK, H.; ANGELIS, V. B.: Interpersonal Attraction: An Empirical Investigation of Platonic and Romantic Love. *Psychological Reports* 34 (1974)

BOOTH, A.; BRINKERHOFF, D. B.; WHITE, L. K.: The Impact of Parental Divorce on Courtship. *Journal of Marriage and the Family*, Februar 1984

BRANDEN, N.: Liebe für ein ganzes Leben. Psychologie der Zärtlichkeit. Rowohlt Taschenbuch, Reinbek 1985

BROTHERS, J.: Ich liebe ihn, und ich möchte ihn auch verstehen. Ein Ratgeber für alle Frauen, die sich fragen, warum Männer so anders sind. Heyne Taschenbuch, München 1986

BROWN, H. G.: Sex und ledige Mädchen. Decker, Frankfurt am Main 1963

BUSH, S.: Men: An Owner's Manual. Simon and Schuster, New York 1984

CASSELL, C.: Die Sehnsucht nach dem siebten Himmel. Frauen zwischen Liebe und Sexualität. Rowohlt Taschenbuch, Reinbek 1986

COLGROVE, M.; BLOOMFIELD, H.; McWILLIAMS, P.: How to Survive the Lost of a Love. Bantam, New York 1977

COLLINS, J. K.; KENNEDY, J. R.; FRANCIS, R. D.: Expectations of How Behavior Should Ensue during the Courtship Process. *Journal of Marriage and the Family*, Mai 1976

COWAN, C.; KINDER, M.: Vergötterte Männer, kleine Prinzen. Wenn Erfolgsfrauen die falschen Männer wählen. Heyne Taschenbuch, München 1988

COZBY, P.: Self-Disclosure: A Literature Review. *Psychological Bulletin* 79, Nr. 2 (1973)

DAIGNEAULT, L.: Testing Love, *Self*, April 1986

DEMARIS, A.; LESLIE, L. A.: Cohabitation with the Future Sponse: Its Influence upon Marital Satisfaction and Communication. *Journal of Marriage and the Family*, Februar 1984

DOWLING, C.: Der Cinderella-Komplex. Die heimliche Angst der Frauen vor der Unabhängigkeit. Fischer Taschenbuch, Frankfurt am Main o. J.

DULLEG, G.: Relationships: Marriage versus Living Together. *The New York Times*, 14. Februar 1983

EHRENREICH, B.: Die Herzen der Männer. Auf der Suche nach einer neuen Rolle. Rowohlt Taschenbuch, Reinbek 1984

ERIKSON, E.: Kindheit und Gesellschaft. Klett-Cotta, Stuttgart 1984

FEZLER, W.: Breaking Free. Acropolis, New York 1985

FISHER, R.; URY, W.: Das Harvard-Konzept: Sachgerecht verhandeln, erfolgreich verhandeln. Campus, Frankfurt am Main 1984

FRIDAY, N.: Eifersucht. Die dunkle Seite der Liebe. Scherz, München 1986 (Taschenbuchausgabe bei dtv)

FROMM, E.: Die Kunst des Liebens. DVA, Stuttgart 1980 (Taschenbuchausgabe bei Ullstein)

GIVENS, D.: Romancing the New American Man. *Harper's Bazaar*, November 1984

DIES.: The Nonverbal Basis of Attraction: Flirtation, Courtship, and Seduction. *Psychiatry* 41 (1978)

GOLDMAN, R.: Demography of the Marriage Market in the U.S. *Population Index* 50, Nr. 1 (1984)

GOLDSTINE, D.; LARNER, K.; ZUCKERMAN, S.; GOLDSTINE, H.: The Dance-Away Lover. Ballantine, New York 1977

GRICE, J.: How to Find Romance after Forty. Evans, New York 1985

HAMEL, M.: Sex Etiquette. Delacorte, New York 1984

HILL, C. T.; RUBIN, Z.; PEPLAU, L. A.: Breakups before Marriage: The End of 103 Affairs. *Journal of Social Issues* 32, Nr. 1 (1976)

HUXLEY, L.: You Are Not the Target. Tarcher, Los Angeles 1986

JASON, L. A.; REICHLER, A.; RUCKER, W.: Characteristics of Signifi-
cant Dating Relationships: Male versus Female Initiators, Idealized
versus Actual Settings. *The Journal of Psychology* 109 (1981)

JOHNSON, R.: Stirring the Oatmeal. In: Welwood, J. (Hg.)

KEPHART, W.: Some Correlates of Romantic Love. *Journal of Marriage
and the Family*, August 1967

KILEY, D.: Das Peter-Pan-Syndrom. Männer, die nie erwachsen werden. Kabel, Hamburg 1987

KLAGSBRUN, F.: Staying Married – Is It Worth It? *New Woman*, August 1985

KÜBLER-ROSS, E.: Interviews mit Sterbenden. Kreuz, Stuttgart o. J.
(auch als Gütersloher Taschenbuch)

LANER, M. R.: Competition in Courtship. *Family Relations* 35 (1986)

LARZELERE, R. E.; HUSTON, T. L.: The Dyadic Trust Scale: Toward
Understanding Interpersonal Trust in Close Relationships. *Journal
of Marriage and the Family*, August 1980

LESSES, S. R.; EASSER, B. R.: The Marital Life of the Hysterical Woman. *Medical Aspects of Human Sexuality* 3, Nr. 5 (1969)

LESTER, M.: Making Music Together: A Sociological Formulation of
Intimate Encounters between Males and Females. Vortrag, American Sociological Association Meetings, August 1979

LEVINSON, D.: Das Leben des Mannes. Werdenskrisen, Wendepunkte, Entwicklungschancen. Kiepenheuer & Witsch, Köln 1979

LLOYD, S. A.; CATE, R. M.; HENTON, J. M.: Predicting Premarital
Relationship Stability: A Methodological Refinement. *Journal of
Marriage and the Family*, Februar 1984

LUSTIG, B.: The Agony of Getting Dressed for a Date. *Glamour*, Ok-
tober 1985

MORGENSTERN, M.; KETTLEHACK, G.: A Return to Romance. Ballantine, New York 1986

MORRISROE, P.: Forever Single. *New York*, 20. August 1984

MURSTEIN, B. I.: Mate Selection in the 1970's. *Journal of Marriage and
the Family*, November 1980

DERS.: Person Perception and Courtship Progress among Premarital
Couples. *Journal of Marriage and the Family*, November 1972

NORWOOD, R.: Wenn Frauen zu sehr lieben. Die heimliche Sucht,
gebraucht zu werden. Rowohlt, Reinbek 1986

PAUL, J. UND M.: Do I Have to Give up Me to Be Loved by You?
Compcare, Minneapolis 1983

PECK, M. S.: Der wunderbare Weg. Eine neue Psychologie der Liebe und des spirituellen Wachstums. Goldmann Taschenbuch, München 1989

PEELE, S.; BRODSKY, A.: Love and Addiction. Signet, New York 1976

PERLS, F.; HEFFERLINE, R.; GOODMAN, P.: Gestalt-Therapie. Lebensfreude und Persönlichkeitsentfaltung. Klett-Cotta, Stuttgart 1986 (3. Auflage)

DIES.: Gestalt-Therapie. Wiederbelebung des Selbst. Klett-Cotta, Stuttgart 1987 (4. Auflage)

PERPER, T.: Sex Signals: The Biology of Love. ISI Press, Philadelphia 1985

PIAGET, J.: Der Aufbau der Wirklichkeit beim Kinde. Klett-Cotta, Stuttgart 1974

PIETROPINTO, A.; SIMENAUER, J.: Beyond the Male Myth. Signet, New York 1977

REMOFF, H.: Sexual Choice. Dutton, New York 1985

RUBENSTEIN, C.: The Modern Art of Courtly Love. *Psychology Today*, Juli 1983

RUBIN, L.: Intimate Strangers, Harper, New York 1983

RUBIN, TH. I.: Gegeneinander, miteinander. Beziehungsmuster analysieren und Partnerschaften aufbauen. Moderne Verlagsgesellschaft, Landsberg 1988

DERS.: Mach deinem Ärger Luft. Moderne Verlagsgesellschaft, Landsberg 1989

RUBIN, Z.; HILL, C. T.; PEPLAU, L. A.; DUNKEL-SCHETTER, C.: Self-Disclosure in Dating Couples: Sex Roles and the Ethic of Openness. *Journal of Marriage and the Family*, Mai 1980

RUBIN, Z.: Lovers and Other Strangers: The Development of Intimicy in Encounters and Relationships. *American Scientist* 62 (1974)

DIES.: Measurement of Romantic Love. *Journal of Personality and Social Psychology* 16 (1970)

SANOFF, A.; GALLIGAN, M.: Sex, with Care. *U.S. News & World Report*, 2. Juni 1986

SHEEHY, G.: Neue Wege wagen. Ungewöhnliche Lösungen für gewöhnliche Krisen. Knaur Taschenbuch, München 1984

SIFFORD, D.: How to Build a Happy Marriage. *The Philadelphia Inquirer*, 11. Mai 1986

SILLS, J.: How to Stop Looking for Someone Perfect and Find Someone to Love. St. Martin's Press, New York 1984

SIMENAUER, J.; CARROLL, D.: Singles: The New Americans. Signet, New York 1982

SNYDER, M.; SIMPSON, J. A.: Self-Monitoring and Dating Relation-
  ships. *Journal of Personality and Social Psychology*, Dezember 1984
STAMBUL, H. B.: Stages of Courtship: The Development of Premari-
  tal Relationships. *Dissertation Abstracts*, Mai 1976, Band 36, S. 5872
STEIN, R.: Coupling / Uncoupling. In: Welwood, J. (Hg.)
TROTTER, R.: The Three Faces of Love. *Psychology Today*, September
  1986
WAGGONER, G.: Take Her Out to a Ball Game. *Esquire*, Januar 1985
WALSTER, E.; WALSTER, G. W.; PILIAVIN, J.; SCHMIDT, L.: Playing
  Hard to Get: Understanding an Elusive Phenomenon. *Journal of
  Personality and Social Psychology* 26, Nr. 1 (1973)
WELWOOD, J. (HG.): Challenge of the Heart. Shambhala, Boston
  1985
WEST, V.: The Politics of Courtship. *Working Woman*, März 1982
ZIMBARDO, P. Z.: Nicht so schüchtern! So helfen Sie sich selbst aus
  Ihrer Verlegenheit. Moderne Verlagsgesellschaft, Landsberg 1986

Register